CHIAVENATO

Teoria Geral da Administração

VOLUME 2

O GEN | Grupo Editorial Nacional – maior plataforma editorial brasileira no segmento científico, técnico e profissional – publica conteúdos nas áreas de ciências sociais aplicadas, exatas, humanas, jurídicas e da saúde, além de prover serviços direcionados à educação continuada e à preparação para concursos.

As editoras que integram o GEN, das mais respeitadas no mercado editorial, construíram catálogos inigualáveis, com obras decisivas para a formação acadêmica e o aperfeiçoamento de várias gerações de profissionais e estudantes, tendo se tornado sinônimo de qualidade e seriedade.

A missão do GEN e dos núcleos de conteúdo que o compõem é prover a melhor informação científica e distribuí-la de maneira flexível e conveniente, a preços justos, gerando benefícios e servindo a autores, docentes, livreiros, funcionários, colaboradores e acionistas.

Nosso comportamento ético incondicional e nossa responsabilidade social e ambiental são reforçados pela natureza educacional de nossa atividade e dão sustentabilidade ao crescimento contínuo e à rentabilidade do grupo.

Idalberto **Chiavenato**

Teoria Geral da Administração
Abordagens prescritivas e normativas

8ª ed.

VOLUME 2

- O autor deste livro e a editora empenharam seus melhores esforços para assegurar que as informações e os procedimentos apresentados no texto estejam em acordo com os padrões aceitos à época da publicação, *e todos os dados foram atualizados pelo autor até a data de fechamento do livro.* Entretanto, tendo em conta a evolução das ciências, as atualizações legislativas, as mudanças regulamentares governamentais e o constante fluxo de novas informações sobre os temas que constam do livro, recomendamos enfaticamente que os leitores consultem sempre outras fontes fidedignas, de modo a se certificarem de que as informações contidas no texto estão corretas e de que não houve alterações nas recomendações ou na legislação regulamentadora.
- Data do fechamento do livro: 27/08/2021
- O autor e a editora se empenharam para citar adequadamente e dar o devido crédito a todos os detentores de direitos autorais de qualquer material utilizado neste livro, dispondo-se a possíveis acertos posteriores caso, inadvertida e involuntariamente, a identificação de algum deles tenha sido omitida.
- **Atendimento ao cliente: (11) 5080-0751 | faleconosco@grupogen.com.br**
- Direitos exclusivos para a língua portuguesa
  Copyright © 2021 by
  Editora Atlas Ltda.
  Uma editora integrante do GEN | Grupo Editorial Nacional
  Travessa do Ouvidor, 11
  Rio de Janeiro – RJ – 20040-040
  www.grupogen.com.br
- Reservados todos os direitos. É proibida a duplicação ou reprodução deste volume, no todo ou em parte, em quaisquer formas ou por quaisquer meios (eletrônico, mecânico, gravação, fotocópia, distribuição pela Internet ou outros), sem permissão, por escrito, da Editora Atlas Ltda.
- Capa: Bruno Sales
- Editoração eletrônica: LWO Produção Editorial
- Ficha catalográfica

CIP-BRASIL. CATALOGAÇÃO NA PUBLICAÇÃO
SINDICATO NACIONAL DOS EDITORES DE LIVROS, RJ

C458t
8. ed.
v.2

Chiavenato, Idalberto, 1936-
Teoria geral da administração, volume 2 / Idalberto Chiavenato. - 8. ed. - Barueri [SP]: Atlas, 2021.

Sequência de: Teoria geral da administração, volume 1
Inclui bibliografia e índice
ISBN 978-65-5977-026-7

1. Administração. 2. Administração de empresas. 3. Comportamento organizacional. I. Título.

21-72305   CDD: 658
                                   CDU: 005.1

Camila Donis Hartmann - Bibliotecária - CRB-7/6472

À Rita.

Diz o velho e conhecido adágio popular que todo homem somente se realiza plenamente quando faz um filho, planta uma árvore e escreve um livro.

Já fiz todas essas três coisas.

Tive vários filhos, plantei inúmeras árvores e os vários livros que escrevi ultrapassaram fronteiras e enfrentaram desafios.

E tudo isso já se foi no tempo e no espaço.

Assim, acho que agora, vislumbrando o meu passado e o meu presente, tenho condições para avaliar serenamente tudo aquilo que realmente pode realizar um homem na plenitude de suas potencialidades materiais e espirituais.

Não é bem um filho, uma árvore ou um livro tão somente, que crescem, passam e se distanciam da gente.

É, sobretudo, o amor de uma mulher.

E mais do que tudo isso, é o seu amor que realmente me encanta e realiza como homem e criatura humana.

A você minha plena realização, dedico este livro com todo amor e ternura.

Parabéns!

Além da edição mais completa e atualizada do livro *Teoria Geral da Administração – vol. 2*, agora você tem acesso à Sala de Aula Virtual do Prof. Idalberto Chiavenato.

Chiavenato Digital é a solução que você precisa para complementar seus estudos.

São diversos objetos educacionais, como vídeos do autor, mapas mentais, estudos de caso e muito mais!

Para acessar, basta seguir o passo a passo descrito na orelha deste livro.

Bons estudos!

Confira o vídeo de apresentação da plataforma pelo autor.

uqr.to/hs6d

Sempre que o ícone 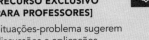 aparece, há um conteúdo disponível na Sala de Aula Virtual.

CASOS PARA DISCUSSÃO
[RECURSO EXCLUSIVO PARA PROFESSORES]
Situações-problema sugerem discussões e aplicações práticas dos conteúdos tratados.

CHIAVENÁRIO
Glossário interativo com as principais terminologias utilizadas pelo autor.

PARA REFLEXÃO
Situações e temas controversos são apresentados para promover a reflexão.

VÍDEOS
Vídeos esclarecedores e complementares aos conteúdos da obra são apresentados pelo autor.

SAIBA MAIS
Conteúdos complementares colaboram para aprofundar o conhecimento.

MAPAS MENTAIS
Esquemas sintetizam de forma gráfica os conteúdos desenvolvidos em cada capítulo.

EXERCÍCIOS
Ferramentas para estimular a aprendizagem.

 TENDÊNCIAS EM ADM
Atualidades e novos paradigmas da Administração são apresentados.

SOBRE O AUTOR

Idalberto Chiavenato é Doutor e Mestre em Administração pela City University Los Angeles (Califórnia, EUA), especialista em Administração de Empresas pela Escola de Administração de Empresas de São Paulo da Fundação Getulio Vargas (FGV EAESP), graduado em Filosofia e Pedagogia, com especialização em Psicologia Educacional, pela Universidade de São Paulo (USP), e em Direito pela Universidade Presbiteriana Mackenzie.

Professor honorário de várias universidades do exterior e renomado palestrante ao redor do mundo, foi professor da FGV EAESP. Fundador e presidente do Instituto Chiavenato e membro vitalício da Academia Brasileira de Ciências da Administração. Conselheiro e vice-presidente de Assuntos Acadêmicos do Conselho Regional de Administração de São Paulo (CRA-SP). Autor de 48 livros nas áreas de Administração, Recursos Humanos, Estratégia Organizacional e Comportamento Organizacional publicados no Brasil e no exterior. Recebeu três títulos de *Doutor Honoris Causa* por universidades latino-americanas e a Comenda de Recursos Humanos pela ABRH-Nacional.

PREFÁCIO

A crescente lacuna entre as competências organizacionais de ontem e as necessárias para o amanhã vem sendo gradativamente ampliada pelas novas tecnologias disruptivas e transformadoras que estão reformulando profundamente a maneira como as organizações funcionam. Entramos em uma nova era de competitividade organizacional, na qual os conceitos e as práticas administrativas estão se transformando rapidamente, em busca de novos rumos e novas soluções para os incríveis e imprevistos desafios da Era Digital. Como tudo muda rapidamente ao seu redor, as organizações precisam ter flexibilidade, presteza e agilidade para se adaptarem, em tempo real, ao aumento geométrico da complexidade, da volatilidade, da ambiguidade e da velocidade desse ambiente hipercompetitivo que as envolve. Tudo isso exige um novo modelo de Administração inovador e capaz de transformar velhos e tradicionais pilares da vantagem competitiva das organizações, como tamanho, escala e velocidade, em novas e mutáveis características. Para isso, é necessário um administrador à altura desse enorme desafio.

Agora como nunca, a Teoria Administrativa se tornou tão imprescindível para o sucesso das organizações. E quanto mais esse ambiente se torna mutável, instável e turbulento, repleto de incertezas e perplexidades, tanto maior é a necessidade de opções diferentes e criativas para a solução dos problemas e das situações que as organizações enfrentam e que se alteram de maneira cada vez mais rápida, diversa e inesperada, sob pena de se tornarem rapidamente obsoletas e ultrapassadas.

Nesse sentido, a Teoria Geral da Administração (TGA) – disciplina que nasceu com a primeira edição deste livro – constitui a orientação firme para o comportamento profissional de todos aqueles que lidam com a Administração. Assim, a TGA procura formar o profissional estrategista e ensiná-lo a pensar e raciocinar com uma nova mentalidade a partir de conceitos e ideias avançadas como um poderoso ferramental de trabalho. Essa é a caixa de ferramentas do administrador bem-sucedido.

Este livro está dividido em dois volumes. O primeiro volume trata das abordagens clássica, humanista e neoclássica da Administração. Cobre toda a base teórica sobre a qual todas as demais abordagens mais recentes se alicerçaram. Este segundo volume trata das abordagens estruturalista e comportamental que se sucederam e que, com as abordagens sistêmica e contingencial, proporcionaram toda a avalanche de conceitos e práticas que utilizamos atualmente em nossas organizações, e que constituem as bases sobre as quais iremos avançar e navegar na Era Digital e na Quarta Revolução Industrial. Nesse sentido, procuramos oferecer uma visão ampla e completa de todo o enorme e complexo manancial de conceitos e práticas que compõem a moderna Administração das organizações. Desejamos sucesso ao administrador nessa ousada iniciativa.

Idalberto Chiavenato

TEORIA GERAL DA ADMINISTRAÇÃO – VOLUME 1		
	Abordagens prescritivas e normativas da Administração		
PARTE I	INTRODUÇÃO À TEORIA GERAL DA ADMINISTRAÇÃO	1. A Administração e suas perspectivas: delineando o papel da Administração
PARTE II	ABORDAGEM CLÁSSICA DA ADMINISTRAÇÃO	2. Administração Científica: arrumando o chão da fábrica 3. Teoria Clássica da Administração: organizando a empresa
PARTE III	ABORDAGEM HUMANÍSTICA DA ADMINISTRAÇÃO	4. Teoria das Relações Humanas: humanizando a empresa 5. Decorrências da Teoria das Relações Humanas: entendendo o ser humano
PARTE IV	ABORDAGEM NEOCLÁSSICA DA ADMINISTRAÇÃO	6. Teoria Neoclássica da Administração: definindo o papel do administrador 7. Decorrências da Teoria Neoclássica da Administração: o processo administrativo 8. Decorrências da Teoria Neoclássica da Administração: dando forma à organização 9. Decorrências da Teoria Neoclássica da Administração: Administração por Objetivos (APO)

TEORIA GERAL DA ADMINISTRAÇÃO – VOLUME 2		
	Abordagens descritivas e explicativas da Administração		
PARTE I	ABORDAGEM ESTRUTURALISTA DA ADMINISTRAÇÃO	1. O modelo burocrático: em busca da organização ideal 2. Teoria Estruturalista da Administração: ampliando os horizontes da empresa
PARTE II	ABORDAGEM COMPORTAMENTAL DA ADMINISTRAÇÃO	3. Teoria Comportamental da Administração: dinamizando a empresa por meio das pessoas 4. Teoria do Desenvolvimento Organizacional (DO): empreendendo a mudança e a renovação empresarial
PARTE III	ABORDAGEM SISTÊMICA DA ADMINISTRAÇÃO	5. Tecnologia e Administração: criando a infraestrutura da empresa 6. Teoria Matemática da Administração: a influência da pesquisa operacional 7. Teoria de Sistemas: em busca de uma abordagem sistêmica
PARTE IV	ABORDAGEM CONTINGENCIAL DA ADMINISTRAÇÃO	8. Teoria da Contingência: em busca da flexibilidade e da agilidade
PARTE V	NOVAS ABORDAGENS EM ADMINISTRAÇÃO	9. Para onde vai a Administração?: a Administração em um mundo exponencial

Figura 1 Estrutura dos volumes 1 e 2 do livro.

SUMÁRIO

PARTE I – ABORDAGEM ESTRUTURALISTA DA ADMINISTRAÇÃO, 1

Capítulo 1
O MODELO BUROCRÁTICO: EM BUSCA DA ORGANIZAÇÃO IDEAL, 3

INTRODUÇÃO, 4
1.1 ORIGENS DA TEORIA DA BUROCRACIA, 4
    1.1.1 Origens da burocracia, 4
1.2 CARACTERÍSTICAS DA BUROCRACIA, 9
    1.2.1 Vantagens da burocracia, 14
    1.2.2 Racionalidade burocrática, 14
1.3 DISFUNÇÕES DA BUROCRACIA, 16
1.4 DIMENSÕES DA BUROCRACIA, 20
    1.4.1 Apreciação crítica da Teoria da Burocracia, 22
CONCLUSÃO, 26
RESUMO, 27
QUESTÕES, 27
REFERÊNCIAS, 28

Capítulo 2
TEORIA ESTRUTURALISTA DA ADMINISTRAÇÃO: AMPLIANDO OS HORIZONTES DA EMPRESA, 31

INTRODUÇÃO, 32
2.1 ORIGENS DA TEORIA ESTRUTURALISTA, 32
2.2 A SOCIEDADE DE ORGANIZAÇÕES, 33
2.3 ANÁLISE DAS ORGANIZAÇÕES, 35
2.4 TIPOLOGIA DAS ORGANIZAÇÕES, 39
2.5 OBJETIVOS ORGANIZACIONAIS, 42
2.6 AMBIENTE ORGANIZACIONAL, 44
2.7 CONFLITOS ORGANIZACIONAIS, 45
2.8 APRECIAÇÃO CRÍTICA DA TEORIA ESTRUTURALISTA, 50

CONCLUSÃO, 53
RESUMO, 54
QUESTÕES, 54
REFERÊNCIAS, 55

PARTE II – ABORDAGEM COMPORTAMENTAL DA ADMINISTRAÇÃO, 59

Capítulo 3
TEORIA COMPORTAMENTAL DA ADMINISTRAÇÃO: DINAMIZANDO A EMPRESA POR MEIO DAS PESSOAS, 61

INTRODUÇÃO, 62
3.1 ORIGENS DA TEORIA COMPORTAMENTAL, 62
3.2 NOVAS PROPOSIÇÕES SOBRE A MOTIVAÇÃO HUMANA, 63
    3.2.1 Hierarquia das necessidades de Maslow, 63
    3.2.2 Teoria dos Dois Fatores de Herzberg, 66
3.3 ESTILOS DE ADMINISTRAÇÃO, 71
    3.3.1 Teoria X e Teoria Y, 71
    3.3.2 Sistemas de Administração, 73
3.4 ORGANIZAÇÃO COMO UM SISTEMA SOCIAL COOPERATIVO, 79
3.5 PROCESSO DECISÓRIO, 80
3.6 COMPORTAMENTO ORGANIZACIONAL, 85
    3.6.1 Teoria do Equilíbrio Organizacional, 85
    3.6.2 Tipos de participantes, 86
3.7 CONFLITO ENTRE OBJETIVOS ORGANIZACIONAIS E INDIVIDUAIS, 87
    3.7.1 Negociação, 88
3.8 APRECIAÇÃO CRÍTICA DA TEORIA COMPORTAMENTAL, 89
CONCLUSÃO, 93
RESUMO, 94
QUESTÕES, 94
REFERÊNCIAS, 95

Capítulo 4
TEORIA DO DESENVOLVIMENTO ORGANIZACIONAL (DO): EMPREENDENDO A MUDANÇA E A RENOVAÇÃO EMPRESARIAL, 97

INTRODUÇÃO, 98
4.1 ORIGENS DO DESENVOLVIMENTO ORGANIZACIONAL (DO), 98
4.2 AS MUDANÇAS E A ORGANIZAÇÃO, 99
4.3 O QUE É DESENVOLVIMENTO ORGANIZACIONAL (DO), 108
4.4 O PROCESSO DE DESENVOLVIMENTO ORGANIZACIONAL (DO), 113
4.5 TÉCNICAS DE DESENVOLVIMENTO ORGANIZACIONAL (DO), 114

4.6 MODELOS DE DESENVOLVIMENTO ORGANIZACIONAL (DO), 118
    4.6.1 *Managerial grid* ou DO do tipo *grid*, 118
    4.6.2 Modelo de Lawrence e Lorsch, 122
    4.6.3 Teoria 3-D da eficácia gerencial de Reddin, 122
4.7 APRECIAÇÃO CRÍTICA DO DESENVOLVIMENTO ORGANIZACIONAL (DO), 125
CONCLUSÃO, 127
RESUMO, 127
QUESTÕES, 128
REFERÊNCIAS, 128

PARTE III – ABORDAGEM SISTÊMICA DA ADMINISTRAÇÃO, 131

Capítulo 5
TECNOLOGIA E ADMINISTRAÇÃO: CRIANDO A INFRAESTRUTURA DA EMPRESA, 135

INTRODUÇÃO, 136
5.1 O PONTO DE PARTIDA DA CIBERNÉTICA, 136
    5.1.1 Origens da Cibernética, 137
    5.1.2 Conceito de Cibernética, 138
    5.1.3 Representação dos sistemas: modelos, 140
    5.1.4 Principais conceitos relacionados com sistemas, 140
5.2 TEORIA DA INFORMAÇÃO, 145
    5.2.1 Conceito de Informática, 148
5.3 CONSEQUÊNCIAS DA INFORMÁTICA NA ADMINISTRAÇÃO, 149
5.4 DADOS, 156
    5.4.1 *Big data*, 157
    5.4.2 Nível de maturidade digital, 160
5.5 APRECIAÇÃO CRÍTICA DA TECNOLOGIA NA ADMINISTRAÇÃO, 161
CONCLUSÃO, 162
RESUMO, 163
QUESTÕES, 163
REFERÊNCIAS, 164

Capítulo 6
TEORIA MATEMÁTICA DA ADMINISTRAÇÃO: A INFLUÊNCIA DA PESQUISA OPERACIONAL, 165

INTRODUÇÃO, 166
6.1 ORIGENS DA TEORIA MATEMÁTICA NA ADMINISTRAÇÃO, 166
6.2 TEORIA DA DECISÃO E O PROCESSO DECISÓRIO, 167
6.3 MODELOS MATEMÁTICOS EM ADMINISTRAÇÃO, 169

6.4 **PESQUISA OPERACIONAL, 171**
    6.4.1 Qualidade total, 177
6.5 **A NECESSIDADE DE INDICADORES DE DESEMPENHO, 179**
6.6 **APRECIAÇÃO CRÍTICA DA TEORIA MATEMÁTICA, 185**
CONCLUSÃO, 192
RESUMO, 193
QUESTÕES, 194
REFERÊNCIAS, 195

Capítulo 7
TEORIA DE SISTEMAS: EM BUSCA DE UMA ABORDAGEM SISTÊMICA, 197

INTRODUÇÃO, 198
7.1 **ORIGENS DA TEORIA GERAL DE SISTEMAS (TGS), 198**
7.2 **CONCEITO DE SISTEMAS, 200**
7.3 **O SISTEMA ABERTO, 203**
7.4 **A ORGANIZAÇÃO COMO UM SISTEMA ABERTO, 204**
    7.4.1 Características das organizações como sistemas abertos, 205
7.5 **MODELOS DE ORGANIZAÇÃO, 207**
7.6 **APRECIAÇÃO CRÍTICA DA TEORIA DE SISTEMAS, 215**
CONCLUSÃO, 219
RESUMO, 220
QUESTÕES, 221
REFERÊNCIAS, 222

PARTE IV – ABORDAGEM CONTINGENCIAL DA ADMINISTRAÇÃO, 225

Capítulo 8
TEORIA DA CONTINGÊNCIA: EM BUSCA DA FLEXIBILIDADE E DA AGILIDADE, 229

INTRODUÇÃO, 230
8.1 **ORIGENS DA TEORIA DA CONTINGÊNCIA, 230**
    8.1.1 Pesquisa de Chandler sobre estratégia e estrutura, 231
    8.1.2 Pesquisa de Burns e Stalker sobre as organizações, 231
    8.1.3 Pesquisa de Lawrence e Lorsch sobre o ambiente, 233
    8.1.4 Pesquisa de Joan Woodward sobre a tecnologia, 234
8.2 **AMBIENTE, 237**
    8.2.1 Ambiente geral, 237
    8.2.2 Ambiente de tarefa, 238
    8.2.3 Tipologia de ambientes, 239

8.3 TECNOLOGIA, 242
    8.3.1 Tipologia de tecnologias de Thompson, 243
    8.3.2 Impacto da tecnologia, 246
8.4 AS ORGANIZAÇÕES E SEUS NÍVEIS, 247
8.5 ARRANJO ORGANIZACIONAL, 249
    8.5.1 Estrutura matricial, 250
    8.5.2 Organização por equipes, 251
    8.5.3 Abordagens em redes, 253
    8.5.4 Permeabilidade e flexibilidade das fronteiras organizacionais, 254
    8.5.5 Organizações virtuais, 255
8.6 MODELO CONTINGENCIAL DE MOTIVAÇÃO, 257
    8.6.1 Modelo de motivação de Vroom, 257
    8.6.2 Modelo de motivação de Lawler, 258
    8.6.3 Modelo de impulsos motivacionais, 260
    8.6.4 Clima organizacional, 261
8.7 APRECIAÇÃO CRÍTICA DA TEORIA DA CONTINGÊNCIA, 262
CONCLUSÃO, 265
RESUMO, 266
QUESTÕES, 267
REFERÊNCIAS, 268

PARTE V – NOVAS ABORDAGENS DA ADMINISTRAÇÃO, 271

Capítulo 9
PARA ONDE VAI A ADMINISTRAÇÃO?: A ADMINISTRAÇÃO EM UM MUNDO EXPONENCIAL, 289
INTRODUÇÃO, 290
9.1 MUDANÇA E INCERTEZA, 290
    9.1.1 A forte influência das tecnologias avançadas, 290
    9.1.2 Os desafios da Era da Informação, 292
9.2 SOLUÇÕES EMERGENTES JÁ EXPERIMENTADAS, 292
    9.2.1 Melhoria contínua, 293
    9.2.2 Qualidade total, 293
    9.2.3 Reengenharia, 295
    9.2.4 *Benchmarking*, 297
    9.2.5 Equipes de alto desempenho, 300
    9.2.6 Gestão de projetos, 300
9.3 A NOVA LÓGICA DAS ORGANIZAÇÕES, 302
9.4 O QUE ESTÁ ACONTECENDO, 303
    9.4.1 Gestão do conhecimento e do capital intelectual, 303
    9.4.2 Organizações de aprendizagem, 307

9.5 ÉTICA E RESPONSABILIDADE SOCIAL, 309
9.6 A ERA DIGITAL E A EXPONENCIALIDADE, 311
9.7 A QUARTA REVOLUÇÃO INDUSTRIAL, 317
9.8 AS EXPECTATIVAS QUANTO AO FUTURO, 318
    9.8.1 Estamos adequadamente preparados?, 319
    9.8.2 E o que virá no futuro?, 320
    9.8.3 Agilidade organizacional, 320
9.9 APRECIAÇÃO CRÍTICA DAS NOVAS ABORDAGENS, 322
    9.9.1 Profundo realinhamento e atualização de conceitos, 327
    9.9.2 O profundo impacto da TI, 330
    9.9.3 Simplificar e descomplicar para enfrentar a complexidade, 330
CONCLUSÃO, 331
RESUMO, 336
QUESTÕES, 336
REFERÊNCIAS, 337

ÍNDICE ALFABÉTICO, 341

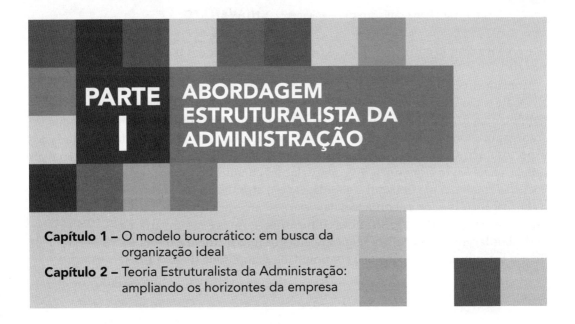

PARTE I — ABORDAGEM ESTRUTURALISTA DA ADMINISTRAÇÃO

Capítulo 1 – O modelo burocrático: em busca da organização ideal
Capítulo 2 – Teoria Estruturalista da Administração: ampliando os horizontes da empresa

No início do século 20, o sociólogo alemão Max Weber publicou uma bibliografia a respeito das grandes organizações da sua época. Deu-lhes o nome de *burocracia* e passou a considerar o século 20 como o século das burocracias, pois achava que estas eram as organizações características de uma nova época, plena de novos valores e de novas exigências. O aparecimento das burocracias coincidiu com o despontar do capitalismo, graças a inúmeros fatores, entre os quais a economia do tipo monetário, o mercado de mão de obra, o aparecimento do Estado-nação centralizado e a divulgação da ética protestante (que enfatizava o trabalho como um dom de Deus e a poupança como forma de evitar a vaidade e a ostentação).

As burocracias surgiram a partir da Era Vitoriana como decorrência da necessidade que as organizações sentiram de ordem e de exatidão e das reivindicações dos trabalhadores por um tratamento justo e imparcial. O modelo burocrático de organização surgiu como uma reação contra a crueldade, o nepotismo e os julgamentos tendenciosos e parciais, típicos das práticas administrativas desumanas e injustas do início da Revolução Industrial. Basicamente, a burocracia foi uma invenção social aperfeiçoada no decorrer da Revolução Industrial, embora tenha suas raízes na Antiguidade histórica, com a finalidade de organizar detalhadamente e de dirigir rigidamente as atividades das empresas com a maior eficiência possível. Rapidamente, a forma burocrática de Administração alastrou-se por todos os tipos de organizações humanas, como indústrias, empresas de prestação de serviços, repartições públicas e órgãos governamentais, organizações educacionais, militares, religiosas, filantrópicas etc., em uma crescente burocratização da sociedade. A organização burocrática é monocrática e está sustentada no direito de propriedade privada. Os dirigentes das organizações burocráticas – proprietários delas ou não – possuem enorme poder e elevado *status* social e econômico. Passaram, então, a constituir uma poderosa classe social.

Incontestavelmente, o primeiro teórico das organizações foi Max Weber, ao estudar as organizações sob um ponto de vista estruturalista, preocupando-se com sua racionalidade, isto é, com a relação entre os meios e os recursos utilizados e os objetivos a serem alcançados por elas. Para Weber, a organização por excelência é a burocracia.

Com o aparecimento, o crescimento e a proliferação das burocracias, a Teoria Administrativa – até então introspectiva e voltada apenas para os fenômenos internos da organização – ganhou uma nova dimensão por meio da abordagem estruturalista: além do enfoque intraorganizacional, surgiu o enfoque interorganizacional. A visão estreita e limitada aos aspectos internos da organização passou a ser ampliada e substituída por uma visão mais ampla, envolvendo a organização e suas relações com outras organizações dentro de uma sociedade maior. A partir daqui, a abordagem estruturalista se impõe definitivamente sobre a abordagem clássica e a abordagem das relações humanas. Embora predomine a *ênfase na estrutura*, a visão teórica ganha novas dimensões, formas e novas variáveis.

A abordagem estruturalista será estudada por intermédio da Teoria da Burocracia e da Teoria Estruturalista, que lhe deu continuidade e amplitude (Figura I.1).

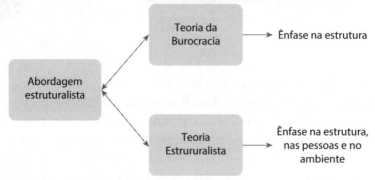

Figura I.1 Desdobramentos da abordagem estruturalista.

I.1 A ÉPOCA

Embora tivesse escrito sobre a burocracia décadas antes, foi somente com a tradução do alemão para o inglês, em 1947, que Max Weber – considerado o fundador do movimento estruturalista que se iniciou na Sociologia – passou a ser conhecido e discutido nos meios acadêmicos e empresariais. A abordagem estruturalista é um movimento que provocou o surgimento da Sociologia das Organizações e que criticaria e reorientaria os caminhos da Teoria Administrativa.

A década de 1940 foi particularmente tumultuada em função da Segunda Guerra Mundial, que eclodiu na Europa e galvanizou todos os esforços dos países nela envolvidos, bem como das organizações que estavam exigindo novos postulados da Administração.

Esta parte contará com dois capítulos, a saber:

1. O modelo burocrático: em busca da organização ideal
2. Teoria Estruturalista da Administração: ampliando os horizontes da empresa

1 O MODELO BUROCRÁTICO: EM BUSCA DA ORGANIZAÇÃO IDEAL

OBJETIVOS DE APRENDIZAGEM

- Identificar as origens da Teoria da Burocracia na Teoria Administrativa.
- Explicar as características do modelo burocrático proposto por Weber.
- Definir a racionalidade burocrática e as disfunções da burocracia.
- Descrever os diferentes graus de burocratização e as dimensões da burocracia.
- Proporcionar uma apreciação crítica acerca da Teoria da Burocracia.
- Explicar a sociedade de organizações e as tipologias de organizações.
- Proporcionar uma ideia dos objetivos e dos conflitos organizacionais.
- Oferecer uma apreciação crítica do estruturalismo na Administração.

O QUE VEREMOS ADIANTE

- Origens da Teoria da Burocracia.
- Características e vantagens da burocracia segundo Weber.
- Disfunções da burocracia.
- Graus de burocratização e dimensões da burocracia.
- Apreciação crítica da Teoria da Burocracia.
- A sociedade de organizações.
- Análise, tipologia e objetivos das organizações.
- Ambiente organizacional.

> **CASO INTRODUTÓRIO**
> **Abrindo a divisão de Pedro**
>
> Pedro Almeida é funcionário público federal há 22 anos. Em sua longa experiência em repartições públicas, Pedro conseguiu quatro promoções sucessivas e hoje é chefe de gabinete em um ministério ligado ao poder executivo. Em seu cargo de confiança, chefia uma divisão composta de quatro departamentos hermeticamente fechados entre si. São quatro feudos inacessíveis a qualquer tentativa externa de acesso. Pedro tem três dificuldades a transpor:
>
> 1. Como integrar os quatro departamentos que funcionam com total ignorância a respeito dos demais.
> 2. Como melhorar gradativamente o desempenho dos funcionários.
> 3. Como mudar e inovar.
>
> Quais sugestões você daria a Pedro?

INTRODUÇÃO

A partir da década de 1940, as críticas feitas tanto à Teoria Clássica – pelo seu mecanicismo – quanto à Teoria das Relações Humanas – pelo seu romantismo ingênuo – revelaram a falta de uma teoria administrativa sólida e abrangente. As obras do economista e sociólogo Max Weber[1] inspiraram uma nova teoria da organização. Surgiu, assim, a Teoria da Burocracia na Administração.

1.1 ORIGENS DA TEORIA DA BUROCRACIA

A Teoria da Burocracia surgiu em função dos seguintes aspectos:

- **A fragilidade e a parcialidade da Teoria Clássica e da Teoria das Relações Humanas:** oponentes e contraditórias, mas sem possibilitar uma abordagem global e integrada dos problemas organizacionais. Ambas revelam pontos de vista extremistas e incompletos sobre a organização, gerando a necessidade de um enfoque mais amplo e completo.
- **A necessidade de um modelo de organização racional** capaz de caracterizar todas as variáveis envolvidas, bem como o comportamento dos membros dela participantes, e aplicável a todas as formas de organização e empresas.
- **O crescente tamanho e a complexidade das empresas:** exigindo modelos organizacionais mais sofisticados.[2] As teorias anteriores mostraram-se insuficientes para atender às novas exigências.
- **O surgimento da Sociologia da Burocracia:** a partir da descoberta dos trabalhos de Max Weber,[3] seu criador. Ela propõe um modelo de organização racional, e as organizações não tardaram em aplicá-lo na prática, surgindo as burocracias.[4]

1.1.1 Origens da burocracia

A burocracia é uma forma de organização que se baseia na racionalidade, isto é, na adequação dos meios aos objetivos (fins) pretendidos, a fim de garantir a máxima eficiência no alcance desses objetivos. As origens da burocracia remontam à época da Antiguidade.[5] A burocracia – tal como ela existe hoje, como base do sistema de produção – teve sua origem nas mudanças religiosas verificadas após o Renascimento. Weber salienta que o sistema de produção, racional e capitalista, não se originou das mudanças tecnológicas, nem das relações de propriedade, mas de um novo conjunto de normas sociais morais, às quais denominou "ética protestante": o trabalho duro e árduo, como dádiva de Deusa, poupança e o ascetismo levaram à reaplicação das rendas excedentes, em vez do seu dispêndio e consumo em símbolos materiais e improdutivos de vaidade e prestígio.[6] Verificou que o capitalismo, a burocracia (forma de organização) e a ciência moderna são três formas de racionalidade que surgiram a partir dessas mudanças religiosas nos países protestantes, e não em países católicos. Semelhanças entre o protestante (principalmente o calvinista) e o comportamento capitalista são muito fortes. Essas três formas de racionalidade se apoiaram mutuamente nas mudanças religiosas.[7]

Para compreender a burocracia, Weber estudou os tipos de sociedade e de autoridade.

- **Tipos de sociedade:** Weber distingue três tipos de sociedade:

    1. **Sociedade tradicional:** onde predominam características patriarcais e patrimonialistas, como a família, o clã, a sociedade medieval etc.

    2. **Sociedade carismática:** onde predominam características místicas, arbitrárias e personalísticas, como em grupos revolucionários, partidos políticos, nações em revolução.

    3. **Sociedade legal, racional ou burocrática:** onde predominam normas impessoais e racionalidade na escolha dos meios e dos fins, como nas grandes empresas, nos Estados modernos, nos exércitos etc.

- **Tipos de autoridade:** para Weber, a cada tipo de sociedade corresponde um tipo de autoridade. "Autoridade é a probabilidade de que um comando ou ordem específica seja obedecido."[8] A autoridade é o poder institucionalizado e oficializado. Poder implica potencial para exercer influência sobre outras pessoas, envolve a probabilidade de impor a própria vontade em uma relação social, mesmo contra qualquer forma de resistência e qualquer que seja o fundamento dessa probabilidade.[9] O poder, portanto, é a possibilidade de imposição de arbítrio por parte de uma pessoa sobre a conduta de outras. A autoridade proporciona o poder: ter autoridade é ter poder. A recíproca nem sempre é verdadeira, pois ter poder nem sempre significa ter autoridade. A autoridade – e o poder decorrente – depende da legitimidade, que é a capacidade de justificar seu exercício.

Legitimidade é o motivo que explica por que as pessoas obedecem às ordens de alguém, conferindo-lhe poder. Essa aceitação e justificação do poder é chamada legitimação. A autoridade é legítima quando é aceita. E se ela proporciona poder, o poder conduz à dominação.

Dominação significa que a vontade manifesta (ordem) do dominador influencia a conduta dos outros (dominados) de forma que a ordem se transforma em norma de conduta (obediência) para os subordinados. A dominação é uma relação de poder na qual o governante (ou dominador) – a pessoa que impõe seu arbítrio sobre as demais – acredita ter o direito de exercer o poder e os governados (dominados) se obrigam a obedecer às ordens. As crenças que legitimam o poder existem tanto na mente do líder quanto na dos subordinados e determinam a relativa estabilidade da dominação.

A tipologia de autoridade de Weber baseia-se não nos tipos de poder utilizados, mas nas fontes e nos tipos de legitimidade aplicados.[10] A dominação exige um aparato administrativo quando exercida sobre um grande número de pessoas e um vasto território, além de um pessoal administrativo para executar as ordens e servir como ponto de ligação entre governo e governados.[11]

Para Mouzelis,[12] a legitimação e o aparato administrativo constituem os dois critérios para a tipologia weberiana que aponta três tipos de autoridade legítima:[13] tradicional; carismática; e a racional, legal ou burocrática.

- **Autoridade tradicional:** quando os subordinados aceitam as ordens dos superiores como justificadas, porque essa sempre foi a maneira pela qual as coisas foram feitas. O domínio patriarcal do pai de família, do chefe do clã, o despotismo real são o tipo mais puro de autoridade tradicional. O poder tradicional não é racional, pode ser transmitido por herança e é extremamente conservador. Toda mudança social implica rompimento das tradições e ocorre em tipos de empresas familiares mais fechadas.[14]

  A legitimação do poder na dominação tradicional provém da crença no passado eterno, na justiça e na maneira tradicional de agir. O líder tradicional é o senhor que comanda em virtude de seu *status* de herdeiro ou sucessor. Suas ordens são pessoais e arbitrárias, seus limites são fixados pelos costumes e hábitos, e seus súditos obedecem-no por respeito ao seu *status* tradicional.

  A dominação tradicional (típica da sociedade patriarcal), quando envolve grande número de pessoas e um vasto território, pode assumir duas formas de aparato administrativo para garantir sua sobrevivência:[15]

  1. **Forma patrimonial:** na qual os funcionários que preservam a dominação tradicional são os servidores pessoais do senhor – parentes, favoritos, empregados etc. – e, em geral, dependentes economicamente dele.
  2. **Forma feudal:** na qual o aparato administrativo apresenta maior grau de autonomia com relação ao senhor. Os funcionários – vassalos ou suseranos – são aliados do senhor e lhe prestam um juramento de fidelidade. Em virtude desse contrato, os vassalos exercem uma jurisdição independente, dispõem de seus próprios domínios administrativos e não dependem do senhor no que tange à remuneração e à subsistência.

- **Autoridade carismática:** quando os subordinados aceitam as ordens do superior por causa da influência da personalidade e da liderança do superior com o qual se identificam. *Carisma* é um termo usado anteriormente com sentido religioso, significando o dom gratuito de Deus, estado de graça etc. Weber usa o termo como uma qualidade extraordinária e indefinível de uma pessoa. É aplicável a líderes políticos como Hitler, Kennedy etc., e a capitães de indústria, como Matarazzo, Ford, Steve Jobs etc. O poder carismático é um poder sem base racional, é instável e pode adquirir características revolucionárias, como Fidel Castro. Não pode ser delegado, nem recebido em herança, como o tradicional.

  A legitimação da autoridade carismática provém das características carismáticas do líder e da devoção e do arrebatamento que impõe aos seguidores. O aparato administrativo na dominação carismática envolve um grande número de seguidores, discípulos e subordinados leais e devotados, para desempenharem o papel de intermediários entre o líder carismático e a massa. O pessoal administrativo é escolhido e selecionado pela confiança que o líder deposita neles. A seleção não se baseia na qualificação pessoal nem na capacidade técnica, mas na devoção e na confiabilidade no subordinado. Se ele deixa de merecer confiança, é substituído por outro mais confiável. Daí a inconstância e a instabilidade do seu aparato administrativo.

SAIBA MAIS **Sobre carisma**

As sociedades em períodos revolucionários (como a Rússia em 1917 ou a Alemanha nazista em 1933) e os partidos políticos revolucionários ou líderes, como Jânio Quadros ou Getúlio Vargas, são exemplos de autoridade carismática. O líder se impõe por possuir habilidades mágicas, revelações de heroísmo ou poder mental de locução, e não em virtude de sua posição ou hierarquia. É uma autoridade baseada na devoção afetiva e pessoal e no arrebatamento emocional dos seguidores em relação à sua pessoa.

- **Autoridade legal, racional ou burocrática:** quando os subordinados aceitam as ordens dos superiores como justificadas, porque concordam com preceitos ou normas que consideram legítimos e dos quais deriva o comando. É o tipo de autoridade técnica, meritocrática e **administrável**. Baseia-se em leis promulgadas e regulamentadas mediante procedimentos formais e corretos. O conjunto governante é eleito e exerce o comando de autoridade sobre os comandos, seguindo certas normas e leis. A obediência não é devida a alguma pessoa em si, mas a um conjunto de regras e regulamentos legais previamente estabelecidos.[16]

A legitimidade do poder racional e legal se baseia em normas legais racionalmente definidas.

Na dominação legal, a crença na justiça da lei é o sustentáculo da legitimação. O povo obedece às leis porque acredita que elas são decretadas por um procedimento escolhido pelos governados e pelos governantes.

O aparato administrativo na dominação legal é a burocracia. Tem o seu fundamento nas leis e na ordem legal. A posição dos funcionários (burocratas) e suas relações com o governante, os governados e colegas burocratas são definidas por regras impessoais e escritas, que delineiam de forma racional a hierarquia do aparato administrativo, direitos e deveres inerentes a cada posição, métodos de recrutamento e seleção etc. A burocracia é a organização típica da sociedade moderna e democrática e das grandes empresas que existe na moderna estrutura do Estado, nas organizações não estatais e nas grandes empresas. Por contrato ou instrumento representativo da relação de autoridade numa empresa capitalista, as relações de hierarquia passam a constituir esquemas de autoridade legal.

Quadro 1.1 Tipologia de sociedade e tipologia de autoridade e suas características segundo Weber

Tipos de sociedade	Características	Exemplos	Tipos de autoridade	Características	Legitimação	Aparato administrativo
Tradicional	Patriarcal e patrimonialista. Conservantismo	Clã, tribo, família, sociedade, medieval	Tradicional	Não é racional. Poder herdado ou delegado. Baseada no "senhor"	Tradição, hábitos, usos e costumes	Forma feudal e patrimonial
Carismática	Personalista, mística e arbitrária. Revolucionária	Grupos revolucionários, partidos políticos, nações em revolução	Carismática	Não é racional, nem herdada, nem delegável. Baseada no carisma	Traços pessoais (heroísmo, magia, poder mental) do líder	Inconstante e instável. Escolhido por lealdade e devoção ao líder, e não por qualificações
Legal, racional e burocrática	Racionalidade dos objetivos e dos meios	Estados modernos, empresas e exércitos	Legal, racional e burocrática	Legal, racional, formal e impessoal. Meritocrática	Justiça, lei. Promulgação. Regulamentação de normas legais	Burocracia

Capítulo 1 – O modelo burocrático 9

 Aumente seus conhecimentos sobre **A burocracia como produto do Estado moderno** na seção *Saiba mais* TGA 2 1.1

Weber identifica três fatores para o desenvolvimento da burocracia:

1. **Desenvolvimento da economia monetária:** a moeda não apenas facilita, mas racionaliza as transações econômicas. Na burocracia, a moeda assume o lugar da remuneração em espécie para os funcionários, permitindo a centralização da autoridade e o fortalecimento da administração burocrática.
2. **Crescimento quantitativo e qualitativo das tarefas administrativas do Estado moderno:** apenas um tipo burocrático de organização poderia arcar com a enorme complexidade e o tamanho de tais atividades do Estado.
3. **A superioridade técnica do modelo burocrático em termos de eficiência:** serviu como a força autônoma interna para impor sua prevalência. "A razão decisiva da superioridade da organização burocrática foi sua superioridade técnica sobre qualquer outra forma de organização."[17]

O modelo concebido com antecipação por Max Weber foi utilizado por grandes organizações modernas, como General Motors, United States Steel, Philips, Ford e grandes bancos, durante boa parte do século 20. Todas elas já substituíram seu velho modelo estrutural há muito tempo. Ele é atualmente considerado obsoleto e ultrapassado.

PARA REFLEXÃO

A Proteus
Alexandre é o proprietário da Proteus, uma conhecida empresa do ramo imobiliário. Depois de décadas de atividade, a Proteus precisa deslanchar para abrir novos mercados.
Durante todo esse tempo, Alexandre havia assumido uma autoridade tipicamente carismática e que agora precisa ser modificada para permitir o crescimento da empresa.
Reflita sobre quais são as alternativas para ele.

1.2 CARACTERÍSTICAS DA BUROCRACIA

Segundo o conceito popular, a *burocracia* é entendida como uma organização na qual o papelório se multiplica e se avoluma, impedindo soluções rápidas ou eficientes. O termo também é empregado com o sentido de apego dos funcionários a regulamentos e rotinas, causando ineficiência à organização. O leigo passou a dar o nome de burocracia aos defeitos do sistema (disfunções), que são muitos, e não ao sistema em si mesmo. O conceito de burocracia para Max Weber é exatamente o contrário: a burocracia é a organização eficiente por excelência e define nos mínimos detalhes como as coisas deverão ser feitas.

Segundo Weber, a burocracia apresenta dez características:[18]

1. **Caráter legal das normas e regulamentos:** a burocracia é uma organização ligada por normas e regulamentos estabelecidos previamente por escrito. Assim, é uma organização baseada em uma legislação própria (como a Constituição para o Estado ou os estatutos para a empresa privada) que define como a organização deverá funcionar. Essas normas e regulamentos são escritos e exaustivos, pois cobrem todas as áreas da organização, preveem todas as ocorrências e as enquadram em um esquema capaz de regular tudo o que ocorra dentro da organização. As normas e os regulamentos são legais porque conferem às pessoas investidas da autoridade um poder de coação sobre os subordinados e os meios coercitivos capazes de impor a disciplina. Assim, a burocracia é uma estrutura social legalmente organizada.

2. **Caráter formal das comunicações:** a burocracia é uma organização ligada por comunicações escritas. As regras, decisões e ações administrativas são formuladas e registradas por escrito. Daí o caráter formal da burocracia: todas as ações e procedimentos requerem comprovação e documentação adequadas para assegurar a interpretação unívoca das comunicações. Como as comunicações são repetitivas e constantes, a burocracia lança mão de rotinas e formulários para facilitar e rotinizar o preenchimento e sua formalização. A burocracia é uma estrutura social formalmente organizada.

3. **Caráter racional e divisão do trabalho:** a burocracia é uma organização que se caracteriza por uma sistemática divisão do trabalho que atende a uma racionalidade, isto é, ela é adequada aos objetivos a serem atingidos: a eficiência da organização. Daí o aspecto racional da burocracia. Há uma divisão sistemática do trabalho e do poder, definindo as atribuições de cada participante que tem um cargo específico, funções específicas e uma esfera de competência e responsabilidade. Cada um deve saber qual a sua tarefa, qual é a sua capacidade de comando sobre os outros e quais são os limites de sua tarefa, direito e poder, para não os ultrapassar, não interferir na competência alheia nem prejudicar a estrutura existente. Assim, a burocracia é uma estrutura social racionalmente organizada.

4. **Impessoalidade nas relações pessoais:** a distribuição das atividades é feita impessoalmente, ou seja, em termos de cargos e funções, e não de pessoas envolvidas. Daí o caráter impessoal da burocracia. A administração da burocracia é realizada sem considerar as pessoas como pessoas, mas como ocupantes de cargos e de funções. O poder de cada pessoa é impessoal e deriva do cargo que ocupa. A obediência prestada pelo subordinado ao superior também é impessoal. Ele obedece ao superior, não em consideração à sua pessoa, mas ao cargo que ele ocupa. A burocracia precisa garantir a sua continuidade ao longo do tempo: as pessoas vêm e vão, os cargos e as funções permanecem. Assim, a burocracia é uma estrutura social impessoalmente organizada.

5. **Hierarquia da autoridade:** a burocracia é uma organização que estabelece os cargos segundo o princípio da hierarquia. Cada cargo inferior deve estar sob o controle e a supervisão de um posto superior. Nenhum cargo fica sem controle ou supervisão. Daí a necessidade da hierarquia da autoridade para definir as chefias nos vários escalões de autoridade. Todos os cargos estão dispostos em uma estrutura hierárquica que encerra privilégios e obrigações, definidos por regras específicas. A autoridade – o poder de controle resultante de uma posição – é inerente ao cargo, e não ao indivíduo que desempenha

o papel oficial. A distribuição de autoridade serve para reduzir ao mínimo o atrito, por via do contato (oficial) restritivo, em relação às maneiras definidas pelas regras da organização. Dessa forma, o subordinado está protegido da ação arbitrária do seu superior, pois as ações de ambos se processam dentro de um conjunto mutuamente reconhecido de regras.[19] Assim, a burocracia é uma estrutura social hierarquicamente organizada.

6. **Rotinas e procedimentos padronizados:** a burocracia é uma organização que fixa as regras e normas técnicas para o desempenho de cada cargo. O ocupante de um cargo – o funcionário – não faz o que quer, mas o que a burocracia impõe que ele faça. As regras e normas técnicas regulam a conduta do ocupante, cujas atividades são executadas de acordo com rotinas e procedimentos. A disciplina no trabalho e o desempenho no cargo são assegurados por um conjunto de regras e normas que ajustam o funcionário às exigências do cargo e da organização: a máxima produtividade. Essa racionalização do trabalho encontrou sua forma mais extremada na Administração Científica, com o condicionamento e treinamento racionais do desempenho no trabalho.[20] As atividades de cada cargo são desempenhadas segundo padrões definidos relacionados com os objetivos da organização. Os padrões facilitam a avaliação do desempenho de cada participante.

7. **Competência técnica e meritocracia:** a burocracia é uma organização na qual a escolha das pessoas é baseada no mérito e na competência técnica, e não em preferências pessoais. A seleção, admissão, transferência e promoção dos funcionários são baseadas em critérios de avaliação e classificação válidos para toda a organização, e não em critérios particulares e arbitrários. Esses critérios universais são racionais e levam em conta a competência, o mérito e a capacidade do funcionário em relação ao cargo. Daí a necessidade de exames, concursos, testes e títulos para admissão e promoção dos funcionários.

8. **Especialização da administração:** a burocracia é uma organização que se baseia na separação entre a propriedade e a administração. Os membros do corpo administrativo estão separados da propriedade dos meios de produção. Os administradores da burocracia não são seus donos, acionistas ou proprietários. O dirigente não é necessariamente o dono do negócio ou o grande acionista da organização, mas um profissional especializado na sua administração. Com a burocracia surge o profissional que se especializa em gerir a organização, afastando o capitalista da gestão dos negócios, permitindo que diversifique suas aplicações financeiras de capital. Os meios de produção, isto é, os recursos necessários para desempenhar as tarefas da organização, não são propriedade dos burocratas. O funcionário não pode vender, comprar ou herdar sua posição ou cargo nem pode apropriar-se dele ou integrá-lo ao seu patrimônio privado. A estrita separação entre os rendimentos e bens privados e públicos é a característica específica da burocracia e que a distingue dos tipos patrimonial e feudal de administração.[21] "Existe um princípio de completa separação entre a propriedade que pertence à organização e a propriedade pessoal do funcionário (...)".[22]

9. **Profissionalização dos participantes:** a burocracia é uma organização que se caracteriza pela profissionalização dos participantes. Cada funcionário da burocracia é um profissional, pois:

   a) **É um especialista:** cada funcionário é especializado nas atividades do seu cargo. Sua especialização varia conforme o nível hierárquico. Enquanto os que ocupam posições no topo da organização são generalistas, à medida que se desce nos escalões hierárquicos, os que ocupam posições mais baixas vão se tornando gradativamente mais especialistas.

b) **É assalariado:** o funcionário da burocracia participa da organização e, para tanto, percebe salário correspondente ao cargo que ocupa. Quanto mais elevado o cargo na escala hierárquica, maior o salário e, obviamente, o poder. O funcionário é recompensado exclusivamente por salários e não deve receber pagamentos de clientes, a fim de preservar sua orientação para a organização. O trabalho na burocracia representa a principal ou a única fonte de renda do funcionário.

c) **É ocupante de cargo:** o funcionário da burocracia é um ocupante de cargo e seu cargo é sua principal atividade na organização, tomando todo o seu tempo de permanência nela. O funcionário não ocupa um cargo por vaidade ou honraria, mas porque é o seu meio de vida, o seu ganha-pão.

d) **É nomeado pelo superior hierárquico:** o funcionário é um profissional selecionado e escolhido por sua competência e capacidade, nomeado (admitido), assalariado, promovido ou demitido da organização pelo seu superior hierárquico. O superior hierárquico tem plena autoridade (autoridade de linha) sobre seus subordinados. Em outros termos, é o superior quem toma decisões a respeito de seus subordinados.

e) **Seu mandato é por tempo indeterminado:** o funcionário ocupa um cargo dentro da burocracia, e o tempo de permanência no cargo é indefinido e indeterminado. Não que o cargo seja vitalício, mas porque não existe norma ou regra que determine previamente o tempo de permanência dele, seja no cargo, seja na organização.

f) **Segue carreira dentro da organização:** à medida que o funcionário demonstra mérito, capacidade e competência, ele pode ser promovido para outros cargos superiores. O funcionário também é recompensado por uma sistemática promoção, por meio de carreira dentro da organização. Ele é um profissional que faz do trabalho a sua carreira, ao longo de sua vida.

g) **Não possui a propriedade dos meios de produção e administração:** o administrador gere a organização em nome dos proprietários, enquanto o funcionário, para trabalhar, precisa das máquinas e dos equipamentos fornecidos pela organização. Como as máquinas e os equipamentos vão se tornando sofisticados pela tecnologia e, portanto, mais caros, somente as organizações têm condições financeiras de adquiri-los. Daí as organizações assumirem o monopólio dos meios de produção. O administrador administra a organização, mas não é o proprietário dos meios de produção. O funcionário utiliza as máquinas e os equipamentos, mas não é dono deles.

h) **É fiel ao cargo e identifica-se com os objetivos da empresa:** o funcionário passa a defender os interesses do cargo e da organização, em detrimento dos demais interesses envolvidos, inclusive do cliente.

i) **O administrador profissional tende a controlar cada vez mais as burocracias:** as burocracias são dirigidas e controladas por administradores profissionais, pelas seguintes razões:
- Aumento do número de acionistas das organizações, ocasionando dispersão e fragmentação da propriedade das suas ações.

- Em função de sua riqueza, os proprietários passaram a dispersar o risco do seu investimento em várias organizações. Em decorrência, o controle acionário está subdividido e diminuído com o aumento do número de acionistas.
- Por meio de sua carreira na organização, os administradores profissionais chegam a posições de comando sem possuírem a propriedade da coisa comandada e controlada. O administrador pode ter mais poder sobre a organização do que um grande acionista.

10. **Completa previsibilidade do funcionamento:** a consequência desejada da burocracia é a previsibilidade do comportamento dos seus membros. O modelo burocrático de Weber pressupõe que o comportamento dos funcionários da organização é perfeitamente previsível: todos os funcionários deverão se comportar de acordo com as normas e os regulamentos da organização, a fim de que esta atinja a máxima eficiência possível. Tudo na burocracia é estabelecido no sentido de prever com antecipação todas as ocorrências e rotinizar a sua execução, para que a máxima eficiência do sistema seja alcançada.

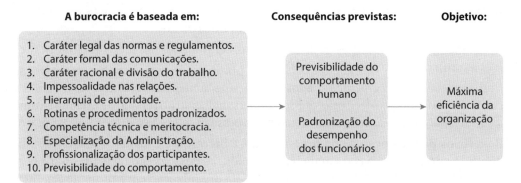

Figura 1.1 Características da burocracia e suas consequências segundo Weber.

PARA REFLEXÃO

A organização da Movibrás

Após rigoroso e exaustivo processo seletivo, Jorge conseguiu um emprego na Movibrás, uma grande empresa produtora de artigos de consumo, como supervisor de Tesouraria. Nos seus primeiros dias na empresa, Jorge passou por um programa de integração para melhor conhecer as características da organização. Recebeu vários manuais contendo regras, regulamentos, rotinas, descrição do seu cargo, deveres e responsabilidades como funcionário etc. Ficou impressionado com o alto grau de organização e de padronização existente na empresa. Em sua opinião, isso seria realmente uma característica positiva da organização? Não seria demasiado organizada e pouco espontânea?

1.2.1 Vantagens da burocracia

Weber viu inúmeras razões para explicar o avanço da burocracia sobre as outras formas de organização. Para ele, as principais vantagens da burocracia **são:**

- **Racionalidade** em relação ao alcance dos objetivos da organização.
- **Precisão** na definição do cargo e na operação e no conhecimento exato dos deveres.
- **Rapidez nas decisões**, pois cada um conhece o que deve ser feito e por quem, e as ordens e os papéis tramitam por meio de canais preestabelecidos.
- **Univocidade de interpretação** garantida pela regulamentação específica e escrita. Porém, a informação é discreta, pois é fornecida apenas a quem deve recebê-la.
- **Uniformidade de rotinas e procedimentos** que favorece a padronização, redução de custos e erros, pois as rotinas são definidas por escrito.
- **Continuidade da organização** por meio da substituição do pessoal que é afastado. Além disso, os critérios de seleção e escolha do pessoal baseiam-se na capacidade e na competência técnica.
- **Redução do atrito entre as pessoas**, pois cada funcionário sabe o que é exigido dele e conhece os limites entre suas responsabilidades e dos outros.
- **Constância**, os mesmos tipos de decisão devem ser tomados nas mesmas circunstâncias.
- **Confiabilidade**, pois o negócio é conduzido por meio de regras conhecidas, e os casos similares são metodicamente tratados pela mesma maneira sistemática. As decisões são previsíveis e o processo decisório, por ser despersonalizado no sentido de excluir sentimentos irracionais, como amor, raiva, preferências pessoais, elimina a discriminação pessoal.
- **Benefícios para as pessoas na organização**, a hierarquia é formalizada, o trabalho é dividido entre as pessoas de maneira ordenada, as pessoas são treinadas para se tornarem especialistas, podendo encarreirar-se na organização em função de seu mérito pessoal e competência técnica.

Quadro 1.2 Vantagens da burocracia segundo Weber

- Racionalidade.
- Precisão na definição do cargo e da operação.
- Rapidez nas decisões.
- Univocidade de interpretação.
- Uniformidade de rotinas e procedimentos.
- Continuidade da organização.
- Redução do atrito entre as pessoas.
- Constância.
- Confiabilidade.
- Benefícios para as pessoas nas organizações.

1.2.2 Racionalidade burocrática

Um conceito ligado à burocracia é o de racionalidade. No sentido weberiano, a racionalidade implica adequação dos meios aos fins. No contexto burocrático, isso significa eficiência.[23]

Uma organização é racional se os meios mais eficientes são escolhidos para a implementação das metas. No entanto, são as metas coletivas da organização, e não as de seus membros individuais, que são levadas em consideração. Desse modo, o fato de uma organização ser racional não significa que seus membros ajam racionalmente no que concerne às suas próprias metas e aspirações. Muito pelo contrário, quanto mais racional e burocrática é a organização, tanto mais as pessoas tornam-se engrenagens de uma máquina, ignorando o propósito e o significado do seu comportamento.[24] Esse é o tipo de racionalidade que Mannheim[25] denomina racionalidade funcional. Para Weber, a racionalidade funcional é alcançada pela elaboração de regras, com base no conhecimento científico para dirigir todo comportamento de encontro à eficiência.[26]

SAIBA MAIS — **Racionalização**

Weber usa o termo *burocratização* em um sentido mais amplo, referindo-se também às formas de agir e de pensar que existem fora do contexto organizacional e que permeiam toda a vida social. O termo *burocratização* coincide com o conceito de racionalização.[27] O racionalismo pode referir-se aos meios racionais e sua adequação para se chegar a um fim atividade racional da organização burocrática, como também pode se referir à visão racional do mundo mediante conceitos precisos e abstratos da ciência, rejeitando a religião e os valores metafísicos (desmistificação do próprio mundo).

Embora considerasse a burocracia a mais eficiente forma de organização criada pelo homem, Weber temia essa eficiência, cujos resultados, advindos da crescente burocratização do mundo moderno, seriam uma ameaça à liberdade individual e às instituições democráticas das sociedades ocidentais.[28]

Para ser eficiente, a organização exige um tipo especial de legitimidade, racionalidade, disciplina e obediência às regras. Os burocratas que formam o corpo administrativo da estrutura da organização devem seguir as regras impostas e servir aos objetivos da organização. Contudo, a capacidade para aceitar ordens e regras como legítimas exige um nível de renúncia que é difícil manter.[29] Daí a fragilidade da estrutura burocrática: ela precisa ser protegida contra pressões externas para poder ser dirigida para seus objetivos, e não para outros.[30]

SAIBA MAIS — **Sobre crise de sucessão**

Na organização burocrática, as identificações referem-se à posição, e não ao ocupante. Se os indivíduos se ausentam, morrem ou se aposentam, são substituídos por outros pelo critério de qualificação técnica e a eficiência da organização não é prejudicada. Porém, a ausência ou morte de um chefe não burocrático – o presidente ou proprietário único – provoca uma crise de sucessão, que leva a um período de instabilidade. A crise de sucessão é mais evidente nos Estados totalitários, embora exista também em empresas, igrejas, exércitos ou outras organizações.[31]

PARA REFLEXÃO

Como imprimir racionalidade à @lert?

Feliciano Alpert fundou a @lert há alguns anos e imprimira nela todo o seu carisma pessoal. Agora que acabou o impulso inicial e a empresa crescera o suficiente, Feliciano pretende organizar e burocratizar sua empresa para imprimir racionalidade no sentido de evitar perdas e desperdícios decorrentes da improvisação e da falta de planejamento. Como tornar sua empresa um verdadeiro modelo burocrático?

1.3 DISFUNÇÕES DA BUROCRACIA

Para Weber, a burocracia é uma organização cujas consequências desejadas se resumem na previsibilidade do seu funcionamento no sentido de obter sua maior eficiência. Entretanto, ao estudar as consequências previstas (ou desejadas) da burocracia que a levam à máxima eficiência, Merton[32] notou consequências imprevistas (ou não desejadas) e que levam à ineficiência e às imperfeições. A essas consequências imprevistas, Merton deu o nome de disfunções da burocracia para designar suas anomalias de funcionamento responsáveis pelo sentido pejorativo que o termo *burocracia* adquiriu junto aos leigos. Os cientistas deram muita ênfase aos resultados positivos da organização burocrática e descuidaram das tensões internas, enquanto, pelo contrário, o leigo tem exagerado as imperfeições da burocracia. Merton concluiu que não existe uma organização totalmente racional e o formalismo não tem a eficiência descrita por Weber. O conceito popular de burocracia indica que o grau de eficiência administrativa deste sistema social racional é baixíssimo, pois o tipo ideal de burocracia sofre graves disfunções quando operado por pessoas. Segundo Merton, as pessoas – excluídas dos estudos de um sistema social mecanicista e desumano – quando participam da burocracia, fazem com que a previsibilidade do comportamento, que deveria ser a máxima consequência da organização, escape ao modelo preestabelecido. Verifica-se, então, o que Merton chamou de disfunções da burocracia.[33]

Cada disfunção é uma consequência não prevista ou ignorada pelo modelo weberiano, um desvio ou exagero do burocrata em cada uma de suas características fundamentais.

Figura 1.2 Modelo burocrático de Weber.

 VOLTANDO AO CASO INTRODUTÓRIO
Abrindo a Divisão de Pedro

Pedro Almeida pretende avaliar o desempenho dos funcionários para criar meios de torná-los mais eficazes. Uma ideia seria avaliar periodicamente – a cada seis meses – o desempenho de cada funcionário e conversar com ele a respeito dos resultados, programar ações de melhoria e criar condições para mudar e inovar a divisão. Você acha que Pedro está no caminho certo? Como você poderia ajudá-lo?

Segundo Merton, são oito as principais disfunções da burocracia:[34]

1. **Internalização das regras e apego aos regulamentos:** as diretrizes da burocracia, emanadas por meio das normas e dos regulamentos para atingir os objetivos da organização, tendem a adquirir um valor positivo, próprio e importante, independentemente daqueles objetivos, passando a substituí-los gradativamente. As normas e os regulamentos passam a se mudar de meios para objetivos. Passam a ser absolutos e prioritários: o funcionário adquire "viseiras" e esquece que a flexibilidade é uma das principais características de qualquer atividade racional. Com isso, o funcionário burocrata torna-se um especialista, não por possuir conhecimento de suas tarefas, mas por conhecer perfeitamente as normas e os regulamentos que dizem respeito ao seu cargo ou função. Os regulamentos, de meios, passam a ser os principais objetivos do burocrata.

2. **Excesso de formalismo e de papelório:** a necessidade de documentar e de formalizar todas as comunicações dentro da burocracia a fim de que tudo possa ser testemunhado por escrito pode conduzir à tendência ao excesso de formalismo, documentação e papelório. O papelório constitui uma das mais gritantes disfunções da burocracia, o

que leva o leigo, muitas vezes, a imaginar que toda burocracia tem necessariamente um volume inusitado de papelório, de vias adicionais de formulários e de comunicações.

3. **Resistência às mudanças:** como tudo na burocracia é rotinizado, padronizado, previsto com antecipação, o funcionário se acostuma a uma completa estabilidade e repetição daquilo que faz, o que passa a lhe proporcionar uma completa segurança a respeito de seu futuro na burocracia. Atendendo a normas e regulamentos impostos pela burocracia, ele se torna simplesmente um executor de rotinas e procedimentos que passa a dominar com plena segurança e tranquilidade. Quando surge alguma possível mudança dentro da organização, ela tende a ser interpretada pelo funcionário como algo que ele desconhece, e, portanto, algo que pode trazer perigo à sua segurança e tranquilidade. Com isso, a mudança passa a ser indesejável para o funcionário. E, na medida do possível, ele passa a resistir a qualquer tipo de mudança que se queira implantar na burocracia. Essa resistência à mudança pode ser passiva e quieta, como pode ser ativa e agressiva por meio de comportamentos de reclamação, tumultos e greves.

4. **Despersonalização do relacionamento:** a burocracia tem a característica de impessoalidade no relacionamento entre os funcionários. Daí o seu caráter impessoal, pois ela enfatiza os cargos, e não as pessoas que os ocupam. Isso leva a uma diminuição das relações personalizadas entre os membros da organização: diante dos demais funcionários, o burocrata não os toma como pessoas mais ou menos individualizadas, mas como ocupantes de cargos, com direitos e deveres previamente especificados. Daí a despersonalização gradativa do relacionamento entre os funcionários da burocracia. Os funcionários passam a conhecer os colegas não pelos seus nomes pessoais, mas pelos títulos dos cargos que ocupam. Algumas vezes, o conhecimento é feito pelo número do registro do colega ou por qualquer outra forma de identificação das pessoas imposta pela organização.

5. **Categorização como base do processo decisório:** a burocracia se assenta em uma rígida hierarquização da autoridade. Quem toma decisões em qualquer situação será aquele que possui a mais elevada categoria hierárquica, independentemente do seu conhecimento sobre o assunto. Quem decide é sempre aquele que ocupa o posto hierárquico mais alto, mesmo que nada saiba a respeito do problema a ser resolvido. Por outro lado, categorizar significa uma maneira de classificar as coisas, estereotipadamente, a fim de lidar com elas com mais facilidade. Quanto mais se lançar mão da categorização no processo decisório, tanto menor será a procura de alternativas diferentes de solução.

6. **Superconformidade às rotinas e aos procedimentos:** a burocracia baseia-se em rotinas e procedimentos, como meio de garantir que as pessoas façam exatamente aquilo que delas se espera. Como uma burocracia eficaz exige devoção estrita às normas e regulamentos, essa devoção conduz à sua transformação em coisas absolutas: as regras e as rotinas não mais são consideradas relativas a um conjunto de objetivos, mas passam a ser absolutas. Com o tempo, as regras e as rotinas tornam-se sagradas para o funcionário. O impacto dessas exigências burocráticas sobre a pessoa provoca profunda limitação em sua liberdade e espontaneidade pessoal, além da crescente incapacidade de compreender o significado de suas próprias tarefas e atividades dentro da organização como um todo. O efeito da estrutura burocrática sobre a personalidade dos indivíduos é tão forte que leva à "incapacidade treinada" (no conceito de Veblen)[35] ou à "deformação profissional" (no conceito de Warnotte), ou ainda, à "psicose

ocupacional" (segundo Dewey): o funcionário burocrata trabalha em função dos regulamentos e rotinas, e não em função dos objetivos organizacionais estabelecidos.[36] Essa superconformidade a regras, regulamentos, procedimentos e rotinas conduz a uma rigidez no comportamento do burocrata: ele passa a fazer o estritamente contido nas normas, regras, regulamentos, procedimentos e rotinas impostos pela organização. Esta perde toda a flexibilidade, pois o burocrata restringe-se ao desempenho mínimo. Perde a iniciativa, a criatividade e a inovação.

7. **Exibição de sinais de autoridade:** como a burocracia enfatiza a hierarquia de autoridade, torna-se necessário um sistema capaz de indicar, aos olhos de todos, aqueles que detêm o poder. Daí surge a tendência à utilização intensiva de símbolos ou de sinais de *status* para demonstrar a posição hierárquica dos funcionários, como o uniforme, a localização da sala, do banheiro, do estacionamento, do refeitório, o tipo de mesa etc., como meios de identificar quais são os principais chefes da organização. Em algumas organizações – como o exército, a igreja etc. –, o uniforme constitui um dos principais sinais de autoridade.

8. **Dificuldade no atendimento a clientes e conflitos com o público:** o funcionário está voltado para dentro da organização, para suas normas e seus regulamentos internos, para suas rotinas e seus procedimentos, para seu superior hierárquico que avalia o seu desempenho. Essa atuação interiorizada para a organização o leva a criar conflitos com os clientes da organização. Todos os clientes são atendidos de forma padronizada, de acordo com regulamentos e rotinas internos, fazendo com que o público se irrite com a pouca atenção e o descaso para com os seus problemas particulares e pessoais. As pressões do público, que pretende soluções personalizadas que a burocracia padroniza, fazem com que o funcionário as perceba como ameaças à sua própria segurança. Daí a tendência à defesa contra pressões externas à burocracia.

Reflita sobre **Por que existem as disfunções da burocracia?** na seção *Para reflexão* TGA 2 1.1

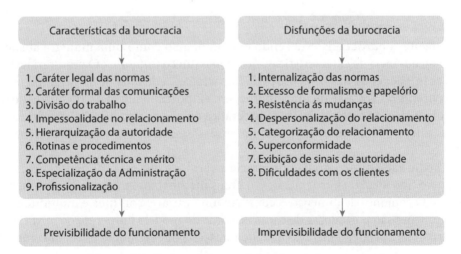

Figura 1.3 Características e disfunções da burocracia.

SAIBA MAIS — **A necessidade de adaptação e de mudanças**

Assim, a organização absorve mudanças superficiais sem modificar sua estrutura, mas perdendo eficiência interna:[37] "A burocratização é útil enquanto traz eficiência, mas nem sempre essa eficiência compensa a rigidez com que está associada".[38]

Toda organização enfrenta o problema de adaptação a mudanças: quando novos eventos são planejados e transformados em rotina. É o que Selznick conta sobre a crise enfrentada por Henry Ford entre 1926 e 1927, quando abandonou o modelo T por novos modelos de automóveis.[39]

1.4 DIMENSÕES DA BUROCRACIA

Alvin W. Gouldne[40] verificou que não há um único modelo de burocracia, mas uma variedade de graus de burocratização. É que Weber analisou a burocracia sob um ponto de vista mecânico, e não político; por isso, não considerou os aspectos subjetivos e informais da aceitação das normas e da legitimação da autoridade, nem a reação formal da organização diante da falta de consentimento dos subordinados.

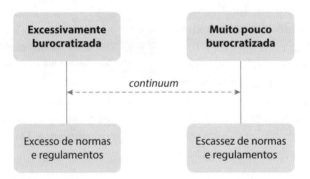

Figura 1.4 *Continuum* de graus de burocratização.

Atualmente, a burocracia está sendo entendida não como uma maneira absoluta de presença ou ausência de características, mas como um *continuum*.[41] O grau variável de burocratização[42] depende das dimensões da burocracia, cada qual delas variando na forma de um *continuum*. Trata-se de uma abordagem empiricamente mais adequada do que se tratar a organização como totalmente burocrática ou não burocrática.[43] A partir do estudo de vários autores,[44] Hall selecionou seis dimensões básicas da burocracia, apresentadas no Quadro 1.3.[45]

Hall mediu cada dimensão da burocracia e verificou que essas dimensões existem em alto grau no tipo ideal de burocracia e em graus mais baixos em organizações menos burocráticas. O conjunto de dimensões constitui uma variável contínua e multidimensional. As organizações são portadoras de características do modelo burocrático em vários graus e que variam independentemente. Uma organização pode ser muito burocratizada quanto a regras e regulamentos ao mesmo tempo que está escassamente burocratizada quanto à sua divisão do trabalho.[46]

Quadro 1.3 As seis dimensões básicas da burocracia

1. Divisão do trabalho baseada na especialização funcional.
2. Hierarquia de autoridade.
3. Sistema de regras e regulamentos.
4. Formalização das comunicações.
5. Impessoalidade no relacionamento entre as pessoas.
6. Seleção e promoção de pessoas baseadas na competência técnica.

Figura 1.5 Graus de burocratização.

PARA REFLEXÃO

As alternativas da Excelsa

Mário Aguiar, gerente de departamento da Excelsa, tem suas opiniões próprias a respeito da estrutura organizacional da empresa. Ele sabe que o rígido modelo burocrático adotado tem várias dimensões, cada qual podendo ser aumentada ou diminuída conforme as necessidades. Mário gostaria de conversar com a diretoria da empresa para expressar suas opiniões a respeito de uma estrutura organizacional melhor. Se você estivesse no lugar de Mário, o que faria?

1.4.1 Apreciação crítica da Teoria da Burocracia

A burocracia proporciona uma maneira extremamente racional de organizar pessoas e atividades para alcançar objetivos específicos. No entanto, ela tem defensores e adversários. Perrow mostra-se advogado da burocracia ao dizer que:

> após anos de estudos das organizações complexas, cheguei a duas conclusões que colidem com a literatura organizacional. A primeira é que os erros atribuídos à burocracia não são erros de conceito, mas consequências do fracasso em burocratizar de modo adequado. Defendo a burocracia como o princípio dominante de organização nas grandes e complexas organizações. A segunda conclusão é que a preocupação salutar com a reforma, humanização e descentralização das burocracias apenas obscurece a verdadeira natureza da burocracia e nos desviam do seu impacto positivo sobre a sociedade. O impacto sobre a sociedade é mais importante do que o impacto sobre os membros de uma organização.[47]

Aumente seus conhecimentos sobre **Como avaliar a burocracia?** na seção *Saiba mais* TGA 2 1.2

As principais críticas à burocracia são:

- **Excessivo racionalismo:** Katz e Kahn[48] salientam que a organização burocrática é super-racionalizada e não considera a natureza organizacional nem as condições circunjacentes do ambiente. As vantagens da burocracia têm sido exageradas. Para ambos, o sistema burocrático consegue sobrevivência e eficiência apenas quando:
  - as tarefas individuais são mínimas em requisitos criativos, de modo que basta a submissão à autoridade legítima e não há necessidade de identificação com as metas organizacionais;
  - as exigências do ambiente sobre a organização são óbvias, de modo que a informação é redundante e pode ser esbanjada, e a organização não precisa utilizar todos os processadores de informação entre seus membros;
  - a rapidez na tomada de decisão é importante e cada pessoa envolvida no processo significa custos e riscos organizacionais;
  - a organização se aproxima do sistema fechado, com requisitos mínimos de mudança do meio.

  Perrow[49] chama a Teoria Burocrática de visão "instrumental" das organizações: estas são vistas como arranjos conscientes e racionais dos meios para alcançar fins específicos. Para Perrow, a burocratização envolve especialização, necessidade de controlar as influências dos fatores externos sobre os componentes internos da organização e um ambiente externo estável e imutável.

- **Mecanicismo e as limitações da Teoria da Máquina:** a Teoria Tradicional – cujos três modelos clássicos são os de Taylor (Administração Científica), Fayol (Teoria Clássica) e de Weber (modelo burocrático) – focalizou as estruturas internas, abordando os problemas organizacionais em termos de sistemas fechados. O termo *Teoria da Máquina* (proposto por Worthy em 1950) é aplicável aos três modelos que abordam a organização, embora constituída por pessoas, como uma máquina construída para cumprir uma tarefa. Katz e Kahn explicam que alguns dos conceitos explícitos ou implícitos da Teoria da Máquina são:[50]

- **Especialização das tarefas:** para obter eficiência com a subdivisão das operações em seus elementos básicos.
- **Padronização do desempenho de cada função:** para facilitar o controle e evitar erros.
- **Unidade de comando e centralização da tomada de decisão:** a organização é concebida como uma máquina. Para manter a coordenação do todo, as decisões são centralizadas num só comando com unidade de comando por meio da cadeia escalar. A amplitude de controle é limitada como reforço da unidade de comando.
- **Uniformidade de práticas institucionalizadas:** além da padronização das tarefas para que as maneiras de lidar com o pessoal sejam uniformes.
- **Não duplicação de função:** a fim de garantir a centralização.

Katz e Kahn[51] salientam as fraquezas da Teoria da Máquina, a saber:
- **Pouca importância ao intercâmbio do sistema com seu ambiente:** e às influências do meio em constante mudança, exigindo modificação constante da organização.
- **Limitação no intercâmbio com o ambiente:** as entradas restringem-se a matérias-primas e mão de obra, omitindo-se o apoio social da comunidade e do público. As saídas se restringem ao produto físico que a organização coloca no ambiente.
- **Pouca atenção aos subsistemas da organização:** ignorando sua dinâmica e intercâmbio interno.
- **Negligência quanto à organização informal:** não toca nos grupos sociais.
- **Concepção da organização:** como um arranjo rígido e estático de órgãos.
  Em suma, o modelo weberiano é mecanicista e tem mais coisas em comum com os teóricos da gerência administrativa (como Fayol) do que com os autores posteriores a partir do modelo burocrático.[52]

- **Conservantismo**: Bennis[53] aponta críticas à burocracia: desde os leviatãs de produção em massa até as indústrias de serviços, como as universidades ou hospitais – são unidades complexas destinadas a alcançar objetivos. Para sobreviver, a organização burocrática deveria cumprir também tarefas secundárias, como:[54]
  - **Manter o sistema interno:** e integrar o "lado humano da empresa" (organização informal) – um processo de concordância mútua denominado "reciprocidade".
  - **Adaptar-se e moldar-se ao ambiente externo:** adaptabilidade às condições ambientais.
    Esses dois dilemas organizacionais mostram como a burocracia poderia ser alterada. A burocracia é um processo essencialmente conservador e contrário à inovação: o burocrata comporta-se como um indivíduo ritualista, apegado a regras e voltado para o "deslocamento de objetivos" (segundo Merton). Embora a burocracia tenha representado uma resposta adequada às condições do século 20, ela está sendo levada ao desaparecimento por novas e diferentes condições do mundo moderno. Bennis sintetiza essas condições em quatro ameaças impostas à burocracia:[55]

    1. **Transformações:** rápidas e inesperadas do ambiente de negócios.
    2. **Aumento do tamanho organizacional:** em que o simples acréscimo das atividades tradicionais não é suficiente para sustentar o seu crescimento. Daí a reengenharia.

3. **Crescente complexidade da tecnologia moderna:** exigindo integração entre atividades e pessoas especializadas e de competências diferentes.
4. **Mudanças radicais no comportamento administrativo:** e na filosofia dos negócios, impondo a necessidade de maior flexibilidade da organização.

Kast e Rosenzweig[56] sugerem utilizar o modelo burocrático de Weber como ponto de partida, mas eliminando suas limitações e consequências disfuncionais.

- **Abordagem de sistema fechado:** Gouldner divisou dois modelos fundamentais de organizações complexas, que veremos adiante:[57]

1. **O modelo "racional" de organização:** que adota a lógica de sistema fechado, em busca da certeza e previsão exata, como na Administração Científica de Taylor, Teoria Clássica de Fayol e na Teoria da Burocracia de Weber.
2. **O modelo "natural" de organização:** que adota uma lógica de sistema aberto, na expectativa da incerteza, uma vez que o sistema contém mais variáveis do que somos capazes de compreender, estando algumas delas sujeitas a influências do meio ambiente que não podemos prever ou controlar.

A lógica do sistema fechado – típica do modelo burocrático – busca a certeza e a previsibilidade, incorporando apenas as variáveis diretamente associadas ao empreendimento e sujeitando-as a uma rede de controle monolítica. A lógica do sistema aberto alterna sua atenção entre o empreendimento e incorpora a incerteza em virtude da interdependência entre a organização e o seu ambiente. Ela concebe a organização como um sistema aberto e que se confronta com a incerteza.[58]

SAIBA MAIS — **A organização como um sistema fechado**

A Teoria da Burocracia visualiza as organizações como entidades absolutas que existem no vácuo como sistemas fechados. Essa teoria não considera o contexto externo no qual a organização está inserida, as mudanças ambientais e suas repercussões no comportamento da organização. A burocracia define seu próprio modo de funcionar, não dependendo da coletividade que a sustenta ou do ambiente que a rodeia. Nesse aspecto, a burocracia é totalmente livre de toda intervenção externa. Mas isso não significa que ela não tenha nenhuma interação com outras organizações do ambiente que a circunda.

- **Abordagem descritiva e explicativa:** todas as teorias estudadas até agora – Administração Científica, Teoria Clássica e Teoria das Relações Humanas – foram prescritivas e normativas: todas elas estavam voltadas para as prescrições e os receituários pelos quais o administrador deve lidar com as organizações. A Teoria da Burocracia não tem essa preocupação. Em vez de estabelecer como o administrador deve lidar com as organizações, preocupa-se em descrever, analisar e explicar as organizações, a fim de que o administrador escolha livremente a maneira apropriada de lidar com elas, levando em conta aspectos que variam, como, sua natureza, tarefas, participantes, situação, restrições etc. Essa teoria se caracteriza por uma abordagem descritiva e explicativa que tem a vantagem de proporcionar um conhecimento profundo sobre o objeto de estudo e uma ampla flexibilidade e versatilidade na solução dos problemas, sem a preocupação de confiná-la a prescrições ou normas pré-fabricadas visando a uma aplicação universal.

Apesar das críticas ao seu mecanicismo, a abordagem metodológica da Teoria da Burocracia é voltada para a descrição e explicação dos fatos, e não à intervenção baseada em normas e prescrições. Ela trouxe uma nova abordagem à Teoria Administrativa, que começou a se libertar dos grilhões até então impostos pelos padrões estabelecidos como dogmas de conduta do administrador.

- **Críticas multivariadas à burocracia:** existem outras críticas ao modelo burocrático de Weber, por não incluir a organização informal e suas interações sociais, pondo as pessoas como seguidoras de regras e procedimentos em um sentido mecanicista,[59] definindo tipos exagerados de autoridade[60] e considerando o conflito interno indesejável, quando, em uma estrutura racional em que pessoas seguem prescrições, assume-se que o conflito não deveria existir.

- **Posição da Teoria da Burocracia dentro da Teoria das Organizações:** o modelo burocrático constitui um terceiro pilar da Teoria Tradicional da Organização, ao lado do "taylorismo" (Administração Científica) e da obra de Fayol (Teoria Clássica).[61] Foi o ponto de partida dos sociólogos e cientistas políticos no estudo das organizações.

Weber é o precursor do estruturalismo na Teoria da Organização[62] e o sociólogo europeu mais citado[63] e mais identificado com a organização formal do que com a fusão da organização formal com a informal,[64-65] síntese esta que é a base do estruturalismo,[66] como veremos no próximo capítulo. Weber propõe um modelo mecanicista consistente com as linhas gerais da Teoria da Organização Formal desenvolvida por Taylor e Mooney.[67] Nesse sentido, há maior semelhança entre Weber e Urwick, Fayol, Gulick e outros do que com aqueles que se consideram seus sucessores, como Selznick, Gouldner e Etzioni.[68]

Em resumo, a teoria weberiana se assemelha à Teoria Clássica quanto à ênfase na eficiência técnica e na estrutura hierárquica da organização. Contudo, ambas as teorias são diferentes entre si:[69]

- A Teoria Clássica preocupou-se com detalhes, como amplitude de controle, alocação de autoridade e responsabilidade, número de níveis hierárquicos, departamentalização, enquanto Weber preocupou-se com os grandes esquemas de organização e sua explicação.
- Quanto ao método, os autores clássicos utilizaram uma abordagem dedutiva, enquanto Weber é essencialmente indutivo.
- A Teoria Clássica refere-se à organização industrial, enquanto a teoria de Weber integra uma teoria geral da organização social e econômica.
- A Teoria Clássica apresenta uma orientação normativa e prescritiva, enquanto a orientação de Weber é descritiva e explicativa.

Comparando a teoria de Weber com a de Taylor e Fayol, conclui-se:[70]

- Taylor procurava meios e métodos científicos para realizar o trabalho rotineiro dos operários. Sua maior contribuição foi para a gerência.
- Fayol estudava as funções da empresa. Sua contribuição foi para a direção.

- Weber preocupava-se com as características da burocracia. Sua contribuição foi para a organização como um todo.

Todos eles se preocuparam com os componentes estruturais da organização.

 Aumente seus conhecimentos sobre **As demandas pelo modelo burocrático** na seção *Saiba mais* TGA 2 1.3

CONCLUSÃO

Apesar de todas as críticas, todo o entulho burocrático de muitas organizações – principalmente em países, estados e empresas – não conseguiu ainda ser totalmente eliminado. A burocracia deixou profundas raízes nas organizações e, ao longo do tempo, muitos programas de mudança organizacional e tentativas de renovação – enxugamentos, terceirização, reengenharia, qualidade total etc. – conseguiram reduzir gradativamente a sua rigidez, fechamento e inércia. Mas ainda falta muito.

Contudo, boa parte dos autores preocupados com a rigidez do modelo burocrático passaram a adotar os princípios do estruturalismo que veremos no próximo capítulo, abrindo um enorme espaço para a Teoria Administrativa.

O estruturalismo começou a influenciar poderosamente as ciências sociais, ao estudar as organizações como unidades sociais grandes e complexas com novas ideias e pretensões que acabaram influenciando profundamente a Teoria Administrativa.

Tipos de sociedade (dominação):
- Tradicional
- Carismática
- Legal, racional ou burocrática

Características da burocracia:
- Caráter legal
- Caráter formal
- Caráter racional
- Impessoalidade
- Hierarquia
- Padronização de rotinas
- Competência técnica e meritocracia
- Especialização
- Profissionalização

Dimensões da burocracia:
- Divisão do trabalho e especialização
- Hierarquia
- Regras e regulamentos
- Formalização das comunicações
- Impessoalidade
- Competência técnica

Vantagens da burocracia:
- Racionalidade
- Definição de funções
- Univocidade
- Uniformidade
- Continuidade
- Redução de atritos
- Constância
- Confiabilidade

Disfunções da burocracia:
- Internalização e apego às normas
- Formalismo e papelório
- Resistência às mudanças
- Despersonalização do relacionamento
- Categorização no processo decisório
- Superconformidade
- Exibição de sinais de autoridade
- Dificuldade com clientes

Apreciação crítica da Teoria da Burocracia:
- Excessivo racionalismo
- Mecanicismo da Teoria da Máquina
- Conservantismo
- Abordagem de sistema fechado
- Abordagem descritiva e explicativa

Figura 1.6 Mapa mental da Teoria da Burocracia.

RESUMO

A Teoria da Burocracia surgiu na Administração por volta da década de 1940, quando a Teoria Clássica e a Teoria das Relações Humanas lutavam entre si pela conquista do espaço na Teoria Administrativa e já apresentavam sinais de obsolescência para sua época.

Muito embora as origens da burocracia remontem à Antiguidade histórica, a burocracia, o capitalismo e a ciência moderna constituem para Max Weber as três formas de racionalidade que surgiram a partir das mudanças religiosas (protestantismo). Entre as três formas de dominação, a tradicional, a carismática e a burocrática, a última apresenta o aparato administrativo que corresponde à burocracia.

O modelo burocrático de Max Weber foi profundamente estudado e analisado em todas as suas características, no sentido de buscar a inspiração para uma nova teoria administrativa.

O modelo weberiano oferecia vantagens, já que o sucesso das burocracias em nossa sociedade se deveu a inúmeras causas. Contudo, a racionalidade burocrática, a omissão das pessoas que participam da organização e os próprios dilemas da burocracia apontados por Weber constituem problemas que a burocracia não consegue resolver adequadamente.

Merton passou a diagnosticar e a caracterizar as disfunções do modelo burocrático weberiano e notou que, em vez da máxima eficiência, tais disfunções levavam à ineficiência da organização. Uma cuidadosa apreciação crítica da burocracia leva-nos à conclusão de que, apesar de todas as suas limitações e restrições, a burocracia seja talvez uma das melhores alternativas de organização, provavelmente muito superior a várias outras alternativas tentadas nos meados do século 20. Hoje, o modelo burocrático está perdendo rapidamente condições de uso e de sustentabilidade em consequência de suas dificuldades de mudança e transformação em um mundo carregado de volatilidade, incerteza, complexidade e ambiguidade. As organizações de hoje exigem prontidão, flexibilidade, agilidade e presteza que o modelo burocrático ignora.

QUESTÕES

1. Exponha as origens da burocracia.
2. Exponha as origens da Teoria da Burocracia.
3. Explique os tipos de sociedade e os tipos de autoridade segundo Weber.
4. Defina as características principais da burocracia segundo Weber.
5. Quais as vantagens da burocracia para Weber?
6. Explique a racionalidade burocrática.
7. Explique os dilemas da burocracia.
8. O que significa disfunções da burocracia?
9. Quais são as disfunções da burocracia?
10. Explique a internalização das regras e dos regulamentos.
11. Explique o excesso de formalismo.
12. Explique a resistência às mudanças.
13. Explique a despersonalização no relacionamento.

14. Explique a superconformidade às rotinas.
15. Explique a exibição de sinais de autoridade.
16. Explique a dificuldade no atendimento ao cliente.
17. O que é superconformidade?
18. O que significa resistência à mudança?
19. Explique o excessivo racionalismo da burocracia.
20. O que significam as limitações da burocracia como Teoria da Máquina?
21. Quais as diferentes dimensões da burocracia?
22. Explique a burocracia como um modo de exploração.
23. Explique a burocracia como um fenômeno cultural.
24. Comente a respeito da burocracia em termos de inovação e sobrevivência.
25. Como você situaria a burocracia na Teoria das Organizações?
26. Quais as dimensões da burocracia? Explique-as suscintamente.

REFERÊNCIAS

1. WEBER, Max (1864-1920), sociólogo alemão, foi o criador da Sociologia da Burocracia. Foi professor das Universidades de Friburgo e de Heidelberg, e ficou famoso pela Teoria das Estruturas de Autoridade. Com a tradução de alguns de seus livros para a língua inglesa, por Talcott Parsons, tomou corpo nos Estados Unidos a Teoria da Burocracia em Administração. Sua obra é realmente muito vasta. Seus principais livros são: *The protestant ethic and the spirit of capitalism*. Talcott Parsons (trad.). New York: Scribner, 1958; trad. bras.: A *ética protestante e o espírito do capitalismo*. São Paulo: Livraria Pioneira Editora, 1967; *The Theory of Social and Economic Organization*. A. M. Henderson e Talcott Parsons (trad.). New York: Oxford University Press, 1947.
2. BRAND, C. A. Public *policy and the general welfare*. New York: Holt, Rinehart & Winston, 1941. p. 148.
3. Para maiores consultas a respeito de Weber, sugerimos:
   FREUD, J. *Sociologia de Max Weber*. Rio de Janeiro: Forense, 1969.
   SHILLS. E. A.; FINCH, H. A. *The methodology of the social sciences*. Glencoe: The Free Press, 1949.
   BENDIX, R. *Max Weber*: an intellectual portrait. New York: Doubleday, 1962.
   ARON, R. *Sociologie allemande contemporaine*. Paris: Press Universitaires de France, 1962.
   GERTH, H.; MILLS, C. W. (eds.). *From Max Weber*: essays in sociology. New York: Oxford University Press, 1946.
4. Entre as principais figuras que se destacaram dentro da Teoria da Burocracia, avultam: Max Weber, o criador e inspirador dos demais; Robert K. Merton; Philip Selznick; Alvin Gouldner; Peter M. Blau; Richard Scott; Reinhard Bendix; Robert Michels; Terence Hopkins etc.
5. Karl Marx estuda o surgimento da burocracia como forma de dominação estatal na antiga Mesopotâmia, China, Índia, Império Inca, Antigo Egito e Rússia. A burocracia emerge como mediação entre os interesses particulares e gerais em função do modo de produção asiático para explorar as obras hidráulicas de irrigação do solo, coordenando os esforços da sociedade de então e, posteriormente, explorando as comunidades subordinadas por meio da apropriação da terra pelo Estado e da posse do excelente econômico. O modo de produção asiático caracterizou-se pela intervenção do Estado na economia, tendo como base a burocracia. Seja ao nível estatal ou ao de corporação privada, a burocracia mantinha sob sua tutela a classe comerciante, a campesina e a aristocracia territorial, que dependiam dela para manter as obras hidráulicas e a nomeação para a Administração Pública.

6. WEBER, M. *A ética protestante e o espírito do capitalismo, op. cit.*
7. ETZIONI, A. *Organizações modernas.* São Paulo: Pioneira, 1967.
8. WEBER, M. Os três aspectos da autoridade legítima *apud* ETZIONI, A. *Organizações complexas.* São Paulo: Atlas, 1965. p. 17.
9. BAYER, G. F. Considerações sobre a conceituação de autoridade. *Revista de Administração Pública,* 1º sem. 1971.
10. BAYER, G. F. Considerações sobre a conceituação de autoridade. *Revista de Administração Pública, op. cit.*
11. MOUZELIS, N. P. *Weber's political sociology, organization and bureaucracy.* Chicago: Aldine Publishing Co., 1968. Cap. 1.
12. MOUZELIS, N. P. *Weber's political sociology, organization and bureaucracy, op. cit.*
13. WEBER, M. Os três aspectos da autoridade legítima, *op. cit.*
14. WEBER, M. Os três aspectos da autoridade legítima, *op. cit.,* p. 20-23.
15. MOUZELIS, N. P. *Weber's political sociology, organization and bureaucracy, op. cit.,* p. 23-26.
16. MOUZELIS, N. P. *Weber's political sociology, organization and bureaucracy, op. cit.,* p. 18-20.
17. WEBER, M. Os três aspectos da autoridade legítima, *op. cit.*
18. WEBER, M. *The theory of social and economic organization. In:* PARSONS, Talcott (org.). New York: Oxford University Press, 1947, p. 320-329, *apud* ETZIONI, A. *Organizações complexas, op. cit.,* p. 85-87.
19. MERTON, R. K. Estrutura burocrática e personalidade *apud* ETZIONI, A. *Organizações complexas, op. cit.,* p. 57-58.
20. GERTH, H. H.; MILLS, C. W. (eds.). *From Max Weber:* essays in sociology. New York: Oxford University Press, 1961. p. 70-74.
21. GERTH, H. H.; MILLS, C. W. *From Max Weber:* essays in sociology, *op. cit.,* p. 214.
22. ETZIONI, A. *Organizações modernas, op. cit.,* p. 86.
23. GERTH, H. H.; MILLS, C. W. (eds.). *From Max Weber:* essays in sociology, *op. cit.,* p. 214-216.
24. MOUZELIS, N. P. Weber's political sociology, *organization and bureaucracy, op. cit.,* Cap. II.
25. MANNHEIM, K. *Homem e sociedade na idade da reconstrução,* 1948. p. 51.
26. MOUZELIS, N. P. Weber's political sociology, *organization and bureaucracy, op. cit.,* Cap. II.
27. MOUZELIS, N. P. Weber's political sociology, *organization and bureaucracy, op. cit.,* Cap. I.
28. BENDIX, R. *Max Weber:* an intellectual portrait. New York: Doubleday, 1962. p. 493.
29. ETZIONI, A. *Organizações modernas, op. cit.,* p. 85.
30. ETZIONI, A. *Organizações modernas, op. cit.,* p. 85-87.
31. LEVENSON, B. *apud* ETZIONI, A. Sucessão burocrática, *Organizações complexas, op. cit.,* p. 352-365.
32. MERTON, R. K.; GRAY, A. P.; HOCKEY, B.; SELVIN, H. *Readers in bureaucracy.* Glencoe: The Free Press, 1952; *Social theory and social structure,* Glencoe: The Free Press, 1957.
33. MERTON, R. K. Estrutura burocrática e personalidade, *op. cit.,* p. 57-58.
34. MERTON, R. K. Estrutura burocrática e personalidade, *op. cit.*
35. VEBLEN, T. *The instinct of workmanship.* New York: The Macmillan Co., 1914.
36. KATZ, D.; KAHN, R. L. *Psicologia social das organizações, op. cit.,* p. 227.
37. PERROW, C. *Análise organizacional:* um enfoque sociológico. *São Paulo:* Atlas, 1972. p. 88; 99.
38. PERROW, C. *Análise organizacional:* um enfoque sociológico, *op. cit.,* p. 74.
39. SELZNICK, P. *Leadership in administration.* Evanston: Row, Peterson & Co., 1957, p. 109-110.
40. GOULDNER, A. W., sociólogo norte-americano, professor da Universidade de Illinois, um dos grandes expoentes da Teoria da Burocracia. *Patterns of industrial bureaucracy.* Glencoe: The Free Press, 1954.

41. WAHRLICH, B. M. de S. *Uma análise das teorias de organização*. Rio de Janeiro: FGV, 1974. p. 56.
42. HALL, R. H. The concept of bureaucracy: an empirical assessment. *American Journal of Sociology*, n. 60, p. 32-40, jul. 1962.
43. HALL, R. H. The concept of bureaucracy, *op. cit.*, p. 32.
44. MERTON, R. K.; GRAY, A. P.; HOCKLEY, B.; SELVIN, H. *Readers in bureaucracy, op. cit.*; UDY JR., S. H. Bureaucracy and rationality in Weber's organizations theory: an empirical study. *American Sociological Review*, v. XXIV, dez. 1959. p. 792; HEADY, F. Bureaucratic theory and comparative administration. *Administrative Science Quarterly*, v. III, p. 516, n. 4, mar. 1959. PARSON, S. T. *The structure of social action*. New York: McGraw-Hill Book Co., 1937. p. 506; BERGER, M. *Bureaucracy and society in modern Egypt*. Princeton: Princeton University Press, 1957. p. 48; MICHELS, R. *Political parties*. Glencoe: The Free Press, 1949. p. 33-34; DIMOCK, M. E. *Administrative vitality*. New York: Harper & Bros., 1959. p. 5.
45. HALL, R. H. The concept of bureaucracy, *op. cit.*, p. 33.
46. PERROW, C. *Complex organizations*: a critical essay. Glenview: Scott, Foresman and Company, 1972. p. 6.
47. KATZ, D.; KAHN, R. L. *Psicologia social das organizações*. São Paulo: Atlas, 1987. p. 247.
48. PERROW, C. *Complex organizations*: a critical essay, *op. cit.*, p. 73-74.
49. KATZ, D.; KAHN, R. L. *Psicologia social das organizações, op. cit.*, p. 90-91.
50. KATZ, D.; KAHN, R. L. *Psicologia social das organizações, op. cit.*, p. 92-93.
51. MARCH, J. G.; SIMON, H. A. *Teoria das organizações*. Rio de Janeiro: FGV, 1972.
52. BENNIS, W. G. The decline of bureaucracy and organizations of the future. *In*: HUSE, E. F.; BOWDITCH, J. L.; FISHER, D. (eds.). *Readings on behavior in organizations*. Readings: Addison-Wesley Publishing Company, 1975. p. 27.
53. BENNIS, W. G. The decline of bureaucracy and organizations of the future, *op. cit.*, p. 28.
54. BENNIS, W. G. *Desenvolvimento organizacional*: sua natureza, origens e perspectivas. São Paulo: Edgar Blücher, 1972. p. 23.
55. KAST, F. E.; ROSENZWEIG, J. E. *Organization and management*: a systems approach. New York: McGraw-Hill Book Co., 1970.
56. GOULDNER, A. W. Organizational analysis. *In*: MERTON, R. K.; BROOM, L.; COTTRELL JR., L. S. (eds.). *Sociology today*. New York: Basic Books, Inc. Publ., 1959.
57. THOMPSON, J. D. *Dinâmica organizacional*. São Paulo: McGraw-Hill do Brasil, 1976. p. 27.
58. HAAS, J. E.; DRABEK, T. E. *Complex organizations*: a sociological perspective. New York: The Macmillan Company, 1973. p. 29-31.
59. ETZIONI, A. *Organizações modernas, op. cit.*, p. 91.
60. KAST, F. E.; ROSENZWEIG, J. E. *Organization and management*: a systems approach, *op. cit.*
61. ETZIONI, A. *Organizações modernas, op. cit.*, p. 81.
62. DAHRENDORF, R. *Sociedad y sociología*. Madrid: Ediciones Tecnos, 1966. p. 229.
63. MARCH, J. D.; SIMON, H. A. *Teoria das organizações*. Rio de Janeiro: FGV, 1972.
64. KAST, F. E.; ROSENZWEIG, J. E. *Organization and management*: a systems approach, *op. cit.*, p. 73.
65. ETZIONI, A. *Organizações modernas, op. cit.*, p. 81.
66. KAST, F. E.; ROSENZWEIG, J. E. *Organization and management*: a systems approach, *op. cit.*, p. 73.
67. MARCH, J. G.; SIMON, H. A. *Teoria das organizações, op. cit.*, p. 47-48.
68. STROTHER, G. B. The social science of organization. *In*: LEAVITT, H. (ed.). *The social science of organization*. Englewood Cliffs: Prentice-Hall, 1963.
69. HENDERSON, K. M. Introdução ao conceito americano de administração pública. *Rev. do Serv. Público*, v. 97, p. 82-120, abr./maio/jun. 1965.

2 TEORIA ESTRUTURALISTA DA ADMINISTRAÇÃO: AMPLIANDO OS HORIZONTES DA EMPRESA

OBJETIVOS DE APRENDIZAGEM

- Identificar as origens da Teoria Estruturalista na Teoria Geral da Administração (TGA).
- Mostrar o novo enfoque da organização: em uma sociedade de organizações, cada organização deve ser estudada no seu contexto ambiental, e não apenas no seu interior.
- Proporcionar uma análise organizacional sob uma abordagem múltipla e abrangente.
- Mostrar as tipologias de organizações destinadas ao estudo comparativo das organizações.
- Conceituar os objetivos organizacionais que orientam a dinâmica e a estrutura das organizações.
- Identificar os conflitos organizacionais e sua influência nas mudanças e nas inovações dentro das organizações.
- Proporcionar uma apreciação crítica do Estruturalismo na Administração.

O QUE VEREMOS ADIANTE

- Origens da Teoria Estruturalista.
- A sociedade de organizações.
- Análise das organizações.
- Tipologia das organizações.
- Objetivos organizacionais.
- Ambiente organizacional.
- Estratégia organizacional.
- Conflitos organizacionais.

CASO INTRODUTÓRIO
A Peace World

A Peace World (PW) é uma organização não governamental (ONG) fictícia que atua em vários países para reduzir a pobreza e melhorar a qualidade de vida das pessoas. Sua presidente regional é Elisa Bueno, incumbida de ampliar as operações na América do Sul e aumentar sua eficiência e eficácia. Elisa sabe que não pode fazer tudo sozinha. Ela precisa de colaboradores voluntários que nada receberão em troca de seu trabalho. Sabe que, por maiores que sejam as contribuições recebidas como donativos, a PW não terá recursos financeiros suficientes para se expandir na velocidade e intensidade desejadas. Que ideias você poderia oferecer a Elisa?

INTRODUÇÃO

Ao final da década de 1950, a Teoria das Relações Humanas – experiência tipicamente democrática e norte-americana – entrou em declínio. Essa primeira tentativa sistemática de introdução das ciências do comportamento na Teoria Administrativa por meio de uma filosofia humanística a respeito da participação do homem na organização, gerou uma profunda reviravolta na Administração. Se, de um lado, combateu a Teoria Clássica, por outro, não proporcionou bases adequadas de uma nova teoria que a pudesse substituir. A oposição entre a Teoria Clássica e a Teoria das Relações Humanas criou um impasse na Administração que a Teoria da Burocracia não teve condições de ultrapassar. A Teoria Estruturalista significa um desdobramento da Teoria da Burocracia e uma leve aproximação à Teoria das Relações Humanas. Representa uma visão crítica da organização formal.

2.1 ORIGENS DA TEORIA ESTRUTURALISTA

As origens da Teoria Estruturalista na Administração foram as seguintes:

- **A oposição surgida entre a Teoria Clássica e a Teoria das Relações Humanas** – incompatíveis entre si – tornou necessária uma posição mais ampla e compreensiva que integrasse os aspectos que eram considerados por uma e omitidos pela outra, e vice-versa. A Teoria Estruturalista pretende ser uma síntese da Teoria Clássica (formal) e da Teoria das Relações Humanas (informal), inspirando-se na abordagem de Max Weber.

- **A necessidade de visualizar "a organização como uma unidade social grande e complexa, onde interagem grupos sociais"** que compartilham alguns desta (como a viabilidade econômica), mas que podem incompatibilizar com outros (como a maneira de distribuir os lucros).[1] Nesse sentido, o diálogo maior da Teoria Estruturalista foi com a Teoria das Relações Humanas.

- **A influência do Estruturalismo nas Ciências Sociais e sua repercussão no estudo das organizações**. O Estruturalismo teve forte influência na Filosofia, na Psicologia (com a Gestalt), na Antropologia (com Claude Lévi-Strauss), na Matemática (com N. Bourbaki), na Linguística, chegando até a Teoria das Organizações com Thompson, Etzioni e Blau. Nas Ciências Sociais, as ideias de Lévi-Strauss (Estruturalismo Abstrato: a estrutura é uma construção abstrata de modelos para representar a realidade empírica), de Gurwitch e Radcliff-Brown (Estruturalismo Concreto: a estrutura é o conjunto de relações sociais num dado momento), de Karl Marx (Estruturalismo Dialético: a estrutura é constituída de partes que, ao longo do desenvolvimento do todo, se descobrem, se diferenciam e, de forma dialética, ganham autonomia umas sobre as outras, mantendo a integração e a totalidade ou reunião entre si, mas pela reciprocidade instituída entre elas) e de Max Weber (Estruturalismo Fenomenológico: a estrutura é um conjunto que se constitui, se organiza e se altera, e seus elementos têm certa função sob certa relação, o que impede o tipo ideal de estrutura de retratar fiel e integralmente a diversidade e variação do fenômeno real) trouxeram novas concepções a respeito do estudo das organizações sociais. Na Teoria Administrativa, os estruturalistas se concentram nas organizações sociais, variando entre o estruturalismo fenomenológico e o dialético.[2]

- **Novo conceito de estrutura**. O conceito de estrutura é bastante antigo. Heráclito, nos primórdios da história da Filosofia, concebia o *logos* como uma unidade estrutural que domina o fluxo ininterrupto do devir e o torna inteligível. É a estrutura que permite reconhecer o mesmo rio, embora suas águas jamais sejam as mesmas, em virtude da contínua mudança das coisas. Estrutura é o conjunto formal de dois ou mais elementos que permanece inalterado seja na mudança, seja na diversidade de conteúdo. Sua estrutura se mantém mesmo com a alteração de seus elementos ou relações. A mesma estrutura pode ser apontada em diferentes áreas, e a compreensão das estruturas fundamentais em alguns campos de atividade permite o reconhecimento das mesmas estruturas em outros campos.

Aumente seus conhecimentos sobre **Estrutura e estruturalismo** na seção *Saiba mais* TGA 2 2.1

O estruturalismo está voltado para o todo e para o relacionamento das partes na constituição do todo. A totalidade, a interdependência das partes e o fato de que o todo é maior do que a simples soma das partes são suas características básicas.

A Teoria Estruturalista é representada por várias figuras da Administração.[3]

2.2 A SOCIEDADE DE ORGANIZAÇÕES

Para os estruturalistas, a sociedade moderna e industrializada é uma sociedade de organizações das quais o homem passa a depender para nascer, viver e morrer.[4] Essas organizações são diferenciadas e requerem dos seus participantes determinadas características de personalidade. Estas permitem a participação simultânea das pessoas em várias organizações, nas quais os papéis desempenhados variam. O estruturalismo ampliou o estudo das interações entre os grupos sociais – iniciado pela Teoria das Relações Humanas – para o das interações entre as organizações sociais. Da mesma forma como os grupos sociais interagem, as organizações também interagem.

Aumente seus conhecimentos sobre **O advento das organizações e a organização moderna** na seção *Saiba mais* TGA 2 2.2

As organizações constituem a forma dominante de instituição da sociedade moderna: são a manifestação de uma sociedade altamente especializada e interdependente que se caracteriza por um crescente padrão de vida. As organizações permeiam todos os aspectos da vida moderna e envolvem a participação de numerosas pessoas. Cada organização é limitada por recursos escassos e, por isso, não pode tirar vantagem de todas as oportunidades que surgem: daí o problema de determinar a melhor alocação de recursos. A eficiência é obtida quando a organização aplica seus recursos na alternativa que produz o melhor resultado.

SAIBA MAIS — **As organizações**

A Teoria Estruturalista concentra-se no estudo das organizações, na sua estrutura interna e na interação com outras organizações. As organizações são concebidas como "unidades sociais (ou agrupamentos humanos) intencionalmente construídas e reconstruídas a fim de atingir objetivos específicos. Incluem-se nesse conceito corporações, exércitos, escolas, hospitais, igrejas e prisões; excluem-se tribos, classes, grupos étnicos, grupos de amigos e famílias".[5] As organizações são caracterizadas por um "conjunto de relações sociais estáveis e deliberadamente criadas com a explícita intenção de alcançar objetivos ou propósitos". Assim, "a organização é uma unidade social dentro da qual as pessoas alcançam relações estáveis – não necessariamente face a face – entre si, no sentido de facilitar o alcance de um conjunto de objetivos ou metas".[6]

Entre as organizações formais avultam as chamadas organizações complexas. Elas são caracterizadas pelo alto grau de complexidade na estrutura e nos processos em virtude do tamanho (proporções maiores) ou da natureza complicada das operações (como hospitais e universidades). Nas organizações complexas, a convergência de esforços entre as partes componentes (departamentos, seções) é mais difícil pela existência de inúmeras variáveis (como tamanho, estrutura organizacional, diferentes características pessoais dos participantes) que complicam o seu funcionamento. Os estruturalistas focalizam a proliferação das organizações complexas e mostram o surgimento do homem organizacional.

- **O homem organizacional:** a Teoria Clássica caracteriza o *homo economicus*, e a Teoria das Relações Humanas, "o homem social"; os estruturalistas focalizam o "homem organizacional":[7] o homem que desempenha diferentes papéis em várias organizações em uma sociedade de organizações, moderna e industrializada. O homem moderno – o homem organizacional –, para ser bem-sucedido em todas as organizações, precisa ter características de personalidade, tais como:[8]
  - **Flexibilidade:** em face das constantes mudanças que ocorrem na vida moderna, bem como da diversidade dos papéis desempenhados nas diversas organizações, que podem chegar à inversão, aos bruscos desligamentos das organizações e aos novos relacionamentos.
  - **Tolerância às frustrações:** para evitar o desgaste emocional decorrente do conflito entre as necessidades organizacionais e as individuais, cuja mediação é feita por meio de normas racionais, escritas e exaustivas que envolvem toda a organização.

- **Capacidade de adiar as recompensas:** e poder compensar o trabalho na organização em detrimento das preferências e vocações pessoais por outros tipos de atividade profissional.
- **Permanente desejo de realização:** para garantir a conformidade e a cooperação com as normas que controlam e asseguram o acesso às posições de carreira dentro da organização, proporcionando recompensas e sanções sociais e materiais.
- **Papéis sociais:** na organização social, pessoas ocupam papéis. *Papel* é o nome dado a um conjunto de comportamentos solicitados a uma pessoa. O papel é a expectativa de desempenho de uma pessoa ou grupo social e a internalização de valores e normas que a organização explícita ou implicitamente prescreve. O papel prescrito para o indivíduo é reforçado pela sua própria motivação em desempenhá-lo eficazmente. Como cada pessoa pertence a vários grupos e organizações, ela desempenha diversos papéis, ocupa muitas posições e suporta diversas normas e regras diferentes.

Aumente seus conhecimentos sobre **O homem organizacional** na seção *Saiba mais* TGA 2 2.3

PARA REFLEXÃO

O dilema de Geraldo

Como funcionário de uma repartição pública, Geraldo enfrenta um sério dilema pessoal. Sua chefia é conservadora, apática e resistente a qualquer mudança ou inovação. Seus colegas, acostumados à mesmice e à rotina, fazem apenas o trabalho indispensável e ninguém quer assumir qualquer responsabilidade além do seu cargo. Geraldo quer definir uma postura pessoal, pois acha que deveria fazer alguma coisa para melhorar a situação. O que ele pode fazer?

2.3 ANÁLISE DAS ORGANIZAÇÕES

Para estudar as organizações, os estruturalistas utilizam a análise organizacional mais ampla que a de qualquer outra teoria anterior, pois pretendem conciliar a Teoria Clássica e a Teoria das Relações Humanas, baseando-se na Teoria da Burocracia. Assim, a análise das organizações do ponto de vista estruturalista é feita a partir de uma abordagem múltipla, que leva em conta simultaneamente os fundamentos dessas três teorias. Essa abordagem múltipla envolve:

- **A organização formal e a organização informal:** enquanto a Teoria Clássica se concentrava na organização formal, e a Teoria das Relações Humanas, na organização informal, os estruturalistas tentam estudar o relacionamento entre ambas as organizações: a formal e a informal dentro de uma abordagem múltipla.
- **A Teoria Estruturalista é uma síntese da Teoria Clássica (formal) e da Teoria das Relações Humanas (informal):** "encontrar equilíbrio entre os elementos racionais e não

racionais do comportamento humano constitui o ponto principal da vida, da sociedade e do pensamento modernos.[9] Constitui o problema central da Teoria das Organizações".[10]

- **Recompensas materiais e sociais:** tanto a abordagem da Teoria Clássica quanto a da Teoria das Relações Humanas são fragmentárias e parciais. Os estruturalistas combinam os estudos de ambas quanto às recompensas utilizadas pela organização para motivar as pessoas.[11]
- **Os diferentes enfoques da organização:** para os estruturalistas, as organizações podem ser concebidas segundo duas diferentes concepções:[12]
  - **Modelo racional da organização:** concebe a organização como um meio deliberado e racional de alcançar metas conhecidas. Os objetivos organizacionais são explicitados – como maximizar os lucros – e todos os aspectos e componentes da organização são deliberadamente escolhidos em função de sua contribuição ao objetivo; as estruturas organizacionais são deliberadamente cuidadas para atingir a mais alta eficiência; os recursos são adequados e alocados de acordo com um plano diretor; todas as ações são apropriadas e iniciadas por planos e seus resultados devem coincidir com estes. Daí a ênfase no planejamento e no controle. Tudo na organização está sujeito a controle, e este é exercido de acordo com um plano diretor que relaciona as causas e os efeitos do modo mais econômico. As partes da organização são submissas a uma rede monolítica de controle. Nessas condições, a organização funciona como um sistema fechado de lógica que exclui a incerteza.[13] O modelo racional de organização inclui a abordagem da Administração Científica, na qual a única incógnita na equação era o operador humano, razão pela qual a Administração se concentrava no controle sobre ele. Inclui também o modelo burocrático de Weber, no qual toda contingência é prevista e manipulada por especialistas orientados por regras, enquanto as influências ambientais, sob a forma de clientes, são controladas pelo tratamento impessoal da clientela por meio de regras padronizadas.
  - **Modelo natural de organização:** concebe a organização como um conjunto de partes interdependentes que constituem o todo; cada parte contribui com alguma coisa e recebe alguma coisa do todo, o qual, por sua vez, é interdependente com um ambiente mais amplo. O objetivo básico é a sobrevivência do sistema: as partes e os modos como elas se vinculam mutuamente em interdependência são determinados pelos processos evolutivos. O modelo de sistema natural procura tornar tudo funcional e equilibrado, podendo ocorrer disfunções. A autorregulação é o mecanismo fundamental que espontânea ou naturalmente governa as relações entre as partes e suas atividades, mantendo o sistema equilibrado e estável ante as perturbações provindas do ambiente externo. O modelo de sistema natural presume uma interdependência com um ambiente incerto, flutuante e imprevisível, havendo um delicado equilíbrio das complicadas interdependências dentro do sistema ou entre o sistema e o meio ambiente. Nesses termos, o conceito de sistema fechado torna-se inadequado e as tentativas planejadas de controlar ou regular o sistema natural levam a consequências indesejadas e não planejadas porque perturbam o delicado equilíbrio. O sistema natural é aberto às influências ambientais e não pode ser abordado sob o aspecto de completa certeza e pelo controle. Seu comportamento não é governado por uma rede de controle, pois é determinado pela ação do meio ambiente. Obedece a uma lógica de sistema aberto. O modelo de sistema natural traz, como consequência, o inevitável aparecimento da

organização informal nas organizações. Não existe organização que esteja fechada ao ambiente ou inteiramente de acordo com os planos, ou, ainda, que consiga completo poder sobre todos os seus membros.

Em toda organização existem elementos de ambos os sistemas, que são opostos entre si.

Quadro 2.1 O modelo racional e o modelo natural

Modelo de organização	Lógica utilizada	Características	Abordagens típicas
Racional	Sistema fechado	■ Visão focalizada apenas na parte interna do sistema, com ênfase no planejamento e controle. ■ Expectativa de certeza e previsibilidade.	■ Administração Científica de Taylor. ■ Teoria Clássica de Fayol. ■ Teoria da Burocracia de Weber.
Natural	Sistema aberto	■ Visão focalizada no sistema e sua interdependência com o ambiente externo. ■ Expectativa de incerteza e imprevisibilidade.	■ Teoria Estruturalista. ■ Fundamentos da Teoria de Sistemas. ■ Modernas teorias da Administração.

- Os **níveis da organização**: as organizações caracterizam-se por uma hierarquia de autoridade e diferenciação de poder, como no modelo burocrático de Weber. Para Parsons,[14] defrontam-se, com uma multiplicidade de assuntos que são classificados para que a responsabilidade por sua solução seja atribuída a diferentes níveis hierárquicos da organização. Assim, as organizações se desdobram em três níveis organizacionais, a saber:[15]
  - **Nível institucional:** é o nível organizacional mais elevado, composto dos dirigentes ou de altos executivos. É também denominado nível estratégico, pois é o responsável pela definição dos principais objetivos e estratégias organizacionais, lida com os assuntos relacionados com o longo prazo e com a totalidade da organização. É o nível que se relaciona com o ambiente externo da organização.
  - **Nível gerencial:** é o nível intermediário situado entre o nível institucional e o nível técnico, cuidando do relacionamento e da integração desses dois níveis. O nível gerencial é o responsável pela transformação das decisões institucionais em planos e programas para que o nível técnico os execute. Trata da captação dos recursos necessários para alocá-los nas diversas partes da organização e da distribuição e colocação dos produtos e serviços da organização no mercado.
  - **Nível técnico (o nível operacional):** é o nível mais baixo da organização. É o nível que trata da execução das operações e tarefas. É voltado ao curto prazo e segue programas e rotinas desenvolvidos no nível gerencial.
- **A diversidade de organizações:** enquanto a Administração Científica e a Escola das Relações Humanas focalizaram as fábricas e as empresas, a abordagem estruturalista ampliou o campo da análise a fim de incluir outros tipos diferentes de organizações, como públicas e privadas, empresas dos mais diversos tipos (indústrias, prestadoras de serviços, comerciais, agrícolas etc.), organizações militares (exército, marinha, aeronáutica), organizações religiosas (igreja), organizações filantrópicas, partidos políticos, prisões, sindicatos,

hospitais, bancos, universidades etc.[16] As organizações complexas, por suas características de tamanho e complexidade, passaram a interessar os estruturalistas.[17]

- **A análise interorganizacional:** todas as teorias administrativas anteriores preocuparam-se com fenômenos que ocorrem dentro da organização. Tanto que essas teorias são criticadas pelo fato de adotarem uma abordagem de sistema fechado, ou seja, pelo fato de utilizarem o modelo racional de organização como base de seus estudos.

Em resumo, as abordagens múltiplas da Teoria Estruturalista são:
- Abordagem múltipla: a organização formal e a organização informal.
- Abordagem múltipla: recompensas materiais e sociais.
- Abordagem múltipla: os diferentes enfoques da organização.
- Abordagem múltipla: os níveis da organização.
- Abordagem múltipla: a análise interorganizacional.

SAIBA MAIS — **Análise intra e interorganizacional**

Os estruturalistas ampliam essa abordagem limitada e restritiva e se preocupam também com os fenômenos que ocorrem externamente às organizações, mas que afetam os fenômenos que ocorrem dentro delas. Os fenômenos internos são mais bem compreendidos quando se conhecem os fenômenos externos que os provocaram. Assim, os estruturalistas baseiam-se em uma abordagem de sistema aberto e utilizam o modelo natural de organização como base de seus estudos. A análise organizacional passa a ser feita por meio de uma abordagem múltipla, ou seja, da análise intraorganizacional (fenômenos internos) e da análise interorganizacional (fenômenos externos em função das relações da organização com outras organizações do meio ambiente).[18]

Além da análise interna das organizações, os estruturalistas inauguraram a preocupação com a análise interorganizacional. A análise do comportamento interorganizacional tornou-se significativa a partir da crescente complexidade ambiental e da interdependência das organizações.[19] Até então, os autores não haviam se preocupado com o ambiente organizacional como uma área de observação e análise.[20] Essa negligência quanto às relações interorganizacionais surpreende mais ainda quando se nota que as organizações formais estão envolvidas em um ambiente composto por outras organizações e que possuem um complexo de normas, valores e coletividades de uma sociedade maior. O relacionamento entre a organização e seu ambiente revela o grau de dependência da organização quanto a eventos externos. Mais recentemente, o campo da Teoria Organizacional abrangeu pesquisas sobre relações interorganizacionais. A análise das relações interorganizacionais parte do pressuposto de que a organização funciona na base de interações e transações com outras organizações. E provoca uma forte

Capítulo 2 – Teoria Estruturalista da Administração   39

interdependência entre elas. Cada organização interage com o seu ambiente externo e com as demais organizações nele contidas.

PARA REFLEXÃO

Como focalizar mais amplamente as empresas

Paulo Natan saiu da faculdade há 30 anos. Sempre trabalhou dentro dos padrões que aprendera da Teoria Clássica, Neoclássica, Relações Humanas e Burocracia. Agora, sua experiência profissional perante os problemas atuais indica que se torna necessária uma nova abordagem da empresa que dirige. Como você poderia mostrar a Paulo as diferentes abordagens múltiplas dos estruturalistas?

 VOLTANDO AO CASO INTRODUTÓRIO
A Peace World

Elisa Bueno precisa adotar dois focos na condução da PW: o interno e o externo. Do lado interno, ela precisa incrementar as operações da entidade, extrair o máximo possível dos recursos disponíveis, aumentar a motivação dos voluntários distantes que se dedicam espontaneamente à causa do combate à pobreza e estar presente em toda a extensão geográfica coberta pela entidade. Do lado externo, precisa criar novas parcerias com outras organizações, incrementar as parcerias já existentes e alcançar os objetivos propostos pela organização. Como você poderia ajudar Elisa?

2.4 TIPOLOGIA DAS ORGANIZAÇÕES

Não existem duas organizações iguais, pois são diferentes entre si e apresentam enorme variabilidade. Contudo, apresentam características que permitem classificá-las em taxonomias[21] – denominadas tipologias das organizações –, que fornecem uma análise comparativa das organizações por meio de uma característica comum ou de uma variável relevante.

 Sobre o uso de tipologias

Na tipologia e em qualquer esquema de classificação, a individualidade é sacrificada para alcançar certo número de agrupamentos genéricos que facilitam a comparação. A tipologia tem a vantagem de reduzir a variedade e permitir análises comparativas. A adoção de tipologias não é recente no campo das organizações. O fato de classificarmos as empresas em tipos conforme seu tamanho (empresas pequenas, médias e grandes), sua natureza (empresas primárias, secundárias ou de transformação e terciárias ou de serviços), seu mercado (indústrias de bens de capital ou de bens de consumo), ou, ainda, sua dependência (empresas públicas ou empresas privadas) bem o demonstra.

Para fazer análises comparativas das organizações, os estruturalistas criam tipologias de organizações para classificá-las em tipos com características distintivas em comum. As duas tipologias mais importantes são:

1. **Tipologia de Etzioni:** as organizações são unidades sociais artificiais com finalidade específica, pois são planejadas e deliberadamente estruturadas, bem como reveem seus resultados constantemente.[22] Nesse sentido, diferem das unidades sociais naturais, como família, grupos étnicos ou a comunidade. A artificialidade das organizações decorre de dois fatores: preocupação com resultados e tendência para serem mais complexas que as unidades naturais. Nelas, o controle informal não é adequado, pois não se pode confiar na identificação dos participantes com as tarefas que devem realizar. Por isso, elas controlam seus membros. Para Etzioni, os meios de controle utilizados pela organização são classificados em três categorias:[23]

   - **Controle físico:** é o controle baseado na aplicação de meios físicos ou de sanções ou ameaças físicas. O controle físico procura fazer com que as pessoas obedeçam mediante ameaças de sanções físicas, coação, imposição, força e medo das consequências. A motivação é negativa e baseia-se em punições. Corresponde ao poder coercitivo.
   - **Controle material:** é o controle baseado na aplicação de meios materiais e de recompensas materiais. As recompensas materiais são constituídas de bens e serviços oferecidos. A concessão de símbolos (como dinheiro ou salário) que permitem adquirir bens e serviços é classificada como material, porque o resultado para quem recebe é semelhante ao de meios materiais. É o controle baseado no interesse, na vantagem desejada e nos incentivos econômicos e materiais.
   - **Controle normativo:** é o controle baseado em símbolos puros ou em valores sociais. Existem símbolos normativos (como de prestígio e estima) e sociais (como de amor e aceitação). É o controle moral e ético, por excelência, e baseia-se na convicção, fé, crença e ideologia. A utilização do controle normativo corresponde ao poder normativo-social ou ao poder normativo.

   Cada tipo de controle provoca um padrão de obediência em função do tipo de interesse em obedecer ao controle. Existem três tipos de interesse ou de envolvimento dos participantes da organização:

   - **Alienatório:** o indivíduo não está psicologicamente interessado em participar, mas é coagido e forçado a permanecer na organização.
   - **Calculista:** o indivíduo sente-se interessado na medida em que seus esforços tenham uma vantagem ou compensação econômica imediata.
   - **Moral:** o indivíduo atribui valor à missão da organização e ao trabalho dentro dela, cumprindo-o da melhor forma possível porque lhe atribui valor.

   A tipologia de Etzioni[24] classifica as organizações com base no uso e no significado da obediência, a saber:

   - **Organizações coercitivas:** o poder é imposto pela força física ou por controles baseados em prêmios ou punições. Utilizam a força – latente ou manifesta – como o controle sobre os participantes de nível inferior. O envolvimento dos participantes tende a ser "alienativo" em relação aos objetivos da organização, como em prisões, institutos penais e campos de concentração etc.

- **Organizações utilitárias:** o poder baseia-se no controle dos incentivos econômicos. Utilizam a remuneração como base principal de controle. Os participantes de nível inferior contribuem para a organização com um envolvimento "calculativo", baseado nos benefícios que esperam obter. As empresas e o comércio estão incluídos nessa classificação.

- **Organizações normativas:** o poder baseia-se no consenso sobre objetivos e métodos da organização. Utilizam o controle moral como a principal influência sobre os participantes, porque estes têm elevado envolvimento "moral" e motivacional. São organizações "voluntárias", e incluem igreja, universidades, hospitais e organizações políticas e sociais.

Quadro 2.2 Tipologia de organizações de Etzioni

Tipos de organizações	Tipos de poder	Controle utilizado	Ingresso e permanência dos membros	Envolvimento pessoal dos membros	Exemplos
Organizações coercitivas	Coercitivo	Prêmios e punições	Coação, imposição, força, ameaça, medo	Alienativo, com base no temor	Prisões e penitenciárias
Organizações normativas	Normativo	Moral e ético	Convicção, fé, crença, ideologia	Moral e motivacional autoexpressão	Igrejas, hospitais, universidades
Organizações utilitárias	Remunerativo	Incentivos econômicos	Interesse, vantagem perceptiva	Calculativo, busca de vantagens	Empresas em geral

A tipologia de Etzioni enfatiza os sistemas psicossociais das organizações. Sua desvantagem é dar pouca consideração à estrutura, à tecnologia utilizada e, principalmente, ao ambiente externo, como se eles existissem no vazio. Trata-se de uma tipologia simples, unidimensional e baseada apenas nos tipos de controle.

2. **Tipologia de Blau e Scott:** as organizações estão inseridas em um ambiente externo pleno de comunidades e relações entre os membros da organização, de um lado, e o público, os clientes e as instituições externas, de outro. São aspectos importantes que as tipologias anteriores omitiram. Todas as organizações existem para proporcionar benefícios ou resultados para a comunidade. Blau e Scott apresentam uma tipologia baseada no beneficiário principal (princípio do *cui bono*), ou seja, de quem se beneficia com a organização. Para ele, a essência da existência da organização pode ter os seguintes beneficiários:[25]

- Os próprios membros da organização.
- Os proprietários, dirigentes ou acionistas da organização.
- Os clientes da organização.
- O público em geral.

Em função dessas categorias de beneficiário principal existem quatro tipos de organização:

- **Associações de benefícios mútuos:** o beneficiário principal são os próprios membros da organização, como as associações profissionais, cooperativas, sindicatos, fundos mútuos, consórcios etc.
- **Organizações de interesses comerciais:** os proprietários ou acionistas são os principais beneficiários da organização, como a maior parte das empresas privadas, sociedades anônimas ou sociedades de responsabilidade limitada.
- **Organizações de serviços:** um grupo de clientes é o beneficiário principal. Exemplos: hospitais, universidades, escolas, organizações religiosas e agências sociais.
- **Organizações de Estado:** o beneficiário é o público em geral. Exemplos: a organização militar, instituições jurídicas e penais, segurança pública, saneamento básico etc.

Essa tipologia tem a vantagem de enfatizar a força de poder e a influência do beneficiário sobre as organizações a ponto de condicionar a sua estrutura e seus objetivos, além de oferecer um agrupamento natural das organizações com objetivos similares. Todavia, essa classificação também ignora as estruturas, as tecnologias ou os sistemas psicossociais e administrativos existentes nas organizações. Trata-se também de uma tipologia simples e unidimensional.

Quadro 2.3 Tipologia de organizações de Blau e Scott

Beneficiário principal	Tipo de organização	Exemplos
Os próprios membros da organização	Associação de beneficiários mútuos	Associações profissionais, cooperativas, sindicatos, fundos mútuos, consórcios
Os proprietários ou acionistas da organização	Organizações de interesses comerciais	Sociedades anônimas ou empresas familiares
Os clientes	Organizações de serviços	Hospitais, universidades, organizações religiosas e filantrópicas, agências sociais
O público em geral	Organizações de Estado	Organização militar, correios e telégrafos, segurança pública, saneamento básico, organização jurídica e penal

2.5 OBJETIVOS ORGANIZACIONAIS

Os objetivos organizacionais constituem um campo de estudos explorado pelos autores neoclássicos (Administração por Objetivos - APO) e estruturalistas. As organizações são unidades sociais que procuram atingir objetivos específicos, e a sua razão de ser é servir a esses objetivos. Um objetivo organizacional é uma situação desejada que a organização tenta atingir. É uma imagem que a organização pretende para o seu futuro. Quando um objetivo se concretiza, ele deixa de ser o objetivo desejado e passa a ser algo real e atual. Nesse sentido, um objetivo nunca existe: é um estado que se procura, e não um estado que se possui. As situações futuras, embora sejam imagens, têm uma força sociológica real e influem nas opções e reações das pessoas. Muitas organizações possuem um órgão formal destinado a estabelecer os objetivos organizacionais e suas alterações. Em outras, os objetivos são estabelecidos por votos dos acionistas ou dos membros da assembleia ou, ainda, pela pessoa que representa os acionistas ou que possui e/ou dirige a organização. A eficiência de uma organização é medida pelo alcance dos objetivos propostos. A competência da organização é medida pelo volume de recursos utilizados para realizar a produção. A competência está ligada aos objetivos da organização, mas não se confunde com eles, ela cresce à medida que os custos (recursos utilizados) decrescem.[26]

As organizações podem ter, simultânea e legitimamente, dois ou mais objetivos. Algumas acrescentam novos objetivos aos originais. No campo acadêmico, por exemplo, existem organizações que combinam ensino e pesquisa. Alguns hospitais funcionam também como centros de preparação para médicos ou como centros de pesquisas.

Os objetivos organizacionais têm várias funções, a saber:[27]

- **Apresentação de uma situação futura:** indicam a orientação que a organização procura seguir e, dessa forma, estabelece objetivos como linhas mestras para a sua atividade futura.
- **Fonte de legitimidade:** que justifica as atividades da organização e, na verdade, até a sua própria existência.
- **Padrões:** servem como padrões ou indicadores pelos quais seus membros e os estranhos a ela podem avaliar o êxito da organização, isto é, a sua eficiência e o seu rendimento.
- **Unidade de medida:** servem como unidade de medida ou métricas para verificar e comparar a produtividade da organização.

Os objetivos são unidades simbólicas ou ideais que a organização pretende atingir e transformar em realidade. Toda a organização deve buscar condições para manter-se e funcionar com eficiência. Nesse sentido, Etzioni[28] refere-se a dois modelos de organização, a saber:

1. **Modelos de sobrevivência:** quando a organização desenvolve objetivos que lhe permitem simplesmente existir e manter a sua continuidade e permanência.
2. **Modelos de eficiência:** quando a organização desenvolve objetivos que lhe permitem não apenas existir, mas também funcionar dentro de padrões de crescente excelência e competitividade.

A definição de objetivos é intencional, mas nem sempre racional. Trata-se de um processo de interação entre a organização e o ambiente.

Aumente seus conhecimentos sobre **Categorias de objetivos organizacionais** na seção *Saiba mais* TGA 2 2.4

O estudo dos objetivos das organizações identifica as relações entre as organizações e a sociedade em geral.[29] Ocorre que a sociedade está sempre em constante mudança. Como as organizações são unidades sociais planificadas, orientadas para objetivos específicos e sob liderança racional e autoconsciente, elas têm maior inclinação para a mudança do que qualquer outra unidade social.[30] As organizações alteram seus objetivos no processo de ajustamento a problemas e situações emergentes e imprevistas, e criam novas necessidades de mudanças que vão exigir ajustes adicionais.[31] Assim, fatores internos ou externos podem provocar mudanças nos objetivos organizacionais.

2.6 AMBIENTE ORGANIZACIONAL

As organizações não vivem sozinhas ou isoladas, mas em um mundo humano, social, político, econômico, em um contexto ao qual denominamos *ambiente*. Ambiente é tudo o que envolve externamente a organização. O ambiente é constituído pelas outras organizações que formam a sociedade.

A organização depende de outras organizações para seguir o seu caminho e atingir os seus objetivos. A interação entre a organização e o ambiente torna-se fundamental para a compreensão do Estruturalismo. A sociedade moderna é uma sociedade de organizações. Os estruturalistas criticam o fato de que conhecemos muito a respeito da interação entre pessoas, alguma coisa sobre a interação entre grupos e pouquíssimo sobre a interação entre organizações e seus ambientes. Os estruturalistas ultrapassam as fronteiras da organização para ver o que existe lá fora e externamente ao seu redor: as outras organizações que formam a sociedade – a sociedade de organizações. Assim, preocupam-se não somente com a análise organizacional, mas também com a análise interorganizacional, a qual está voltada para as relações externas entre a organização e outras organizações no ambiente.

Dois conceitos são fundamentais para a análise interorganizacional:

1. **Interdependência das organizações com a sociedade:** nenhuma organização é autônoma ou autossuficiente. Toda organização depende de outras organizações e da sociedade em geral para poder sobreviver. Existe uma interdependência das organizações com a sociedade em geral em função das complexas interações entre elas. E as consequências dessa interdependência são: alterações frequentes nos objetivos organizacionais à medida que ocorrem mudanças no ambiente externo e certo controle ambiental sobre a organização, o que limita sua liberdade de agir.

2. **Conjunto organizacional:**[32] o ponto de partida para o estudo das relações interorganizacionais é o conceito de conjunto de papéis desenvolvido por Merton[33] para analisar as relações de papel. Um conjunto de papéis consiste no complexo de papéis e relações de papéis que o ocupante de determinado *status* tem em virtude de ocupar o *status*. O conceito de conjunto organizacional decorre e é análogo ao de conjunto de papéis. Assim, cada organização tem interações e transações com uma cadeia de organizações em seu ambiente, formando um conjunto organizacional. A organização que serve como ponto de referência é chamada organização focal. As relações entre uma organização focal e seu conjunto organizacional são medidas pelos conjuntos de papéis de seu pessoal de fronteira, isto é, pelo seu pessoal que está voltado externamente para o contato ou a ligação com outras organizações. Assim, os estruturalistas inauguram um

novo ciclo na Teoria Administrativa: o gradativo desprendimento daquilo que ocorre dentro das organizações para aquilo que ocorre fora delas. A ênfase sobre o ambiente começa por aqui.

VOLTANDO AO CASO INTRODUTÓRIO
A Peace World

A PW não tem limites de atuação, nem barreiras. Ela é uma organização descentralizada que tem poucas agências e escritórios. O trabalho é realizado no campo, em comunidades carentes, com a ajuda de voluntários que se dedicam inteiramente à solidariedade humana. Uma das atividades da PW tem sido o contato com empresas privadas no sentido de intensificar o voluntariado corporativo: fazer com que empresas e seus funcionários dediquem algum tempo à prestação de serviços comunitários, como forma de aumentar a responsabilidade social e o atendimento de comunidades carentes. Que sugestões você daria a Elisa?

2.7 CONFLITOS ORGANIZACIONAIS

Os estruturalistas discordam de que haja harmonia de interesses entre patrões e empregados (como afirmava a Teoria Clássica) ou de que essa harmonia deva ser preservada pela Administração por meio de uma atitude compreensiva e terapêutica (como afirmava a Teoria das Relações Humanas). Essas teorias não discutiam o conflito em função do seu caráter prescritivo. Para os estruturalistas, os conflitos – tanto desejáveis quanto indesejáveis – são elementos geradores das mudanças e da inovação na organização.

Conflito significa a existência de ideias, sentimentos, atitudes ou interesses antagônicos e colidentes que podem se chocar. Sempre que se fala em acordo, aprovação, coordenação, resolução, unidade, consentimento, consistência, harmonia, deve-se lembrar que essas palavras pressupõem a existência ou a iminência de seus opostos, como desacordo, desaprovação, dissensão, desentendimento, incongruência, discordância, inconsistência, oposição – o que significa conflito. O conflito é condição geral do mundo animal.[34] O ser humano se sobressai entre os animais pela capacidade de atenuar o conflito, embora nem sempre possa eliminá-lo. A sociedade e a civilização – requisitos básicos da vida humana – são viáveis graças ao grau de congruência de objetivos entre as pessoas por meio de mecanismos ou regras que imponham ordem e acomodação.

As fontes de cooperação residem nas semelhanças de interesses – reais ou supostos – entre indivíduos e organizações. As fontes de conflitos localizam-se em alguma divergência real ou suposta de interesses. Há um *continuum* que vai desde uma colisão frontal de interesses e completa incompatibilidade, em um extremo, até interesses diferentes, mas não incompatíveis, em outro extremo. Observe a Figura 2.1.

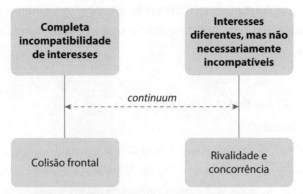

Figura 2.1 *Continuum* das fontes de conflito.

Conflito e cooperação são elementos integrantes da vida de uma organização. Ambos são abordados pelas recentes teorias administrativas. As teorias anteriores ignoraram o problema conflito-cooperação. Hoje, consideram-se cooperação e conflito dois aspectos da atividade social, ou, melhor ainda, dois lados de uma mesma moeda, sendo que ambos estão inseparavelmente ligados entre si. Tanto que a resolução do conflito é mais percebida como uma fase do esquema "conflito-cooperação" do que como um "fim do conflito". O propósito da Administração deve ser o de obter cooperação e sanar conflitos, ou seja, criar condições em que o conflito – parte integrante da vida da organização – possa ser controlado e dirigido para canais úteis e produtivos.[35]

Em situações de conflito, as possíveis respostas de um grupo (ou de uma pessoa) podem ser colocadas em uma escala geral, variando desde métodos de supressão total e parcial até métodos de negociação e solução de problemas, dentro de um *continuum* expresso, como podemos visualizar na Figura 2.2.

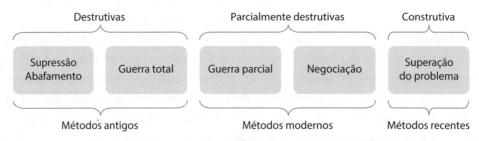

Figura 2.2 Situações de conflito e métodos de resolução.

Os estruturalistas indicam importantes funções sociais do conflito e não concordam com sua repressão artificial. Mediante o conflito, pode-se avaliar o poder e ajustamento do sistema da organização à situação real e, assim, atingir a harmonia na organização. O conflito gera mudanças e provoca inovação à medida que as soluções são alcançadas. Todavia, essas soluções constituirão a base de novos conflitos que gerarão novas mudanças, as quais provocarão outras inovações, e assim por diante. Se o conflito for disfarçado e sufocado, existirão outras formas de expressão, como abandono do emprego ou aumento de acidentes, que, no fim, apresentam desvantagens tanto para o indivíduo quanto para a organização.[36]

PARA REFLEXÃO

O conflito de gerações

Durante décadas a fio, Ivan Meneses dirigiu a sua empresa com mãos de ferro. Agora, já idoso e com problemas de saúde, pretende preparar seus dois filhos como futuros sucessores na direção do negócio. Sabe que terá problemas pela frente. Seus filhos têm outra mentalidade sobre como tocar a empresa em sua maneira liberal de pensar e agir. Enquanto Ivan é autocrático e impositivo, os seus filhos são extremamente democráticos e liberais. Se você fosse o consultor da empresa, o que faria nessa situação?

Existem situações dentro das organizações que provocam conflitos, a saber:

- **Conflito entre a autoridade do especialista (conhecimento) e a autoridade administrativa (hierarquia):** uma das situações conflitivas típicas é a tensão imposta à organização pela utilização do conhecimento: como criar, cultivar e aplicar o conhecimento sem solapar a estrutura hierárquica da organização. O conhecimento traz conflitos com a hierarquia.[37] Para Etzioni, existem três tipos de organização do ponto de vista de como se organiza o conhecimento:[38]
  - **Organizações especializadas:** como universidades, escolas, organizações de pesquisa, hospitais, por exemplo, nas quais o conhecimento é criado e aplicado na organização criada especialmente para esse objetivo. As organizações especializadas empregam especialistas com preparo profissional e que se dedicam à criação, divulgação e aplicação do conhecimento. A gestão é exercida pelo técnico (professor como diretor da escola, médico como dirigente do hospital etc.), enquanto a estrutura administrativa serve como mero apoio subsidiário ou como *staff*.
  - **Organizações não especializadas:** como empresas em geral e o exército, em que o conhecimento é instrumental e subsidiário para o alcance dos objetivos. A gestão é exercida pelo administrador que se identifica com os objetivos globais, enquanto a estrutura técnica é subsidiária ou subalterna.
  - **Organizações de serviços:** como empresas especializadas em consultoria ou assessoria, centros de pesquisa e desenvolvimento, por exemplo, nos quais os especialistas recebem instrumentos e recursos para o seu trabalho, mas não são empregados da organização nem estão subordinados aos administradores, a não ser por contratos de assessoria ou de prestação de serviços.

Os conflitos entre os especialistas e os administradores ocorrem da seguinte forma nestes tipos de organização:[39]

- **Organizações especializadas:** a relação entre corpo de auxiliares-especialização e hierarquia-administração é invertida nesse tipo de organização. Os administradores cuidam das atividades secundárias em relação aos objetivos da organização: administram meios para a atividade principal que é desempenhada pelos especialistas. Os especialistas têm a principal autoridade, enquanto os administradores têm a autoridade secundária de corpo de auxiliares. Os administradores aconselham, e a decisão final fica com os especialistas.

- **Organizações não especializadas:** são organizações de propriedade e administração particulares, e os principais meios são produção e venda. Os especialistas são subordinados à autoridade dos administradores, pois estes sintonizam melhor os objetivos da organização relacionados com o lucro. Os administradores têm a principal autoridade (hierarquia), enquanto os especialistas tratam dos meios e atividades secundárias.
- **Organizações de serviços:** são organizações que exercem pequeno controle sobre a produção, pois está à mercê dos especialistas, tal como professores de escolas ou universidades. Estes recebem recursos, instrumentos e meios da organização para desenvolver seu trabalho, porém nem são empregados da organização, nem estão sob o controle desta. Podem ter controle administrativo a respeito dos projetos realizados, do ritmo de trabalho e do público a que se dirige o produto ou o serviço da organização. Sentem que perdem tempo com trabalho administrativo, que é depreciado nesse tipo de organização.
- **Dilemas da organização segundo Blau e Scott:**[40] há uma relação de mútua dependência entre conflito e mudança, pois as mudanças precipitam tensões que geram conflitos, e estes geram mudanças e inovações. Os conflitos, mesmo ocultos ou reprimidos pela rigidez burocrática, são a fonte inevitável da mudança organizacional. Conflitos entre funcionários e clientes levam ao aparecimento de novas práticas e técnicas que ajudam a resolver esses conflitos e a reduzir as tensões. Porém, as inovações utilizadas para solucionar um conflito criam outros. As inovações na organização ou a melhoria e o desenvolvimento afetam e interferem em outras inovações e melhorias para uma dinâmica e uma dialética dentro da organização.

Enquanto o conflito representa um choque de interesses antagônicos, o dilema representa uma situação diante de dois interesses inconciliáveis: o atendimento de um dos interesses impede o atendimento do outro, como mostra a Figura 2.3.

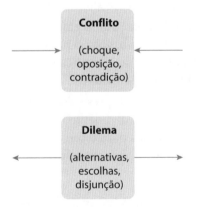

Figura 2.3 Diferença entre conflito e dilema.

As organizações se confrontam continuamente com dilemas, isto é, com escolhas entre alternativas em que algum objetivo terá de ser sacrificado no interesse de um outro. Os conceitos de conflito e de dilema permitem a compreensão dos processos de mudança gerados internamente na organização. A mudança e o ajustamento ocorrem sempre que novas situações o exijam, novos problemas surjam e novas soluções devam ser criadas. Daí a inovação. Os problemas são endêmicos e atuam como condição interna e contínua de mudança dentro do sistema.

Segundo Blau e Scott, há três dilemas básicos na organização formal (Figura 2.4):[41]

1. **Dilema entre coordenação e comunicação livre:** as organizações requerem uma coordenação eficiente e uma eficaz solução dos seus problemas. A coordenação – seja interdepartamental ou interpessoal – é dificultada pela livre comunicação entre as partes envolvidas. A livre comunicação introduz novas soluções não previstas que atrapalham a adequada coordenação. A hierarquia proporciona coordenação eficiente, mas, por outro lado, restringe o livre fluxo de comunicações, impedindo a criatividade. A livre comunicação proporciona um desempenho superior das pessoas em atividades de solução de problemas, porém um desempenho inferior dos grupos quando a atividade é de coordenação. A coordenação e a comunicação livre são conflitantes entre si.

2. **Dilema entre disciplina burocrática e especialização profissional:** há uma oposição entre o comportamento burocrático e o comportamento profissional. Os princípios burocráticos estão ligados aos interesses da organização, enquanto os princípios profissionais se referem a normas técnicas e códigos de ética da profissão. O especialista profissional representa os interesses de sua profissão, enquanto o burocrata representa os da organização. A autoridade do profissional se baseia no conhecimento da especialização técnica, enquanto a autoridade do burocrata se baseia em um contrato legal. Enquanto o profissional decide com base em padrões profissionais e universais, o burocrata decide com base em diretrizes da organização. Quando uma decisão de um profissional não é bem aceita, tal julgamento cabe à associação e a seus colegas de profissão, enquanto, em uma decisão do burocrata, o julgamento final cabe à administração da organização.[42] Há um dilema entre a orientação cosmopolita dos profissionais e a orientação local e paroquial dos burocratas. Isso ocorre por três motivos: porque as organizações modernas têm de empregar tanto profissionais quanto burocratas, pois o trabalho dos profissionais vem sendo cada vez mais realizado dentro das organizações burocráticas e porque as atividades dentro das burocracias estão se tornando mais profissionalizadas.

3. **Dilema entre o planejamento centralizado e a iniciativa individual:** o destino das organizações da iniciativa e da criatividade individual. Porém, a necessidade de planejamento e de controle é vital para a organização, de um lado, embora tenda a inibir a iniciativa e a criatividade individual, por outro. Quanto maior o planejamento centralizado, tanto menor a iniciativa e a criatividade individual, e vice-versa.

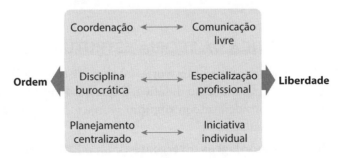

Figura 2.4 Os três dilemas da organização segundo Blau e Scott.

Esses três dilemas organizacionais são manifestações do dilema maior entre ordem e liberdade. Tais dilemas são responsáveis pelo desenvolvimento das organizações: no processo de resolver problemas antigos, novos problemas são criados e a experiência obtida na decisão contribuirá para a busca de soluções de novos problemas, tornando o desenvolvimento organizacional um processo essencialmente contínuo e dialético.

- **Conflitos entre linha e assessoria (*staff*):** a estrutura linha-*staff* se caracteriza por confrontos entre o pessoal de linha que detém autoridade linear e o pessoal de assessoria que possui autoridade de *staff*. Como precisam conviver entre si em uma dependência mútua, surgem conflitos entre linha e assessoria, em função de três aspectos:[43]
    - ambição e comportamento individualista dos altos funcionários de linha;
    - oferta de serviços do *staff* para poder justificar a sua existência;
    - quando a promoção para posições mais altas da assessoria depende da aprovação do pessoal de linha ou vice-versa.

Os conflitos envolvem aspectos positivos e negativos, embora as possibilidades negativas e destrutivas do conflito – tanto interno quanto externo – sejam mais visíveis. Não há melhor maneira de comprometer a saúde de uma organização do que promover um conflito interno; também o conflito externo, provocado por forças que vêm de fora da organização, pode exercer pressão fortemente desintegradora. Todavia, o conflito pode apresentar potencialidades positivas, permitindo o fortalecimento da coesão grupal e da organização informal, bem como o sentimento de pertencer à organização.

PARA REFLEXÃO

A explicação de Albuquerque

Alencar Albuquerque é um renomado consultor de empresas e profundo observador das organizações. Em uma empresa cliente, notou a preocupação dos gerentes em ter mais subordinados para aumentar seu poder, a presença de diretores incompetentes, uma dramaturgia para fortalecer a hierarquia e a luta cerrada entre linha e *staff*. Tudo isso reduzia a competitividade organizacional, além do pessimismo existente na organização. Como explicar tudo isso de maneira inteligível à direção da empresa?

2.8 APRECIAÇÃO CRÍTICA DA TEORIA ESTRUTURALISTA

Embora o Estruturalismo não constitua uma teoria própria e distinta na TGA, ganhou nesta obra um lugar especial apenas para efeito didático. É que o estruturalismo trouxe para a Teoria Administrativa uma considerável contribuição. Numa rápida apreciação, resumimos a crítica que se faz ao Estruturalismo:

- **Convergência de várias abordagens divergentes:** com o Estruturalismo, nota-se uma convergência de várias abordagens, a saber: a Teoria Clássica, a Teoria das Relações

Humanas e a Teoria da Burocracia, numa tentativa de integração e de ampliação dos conceitos dessas teorias. É a chamada abordagem múltipla na análise das organizações.

- **Ampliação da abordagem teórica:** o Estruturalismo muda o foco de atenção voltado para o indivíduo (Teoria Clássica) e para o grupo (Teoria das Relações Humanas) para a estrutura da organização como um todo. Nesse contexto, a Teoria Estruturalista se interessa com a organização total como um sistema social e cuja estrutura deve ser estudada em si mesma. A ênfase desloca-se totalmente para a organização. Esta se torna o foco de atenção do analista. A visão é mais ampla. Com o neoestruturalismo – um movimento mais recente –, surge a preocupação com o ambiente.

- **Dupla tendência teórica:** no Estruturalismo, coexistem duas tendências teóricas marcantes: a integrativa e a do conflito:
  - **Ênfase na estrutura e nos aspectos integrativos da organização:** a preocupação é juntar. O objeto de análise é a organização como um todo.
  - **Ênfase nos aspectos de conflito e divisão na organização:** a preocupação é mostrar a dinâmica. O objeto de análise são os conflitos e suas decorrências.

  No estudo de certas organizações, o ponto de vista do conflito pode ser mais relevante (como nas empresas ou prisões, por exemplo), enquanto, em outros casos, a abordagem integrativa parece mais útil (como em organizações de juventude ou nas cooperativas). Uma teoria geral deve explicar tanto o aspecto interativo quanto o de conflito de poder dos sistemas sociais. As duas abordagens – a integrativa e a de conflito – podem ser combinadas, pois não há contradição inerente entre ambas.[44]

  O estruturalismo conduz a uma ampla visão de que os conflitos e antagonismos não podem ser relegados à esfera de atritos interpessoais: sua compreensão exige uma atenção maior à sua base, que é a estrutura organizacional e societária.

- **Análise organizacional mais ampla:** a Teoria Estruturalista estimulou o estudo de organizações não industriais e de organizações não lucrativas, como escolas, universidades, hospitais, penitenciárias etc. O estruturalismo trata, sobretudo, das organizações complexas e do estudo e análise das organizações formais. O termo *organizações formais* refere-se às organizações sociais formalmente estabelecidas para alcançar propósitos explícitos. O termo inclui aspectos informais, como os aspectos formalizados das organizações. As organizações complexas – aquelas cujos estrutura e processo apresentam elevado grau de complexidade, independentemente do seu tamanho, como hospitais e universidades – constituem o objeto de estudo dos estruturalistas. A expressão *organizações complexas* – utilizada para as organizações sociais de proporções maiores – parece lembrar mais os autores estruturalistas do que as organizações em si. Alguns estruturalistas falam em organizações formais, como Blau e Scott. O importante é que a análise organizacional pode ser feita no nível da sociedade (ou macronível), no nível intergrupal ou, ainda, no nível interpessoal (micronível). As organizações fazem parte de uma sociedade mais geral, interagindo com ela e intercambiando influências recíprocas.

- **Inadequação das tipologias organizacionais:** as tipologias das organizações oferecidas pelos estruturalistas são criticadas pelas suas limitações quanto à aplicação prática e pelo fato de se basearem em uma única variável ou aspecto básico. Sua aplicabilidade e sua validade são problemáticas. Realmente, as tipologias de classificação são necessárias para o pensamento e a ação em cada faceta da vida social. Há necessidade de tipologias porque não se dispõe de um esquema melhor para estudar e comparar as organizações. As divisões de "sentido comum" entre organizações lucrativas e não lucrativas ou governamentais e não governamentais trazem mais confusão do que clareza. As tipologias apoiadas em um simples princípio básico, como as de Etzioni e de Blau e Scott, não discriminam as organizações e somente as dividem com base em um único aspecto significativo.

  A intenção de construir empiricamente uma taxonomia peca pela debilidade dos dados e pelas limitações sobre a importância das variáveis medidas.[45] Em resumo, as tipologias apresentadas são simples e unidimensionais, reduzindo as organizações a uma única dimensão para poder compará-las entre si.

- **Teoria de crise:** a Teoria Estruturalista é denominada "Teoria de Crise", pois tem mais a dizer sobre os problemas e as patologias das organizações complexas do que sobre sua normalidade. Os autores estruturalistas são críticos e revisionistas, procurando localizar nas organizações o núcleo de suas problemáticas.

- **Teoria de transição e de mudança:** a Teoria Estruturalista é uma teoria de transição e de mudança, em que o campo todo parece estar em um estado de crescimento acelerado, faltando ainda uma exata definição dos componentes e relações que a Teoria de Sistemas definiu posteriormente. Os estruturalistas frequentemente queixam-se de que certas áreas de estudo carecem de investigação e de definição, como no estudo do ambiente, das relações interorganizacionais etc.

SAIBA MAIS   **Afinal, o que é o Estruturalismo?**

O Estruturalismo não é propriamente uma teoria, mas, antes de tudo, um método que Lévi-Strauss trouxe da Linguística e introduziu nas Ciências Sociais com êxito. Esse método estendeu-se à Economia, Psicologia, Sociologia, chegando à Administração.[46]

No fundo, a ideia de integração dos elementos numa totalidade, como apregoa o Estruturalismo, é a mesma ideia básica que sustenta a Teoria dos Sistemas: a compreensão da interdependência recíproca das organizações e da consequente necessidade de integração. A própria palavra *sistema* dá ideia de plano, método, ordem, organização.[47]

Quadro 2.4 Confronto entre a Teoria da Burocracia e a Teoria Estruturalista

Aspectos	Teoria da Burocracia	Teoria Estruturalista
Ênfase	▪ Estrutura organizacional somente.	▪ Estrutura organizacional, pessoas e ambiente.
Abordagem da organização	▪ Organização formal.	▪ Organização formal e informal.
Enfoque	▪ Sistema fechado e mecânico. ▪ Teoria da Máquina.	▪ Sistema natural e orgânico. ▪ Sistema aberto.
Conceito de organização	▪ Sistema social como um conjunto de funções.	▪ Sistema social intencionalmente construído e reconstruído para atingir objetivos.
Caráter da administração	▪ Sociologia da Burocracia. ▪ Abordagem simplista.	▪ Sociologia Organizacional. ▪ Sociedade de organizações. ▪ Abordagem múltipla.
Comportamento humano	▪ Ser isolado, que reage como ocupante de cargo ou posição hierárquica.	▪ Ser social que desempenha papéis dentro de várias organizações.
Concepção do homem	▪ Homem organizacional.	▪ Homem organizacional.
Relação entre objetivos	▪ Prevalência de objetivos organizacionais. ▪ Não há conflito entre objetivos organizacionais e objetivos individuais.	▪ Balanço entre objetivos organizacionais e individuais. ▪ Conflitos inevitáveis e até desejáveis, pois conduzem à mudança e inovação.
Preocupação	▪ Eficiência máxima.	▪ Eficiência e eficácia.

CONCLUSÃO

A tentativa de conciliação e integração dos conceitos clássicos e humanísticos, a visão crítica do modelo burocrático, a ampliação da abordagem das organizações envolvendo o contexto ambiental e as relações interorganizacionais (variáveis externas), além de um redimensionamento das variáveis organizacionais internas (a múltipla abordagem estruturalista) e o avanço rumo à abordagem sistêmica, são aspectos que marcaram a Teoria Administrativa. Em suma, o Estruturalismo representa uma trajetória à abordagem sistêmica. Aliás, os autores neoestruturalistas são os responsáveis pelo surgimento da Teoria da Contingência.

Sem dúvida, a Teoria Estruturalista trouxe um enorme conjunto de contribuições ao modelo burocrático no sentido de flexibilizá-lo para uma adaptação mais fácil a uma época em que as mudanças ambientais começaram a deixar de ser lentas e progressivamente mais rápidas e sucessivas.

SOCIEDADE DE ORGANIZAÇÕES	TIPOLOGIAS DAS ORGANIZAÇÕES:
	• Coercitivas • Benefícios mútuos • Utilitárias • Interesses comerciais • Normativas • Serviços • Estatais

ANÁLISE DAS ORGANIZAÇÕES: (Abordagem múltipla)
- Organização formal x informal
- Recompensas materiais x sociais
- Enfoque racional x natural
- Os níveis da organização
- A diversidade das organizações
- Análise interorganizacional

OBJETIVOS ORGANIZACIONAIS:
- Visão da situação futura
- Fonte de legitimidade
- Padrões de desempenho
- Unidade de medida

ESTRATÉGIA ORGANIZACIONAL:
- Competição
- Negociação
- Cooptação
- Coalizão

CONFLITOS ORGANIZACIONAIS:
- Conhecimento x hierarquia
- Coordenação x comunicação livre
- Disciplina burocrática x especialização
- Planejamento centralizado x iniciativa
- Linha x assessoria (*staff*)

APRECIAÇÃO CRÍTICA DA TEORIA ESTRUTURALISTA:
- Convergência de abordagens divergentes
- Ampliação da abordagem
- Dupla tendência teórica
- Análise organizacional mais ampla
- Inadequação das tipologias organizacionais
- Teoria da crise, transição e mudança

Figura 2.5 Mapa mental da Teoria Estruturalista.

RESUMO

Em resumo, a tentativa de conciliação e integração dos conceitos clássicos e humanísticos, a visão crítica do modelo burocrático, a ampliação da abordagem das organizações envolvendo o contexto ambiental e as relações interorganizacionais (variáveis externas), além de um redimensionamento das variáveis organizacionais internas (a múltipla abordagem estruturalista) e o avanço rumo à abordagem sistêmica, são aspectos que marcaram a teoria administrativa. Enfim, o estruturalismo representa uma trajetória à abordagem sistêmica. Aliás, os autores neoestruturalistas são os responsáveis pelo surgimento da Teoria da Contingência.

QUESTÕES

1. Explique o conceito de Estruturalismo.
2. Apresenta as origens da Teoria Estruturalista.

3. Por que se fala em sociedade de organizações?
4. Qual o significado de homem organizacional?
5. Explique a abordagem múltipla da Teoria Estruturalista: organização formal e informal.
6. Explique a abordagem múltipla da Teoria Estruturalista: os níveis da organização.
7. Explique a análise organizacional e a análise interorganizacional.
8. Defina a tipologia organizacional de Etzioni.
9. Quais os principais objetivos organizacionais?
10. Explique o ambiente organizacional.
11. O que significa conjunto organizacional?
12. Explique a interdependência entre as organizações e a sociedade.
13. Explique o conceito de estratégia organizacional.
14. Explique o conceito de conflito organizacional.
15. Quais os dilemas da organização segundo os estruturalistas?
16. Comente a análise organizacional mais ampla dos estruturalistas.
17. Por que a Teoria Estruturalista é considerada uma teoria de transição e de mudança?

REFERÊNCIAS

1. ETZIONI, A. *Organizações modernas*. São Paulo: Pioneira, 1967. p. 13-35, 68, 72-73, 75-80, 94- 98, 119, 167-168.
2. MOTTA, F. C. P. O estruturalismo e a teoria das organizações. *Revista de Administração de Empresas*, Rio de Janeiro, Fundação Getulio Vargas, v. 10, n. 4, p. 25, dez. 1970.
3. Os principais expoentes da Teoria Estruturalista são: James D. Thompson, Victor A. Thompson, Amitai Etzioni, Peter M. Blau, David R. Sills, Burton R. Clarke, Jean Viet. No fundo, os autores da Teoria da Burocracia também podem ser considerados estruturalistas: Max Weber, Robert K. Merton, Philip Selznick, Alvin Gouldner. Alguns autores neoestruturalistas (ou em sua fase neoestruturalista) serão também abordados neste livro: Charles Perrow e Jay R. Galbraith.
4. ETZIONI, A. *Organizações modernas*, op. cit.
5. STINCHCOMBE, A. L. Social structure and organizations. *In*: MARCH, J. G. (ed.). *Handbook of organizations*. Chicago: Rand McNally College Publishing Co., 1965. p. 142.
6. LITTERER, J. A. *Organizations*: structure and behavior. New York: John Wiley & Sons, Inc., 1963. p. 5.
7. WHYTE JR., W. F. *The organization man*. New York: Doubleday & Co., 1966.
8. WHYTE JR., W. F. *The organization man*, op. cit., p. 435.
9. ETZIONI, A. *Organizações complexas*. São Paulo: Atlas, 1967. p. 15.
10. ETZIONI, A. *Organizações modernas*, op. cit., p. 75-80.
11. ETZIONI, A. *Organizações modernas*, op. cit., p. 78-79.
12. GOULDNER, A. W. Organizational analysis. *In*: MERTON, R. K.; BROOM, L.; COTRELL JR., L. S. (ed.). *Sociology today*. New York: Basic Books, 1959.
13. THOMPSON, J. D. Modelos de organização e sistemas administrativos. *In*: BERTALANFFY, L. von et al. *Teoria dos sistemas*. Rio de Janeiro: FVG, 1976. p. 48.

14. PARSONS, T. Suggestions for a sociological approach to the theory of organizations. *Administrative Science Quarterly*. p. 67, jun. 1956.
15. PARSONS, T. Some ingredients of a general theory of formal organization. *Structure and process in modern society*. Glencoe: Free Press, 1960.
16. ETZIONI, A. *Organizações modernas, op. cit.*, p. 79.
17. ETZIONI, A. *Organizações complexas, op. cit.*
18. WARREN, R. C.; BURGUNDER, A. F.; NEWTON, J. W.; ROSE, S. M. The interaction of community decision organizations: some conceptual considerations and empirical findings. *In*: NEGANDHI, A. R. (ed.). *Modern organization theory, contextual, environmental, and socio-cultural variables*. Kent: The Kent State University Press, 1973. p. 146. Vide o mesmo trabalho em: NEGANDHI, A. R. (ed.). *Interorganization theory, center for business and economic research*. Kent: The Kent State University Press, 1975. p. 168.
19. GUETZKOW, H. Relations among organizations. *In*: BOWERS, R. V. (ed.). *Studies on behavior in organizations*: a research symposium. Athens: University of Georgia Press, 1966. p. 1-12.
20. Uma das mais notáveis exceções que levam em conta certos aspectos do ambiente é: SELZNICK, P. *T.V.A. and the grass roots*: a study in the sociology of formal organizations. Berkeley; Los Angeles: University of California Press, 1949.
21. A palavra *taxonomia* é usada aqui como sinônimo de classificação ou tipologia.
22. ETZIONI, A. *Organizações modernas, op. cit.*
23. ETZIONI, A. *Organizações modernas, op. cit.*, p. 94-98.
24. ETZIONI, A. *A comparative analysis of complex organizations*. Glencoe: The Free Press, 1961. Cap. 3.
25. BLAU, P. M.; SCOTT, W. R. *Organizações formais*. São Paulo: Atlas, 1970. p. 54-74.
26. SILLS, V. D. L. apud ETZIONI, A. A modificação de objetivos. *Organizações complexas, op. cit.*, p. 148-160.
27. ETZIONI, A. *Organizações modernas, op. cit.*, p. 13-35.
28. ETZIONI, A. *Organizações modernas, op. cit.*, p. 35.
29. ETZIONI, A. *Organizações modernas, op. cit.*, p. 146-148.
30. ETZIONI, A. *Organizações modernas, op. cit.*, p. 35.
31. THOMPSON, J. D.; McEWEN, W. J. Objetivos organizacionais e ambiente. *In*: ETZIONI, A. *Organizações complexas, op. cit.*, p. 177-187.
32. EVAN, W. M. The organization-set: toward a theory of interorganizational relations. *In*: THOMPSON, J. D. (org.). *Approaches to organizational design*. Pittsburg: University of Pittsburg Press, 1966. p. 177-180.
33. MERTON, R. K. *Social theory and social structure*. Glencoe: The Free Press, 1957. p. 368-380.
34. LORENZ, K. *On aggression*. New York: Harcourt, Brace & World, Inc., 1966.
35. SHEPPARD, H. A. Responses to situations of competition and conflict. *In*: *Conflict management in organizations, foundation for research on human behavior*. Michigan: Ann Arbor, 1962. p. 33.
36. ETZIONI, A. *Organizações modernas, op. cit.*, p. 72-73.
37. ETZIONI, A. *Organizações modernas, op. cit.*, p. 119.
38. ETZIONI, A. *Organizações modernas, op. cit.*, p. 121-124.
39. ETZIONI, A. *Organizações modernas, op. cit.*, p. 119-147.
40. BLAU, P. M.; SCOTT, W. R. *Organizações formais, op. cit.*
41. BLAU, P. M.; SCOTT, W. R. *Organizações formais, op. cit.*, p. 276-288.
42. GOULDNER, A. W. *Patterns of industrial bureaucracy*. Glencoe: Free Press, 1954.

43. DALTON, Melville. *Men who manage*: fusion of feelings and therapy in administration. New Jersey: Transaction, 2013.
44. MOUZELIS, N. P. *Organization and bureaucracy*. Chicago: Aldine, 1968. Cap. 7.
45. HALL, R. D. *Organizaciones*: estructura y proceso. Madrid: Editorial Prentice-Hall Internacional, 1973. p. 72.
46. ESCOBAR, C. H. *O método estruturalista*. Rio de Janeiro: Zahar Editores, 1969. p. 7-13.
47. WAHRLICH, B. M. S. *Uma análise das teorias da organização*. Rio de Janeiro: FGV, 1974. p. 124.

Capítulo 3 – Teoria Comportamental da Administração: dinamizando a empresa por meio das pessoas

Capítulo 4 – Teoria do Desenvolvimento Organizacional (DO): empreendendo a mudança e a renovação empresarial

A partir dos trabalhos de dinâmica de grupo desenvolvidos por Kurt Lewin – ainda na sua fase inicial de impulsionador da Teoria das Relações Humanas –, com a divulgação do livro de Chester Barnard[1] e dos estudos de George Homans sobre Sociologia Funcional de Grupo,[2] culminando com a publicação do livro de Herbert Simon[3] sobre o comportamento administrativo, a Teoria Administrativa passa a apresentar novas e diferentes colocações. As raízes profundas dessas novas contribuições podem ser localizadas nos desdobramentos da Teoria das Relações Humanas. Contudo, é somente a partir da década de 1950 que se desenvolve, nos Estados Unidos, uma nova concepção de Administração, trazendo diferentes conceitos, variáveis e, sobretudo, uma nova visão da Teoria Administrativa baseada no comportamento humano nas organizações.

A abordagem comportamental – também chamada behaviorista (em função do behaviorismo na psicologia) – marca a mais forte influência das ciências do comportamento na Teoria Administrativa e a busca de novas soluções democráticas, humanas e flexíveis para os problemas organizacionais. Enquanto o estruturalismo foi influenciado pela Sociologia – e mais especificamente pela Sociologia Organizacional –, a abordagem comportamental recebeu forte influência das ciências comportamentais (e, mais especificamente, da Psicologia Organizacional).

Comportamento é a maneira pela qual um indivíduo ou uma organização age ou reage em suas interações com o seu meio ambiente e em resposta aos estímulos e desafios que dele recebe. As ciências comportamentais trouxeram à Teoria Administrativa uma variedade de conclusões a respeito da natureza e das características do ser humano, a saber:

- **O homem é um animal social dotado de necessidades**. Entre as necessidades humanas, sobressaem as necessidades gregárias, isto é, o homem desenvolve relacionamentos cooperativos e interdependentes que o levam a viver em grupos ou em organizações sociais e conviver com outras pessoas.

- **O homem é um animal dotado de um sistema psíquico.** O ser humano tem capacidade de organizar suas percepções em um todo cognitivo integrado. O seu sistema psíquico permite uma organização perceptiva e cognitiva particular no seu conteúdo, mas comum a todas as pessoas quanto à sua estrutura.
- **O homem tem capacidade de articular a linguagem com o raciocínio abstrato**, ou seja, o homem tem capacidade de abstração da realidade e de comunicação com as outras pessoas.
- **O homem é um animal dotado de aptidão para aprender,** isto é, de mudar seu comportamento e atitudes em direção a padrões cada vez mais elevados, complexos e eficazes.
- **O comportamento humano é orientado para objetivos**. Os objetivos individuais são complexos e mutáveis. Daí a importância dos objetivos humanos básicos a fim de compreender claramente o comportamento das pessoas.
- **O homem caracteriza-se por um padrão dual de comportamento**: pode tanto cooperar quanto competir com os outros. Coopera quando seus objetivos individuais precisam ser alcançados por meio do esforço comum coletivo. Compete quando seus objetivos são disputados e pretendidos por outros. A cooperação e o conflito tornam-se parte virtual de todos os aspectos da vida humana.

Com a abordagem comportamental, a preocupação com a estrutura organizacional dos clássicos, neoclássicos e estruturalistas se desloca para a ênfase nos processos dinâmicos organizacionais e no deslocamento do comportamento das pessoas para o comportamento organizacional como um todo. Começa com a *ênfase nas pessoas* – inaugurada com a Teoria das Relações Humanas –, mas dentro de um contexto organizacional, que lhe serve de meio ambiente mais próximo. Em outras palavras, o comportamento humano como o principal componente do comportamento dinâmico da organização, com a visão da organização como um fenômeno humano e social.

Esta parte contará com dois capítulos:

3. Teoria Comportamental da Administração: dinamizando a empresa por meio das pessoas
4. Teoria do Desenvolvimento Organizacional (DO): empreendendo a mudança e a renovação empresarial

REFERÊNCIAS

1. BARNARD, C. I. *The functions of the executive*. Cambridge: Harvard University Press, 1938.
2. HOMANS, G. *The human group*. New York: Harcourt, Brace & Co., 1950.
3. SIMON, H. A. *Administrative behavior*. New York: The Macmillan Co., 1945.

TEORIA COMPORTAMENTAL DA ADMINISTRAÇÃO: DINAMIZANDO A EMPRESA POR MEIO DAS PESSOAS

OBJETIVOS DE APRENDIZAGEM

- Definir as características da mais democrática e humanista das teorias administrativas e sua fundamentação sobre a natureza humana.
- Definir os estilos de administração e sistemas administrativos e suas características.
- Caracterizar as organizações como sistemas sociais cooperativos e como sistemas de decisões.
- Definir o comportamento organizacional e a interação entre participantes e organizações.
- Fazer um balanço crítico da contribuição behaviorista à Administração.

O QUE VEREMOS ADIANTE

- Origens da Teoria Comportamental.
- Novas proposições sobre a motivação humana.
- Estilos de administração.
- Organização como um sistema social cooperativo.
- Processo decisório.
- Comportamento organizacional.
- Conflito entre objetivos organizacionais e objetivos individuais.
- Novas proposições sobre liderança.
- Apreciação crítica da Teoria Comportamental.

> **CASO INTRODUTÓRIO**
> **A seleção de futebol**
>
> Zico, um dos jogadores de futebol mais famosos do mundo, pulou do campo para a posição de técnico de futebol. Sua primeira incumbência foi formar uma equipe de futebol capaz de representar o país em uma competição mundial. Tratava-se de disputar uma série de partidas com vários times e levar a taça no final da competição. Uma tarefa complexa que exige a composição de uma equipe integrada, cooperativa, coesa e excelente. Zico tem pela frente vários desafios, a saber:
>
> - Quem deverá ser convocado para essa missão única e vital? Como escolher os talentos adequados para realizar tal tarefa?
> - Como treinar e preparar intensivamente a equipe sob o ponto de vista físico e técnico?
> - Como preparar e integrar intensivamente a equipe do ponto de vista psicológico e atitudinal?
> - Como criar uma cultura de excelência e de vitória entre os participantes da equipe?
> - Como conduzir a equipe e torná-la vitoriosa no alcance dos objetivos globais?
>
> Como você poderia ajudar Zico no planejamento prévio de todos esses aspectos cruciais?

INTRODUÇÃO

A Teoria Comportamental (ou Teoria Behaviorista) trouxe uma nova concepção e um novo enfoque na Teoria Administrativa: ênfase nas ciências do comportamento (*behavioral sciences approach*), abandono de posições normativas e prescritivas das teorias anteriores (Teorias Clássica, Relações Humanas e da Burocracia) e adoção de posições explicativas e descritivas. A ênfase permanece nas pessoas, mas dentro de um contexto organizacional mais amplo: o comportamento organizacional. Ou seja, o comportamento da organização sob o aspecto humano.

Aumente seus conhecimentos sobre **Behaviorismo** na seção *Saiba mais* TGA 2 3.1

3.1 ORIGENS DA TEORIA COMPORTAMENTAL

As origens da Teoria Comportamental da Administração são as seguintes:

- A oposição ferrenha da Teoria das Relações Humanas (com sua ênfase nas pessoas), em relação à Teoria Clássica (com sua ênfase nas tarefas e na estrutura organizacional), caminhou para um segundo estágio, a Teoria Neoclássica, e um terceiro estágio: a Teoria Comportamental. Esta representa uma nova tentativa de síntese da Teoria da Organização Formal com um profundo enfoque humanístico.
- A Teoria Comportamental representa um desdobramento e a ampliação da Teoria das Relações Humanas, com a qual se mostra também crítica e severa, rejeitando as suas concepções ingênuas e românticas.

- A Teoria Comportamental critica a Teoria Clássica e sua teoria da organização formal, os princípios gerais de Administração, o conceito de autoridade formal, e suas posições rígidas, inflexíveis e mecanicistas.
- A Teoria Comportamental mostra-se crítica à Teoria da Burocracia[1] no tocante ao seu "modelo de máquina" como modelo organizacional.[2]
- Em 1947, o prêmio Nobel Herbert A. Simon lança seu livro *Comportamento administrativo*,[6] que marca o início da Teoria Comportamental na Administração. Esse livro constitui o início da Teoria das Decisões.

A Teoria Comportamental traz consigo uma redefinição de conceitos, amplia o conteúdo e diversifica a natureza da Teoria Administrativa.

3.2 NOVAS PROPOSIÇÕES SOBRE A MOTIVAÇÃO HUMANA

A Teoria Comportamental fundamenta-se no comportamento individual das pessoas para explicar o comportamento organizacional. Para poder explicar como as pessoas se comportam, amplia o estudo da motivação humana como um dos seus temas fundamentais, no qual a Teoria Administrativa recebeu volumosa contribuição. Os autores behavioristas verificaram que o administrador precisa conhecer as necessidades humanas para melhor compreender o comportamento humano e utilizar a motivação como poderoso meio para melhorar a qualidade de vida dentro das organizações.

3.2.1 Hierarquia das necessidades de Maslow

Maslow[3] apresentou uma teoria da motivação segundo a qual as necessidades humanas estão organizadas e dispostas em uma hierarquia de importância e de influenciação visualizada como uma pirâmide. Na sua base, estão as necessidades mais baixas (necessidades fisiológicas) e, no topo, as necessidades mais elevadas (necessidades de autorrealização).[4]

- **Necessidades fisiológicas:** constituem o nível mais baixo de todas as necessidades humanas, mas de vital importância. Nesse nível, estão as necessidades de alimentação (fome e sede), sono e repouso (cansaço), abrigo (frio ou calor), desejo sexual etc. As necessidades fisiológicas estão relacionadas com a sobrevivência do indivíduo e com a preservação da espécie. São necessidades instintivas e que nascem com ele, e as mais prementes de todas as necessidades humanas. Quando não estão satisfeitas, dominam a direção do comportamento. O homem com o estômago vazio não tem outra preocupação maior do que matar a fome. Porém, quando come regularmente, a fome deixa de ser uma motivação importante. Quando todas as necessidades humanas estão insatisfeitas, a maior motivação será a das necessidades fisiológicas, e o comportamento do indivíduo terá a finalidade de encontrar alívio da pressão que elas produzem no organismo.
- **Necessidades de segurança:** constituem o segundo nível de necessidades. São necessidades de segurança, estabilidade, busca de proteção contra a ameaça ou privação e fuga do perigo. Surgem no comportamento quando as necessidades fisiológicas estão relativamente satisfeitas. Quando o indivíduo é dominado por necessidade de segurança,

seu organismo age como um mecanismo de procura de segurança e essas necessidades funcionam como elementos organizadores exclusivos do comportamento.

- **Necessidades sociais:** surgem no comportamento, quando as necessidades mais baixas (fisiológicas e de segurança) encontram-se relativamente satisfeitas. Entre elas estão a necessidade de associação, participação, aceitação por parte dos companheiros, troca de amizade, afeto e amor. Quando não estão suficientemente satisfeitas, o indivíduo torna-se resistente, antagônico e hostil com relação às pessoas que o cercam. A frustração dessas necessidades conduz à falta de adaptação social, ao isolamento e à solidão. Dar e receber afeto são importantes forças motivadoras do comportamento humano.

- **Necessidades de estima:** são necessidades relacionadas com a maneira pela qual o indivíduo se vê e se autoavalia. Envolvem a autoapreciação, autoconfiança, necessidade de aprovação social e de respeito, *status*, prestígio e consideração. Incluem ainda o desejo de força e de adequação, confiança perante o mundo, independência e autonomia. A satisfação delas conduz a sentimentos de autoconfiança, valor, força, prestígio, poder, capacidade e utilidade. Sua frustração pode produzir sentimentos de inferioridade, fraqueza, dependência e desamparo que podem levar ao desânimo ou a atividades compensatórias.

- **Necessidades de autorrealização:** são as necessidades humanas mais elevadas e que estão no topo da hierarquia. Estão relacionadas com a realização do próprio potencial e autodesenvolvimento contínuo, cuja tendência se expressa pelo impulso de se tornar sempre mais do que é e de vir a ser tudo o que pode ser.

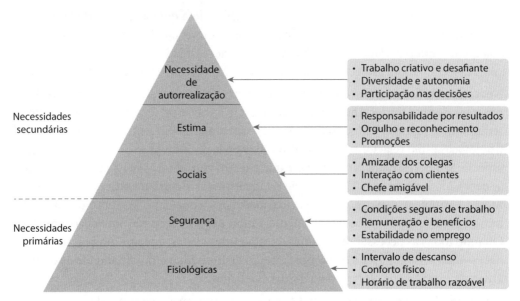

Figura 3.1 Hierarquia das necessidades, segundo Maslow.

As necessidades humanas assumem formas e expressões que variam conforme o indivíduo. A intensidade das necessidades e sua manifestação são variadas e obedecem às diferenças individuais entre as pessoas. Apesar disso, a teoria da hierarquia de necessidades de Maslow se fundamenta nos seguintes aspectos:

- Somente quando um nível inferior de necessidades está satisfeito é que o nível imediatamente mais elevado surge no comportamento da pessoa. Quando uma necessidade é satisfeita, ela deixa de ser motivadora de comportamento, dando oportunidade para que um nível mais elevado de necessidade se manifeste.
- Nem todas as pessoas conseguem chegar ao topo dessa pirâmide. Algumas chegam a alcançar as necessidades de autorrealização; outras estacionam nas necessidades de estima; outras, ainda, nas necessidades sociais, enquanto muitas outras ficam preocupadas exclusivamente com necessidades de segurança e fisiológicas, sem que consigam satisfazê-las adequadamente.
- Quando as necessidades mais baixas estão satisfeitas, as necessidades dos níveis mais elevados passam a dominar o comportamento. E quando alguma necessidade de nível mais baixo deixa de ser satisfeita, ela volta a predominar o comportamento, enquanto gerar tensão no organismo. A necessidade mais premente monopoliza o indivíduo e o leva mobilizar as diversas faculdades do organismo para atendê-la.
- Cada pessoa possui sempre mais de uma motivação. Todos os níveis de motivação atuam conjuntamente no organismo. As necessidades mais elevadas sobre as mais baixas, desde que estas estejam satisfeitas. Toda necessidade está relacionada com o estado de satisfação ou insatisfação de outras necessidades. Seu efeito sobre o organismo é sempre global e conjunto, nunca isolado.
- O comportamento motivado funciona como um canal pelo qual as necessidades são expressas ou satisfeitas.
- A frustração da satisfação de certas necessidades pode ser considerada ameaça psicológica que produz as reações de emergência no comportamento humano.

Figura 3.2 Hierarquia das necessidades humanas e os meios de satisfação.

As pesquisas não chegaram a confirmar cientificamente a teoria de Maslow, e algumas delas até mesmo a invalidaram. Contudo, sua teoria é bem aceita e oferece um esquema orientador e útil para a atuação do administrador.

Figura 3.3 Satisfação e não satisfação (frustração) das necessidades básicas.

 VOLTANDO AO CASO INTRODUTÓRIO
A seleção de futebol

A partir da escolha e da convocação dos jogadores para compor a equipe de futebol, Zico quer cuidar de dois aspectos: o treinamento técnico e o preparo psicológico dos novos integrantes. Ele sabe que, para vencer uma competição relativamente prolongada, é necessário ultrapassar uma variedade de obstáculos e vencer os vários times adversários. Isso requer muito preparo e treinamento, além de muita garra da equipe, seja nas vitórias ou nas derrotas. Se você estivesse no lugar de Zico, como trataria a motivação da equipe?

3.2.2 Teoria dos Dois Fatores de Herzberg

Frederick Herzberg[5] formulou a Teoria dos Dois Fatores para explicar o comportamento das pessoas em situação de trabalho. Para ele, existem dois fatores que orientam o comportamento das pessoas:[6]

1. **Fatores higiênicos – ou fatores extrínsecos:** estão localizados no ambiente que rodeia as pessoas e abrangem as condições dentro das quais elas desempenham seu trabalho, como salário, benefícios sociais, tipo de chefia ou supervisão, condições físicas e ambientais de trabalho, políticas e diretrizes da empresa, regulamentos internos etc. São fatores de contexto e se situam no ambiente externo que circunda o indivíduo, e, como essas condições são administradas e decididas pela empresa, estão fora do controle das pessoas. Quase sempre, apenas os fatores higiênicos eram utilizados na motivação dos empregados: o trabalho era considerado uma atividade desagradável e, para fazer com que as pessoas trabalhassem mais, tornava-se necessário o apelo para prêmios e incentivos salariais,

supervisão, políticas empresariais abertas e estimuladoras, isto é, incentivos situados externamente ao indivíduo em troca do seu trabalho. As pesquisas de Herzberg revelaram que, quando os fatores higiênicos são ótimos, eles apenas evitam a insatisfação e, se elevam a satisfação, não conseguem sustentá-la por muito tempo. Quando são precários, provocam a insatisfação. Devido a essa influência mais voltada para a insatisfação, são chamados de fatores higiênicos: profiláticos e preventivos, apenas evitam a insatisfação, mas não provocam a satisfação. Seu efeito é similar ao de certos remédios que evitam a infecção ou combatem a dor de cabeça, mas não melhoram a saúde. Por estarem mais relacionados com a insatisfação, são fatores insatisfacientes.

2. **Fatores motivacionais – ou fatores intrínsecos:** estão relacionados com o conteúdo do cargo e com a natureza das tarefas que a pessoa executa. Estão sob o controle do indivíduo, pois estão relacionados com o que ele faz e desempenha. Envolvem sentimentos de crescimento individual, reconhecimento profissional e autorrealização e dependem das atividades que o indivíduo realiza no trabalho. Tradicionalmente, as tarefas e os cargos eram arranjados e definidos com a preocupação de atender aos princípios de eficiência, eliminando o desafio e a criatividade individual. Com isso, perdiam o significado psicológico para o indivíduo que os executava e criavam o efeito de "desmotivação", provocando apatia, desinteresse e falta de sentido psicológico. O seu efeito sobre as pessoas é profundo e estável. Quando são ótimos, provocam a satisfação nas pessoas. Porém, quando são precários, eles evitam a satisfação. Por estarem relacionados com a satisfação dos indivíduos, são chamados de fatores satisfacientes.

Quadro 3.1 Fatores motivacionais e fatores higiênicos

Fatores motivacionais (satisfacientes)	Fatores higiênicos (insatisfacientes)
Conteúdo do cargo (como a pessoa se sente em relação ao seu cargo):	Contexto do cargo (como a pessoa se sente em relação à sua empresa):
■ Trabalho em si.	■ Condições de trabalho.
■ Realização.	■ Administração da empresa.
■ Reconhecimento.	■ Salário.
■ Progresso profissional.	■ Relações com o supervisor.
■ Responsabilidade.	■ Benefícios e serviços sociais.

Os fatores higiênicos e motivacionais são independentes e não se vinculam entre si. Os fatores responsáveis pela satisfação profissional das pessoas são totalmente desligados e distintos dos fatores responsáveis pela insatisfação profissional. O oposto da satisfação profissional não é a insatisfação, mas a ausência de satisfação profissional. Também o oposto da insatisfação profissional é ausência dela, e não a satisfação.[7]

A Teoria dos Dois Fatores de Herzberg pressupõe os seguintes aspectos:

- A satisfação no cargo depende dos fatores motivacionais ou satisfacientes: o conteúdo ou as atividades desafiantes e estimulantes do cargo desempenhado pela pessoa.
- A insatisfação no cargo depende dos fatores higiênicos ou insatisfacientes: ambiente de trabalho, salário, benefícios recebidos, supervisão, colegas e contexto geral que envolve o cargo ocupado.

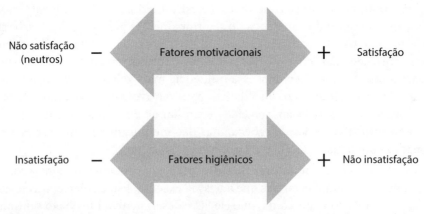

Figura 3.4 Fatores satisfacientes e insatisfacientes como entidades separadas.

Para proporcionar continuamente motivação no trabalho, Herzberg propõe o "enriquecimento de tarefas" ou "enriquecimento do cargo" (*job enrichment*). Consiste em substituir tarefas simples e elementares do cargo por tarefas mais complexas para acompanhar o crescimento individual de cada pessoa e oferecer-lhe condições de desafio e satisfação profissional no cargo. O enriquecimento de tarefas depende do desenvolvimento de cada pessoa e deve se adequar às suas características individuais em mudança. Pode ser vertical (eliminação de tarefas mais simples e acréscimo de tarefas mais complexas) ou horizontal (eliminação de tarefas relacionadas com certas atividades e acréscimo de outras tarefas diferentes, mas no mesmo nível de dificuldade), como na Figura 3.5.

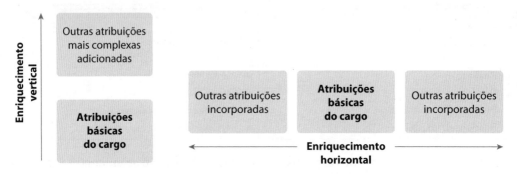

Figura 3.5 Enriquecimentos vertical e horizontal de cargos.

O enriquecimento de cargos adiciona ou desloca para cima ou para os lados, envolvendo atribuições mais elevadas ou laterais e complementares (Figura 3.6).

O enriquecimento de tarefas provoca efeitos desejáveis, como aumento da motivação, aumento da produtividade, redução do absenteísmo (faltas e atrasos ao serviço) e redução da rotatividade do pessoal (demissões de empregados). Contudo, pode gerar efeitos indesejáveis, como o aumento de ansiedade perante tarefas novas e diferentes quando não são bem-sucedidas, aumento do conflito entre as expectativas pessoais e os resultados do trabalho nas novas tarefas mais complexas, sentimentos de exploração quando a empresa não acompanha o nível avançado de tarefas com o enriquecimento da remuneração, redução das relações interpessoais em virtude da maior concentração nas tarefas enriquecidas. Esses efeitos estão ilustrados na Figura 3.7.

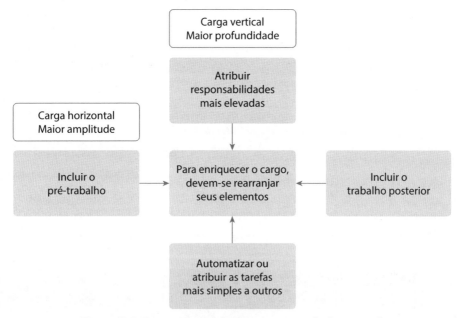

Figura 3.6 Enriquecimento do cargo vertical e horizontal.

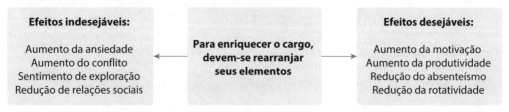

Figura 3.7 Efeitos possíveis do enriquecimento do cargo.

As teorias de motivação de Maslow e Herzberg apresentam pontos de concordância: os fatores higiênicos de Herzberg relacionam-se com as necessidades primárias de Maslow (necessidades fisiológicas e de segurança), enquanto os fatores motivacionais relacionam-se com as necessidades secundárias (necessidades de estima e autorrealização), conforme ilustra a Figura 3.8.

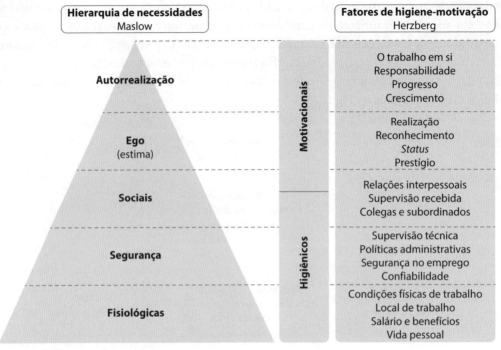

Figura 3.8 Comparação dos modelos de motivação de Maslow e Herzberg.

PARA REFLEXÃO

A função do consultor de empresas

O que leva os funcionários a se dedicar ao trabalho, vestir a camisa da empresa e lutar por ela? O que faz com que deem o máximo possível para ajudar a empresa a ser realmente competitiva? Pensando em como motivar seu pessoal, o presidente da Corporation, Baltazar Figueira, contratou um consultor de empresas para assessorá-lo nessa empreitada. Como o consultor poderia explicar a Baltazar as novas proposições sobre a motivação humana e como utilizá-las adequadamente na sua empresa?

 VOLTANDO AO CASO INTRODUTÓRIO
A seleção de futebol

Zico precisa ensinar os jogadores a terem uma visão mais ampla de suas funções. O trabalho em equipe exige que cada um faça a sua parte e ajude os outros a fazer cada qual sua parte para, no conjunto, a equipe se tornar coesa e excelente. Isso significa uma ampliação da função de cada jogador: ele precisa jogar por si e para os colegas. O trabalho em equipe não é individual, mas coletivo. Não é intraorientado, mas orientado para o trabalho de todo o time. Como você poderia ajudar Zico?

3.3 ESTILOS DE ADMINISTRAÇÃO

A Teoria Comportamental oferece uma variedade de estilos de administração à disposição do administrador. A administração das organizações em geral (e das empresas em particular) é condicionada por estilos de como os administradores dirigem ou lideram, dentro delas, o comportamento das pessoas. Os estilos de administração dependem das convicções dos administradores a respeito do comportamento humano na organização. Tais convicções moldam a maneira de conduzir as pessoas, dividir o trabalho, planejar, organizar e controlar as atividades. As organizações são projetadas e administradas de acordo com certas teorias administrativas. Cada teoria administrativa baseia-se em convicções sobre a maneira pela qual as pessoas se comportam dentro das organizações.

3.3.1 Teoria X e Teoria Y

McGregor compara dois estilos opostos e antagônicos de administrar: de um lado, um estilo baseado na teoria tradicional, mecanicista e pragmática (a que deu o nome de Teoria X), e, de outro, um estilo baseado nas concepções modernas a respeito do comportamento humano (a que denominou Teoria Y).[8]

- **Teoria X:** é a concepção tradicional de administração que se baseia em convicções errôneas e incorretas sobre o comportamento humano:
  - **As pessoas são indolentes e preguiçosas por natureza:** elas evitam o trabalho ou trabalham o mínimo possível em troca de recompensas salariais ou materiais.
  - **Falta-lhes ambição:** não gostam de assumir responsabilidades e preferem ser dirigidas e se sentir seguras nessa dependência. O homem é basicamente egocêntrico e seus objetivos pessoais opõem-se, em geral, aos objetivos da organização.
  - **Resistem às mudanças:** pela sua própria natureza, pois procuram sua segurança e pretendem não assumir riscos que as ponham em perigo.
  - **Não têm autocontrole e autodisciplina:** elas precisam ser dirigidas e controladas pela administração.

    Essas concepções e premissas a respeito da natureza humana formam a Teoria X, que reflete um estilo de administração duro, rígido e autocrático e que faz as pessoas trabalharem dentro de esquemas e padrões planejados e organizados, tendo em vista o alcance dos objetivos da organização. As pessoas são visualizadas como meros recursos ou meios de produção.
    A Teoria X representa o típico estilo de administração da Administração Científica de Taylor, da Teoria Clássica de Fayol e da Teoria da Burocracia de Weber em diferentes estágios da Teoria Administrativa: bitolamento da iniciativa individual, aprisionamento da criatividade, estreitamento da atividade profissional por meio do método e da rotina de trabalho. A Teoria X força as pessoas a fazerem exatamente aquilo que a organização pretende que elas façam, independentemente de suas opiniões ou objetivos pessoais. Quando um administrador impõe arbitrariamente e de cima para baixo um esquema de trabalho e passa a controlar o comportamento dos subordinados, ele estará fazendo Teoria X. O fato de ele impor autocrática ou suavemente não faz diferença: ambas são maneiras diferentes de fazer Teoria X. A própria Teoria das Relações Humanas, em seu caráter demagógico e manipulativo, também é uma forma suave, macia e enganosa de se fazer Teoria X.

- **Teoria Y:** é a moderna concepção de administração de acordo com a Teoria Comportamental. Baseia-se em concepções e premissas atuais e sem preconceitos a respeito da natureza humana:
  - **O trabalho pode ser fonte de satisfação:** as pessoas não têm desprazer inerente em trabalhar. A aplicação do esforço físico ou mental em um trabalho é tão natural quanto jogar ou descansar.
  - **As pessoas não são passivas ou resistentes** por sua natureza intrínseca. Elas podem se tornar assim em resultado de sua experiência negativa no trabalho.
  - **As pessoas têm motivação e potencial de desenvolvimento:** podem assumir responsabilidades, exercitar autodireção e autocontrole para alcançar objetivos confiados pela empresa. O controle externo e a ameaça de punição não são os meios adequados de obter a dedicação e o esforço delas.
  - **A capacidade de alto grau de imaginação e de criatividade** na solução de problemas empresariais é amplamente – e não escassamente – distribuída entre as pessoas. Na vida moderna, as potencialidades intelectuais das pessoas são apenas parcialmente utilizadas.

Em função dessas concepções e premissas a respeito da natureza humana, a Teoria Y mostra um estilo de administração aberto, dinâmico e democrático, por meio do qual administrar torna-se um processo de criar oportunidades, liberar potenciais, remover obstáculos, encorajar o crescimento individual e orientar em direção a objetivos.

A Teoria Y propõe um estilo de administração participativo e baseado nos valores humanos e sociais. Enquanto a Teoria X é a Administração por meio de controles externos impostos às pessoas, a Teoria Y é a Administração por objetivos que realça a iniciativa individual. As duas teorias são opostas entre si.

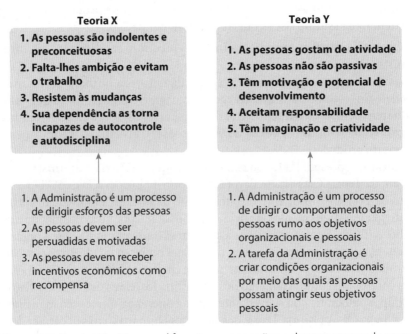

Figura 3.9 Teorias X e Y como diferentes concepções sobre a natureza humana.

Em oposição à Teoria X, McGregor aponta a Teoria Y, segundo a qual administrar é um processo de criar oportunidades e liberar potenciais rumo ao autodesenvolvimento das pessoas. Com o predomínio da Teoria X,

Aumente seus conhecimentos sobre **Teoria X** na seção *Saiba mais* TGA 2 3.2

as pessoas se acostumaram a ser dirigidas, controladas e manipuladas pelas empresas e a encontrar fora do trabalho as satisfações para suas necessidades de autorrealização. A Teoria Y é aplicada em um estilo de direção baseado em medidas inovadoras e humanistas:

- **Descentralização das decisões e delegação de responsabilidades:** a fim de permitir liberdade para que as pessoas dirijam elas próprias as suas tarefas, assumam os desafios delas decorrentes e satisfaçam suas necessidades de autorrealização.
- **Ampliação do cargo para maior significado do trabalho:** a Teoria Y substitui a superespecialização e o confinamento de tarefas pela ampliação do cargo mediante sua reorganização e extensão de atividades, para que as pessoas possam conhecer o significado do que fazem e ter uma ideia da sua contribuição pessoal para as operações da empresa como um todo.
- **Participação nas decisões e administração consultiva:** para permitir que as pessoas tenham participação nas decisões que as afetam direta ou indiretamente e para que se comprometam com o alcance dos objetivos empresariais. A administração consultiva cria oportunidades para que as pessoas sejam consultadas sobre suas opiniões e pontos de vista a respeito de decisões a serem tomadas pela empresa.
- **Autoavaliação do desempenho:** os tradicionais programas de avaliação do desempenho, nos quais os chefes medem o desempenho dos subordinados como se fosse um produto que está sendo inspecionado ao longo da linha de montagem são substituídos por programas de autoavaliação do desempenho, em que a participação dos empregados envolvidos é de importância capital. As pessoas são encorajadas a planejar e avaliar sua contribuição para os objetivos empresariais e assumir responsabilidades.

VOLTANDO AO CASO INTRODUTÓRIO

A seleção de futebol

Zico sabe que sua atuação não pode ser autocrática e impositiva. A equipe deve aprender a decidir por si própria no campo de batalha. Seu estilo de direção deve ser participativo, democrático, aberto e transparente. Quais seriam suas sugestões para melhorar o trabalho de Zico?

3.3.2 Sistemas de Administração

Likert considera a Administração um processo relativo, no qual não existem normas e princípios universais válidos para todas as circunstâncias e situações. A Administração nunca é igual em todas as organizações e pode assumir feições diferentes, dependendo das condições internas e externas existentes. A partir de suas pesquisas, Likert propõe uma classificação de sistemas de Administração, caracterizados em relação a quatro variáveis: processo decisório, sistema de comunicação, relacionamento interpessoal e sistema de recompensas e punições. Em cada sistema administrativo há variação nessas quatro variáveis:[9]

1. **Sistema 1 – autoritário coercitivo:** é um sistema administrativo forte e arbitrário, que controla rigidamente tudo o que ocorre dentro da organização. É o sistema mais duro e fechado. Suas características são:

   a) **Processo decisório:** totalmente centralizado na cúpula da organização. Todas as ocorrências imprevistas e não rotineiras devem ser levadas à cúpula para resolução e todos os eventos devem ser decididos somente pela cúpula empresarial. O nível institucional fica sobrecarregado com a tarefa decisória.

   b) **Sistema de comunicações:** é bastante precário. As comunicações são sempre verticais, no sentido descendente, carregando ordens de cima para baixo. Não existem comunicações laterais. As pessoas não são solicitadas a gerar informação, o que faz com que as decisões tomadas na cúpula se alicercem em informações limitadas, incompletas ou errôneas.

   c) **Relacionamento interpessoal:** o relacionamento entre as pessoas é considerado prejudicial ao bom andamento dos trabalhos. A cúpula empresarial vê com extrema desconfiança as conversas informais entre as pessoas e procura coibi-las ao máximo. A organização informal é vedada. Para evitá-la, os cargos e as tarefas são desenhados para confinar e isolar as pessoas umas das outras e evitar o seu relacionamento.

   d) **Sistema de recompensas e punições:** há uma ênfase nas punições e nas medidas disciplinares, gerando um ambiente de temor e desconfiança. As pessoas precisam obedecer à risca as regras e os regulamentos internos e executar suas tarefas de acordo com os métodos e procedimentos. Se as pessoas cumprem fielmente suas obrigações, elas não estão fazendo nada mais do que sua obrigação. Daí a ênfase nas punições para assegurar o cumprimento das obrigações. As recompensas são raras e, quando ocorrem, são materiais e salariais.

2. **Sistema 2 – autoritário benevolente:** é um sistema administrativo que constitui uma variação atenuada no Sistema 1. No fundo, é um Sistema 1 mais condescendente e menos rígido. Suas principais características são:

   a) **Processo decisório:** é centralizado na cúpula administrativa, permitindo pequeníssima delegação quanto a decisões de pequeno porte e de caráter rotineiro e repetitivo, baseadas em rotinas e prescrições e sujeitas a aprovação posterior, prevalecendo ainda o aspecto centralizador.

   b) **Sistema de comunicações:** é relativamente precário, prevalecendo as comunicações verticais e descendentes, embora a cúpula se oriente em comunicações ascendentes vindas dos escalões mais baixos, como retroação de suas decisões.

   c) **Relacionamento interpessoal:** a organização tolera que as pessoas se relacionem entre si, em um clima de condescendência. A interação humana é pequena e a organização informal é incipiente. Embora possa se desenvolver, a organização informal ainda é considerada uma ameaça aos interesses e objetivos da empresa.

d) **Sistema de recompensas e punições:** ainda há ênfase nas punições e nas medidas disciplinares, mas o sistema é menos arbitrário e oferece algumas recompensas materiais e salariais e raras recompensas simbólicas ou sociais.

3. **Sistema 3 – consultivo:** trata-se de um sistema que pende mais para o lado participativo do que para o lado autocrático e impositivo, como nos dois sistemas anteriores. Representa um gradativo abrandamento da arbitrariedade organizacional. Suas características são as seguintes:

   a) **Processo decisório:** é do tipo participativo e consultivo. Participativo porque as decisões específicas são delegadas aos níveis hierárquicos e devem se orientar pelas políticas e diretrizes definidas pelo nível institucional para balizar todas as decisões e ações dos demais níveis. Consultivo porque a opinião e os pontos de vista dos níveis inferiores são considerados na definição das políticas e diretrizes que os afetam. Obviamente, todas as decisões são posteriormente submetidas à aprovação da cúpula empresarial.

   b) **Sistema de comunicações:** prevê comunicações verticais no sentido descendente (mais voltadas para orientação ampla do que para ordens específicas) e ascendente, bem como comunicações laterais entre os pares. A empresa desenvolve sistemas internos de comunicação para facilitar o seu fluxo.

   c) **Relacionamento interpessoal:** a confiança depositada nas pessoas já é bem mais elevada, embora ainda não completa e definitiva. A empresa cria condições relativamente favoráveis a uma organização informal sadia e positiva.

   d) **Sistema de recompensas** e punições: há ênfase nas recompensas materiais (como incentivos salariais, atrativos de promoções e oportunidades profissionais) e simbólicas (como prestígio e *status*), embora ocorram punições e castigos.

4. **Sistema 4 – participativo:** é o sistema administrativo democrático por excelência. É o mais aberto de todos os sistemas. Suas características são:

   a) **Processo decisório:** as decisões são totalmente delegadas aos níveis organizacionais. Embora o nível institucional defina as políticas e diretrizes, ele apenas controla os resultados, deixando as decisões totalmente a cargo dos diversos níveis hierárquicos. Apenas em ocasiões de emergência os altos escalões assumem decisivamente, porém sujeitando-se à ratificação explícita dos grupos envolvidos.

   b) **Sistema de comunicações:** as comunicações fluem em todos os sentidos e a empresa faz investimentos em sistemas de informação, pois são básicos para sua flexibilidade e eficiência.

   c) **Relacionamento interpessoal:** o trabalho é feito em equipes. A formação de grupos espontâneos permite maior relacionamento entre as pessoas. As relações interpessoais baseiam-se na confiança mútua entre as pessoas, e não em esquemas formais (como descrições de cargos ou relações formais previstas no organograma). O sistema incentiva a participação e o envolvimento grupal, de modo que as pessoas se sentem responsáveis pelo que decidem e fazem em todos os níveis organizacionais.

   d) **Sistema de recompensas e punições:** há uma ênfase nas recompensas simbólicas e sociais, embora não sejam omitidas as recompensas materiais e salariais.

Raramente ocorrem punições, as quais quase sempre são decididas e definidas pelos grupos envolvidos.

Aumente seus conhecimentos sobre **Quatro maneiras de administrar as organizações** na seção *Saiba mais* TGA 2 3.3

Quadro 3.2 Os quatro sistemas administrativos segundo Likert

Variáveis principais	Autoritário coercitivo	Autoritário benevolente	Consultivo	Participativo
Processo decisório	Centralizado na cúpula	Centralizado com pequena delegação rotineira	Consulta permitindo delegação e participação	Descentralizado. A cúpula define políticas e controla resultados
Sistema de comunicações	Muito precário. Só verticais e descendentes carregando ordens	Precário. As descendentes prevalecem sobre as ascendentes	Fluxo vertical (descendente e ascendente) e horizontal	Eficiente e básico para o sucesso da empresa
Relações interpessoais	São vedadas e prejudiciais à empresa	São toleradas, mas a organização informal é uma ameaça	Certa confiança nas pessoas e nas relações entre elas	Trabalho em equipe com formação de grupos. Participação e envolvimento.
Sistemas de recompensas e punições	Punição e ações disciplinares. Obediência cega	Menor arbitrariedade. Recompensas salariais e raras sociais	Recompensas materiais e sociais. Raras punições	Recompensas sociais e materiais

Os quatro sistemas não têm limites definidos entre si. Uma empresa pode estar situada acima do Sistema 2 e abaixo do Sistema 3, ou seja, ao redor de 2,5. Pode ser classificada como Sistema 2 no processo decisório e 3 no de recompensas. Pode ter uma unidade (como a área de produção) onde predomina o Sistema 1, enquanto em outra unidade (como a área de marketing) predomina o Sistema 4. Além do mais, o sistema 1 utiliza a organização pessoa a pessoa, enquanto o Sistema 4 utiliza o padrão grupal de organização.

Likert elaborou um questionário para avaliar e definir o perfil organizacional, ou seja, o estilo de Administração predominante. Constatou que, quanto mais o estilo administrativo da empresa se aproximar do Sistema 4, tanto maior será a probabilidade de alta produtividade, boas relações no trabalho e elevada rentabilidade. Por outro lado, quanto mais uma empresa se aproximar do Sistema 1, tanto maior a probabilidade de ineficiência, péssimas relações no trabalho e repetidas crises financeiras. As novas estruturas organizacionais representadas no Sistema 4 utilizam o modelo de organização baseado em equipes ligadas por elos de vinculação superposta, ou seja, de pessoas que são membros de mais de uma equipe, o que proporciona uma dinâmica nova no sistema.

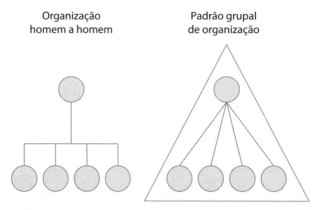

Figura 3.10 Organograma típico e padrão grupal de organização.

O Sistema 4 repousa em três aspectos principais:

1. Utilização de princípios e técnicas de motivação em vez da tradicional dialética de recompensas e punições.
2. Grupos de trabalho altamente motivados, estreitamente entrelaçados e capazes de se empenharem totalmente para alcançar os objetivos empresariais. A competência técnica não deve ser esquecida. O papel dos "elos de vinculação superposta" é fundamental.
3. Adoção de "princípios de relações de apoio": a Administração adota metas de elevado desempenho para si própria e para os empregados e estabelece os meios adequados para atingi-las. As metas de eficiência e produtividade são alcançadas por um sistema de Administração que permite condições de satisfazer aos objetivos individuais dos empregados.

Além disso, o comportamento humano na organização pode ser explicado por algumas variáveis. Existem variáveis administrativas que são causais e básicas do comportamento humano. Elas provocam estímulos que atuam nos indivíduos (variáveis intervenientes) e produzem respostas ou resultados, que são as variáveis resultantes de resultado, como na Figura 3.11.[10]

Figura 3.11 Modelo de organização de Likert.

As variáveis intervenientes dependem das variáveis causais e influenciam as variáveis de resultado. Likert critica a ênfase na eficiência da empresa baseada apenas em termos de produtividade ou produção física (variáveis de resultado), negligenciando as variáveis intervenientes. O foco nos resultados de produção produz apenas resultados imediatos, deixando sem solução fragmentos intervenientes, cuja ordenação e correção exigirão longo trabalho pela frente. A ênfase no imediatismo e no curto prazo gera riscos para o futuro.

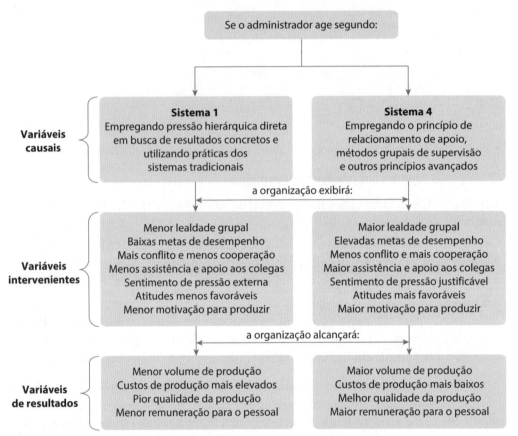

Figura 3.12 Decorrências dos sistemas administrativos.

PARA REFLEXÃO

A nova presidência da Photon

Eduardo Barreto está na Photon há mais de 10 anos. Fez uma carreira brilhante, apesar de sua insatisfação com o modelo hierarquizado, autoritário, rígido e impositivo ali reinante. Agora, sabe que nos próximos meses irá receber a incumbência que sempre sonhou: presidir a tradicional e fechada companhia. Eduardo quer mudar a empresa. O que ele poderia fazer?

3.4 ORGANIZAÇÃO COMO UM SISTEMA SOCIAL COOPERATIVO

Bem antes da Teoria Comportamental, Chester Barnard, publicou um livro propondo uma teoria da cooperação para explicar as organizações.[11] Para ele, as pessoas não atuam isoladamente, mas mediante interações com outras pessoas para poderem alcançar seus objetivos. Nessas interações humanas, as pessoas influenciam-se mutuamente: são as relações sociais. As diferenças individuais fazem com que cada um tenha suas próprias características pessoais, suas capacidades e limitações. E para poderem sobrepujar suas limitações e ampliar suas capacidades, as pessoas precisam cooperar entre si para alcançar seus objetivos. É por meio da participação pessoal e da cooperação entre pessoas que surgem as organizações. As organizações são sistemas cooperativos que têm por base a racionalidade. Trocando em miúdos: as organizações são sistemas sociais baseados na cooperação e na racionalidade entre as pessoas. Uma organização somente existe quando ocorrem conjuntamente três condições:

1. Interação entre duas ou mais pessoas.
2. Desejo e disposição para a cooperação.
3. Finalidade de alcançar um objetivo comum.

Aumente seus conhecimentos sobre **Cooperação como base da organização** na seção *Saiba mais* TGA 2 3.4

A organização é um sistema de forças ou atividades, conscientemente coordenadas, de dois ou mais indivíduos. O desejo de cooperar depende dos incentivos oferecidos pela organização, e esta precisa influir no comportamento das pessoas com incentivos materiais (como salário e benefícios sociais), oportunidades de crescimento, consideração, prestígio ou poder pessoal, condições físicas adequadas de trabalho etc. Assim, a organização oferece incentivos para obter a cooperação das pessoas em todos os níveis hierárquicos. Nesse esquema, cada pessoa precisa alcançar os objetivos organizacionais (para se manter ou crescer na organização) e os seus objetivos pessoais (para obter satisfações). Para Barnard, a pessoa precisa ser eficaz (alcançar objetivos organizacionais) e eficiente (alcançar objetivos pessoais) para sobreviver no sistema, como na Figura 3.13.

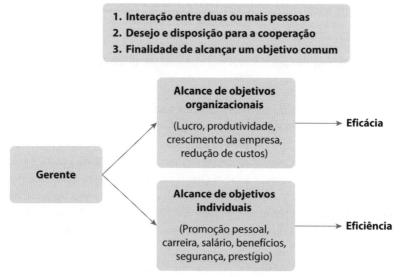

Figura 3.13 Eficácia e eficiência para as pessoas segundo Barnard.

A função do executivo, isto é, de cada administrador dentro da organização, é criar e manter um sistema de esforços cooperativos. Como a cooperação é essencial para a sobrevivência da organização, a função básica do executivo consiste em criar condições capazes de incentivar a coordenação da atividade organizada.

3.5 PROCESSO DECISÓRIO

A Teoria das Decisões nasceu com Herbert Simon, que a utilizou como base para explicar o comportamento humano nas organizações.[12] A organização é um sistema de decisões. Nesse sistema, cada pessoa participa racional e conscientemente, escolhendo e tomando decisões individuais a respeito de alternativas racionais de comportamento. Assim, a organização está permeada de decisões e de ações. As teorias administrativas anteriores deram muita importância às ações e nenhuma às decisões que as provocaram. Não é somente o gestor quem toma decisões; todas as pessoas em todas as áreas de atividades e níveis hierárquicos e em todas as situações estão tomando decisões relacionadas ou não com o seu trabalho.

A organização é um complexo sistema de decisões:

- **A organização como um sistema de decisões:** o comportamento humano nas organizações é visualizado de maneira diferente pelas várias teorias de Administração:
  - **Teoria Clássica:** considera os indivíduos participantes da organização instrumentos passivos cuja produtividade varia e pode ser elevada mediante incentivos financeiros (remuneração de acordo com a produção) e condições de trabalho favoráveis. É uma posição simplista e mecanicista.
  - **Teoria das Relações Humanas:** considera os indivíduos participantes da organização possuidores de necessidades, atitudes, valores e objetivos pessoais que precisam ser identificados, estimulados e compreendidos para obter sua participação na organização, condição básica para sua eficiência.
  - **Teoria Comportamental:** os indivíduos participantes da organização percebem, raciocinam, agem racionalmente e decidem sua participação ou não participação na organização como tomadores de opinião e decisão e solucionadores de problemas.

SAIBA MAIS — **A organização como um sistema de decisões**

A organização é um sistema de decisões em que cada pessoa participa consciente e racionalmente, escolhendo e decidindo entre alternativas mais ou menos racionais que se lhes apresentam de acordo com sua personalidade, motivações e atitudes.
Os processos de percepção das situações e o raciocínio são básicos para a explicação do comportamento humano nas organizações: o que uma pessoa aprecia e deseja influencia o que vê e interpreta, assim como o que vê e interpreta influencia o que ela aprecia e deseja. Em outros termos, a pessoa decide em função de sua percepção das situações. Em resumo, as pessoas são processadores de informação, criadores de opinião e tomadores de decisão.

- **Teoria das Decisões:** decisão é o processo de análise e escolha entre as alternativas disponíveis de cursos de ação que a pessoa deve seguir. Toda decisão envolve:[13]
  - **Tomador de decisão:** é a pessoa que faz uma escolha ou opção entre várias alternativas futuras de ação.
  - **Objetivos:** são as metas que o tomador de decisão pretende alcançar com suas ações.
  - **Preferências:** são os critérios que o tomador de decisão usa para fazer sua escolha.
  - **Estratégia:** é o curso de ação que o tomador de decisão escolhe para atingir seus objetivos. O curso de ação é o caminho escolhido e depende dos recursos de que pode dispor.
  - **Situação:** são os aspectos do ambiente que envolve o tomador de decisão, alguns deles fora do seu controle, conhecimento ou compreensão e que afetam sua escolha.
  - **Resultado:** é a consequência ou resultante de determinada estratégia.

O tomador de decisão está envolvido em uma situação, pretende alcançar objetivos, tem preferências pessoais e segue estratégias (cursos de ação) para alcançar resultados. Há sempre um processo de seleção ou escolha e a decisão envolve uma opção. Para seguir um curso de ação, a pessoa deve abandonar outros cursos alternativos. Todo curso de ação é orientado para um objetivo a ser alcançado e segue uma racionalidade. O tomador de decisão escolhe uma alternativa entre outras: se ele escolhe os meios apropriados para alcançar determinado objetivo, sua decisão é racional. Tem racionalidade, não importa qual.

SAIBA MAIS — **Racionalidade**

A racionalidade reside na escolha dos meios (estratégia) adequados para o alcance de determinados fins (objetivo), com o intuito de obter os melhores resultados. Porém, as pessoas comportam-se racionalmente apenas em função daqueles aspectos da situação que conseguem perceber e tomar conhecimento (cognição). Os demais aspectos da situação que não são percebidos ou não são conhecidos pelas pessoas – embora existam na realidade – não interferem em suas decisões. A esse fenômeno dá-se o nome de racionalidade limitada: as pessoas tomam decisões racionais (adequação de meios-fins) apenas em relação aos aspectos da situação que conseguem perceber e interpretar.[14]

- **Etapas do processo decisório:** o processo decisório é complexo e depende das características pessoais do tomador de decisões, da situação em que está envolvido e da maneira como ele percebe a situação. O processo decisório exige sete etapas, apresentadas no Quadro 3.3.

Quadro 3.3 Processo decisório sob a ótica da organização

Elementos do processo decisório	Etapas do processo decisório
■ Tomador de decisão. ■ Objetivos a alcançar. ■ Preferências pessoais. ■ Estratégia. ■ Situação. ■ Resultado.	1. Percepção da situação. 2. Análise e definição do problema. 3. Definição dos objetivos. 4. Procura de alternativas de solução. 5. Avaliação e comparação das alternativas. 6. Escolha da alternativa mais adequada. 7. Implementação da alternativa escolhida.

Cada etapa desse processo influencia as outras e todo o processo. Nem sempre as etapas são seguidas à risca. Se a pressão for muito forte para uma solução imediata, as etapas 3, 5 e 7 podem ser abreviadas ou suprimidas. Quando não há pressão, algumas etapas podem ser ampliadas ou estendidas no tempo.

■ **Decorrências da Teoria das Decisões:** o processo decisório permite solucionar problemas ou enfrentar situações, porém a subjetividade nas decisões individuais é enorme. Simon dá alguns recados:

- **Racionalidade limitada:** ao tomar decisões, a pessoa precisaria de um grande número de informações a respeito da situação, para que pudesse analisá-las e avaliá-las. Como isso demora e está além da capacidade individual de coleta e análise, toma decisões por meio de pressuposições, isto é, de premissas que ela assume subjetivamente e nas quais baseia sua escolha. Em geral, as decisões relacionam-se com uma parte da situação ou com apenas alguns aspectos dela, e não de tudo a respeito dela.

- **Imperfeição das decisões:** não existem decisões perfeitas: apenas umas são melhores do que outras quanto aos resultados reais que produzem. Para proceder de maneira racional nas suas ações, a pessoa precisa escolher entre as diferentes alternativas que se diferenciam pelos seus resultados; estes, por sua vez, devem estar ligados aos objetivos que se pretende atingir. O processo decisório racional implica a comparação de caminhos (cursos de ação) por meio da avaliação prévia dos resultados decorrentes de cada um, do confronto entre tais resultados e dos objetivos que se deseja atingir. O critério norteador na decisão é a eficiência, isto é, a obtenção de resultados máximos com recursos mínimos. Claro: toda decisão tem consequências futuras. Tudo o que você faz um dia volta para você.

- **Relatividade das decisões:** no processo decisório, a escolha de uma alternativa implica renúncia das demais alternativas e a criação de uma sequência de novas alternativas ao longo do tempo. A esses leques de alternativas em cada decisão dá-se o nome de árvore de decisão. Toda decisão é, até certo ponto, uma acomodação, pois a alternativa escolhida jamais permite a realização completa ou perfeita dos objetivos visados, representando apenas a melhor solução encontrada naquelas circunstâncias. A situação do meio ambiente limita as alternativas disponíveis, estabelecendo o nível que se pode atingir na consecução de um objetivo. Esse nível nunca é ótimo, apenas satisfatório.

- **Hierarquização das decisões:** o comportamento é planejado quando é guiado por objetivos e é racional quando escolhe as alternativas adequadas ao alcance dos objetivos.

É preciso distinguir o que é um meio e o que é um fim. Os objetivos visados pelas pessoas obedecem a uma hierarquia, na qual um nível é considerado fim em relação ao nível mais baixo e meio em relação ao de ordem maior. Tudo depende disso.

- **Racionalidade administrativa:** há uma racionalidade no comportamento administrativo, pois é planejado e orientado no sentido de alcançar objetivos da maneira mais adequada. Os processos administrativos são basicamente processos decisórios, pois consistem na definição de métodos rotineiros para selecionar e determinar os cursos de ação adequados e na sua comunicação às pessoas por eles afetados.

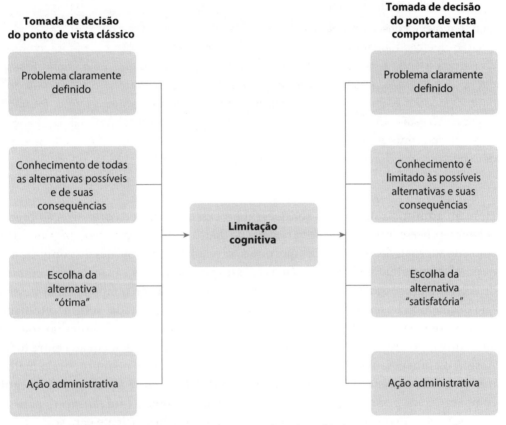

Figura 3.14 Comparação entre processo decisório clássico e comportamental.

- **Influência organizacional:** a organização retira dos seus participantes a faculdade de decidir sobre certos assuntos e a substitui por um processo decisório próprio, previamente estabelecido e rotinizado. As decisões que a organização toma pelo indivíduo são:

    a) **Divisão de tarefas:** a organização limita o trabalho de cada pessoa para certas atividades e funções específicas dos seus cargos.

    b) **Padrões de desempenho:** a organização define padrões que servem de guia e orientação para o comportamento racional das pessoas e para a atividade de controle pela organização.

c) **Sistemas de autoridade:** a organização influencia e condiciona o comportamento das pessoas por meio da hierarquia formal e do seu sistema de influenciação.

d) **Canais de comunicação:** a organização proporciona todas as informações vitais no processo decisório das pessoas.

e) **Treinamento e doutrinação:** a organização treina e condiciona nas pessoas os critérios de decisão que ela pretende manter.

VOLTANDO AO CASO INTRODUTÓRIO
A seleção de futebol

Zico tem plena consciência de que um jogo de futebol é constituído por processos de decisão que cada jogador toma a cada instante enquanto visualiza o desdobramento da partida e onde estão colocados os colegas e as oportunidades pela frente. Essas decisões é que dão a continuidade ao jogo e podem levar à vitória ou à derrota do time. O jogador é um tomador de decisões em todos os momentos do jogo, mesmo quando não está com a bola nos pés. Quando as decisões são antecipatórias, o jogador se torna um estrategista e constrói o futuro de cada jogada. Como melhorar o processo decisória dos jogadores em situações rápidas e inesperadas?

- **Homem administrativo:** para abastecer o processo decisório, a organização precisa coletar e processar uma enorme variedade de dados e informações para permitir a escolha de alternativas em situações que nunca revelam todas as opções disponíveis, nem os possíveis resultados ou consequências dessas alternativas. A capacidade da empresa de coletar e processar tais informações para proporcionar no tempo hábil às pessoas que decidem as bases para que possam fazer escolhas é limitada. Assim, o tomador de decisão não tem condição de analisar todas as situações, nem de procurar todas as alternativas possíveis e de buscar a melhor alternativa ou a mais adequada entre todas. Assim, o comportamento administrativo não é otimizante, nem procura a melhor maneira, mas a satisfaciente, isto é, a maneira satisfatória entre aquelas que conseguiu comparar. Cada pessoa é um indivíduo que apenas se contenta (um *satisficer*): para sua satisfação ele não precisa do máximo absoluto, mas sim do suficiente para se contentar dentro das possibilidades da situação. O termo *satisficer* foi introduzido por Simon[15] para significar que o homem considera suas satisfações contentando-se com o que está ao seu alcance, mesmo que seja um mínimo, mas que na situação ou no momento representa para ele o máximo ou o melhor.

Aumente seus conhecimentos sobre **A busca do satisfatório, e não do ótimo ou do máximo** na seção *Saiba mais* TGA 2 3.5

3.6 COMPORTAMENTO ORGANIZACIONAL

Comportamento organizacional é o estudo da dinâmica das organizações e como os grupos e indivíduos se comportam dentro delas. É uma ciência interdisciplinar. Por ser um sistema cooperativo racional, a organização somente pode alcançar seus objetivos se as pessoas que a compõem coordenarem seus esforços a fim de alcançar algo que individualmente jamais conseguiriam. Por essa razão, a organização caracteriza-se por uma racional divisão do trabalho e uma hierarquia. Assim como cada organização tem expectativas acerca de seus participantes, quanto às suas atividades, talentos e potencial de desenvolvimento, também os participantes têm suas expectativas em relação à organização. As pessoas ingressam e fazem parte da organização para obter satisfação de suas necessidades pessoais por intermédio de sua participação nela. Para obter essas satisfações, as pessoas estão dispostas a fazer investimentos pessoais na organização ou a incorrer em certos custos. Por outro lado, a organização recruta pessoas na expectativa de que elas trabalhem e desempenhem suas tarefas. Assim, surge uma interação entre pessoas e organização, a que se dá o nome de processo de reciprocidade: a organização espera que as pessoas realizem suas tarefas e lhes oferece incentivos e recompensas, enquanto as pessoas oferecem suas atividades e trabalho esperando obter certas satisfações pessoais. As pessoas estão dispostas a cooperar, desde que suas atividades na organização contribuam diretamente para o alcance de seus objetivos pessoais.[16]

3.6.1 Teoria do Equilíbrio Organizacional

Ao estudar os motivos pelos quais as pessoas cooperam, os behavioristas visualizam a organização como um sistema que recebe contribuições dos participantes sob a forma de dedicação ou trabalho e em troca oferece a eles alicientes e incentivos. Os conceitos básicos dessa teoria são os seguintes:[17]

- **Incentivos ou alicientes:** são "pagamentos" feitos pela organização aos seus participantes (como salários, benefícios, prêmios de produção, gratificações, elogios, oportunidades de crescimento e promoção, reconhecimento etc.).
- **Utilidade dos incentivos:** cada incentivo possui um valor de utilidade que varia de indivíduo para indivíduo: é a função utilidade, subjetiva para cada indivíduo em razão de suas necessidades pessoais.
- **Contribuições:** são os "pagamentos" que cada participante efetua à sua organização (como trabalho, dedicação, esforço e desempenho, assiduidade, pontualidade, lealdade, reconhecimento etc.).
- **Utilidade das contribuições:** é o valor que o esforço de um indivíduo tem para a organização, a fim de que esta alcance seus objetivos.

Os postulados básicos da Teoria do Equilíbrio Organizacional são:
- "A organização é um sistema de comportamentos sociais inter-relacionados de várias pessoas, que são os participantes da organização.
- Cada participante e cada grupo de participantes recebe incentivos (recompensas) em troca dos quais faz contribuições à organização.

- O participante somente manterá sua participação na organização enquanto os incentivos (recompensas) que lhe são oferecidos forem iguais ou maiores (em termos dos valores que representam para o participante) do que as contribuições que lhe são exigidas.
- As contribuições trazidas pelos vários participantes constituem a fonte na qual a organização se alimenta dos incentivos que oferece aos participantes.
- Donde: a organização será solvente – e continuará existindo somente enquanto as contribuições forem suficientes para proporcionar incentivos em quantidade suficiente para induzir os participantes à prestação de contribuições".[18]

A decisão de participar é essencial na Teoria do Equilíbrio Organizacional. O equilíbrio organizacional reflete o êxito da organização em remunerar seus participantes (com dinheiro ou satisfações não materiais) e motivá-los a fazerem parte da organização, garantindo com isso a sua sobrevivência e sustentabilidade.

Sob a ótica da organização

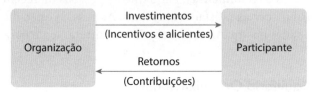

Sob a ótica do participante

Figura 3.15 Os dois lados da reciprocidade.

3.6.2 Tipos de participantes

A Teoria do Equilíbrio Organizacional identifica os principais participantes da organização e os fatores que afetam suas decisões quanto à participação. A organização é um sistema social composto de diferentes participantes que interagem por meio de uma diferenciação de tarefas provocada pela divisão do trabalho. Os participantes da organização são todos os elementos que dela recebem incentivos e que trazem contribuições para sua existência. Há quatro classes de participantes: empregados, investidores, fornecedores e clientes. Alguns deles assumem papel dominante para o equilíbrio da organização em certas circunstâncias. Nem todos eles atuam dentro da organização. O importante é que todos eles mantêm relações de reciprocidade com a organização: proporcionam suas contribuições em troca de incentivos úteis, enquanto a organização lhes proporciona incentivos em troca de contribuições úteis.

Quadro 3.4 Parceiros do negócio – *stakeholders*[19]

Participantes (parceiros)	Contribuições (investimentos pessoais)	Incentivos (retorno do investimento)
Colaboradores	Contribuem com trabalho, dedicação, esforço pessoal, desempenho, lealdade, assiduidade.	Motivados por salário, benefícios, prêmios, elogios, oportunidades, reconhecimento, segurança no trabalho.
Investidores	Contribuem com dinheiro ou capital na forma de ações, empréstimos, financiamentos.	Motivados por rentabilidade, lucratividade, dividendos, liquidez, retorno do investimento.
Fornecedores	Contribuem com matérias-primas, materiais, tecnologias, serviços especializados.	Motivados por preço, condições de pagamento, faturamento, garantia de novos negócios.
Clientes	Contribuem com dinheiro pela aquisição dos produtos/serviços e seu consumo ou utilização.	Motivados por preço, qualidade, condições de pagamento, satisfação de necessidades.

Modernamente, os participantes da organização são denominados públicos estratégicos ou *stakeholders*, que serão visitados mais adiante.

3.7 CONFLITO ENTRE OBJETIVOS ORGANIZACIONAIS E INDIVIDUAIS

Um dos temas dos behavioristas é o conflito entre os objetivos organizacionais e os objetivos que individualmente cada participante pretende alcançar. Eles nem sempre se deram muito bem. A colocação de Barnard[20] que vimos atrás, de que o indivíduo deve ser eficaz (à medida que o seu trabalho consegue atingir objetivos da organização) e ser eficiente (à medida que seu trabalho consegue atingir seus objetivos pessoais) é bem ilustrativa. Daí a dificuldade de ser eficaz e eficiente ao mesmo tempo, segundo ele.

Aumente seus conhecimentos sobre **Diferenças entre problema, dilema e conflito** na seção *Saiba mais* TGA 2 3.6

Para Chris Argyris,[21] existe um inevitável conflito entre o indivíduo e a organização em virtude da incompatibilidade entre a realização de ambos. A organização formal faz exigências aos indivíduos que são incongruentes com as necessidades deles, daí surgindo frustração e conflito. A empresa típica confina seus empregados em tarefas medíocres, nas quais há pouca oportunidade para responsabilidade, realização, autoconfiança ou independência. Essas tarefas são organizadas de modo a exigir o mínimo das suas capacitações, retiram a responsabilidade pelas decisões de suas mãos e as centralizam no seu superior. Isso elimina o sentido social e psicológico da tarefa, fazendo com que o trabalhador passe a considerar o trabalho um desprazer, tornando-se indiferente à qualidade dele. Atrás dessa apatia e indiferença ele se sente humilhado e hostil, pois, se não recebe responsabilidade, então nenhuma responsabilidade oferece; se é tratado como um autômato, comporta-se como tal. Aos poucos torna-se passivo e hostil, seja pela redução da produção ou pelos erros deliberadamente cometidos. Esse abismo entre ele e aqueles que controlam a situação leva Argyris a concluir que:

- é possível a integração das necessidades individuais de autoexpressão com os requisitos de produção de uma organização;
- as organizações que apresentam alto grau de integração entre objetivos individuais e organizacionais são mais produtivas do que as demais;
- em vez de reprimir o desenvolvimento e o potencial do indivíduo, as organizações podem contribuir para a sua melhoria e aplicação.

Para Argyris, a responsabilidade pela integração entre os objetivos da organização e dos indivíduos recai sobre a administração. Enquanto os indivíduos buscam suas satisfações pessoais (salário, lazer, conforto, oportunidades de crescimento, horário favorável etc.), as organizações têm necessidades (capital, recursos, lucratividade e meios para se ajustar a um ambiente mutável). A interdependência entre as necessidades do indivíduo e da organização é imensa: os objetivos de ambos estão inseparavelmente entrelaçados e o alcance do objetivo de uma parte nunca deve prejudicar ou tolher o alcance do objetivo da outra. Ambas devem contribuir mutuamente para o alcance dos seus respectivos objetivos.

3.7.1 Negociação

Para os behavioristas, o administrador trabalha geralmente em situações de negociação. A negociação ou barganha é o processo de tomar decisões conjuntas quando as partes envolvidas têm preferências ou interesses diferentes. A negociação apresenta as seguintes características:

- Envolve pelo menos duas partes.
- As partes envolvidas apresentam conflito de interesses a respeito de um ou mais tópicos.
- As partes estão temporariamente unidas em um tipo de relacionamento voluntário.
- Esse relacionamento está voltado para a divisão ou troca ou intercâmbio de recursos específicos, ou resolução de assuntos entre as partes.
- A negociação envolve a apresentação de demandas ou propostas por uma parte, sua avaliação pela outra e, em seguida, as concessões e as contrapropostas. A negociação é um processo, uma atividade sequencial, e não única ou simultânea.

SAIBA MAIS — **Habilidades de negociação**

Para conduzir negociações, o administrador precisa ter habilidade de planejamento, conhecimento do assunto a ser negociado, capacidade para pensar clara e objetivamente sob pressão e incerteza, capacidade para expressar verbalmente as ideias, habilidade de ouvir, habilidade de julgamento, inteligência geral, integridade, habilidade de argumentação e de persuasão das pessoas e muita paciência. Negociar é, acima de tudo, saber fazer conquistas e concessões, para que na totalidade todos saiam ganhando.

A negociação envolve lados opostos com interesses conflitantes. São os oponentes, litigantes, antagonistas, adversários ou contendores que tentam chegar a uma solução mutuamente aceitável. A negociação é um jogo intrincado que envolve três realidades: pessoas, problemas e propostas.

Toda negociação requer habilidades de barganhar. Isso significa saber apresentar propostas com clareza e objetividade, entender o que o outro lado está oferecendo e argumentar adequadamente e saber ouvir. Quanto melhores as habilidades do negociador, tanto maiores serão suas chances de sucesso na negociação.

> **PARA REFLEXÃO**
>
> **As relações de intercâmbio de Maria José**
>
> Uma mão lava a outra. É o que Maria José pensa. Sempre se dedicou à companhia onde trabalha, mas nunca recebeu nada em troca de seus esforços e dedicação. Agora, Maria José quer paridade: trabalhar em função daquilo que a empresa lhe dá. Isso significa trabalhar bem menos do que sempre fez. Se você fosse chefe de Maria José, o que faria nessa situação?

3.8 APRECIAÇÃO CRÍTICA DA TEORIA COMPORTAMENTAL

A contribuição da Teoria Comportamental é importante, definitiva e inarredável. Uma visão crítica da Teoria Comportamental mostra os seguintes aspectos:

- **Ênfase nas pessoas:** a Teoria Comportamental marca a transferência da ênfase na estrutura organizacional (influência das Teorias Clássica, Neoclássica e da Burocracia) para a ênfase nas pessoas (influência da Teoria das Relações Humanas). Ao transferir o foco dos aspectos estruturais e estáticos da organização para os aspectos comportamentais e dinâmicos, a Teoria Comportamental realinha e redefine os conceitos de tarefa e de estrutura sob uma roupagem democrática e humana. Contudo, alguns behavioristas pecam pela "psicologização" de certos aspectos organizacionais, como é o caso da Teoria das Decisões, ao considerar os participantes "racionais e não racionais", "eficientes e não eficientes", "satisfeitos e insatisfeitos".[22] Esse exagero é passível de críticas. Contudo, ela avançou na análise das organizações por conceitos ligados à estrutura informal, como comportamento, cultura, valores, relações interpessoais, atitudes, expectativas de indivíduos e grupos. Para ela, as pessoas constituem o ativo mais importante da organização.

- **Abordagem mais descritiva e menos prescritiva:** a análise prescritiva (que mostra o que deve ser) e a análise descritiva (que mostra o que é) são aspectos importantes no estudo do comportamento organizacional. Enquanto a abordagem da Teoria Clássica, Neoclássica e da Relações Humanas era prescritiva e normativa (preocupação em prescrever como lidar com os problemas administrativos, ditando princípios ou normas de atuação, o que deve e o que não deve ser feito), a abordagem da Teoria Comportamental é descritiva e explicativa (preocupação em explicar apenas, sem ditar princípios ou normas de atuação). Os behavioristas preocupam-se mais em explicar e descrever as características do comportamento organizacional do que em construir modelos e princípios de aplicação prática. Nisso reside a dificuldade de aplicação dessa teoria, que pouco tem de normativa, mas cuja riqueza conceitual é impressionante.

- **Profunda reformulação na filosofia administrativa:** o velho conceito de organização baseado no esquema autocrático, coercitivo e de diferenciação de poder (autoridade × obediência) é criticado. Em contraposição a ele, os behavioristas mostram um novo conceito democrático e humano de "colaboração-consenso" e de "equalização de poder".[23] A Teoria Comportamental privilegia as organizações democráticas, hierarquicamente menos estruturadas e menos autocráticas, baseadas na equalização do poder.[24] Os meios para desenvolver condições satisfacientes nas organizações são:
  - Delegação de responsabilidade para as pessoas alcançarem objetivos conjuntos.
  - Utilização de grupos e equipes de trabalho semiautônomos.
  - Enriquecimento do cargo (amplitude de variedade e de significado).
  - Retroação (*feedback*), como elogios e críticas construtivas sobre o desempenho.
  - Treinamento e desenvolvimento das pessoas.

Aumente seus conhecimentos sobre **Administração como ciência e como humanidade** na seção *Saiba mais* TGA 2 3.7

- **Dimensões bipolares da Teoria Comportamental:** os principais temas da Teoria Comportamental são abordados em dimensões bipolares, como:[25]
  - **Análise teórica × empírica:** o estudo do comportamento organizacional volta-se tanto para aspectos empíricos (como pesquisas, experiências, investigações etc.) como para aspectos teóricos (proposições ou conceitos a respeito das variáveis envolvidas). A teoria especifica o que se espera que ocorra, enquanto os dados empíricos mostram o grau em que as predições ocorrem na realidade. Há uma relação simbiótica entre essas duas abordagens: dados empíricos não têm sentido sem um alinhamento teórico, enquanto a teoria não avança apenas com a abstração. Dados empíricos e teoria completam-se. Prática e teoria juntos.
  - **Análise macro × micro:** a análise do comportamento organizacional é feita na base da perspectiva global da organização (macroabordagem) e na visão de detalhes da organização, que são as pessoas (microabordagem). Ambas as perspectivas – macro (a unidade de análise é a organização) ou micro (a unidade de análise é o indivíduo) – são necessárias para a compreensão dos complexos processos humanos e comportamentais que ocorrem nas organizações.
  - **Organização formal × informal:** as organizações complexas são sistemas sociais previamente construídos. Envolvem a organização formal porque compreendem atividades e relações especificadas e antecipadamente definidas, como também envolvem a organização informal, porque compreendem atividades e relações não especificadas nem previamente definidas que ocorrem dentro e fora da organização formal. Na realidade, ambas não estão separadas. Pelo contrário, interpenetram-se e influenciam-se reciprocamente.

- **Análise cognitiva × afetiva**: pode-se distinguir dois modos de comportamento: o cognitivo (dirigido pelos processos de raciocínio das pessoas e que se baseia na racionalidade, na lógica e no uso da mente e da inteligência) e o afetivo (dirigido pelos sentimentos das pessoas e que se baseia nas emoções e na afetividade). A preponderância de um modo de comportamento sobre outro depende da natureza da situação que envolve a pessoa. Em situações tranquilas e sem pressões, o comportamento é cognitivo e racional. Porém, quando sob tensão ou ansiedade, o comportamento tende a ser afetivo e emocional. Os fenômenos humanos dentro da organização são mais bem compreendidos quando os comportamentos cognitivo-racionais são estudados em conjunto com os comportamentos afetivo-emocionais. As pessoas – seja no trabalho ou fora dele – são criaturas que pensam e sentem. Razão e emoção. Se o Quociente Intelectual (QI) é importante, não menos importante é o Quociente Emocional (QE).

- **A relatividade das teorias de motivação:** os behavioristas produziram as principais teorias da motivação – de Maslow e Herzberg – que influenciaram a Teoria Administrativa e que são relativas e não absolutas. Entretanto, pesquisas recentes põem dúvidas à sua validade. Contudo, há um conflito implícito entre os objetivos individuais e os objetivos organizacionais, e tal conflito pode ser resolvido por mudanças comportamentais e nas práticas organizacionais. A organização pode incrementar a satisfação das necessidades individuais pela formação de grupos de trabalho estáveis e participação das pessoas na tomada de decisões, boa comunicação e supervisão expressiva, estruturas flexíveis e não burocráticas, e mais pela definição de objetivos do que pela hierarquia formal de autoridade.[26]

SAIBA MAIS — **As dúvidas quanto às teorias da motivação**

Algumas questões críticas sobre as teorias da motivação ainda permanecem:[27]

- Como validar a existência das necessidades humanas? Elas são reais ou são apenas construções (construtos) dos psicólogos? São universais ou sua expressão é contingente em face da cultura e das circunstâncias?
- É legítimo utilizar as necessidades humanas como variáveis independentes? Elas realmente explicam o comportamento?
- Se as necessidades realmente existem, por que devem ser satisfeitas nas organizações, e não fora do trabalho organizacional?

- **Influência das ciências do comportamento sobre a Administração:** a Teoria Comportamental mostra a mais profunda influência das ciências do comportamento na Administração, seja por meio de novos conceitos sobre o homem e suas motivações ou sobre a organização e seus objetivos. As pessoas são, elas mesmas, organizações complexas. Mas são profundamente influenciadas pelo contexto organizacional e pelo conteúdo do trabalho que executam. A Teoria das Organizações precisa de um modelo de ser humano para explicar e justificar seus conceitos.[28]

Os behavioristas preferem fazer alterações organizacionais (seja na estrutura, nas tarefas ou nos processos) para obter melhorias no comportamento humano e organizacional. Para eles, o desenho e a estrutura organizacional são a chave de tudo, pois quando o comportamento é controlado por instrumentos como regulamentos, descrições de funções, recompensas e linhas de comunicação, ele é continuamente reforçado e se torna parte das expectativas dos colaboradores. É melhor planejar tarefas e determinar papéis para o indivíduo e investir em seu treinamento do que esperar que as pessoas tenham qualidades sobre-humanas para desempenhar papéis que não são totalmente claros e definidos.[29]

- **A organização como um sistema de decisões:** a Teoria das Decisões refere-se mais aos efeitos dos processos formais sobre a tomada de decisões, deixando de lado os processos interpessoais que não estão incluídos na organização formal. Até parece que a organização tem um único e exclusivo objetivo: enfrentar e resolver problemas que surgem e à medida que surgem. Isso significa manter as coisas como estão. Contudo, o importante, hoje, é criar e inovar e isto exige mirar o futuro, e não os problemas que estão acontecendo no cotidiano. Ou seja, criar condições criativas e inovadoras para um futuro melhor, e não apenas corrigir o presente por meio da solução de seus problemas atuais.[30]

- **Análise organizacional a partir do comportamento:** a Teoria Comportamental analisa a organização sob o ponto de vista dinâmico do seu comportamento e está preocupada com o indivíduo como indivíduo. Porém, a análise organizacional varia conforme o autor behaviorista:[31]

    - Alguns se centram no indivíduo, suas predisposições, reações e personalidade dentro do panorama organizacional. É uma abordagem psicanalítica que vê as organizações dotadas de pessoas com diferentes características, em contínuo estado de desenvolvimento e que se comportam nelas conforme suas predisposições. É o caso de Argyris e de Barnard.

    - Outros autores consideram a organização um meio de proporcionar à pessoa uma série de recompensas e que as organizações devem oferecer aos seus membros o mais alto nível de motivação (autocrescimento e autodesenvolvimento) e de recompensa. É o caso de Maslow e de Herzberg.

    - Outros, ainda, consideram a organização um conjunto de pessoas comprometidas em um contínuo processo de tomada de decisões. Como as pressões organizacionais são importantes nesse processo, eles se voltam para as motivações individuais em uma perspectiva individual. É o caso de Simon e March.

- **Visão tendenciosa:** a escola comportamentalista equivocou-se ao padronizar suas proposições não considerando as diferenças individuais de personalidade das pessoas, desprezando tanto aspectos subjetivos quanto diferentes interpretações pessoais da realidade. Ela procura explicar o comportamento humano tal como os cientistas poderiam explicar ou prever os fenômenos da natureza ou o comportamento dos ratos no labirinto do laboratório. Embora mais descritiva do que prescritiva, ela derrapa ao mostrar forte tendência para uma posição prescritiva, enfatizando o que "é melhor" para as organizações e para as pessoas que nelas trabalham (*one best way*), como é o caso de organizar (Sistema 4) ou de administrar e motivar as pessoas (Teoria Y).

Quadro 3.5 Apreciação crítica da Teoria Comportamental

1. Ênfase nas pessoas.
2. Abordagem mais descritiva e menos prescritiva.
3. Profunda reformulação na filosofia administrativa.
4. Dimensões bipolares da Teoria Comportamental.
5. A relatividade das Teorias de Motivação.
6. Influência das ciências do comportamento sobre a Administração.
7. A organização como um sistema de decisões.
8. Análise organizacional a partir do comportamento.
9. Visão tendenciosa.

CONCLUSÃO

Sejam quais forem as críticas, a Teoria Comportamental deu novos rumos e dimensões à Teoria Geral da Administração (TGA), enriquecendo profundamente o seu conteúdo e a sua abordagem. Por essa razão, seus conceitos são os mais conhecidos e populares de toda a Teoria Administrativa.

DO COMPORTAMENTO INDIVIDUAL E GRUPAL PARA O COMPORTAMENTO ORGANIZACIONAL

MOTIVAÇÃO HUMANA:
- Hierarquia de necessidades
- Fatores higiênicos e motivacionais

ESTILOS DE ADMINISTRAÇÃO:
- Teoria X e Teoria Y

PROCESSO DECISÓRIO:
- Teoria das Decisões
- O sistema decisório na organização
- Etapas do processo decisório
- Subjetividade nas decisões
- Homem administrativo

SISTEMAS DE ADMINISTRAÇÃO:
- Autoritário coercitivo
- Autoritário benevolente
- Consultivo
- Participativo

COMPORTAMENTO ORGANIZACIONAL:
- Teoria do Equilíbrio Organizacional
- Participantes da organização
- Teoria da Aceitação da Autoridade

CONFLITOS:
- Objetivos organizacionais × individuais
- Negociação

APRECIAÇÃO CRÍTICA DA TEORIA COMPORTAMENTAL:
- Ênfase nas pessoas e influência das ciências comportamentais
- Abordagem mais descritiva e menos prescritiva
- Reformulação na filosofia administrativa
- Dimensões bipolares e não contínuas
- Organização como um sistema de decisões
- Análise organizacional mais dinâmica, porém tendenciosa

Figura 3.16 Mapa mental da Teoria Comportamental.

RESUMO

A Teoria Comportamental marca a mais profunda influência das ciências do comportamento na Administração. Ela se assenta em proposições acerca da motivação humana, notadamente as contribuições de McGregor, Maslow e Herzberg, básicos para o administrador poder dirigir as organizações por meio das pessoas. McGregor mostra os dois extremos na condução das organizações (Teoria X e a Teoria Y), enquanto Likert propõe quatro sistemas organizacionais. Além disso, a Teoria Comportamental enfatiza o Processo Decisório. Todo indivíduo é um tomador de decisão, baseando-se nas informações que recebe do seu ambiente, processando-as de acordo com suas convicções e assumindo atitudes, opiniões e pontos de vista em todas as circunstâncias. E a organização é vista como um sistema de decisões, em que todos se comportam racionalmente apenas em relação a um conjunto de informações que conseguem obter a respeito de seus ambientes. Todavia, as organizações se caracterizam por conflitos entre os objetivos individuais e os objetivos organizacionais. À medida que elas pressionam para alcançar seus objetivos, privam os indivíduos da satisfação de seus objetivos pessoais, e vice-versa. Daí a necessidade de reduzir ou eliminar os aspectos negativos dos conflitos. O comportamento organizacional é o tema preferido, bem como a reciprocidade entre indivíduos e organizações e suas relações de intercâmbio.

QUESTÕES

1. Explique, a hierarquia das necessidades humanas de Maslow.
2. Explique os dois fatores de Herzberg sobre a motivação e como funcionam.
3. O que significa enriquecimento de tarefas?
4. O que significa carga vertical e carga horizontal no enriquecimento de tarefas?
5. Explique a Teoria X e a Teoria Y de McGregor e como funcionam.
6. Indique as quatro variáveis básicas do sistema de Administração de Likert.
7. Explique os quatro sistemas de Administração de Likert.
8. O que são variáveis causais, intervenientes e resultantes de Likert?
9. Explique a organização como um sistema social cooperativo.
10. Explique a organização como um amplo sistema decisório.
11. Quais são os componentes da Teoria das Decisões?
12. Quais são as etapas do processo decisório?
13. O que significa racionalidade limitada no processo decisório?
14. Explique a Teoria do Equilíbrio Organizacional e seus postulados básicos.
15. Explique o conflito entre os objetivos organizacionais e os objetivos individuais.
16. O que significa negociação?
17. Explique a abordagem mais descritiva do que prescritiva da Teoria Comportamental.
18. Explique a influência das ciências do comportamento na Administração.
19. Explique a profunda reformulação na filosofia administrativa que a Teoria Comportamental trouxe.

REFERÊNCIAS

1. MOTTA, F. C. P. *Teoria geral da administração* – uma introdução. São Paulo: Pioneira, 1971. p. 29.
2. SIMON, H. A. *O comportamento administrativo*. Rio de Janeiro: Fundação Getúlio Vargas, 1965.
3. MARCH, J. G.; SIMON, H. A. *Teoria das organizações*. Rio de Janeiro: Editora FGV, 1967. Cap. 3.
4. MASLOW, A. H. *Motivation and personality*. New York: Harper & Row, Publishers, 1954. *Vide* também: MASLOW, A. H. Uma teoria da motivação humana. *In*: BALCÃO, Y. F.; CORDEIRO, L. L. *O comportamento humano na empresa* – uma antologia. Rio de Janeiro: Fundação Getulio Vargas, Instituto de Documentação, 1971. p. 340-355.
5. HERZBERG, F. O conceito de higiene como motivação e os problemas do potencial humano de trabalho. *In*: HAMPTON, D. R. (org.). *Conceitos de comportamento na administração*. São Paulo: EPU, 1973. p. 54.
6. HERZBERG, F. *Work and nature of man*. Cleveland: The World Publishing Co., 1966.
7. HERZBERG, F. O conceito de higiene como motivação e os problemas do potencial humano de trabalho, *op. cit.*, p. 54.
8. McGREGOR, D. M. O lado humano da empresa. *In*: BALCÃO, Y. F.; CORDEIRO, L. L. (orgs.). *O comportamento humano na empresa* – uma antologia. Rio de Janeiro: Fundação Getúlio Vargas, Serviço de Publicações, 1971. p. 45-60.
9. LIKERT, R. *Novos padrões de administração*. São Paulo: Livraria Pioneira Editora, 1971; LIKERT, R. *A organização humana*. São Paulo: Atlas, 1975; LIKERT, R. *Administração de conflitos*: novas abordagens. São Paulo: McGraw-Hill do Brasil, 1980.
10. BUTTERFIELD, D. A.; FARRIS, G. F. O perfil organizacional de Likert: análise metodológica e teste da teoria do sistema 4 no Brasil. *Revista de Administração Pública*, Fundação Getúlio Vargas, v. 7, n. 3, p. 19-31, jul./set. 1973.
11. BARNARD, C. I. *As funções do executivo*. São Paulo: Atlas, 1971.
12. SIMON, H. A. *O comportamento administrativo*. Rio de Janeiro: Fundação Getúlio Vargas, 1965. *Vide* também: SIMON, H. A.; SMITHSBURG, D. W.; THOMPSON, V. A. *Public administration*. New York: Knopf, 1950.
13. TERSINE, R. J. Organization decision theory – a synthesis. *In*: TERRY, G. R. (ed.). *Management, selected readings*. Homewood: Richard D. Irwin, Inc., 1973. p. 139.
14. ETZIONI, A. *Organizações modernas*. São Paulo: Pioneira, 1967. p. 51-53. *Vide* também: ETZIONI, A. *Organizações complexas*. São Paulo: Atlas, 1967.
15. MARCH, J. G.; SIMON, H. A. *Teoria das organizações*, *op. cit.*, p. 104, conforme: SIMON, H. A.; SMITHSBURG, D. W.; THOMPSON, V. A. *Public administration*, *op. cit.*, p. 381-382.
16. CHIAVENATO, I. *Comportamento organizacional*: a dinâmica do sucesso das organizações. 4. ed. São Paulo: Atlas, 2021.
17. MARCH, J. G.; SIMON, H. A. *Teoria das organizações*, *op. cit.*
18. MILLS, C. W. *A imaginação sociológica*. Rio de Janeiro: Zahar, 1975.
19. CHIAVENATO, I. *Gerenciando com as pessoas*: o passo decisivo para a administração participativa. Barueri: Manole, 2015.
20. BARNARD, C. I. *As funções do executivo*, *op. cit.*
21. ARGYRIS, C. *Personalidade e organização*: o conflito entre o indivíduo e o sistema. Rio de Janeiro: Renes, 1968.
22. MILLS, C. W. *A imaginação sociológica*. Rio de Janeiro: Zahar, 1975.

23. LEAVITT, H. J. Applied organizational change in industry: structural, technological and humanistic approaches. *In*: VROOM, V. H.; DECI, E. L. (eds.). *Management and motivation, selected readings*. Middlesex: Penguin Books, 1973. p. 363-375.
24. BENNIS, W. G. *Desenvolvimento organizacional*: sua natureza, origens e perspectivas. São Paulo: Edgard Blücher, 1972. p. 25-26.
25. PORTER, L. W.; LAWLER III, E. E.; HACKMAN, J. R. *Behavior in organizations*. Tokyo: McGraw-Hill Kogakusha Ltd., 1975. p. 15-25.
26. SILVERMAN, D. *The theory of organization*. New York: Basic Books, 1996. p. 78.
27. ARGYRIS, C. Personality and organization theory revisited. *In*: HUSE, E. F.; BOWDITCH, J. L.; FISCHER, D. (eds.). *Readings on behavior in organizations*. Readings: Addison-Wesley Publishing Company, 1975. p. 73-75.
28. SILVERMAN, D. *The theory of organization, op. cit.*, p. 78.
29. ARGYRIS, C. *Personalidade e organização*: o conflito entre o indivíduo e o sistema, *op. cit.*
30. PERROW, C. *Análise organizacional*: um enfoque sociológico. São Paulo: Atlas, 1976. p. 214.
31. PUGH, D. S. Modern organization theory: a psychological study. *Psychological Bulletin*, v. 66, n. 21, out. 1966. p. 241.

4 TEORIA DO DESENVOLVIMENTO ORGANIZACIONAL (DO): EMPREENDENDO A MUDANÇA E A RENOVAÇÃO EMPRESARIAL

OBJETIVOS DE APRENDIZAGEM

- Apresentar a teoria democrática e participativa focada no comportamento humano.
- Definir o conceito de mudança organizacional.
- Destacar as mudanças ambientais e o papel da cultura organizacional.
- Definir o conceito de Desenvolvimento Organizacional (DO).
- Proporcionar uma visão crítica do Desenvolvimento Organizacional (DO).

O QUE VEREMOS ADIANTE

- Origens do DO.
- As mudanças e a organização.
- Conceito de cultura organizacional.
- O que é DO.
- O processo de DO.
- Técnicas de DO.
- Modelos de DO.
- Apreciação crítica do DO.

CASO INTRODUTÓRIO

A Júpiter S/A

Para migrar de uma estrutura tradicional, conservadora e autocrática para uma organização participava e dinâmica, a diretora-presidente da Júpiter S/A, Marina Guilon, tem desafios pela frente. O primeiro passo é mudar a organização do trabalho na base da empresa. A organização burocrática, pesada e lenta deve ser substituída por equipes e células de produção. Marina pretende que todo tipo de trabalho seja organizado ao redor de equipes de 10 a 12 pessoas, no máximo. Cada equipe será responsável por uma tarefa total, como instalação do sistema elétrico, manutenção de máquinas e robôs, instalação de unidades de portas. Como você poderia ajudá-la a implantar esse sistema de trabalho coletivo?

INTRODUÇÃO

A partir da Teoria Comportamental, um grupo de cientistas sociais e consultores de empresas desenvolveu uma abordagem moderna e democrática à mudança planejada das organizações que recebeu o nome de Desenvolvimento Organizacional (DO). Vale a pena conhecer esse movimento.

4.1 ORIGENS DO DESENVOLVIMENTO ORGANIZACIONAL (DO)

O movimento de DO surgiu a partir de 1962 como um conjunto de ideias a respeito do homem, da organização e do ambiente, no sentido de facilitar o crescimento e desenvolvimento das organizações. No sentido restrito, é um desdobramento prático e operacional da Teoria Comportamental em direção à abordagem sistêmica. Não se trata de uma teoria administrativa, mas de um movimento envolvendo vários autores e consultores ocupados em aplicar as ciências do comportamento – e a Teoria Comportamental – na Administração.

As origens do DO são atribuídas a vários fatores, a saber:

- **A dificuldade de operacionalizar os conceitos** das diversas teorias, cada qual trazendo uma abordagem diferente. O DO resultou dos esforços da Teoria Comportamental para promover a mudança e a flexibilidade organizacional em um mundo em rápida mudança e transformação. Apenas o treinamento individual, grupal ou organizacional não provoca a mudança. É necessário também estabelecer um programa coerente de mudança de toda a organização.
- **Os estudos sobre a motivação humana** demonstraram a necessidade de uma nova abordagem da Administração para interpretar a nova concepção do homem e da organização baseada na dinâmica motivacional. Objetivos dos indivíduos nem sempre se conjugam com os objetivos organizacionais, levando os participantes da organização a um comportamento alienado e ineficiente que retarda ou impede o alcance dos objetivos da organização.
- **A criação do National Training Laboratory** (NTL), de Bethel, em 1947, e as primeiras pesquisas de laboratório sobre o comportamento de grupo. O Treinamento da Sensitividade (ou educação em laboratório) por meio de *T-Groups* foi o primeiro esforço para melhorar o comportamento de grupo.
- **A publicação do livro** de um grupo de psicólogos do NTL, em 1964, expondo suas pesquisas com *T-Groups*, os resultados com o treinamento da sensitividade e as possibilidades de sua aplicação dentro das organizações. Leland Bradford, o coordenador do livro, é considerado o precursor do movimento de DO.[1]
- **A pluralidade de mudanças no mundo,** a saber:
  - Transformações rápidas e inesperadas do ambiente organizacional.
  - Aumento do tamanho e da complexidade das organizações.
  - Diversificação e complexidade da tecnologia, exigindo integração entre atividades e pessoas de competências diferentes.
  - Mudanças no comportamento administrativo em virtude de:

a) **Novo conceito de homem**: baseado no conhecimento de suas mutáveis e complexas necessidades, substituindo a ideia do homem ultrassimplificado, inocente e do tipo "aperta-botões".

b) **Novo conceito de poder**: baseado na colaboração e na razão, em lugar do modelo de poder baseado na coação e ameaça.

c) **Novo conceito de valores organizacionais**: baseado em ideais humanístico-democráticos em lugar do sistema despersonalizado e mecanístico da burocracia.[2]

d) A grande invenção do final do século 20 foi a inovação. Ela passou a modificar a vida da sociedade, das organizações, do homem e da sua visão do mundo. O DO é uma resposta às mudanças e à inovação.

- **A fusão de duas tendências no estudo das organizações**: o estudo da estrutura e o estudo do comportamento humano nas organizações, integrados pela abordagem sistêmica. A Teoria de Sistemas aglutinou aspectos estruturais e comportamentais, possibilitando o surgimento do DO.

- **Os estudos sobre conflitos interpessoais**,[3] pequenos grupos,[4] passando à administração pública e, depois, a vários tipos de organizações (indústrias, empresas de serviços, organizações militares e religiosas etc.),[5] recebendo modelos,[6] procedimentos[7] e métodos de diagnóstico de situação e de ação.[8] O DO surgiu como uma especialidade da Psicologia e uma continuação do behaviorismo, sendo um passo intermediário entre a Teoria Comportamental e a Teoria de Sistemas,[9] quando incorporou a abordagem sistêmica no tratamento das organizações e definiu as bases definitivas da Teoria da Contingência[10] que veremos logo adiante.

  Aumente seus conhecimentos sobre **Processo (procedimento) e estrutura** na seção *Saiba mais* TGA 2 4.1

- **Os modelos de DO**: baseiam-se em quatro variáveis básicas: ambiente, organização, grupo e indivíduo. Os autores exploram a interdependência dessas variáveis para diagnosticar a situação e intervir em aspectos estruturais e comportamentais para provocar mudanças que permitam o alcance simultâneo dos objetivos organizacionais e individuais.

4.2 AS MUDANÇAS E A ORGANIZAÇÃO

O conceito de DO está relacionado com os conceitos de mudança externa e de capacidade adaptativa da organização à mudança que ocorre no ambiente. Isso levou a um novo conceito de organização e de cultura organizacional.

- **Um novo conceito de organização – o conceito é behaviorista**: "a organização é a coordenação de diferentes atividades de contribuintes individuais com a finalidade de efetuar transações planejadas com o ambiente".[11] Esse conceito utiliza a noção tradicional de divisão do trabalho ao se referir às diferentes atividades e à coordenação na organização e se refere às pessoas como contribuintes das organizações, em vez de estarem elas próprias incluídas totalmente nelas. As contribuições de cada participante dependem das suas diferenças individuais e do sistema de recompensas e contribuições de cada organização. Esta atua em um meio ambiente mutável, e sua existência e sobrevivência dependem da maneira como ela se relaciona com esse meio. Para tanto, ela deve ser estruturada e dinamizada em função das condições e circunstâncias do meio em que opera.

> **SAIBA MAIS** — **A crítica à estrutura tradicional**
>
> Os autores do DO criticam o conceito tradicional de organização que adota o sistema mecânico ou mecanístico (sistema fechado típico) e adotam o sistema orgânico (sistema aberto e flexível). O sistema orgânico torna as organizações coletivamente conscientes de seus destinos e da orientação necessária para melhor alcançá-los. A tarefa básica do DO é transformar as organizações mecanísticas em organizações orgânicas.

Quadro 4.1 Diferenças entre sistemas mecânicos e sistemas orgânicos

Sistemas mecânicos	Sistemas orgânicos
■ Ênfase nos cargos e nos indivíduos que os ocupam.	■ Ênfase nos relacionamentos entre e dentro dos grupos.
■ Relacionamento do tipo autoridade-dependência.	■ Confiança e crença recíprocas.
■ Rígida adesão à autoridade e responsabilidade dividida.	■ Interdependência e responsabilidade compartilhadas.
■ Divisão do trabalho e supervisão rígida.	■ Participação e responsabilidade grupal.
■ Processo decisório centralizado.	■ Processo decisório descentralizado.
■ Controle rigidamente centralizado.	■ Compartilhamento de responsabilidade e de controle.
■ Solução de conflitos por meio de repressão e/ou hostilidade.	■ Solução de conflitos mediante negociação ou solução de problemas.

- **Conceito de cultura organizacional:** cultura organizacional é o conjunto de hábitos, crenças, valores e tradições, interações e relacionamentos sociais típicos de cada organização. Representa a maneira tradicional e costumeira de pensar e fazer as coisas e que são compartilhadas por todos os membros da organização. A cultura representa as normas informais e não escritas que orientam o comportamento dos membros da organização no cotidiano e que direcionam suas ações para a realização dos objetivos organizacionais. Cada organização tem a sua própria cultura.

Aumente seus conhecimentos sobre **Características da cultura organizacional** na seção *Saiba mais* TGA 2 4.2

Existem culturas conservadoras que se caracterizam por sua rigidez e conservadorismo e culturas adaptativas que são flexíveis e maleáveis. As organizações devem adotar culturas adaptativas e flexíveis para obter maior eficiência e eficácia de seus membros participantes e alcançar a inovação necessária para navegar pelas mudanças e transformações do mundo atual.

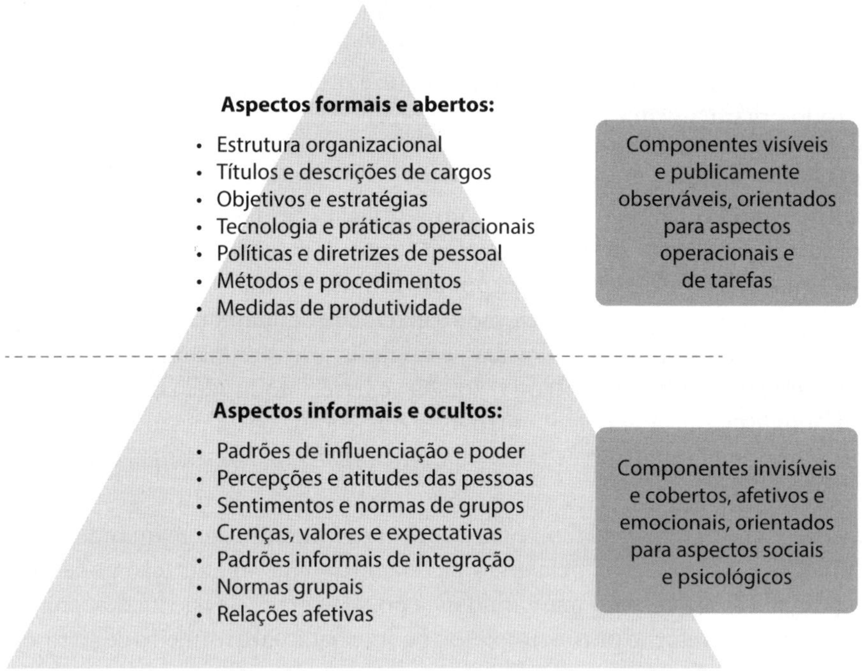

Aspectos formais e abertos:

- Estrutura organizacional
- Títulos e descrições de cargos
- Objetivos e estratégias
- Tecnologia e práticas operacionais
- Políticas e diretrizes de pessoal
- Métodos e procedimentos
- Medidas de produtividade

Componentes visíveis e publicamente observáveis, orientados para aspectos operacionais e de tarefas

Aspectos informais e ocultos:

- Padrões de influenciação e poder
- Percepções e atitudes das pessoas
- Sentimentos e normas de grupos
- Crenças, valores e expectativas
- Padrões informais de integração
- Normas grupais
- Relações afetivas

Componentes invisíveis e cobertos, afetivos e emocionais, orientados para aspectos sociais e psicológicos

Figura 4.1 *Iceberg* da cultura organizacional.

- **Clima organizacional:** o clima organizacional constitui o meio interno ou a atmosfera psicológica característica de cada organização. O clima organizacional está ligado ao moral e à satisfação das necessidades dos participantes e pode ser saudável ou doentio, pode ser quente ou frio, negativo ou positivo, satisfatório ou insatisfatório, dependendo de como os participantes se sentem em relação à organização.[12] O conceito de clima organizacional envolve fatores estruturais, como o tipo de organização, a tecnologia utilizada, políticas da companhia, metas operacionais, regulamentos internos, além de atitudes e comportamento social que são encorajados ou sancionados pelo fatores sociais.[13]
- **Mudança da cultura e do clima organizacional:** a organização é um sistema humano e complexo, com características próprias da sua cultura e clima. Esse conjunto de variáveis deve ser continuamente observado, analisado e aperfeiçoado para que resultem motivação e produtividade. Para mudar a cultura e o clima organizacionais, a organização precisa ter capacidade inovadora, ou seja:
  - **Adaptabilidade:** capacidade de resolver problemas e de reagir de maneira flexível às exigências mutáveis e inconstantes do meio ambiente. Para ser adaptável, a organização deve: ser flexível para poder integrar novas atividades; e ser receptiva e transparente a novas ideias, venham elas de dentro ou de fora da organização.
  - **Senso de identidade:** o conhecimento e a compreensão do passado e do presente da organização e do compartilhamento dos seus objetivos por todos os participantes. No DO, não há lugar para alienação do empregado, mas para o comprometimento do participante.

- **Perspectiva exata do meio ambiente:** ou seja, a percepção realista e a capacidade de investigar, diagnosticar e compreender o meio ambiente.
- **Integração entre os participantes:** para que a organização possa se comportar como um todo orgânico e integrado.

A tarefa básica do DO é mudar a cultura e melhorar o clima da organização.

- **Conceito de mudança:** é a transição de uma situação para outra diferente ou a passagem de um estado para outro diferente. Implica ruptura, transformação, perturbação, interrupção. O mundo atual se caracteriza por um ambiente dinâmico em constante mudança e que exige das organizações uma elevada capacidade de adaptação, como condição básica de sobrevivência. Adaptação, renovação e revitalização significam mudança.

  O processo de mudança adotado pelo DO se baseia no modelo de Kurt Lewin,[14] mais tarde desenvolvido por Schein e outros,[15] e que é aplicável a pessoas, grupos e organizações. O modelo envolve três fases ou etapas distintas: descongelamento, mudança e recongelamento.

  - **Descongelamento do padrão atual de comportamento:** surge quando a necessidade de mudança torna-se tão óbvia que a pessoa, grupo ou organização pode rapidamente entendê-la e aceitá-la, para que a mudança possa ocorrer. Se não há descongelamento, a tendência será o retorno puro e simples ao padrão habitual e rotineiro de comportamento. O descongelamento ou descristalização significa que as velhas ideias e práticas são derretidas e desaprendidas para serem substituídas por novas ideias e práticas aprendidas.
  - **Mudança:** surge quando ocorre a descoberta e a adoção de novas atitudes, valores e comportamentos. O agente de mudança conduz pessoas, grupos ou toda a organização no sentido de promover novos valores, atitudes e comportamentos mediante processos de identificação e internalização. Os membros da organização se identificam com os valores, atitudes e comportamentos do agente de mudança, para então internalizá-los, desde que percebam sua eficácia em seu desempenho. A mudança ou deslocamento é a fase em que novas ideias e práticas são aprendidas de modo que as pessoas passam a pensar e a executar de uma nova maneira.
  - **Recongelamento:** significa a incorporação de um novo padrão de comportamento por meio de mecanismos de suporte e de reforço, de modo que ele se torna a nova norma. Recongelamento ou recristalização significa que o que foi aprendido foi integrado à prática atual. Passa a ser a nova maneira que a pessoa conhece e faz o seu trabalho. Conhecer apenas a nova prática não é suficiente. É preciso incorporá-la e fixá-la ao comportamento.

- **Processo de mudança segundo Lewin:** ocorre em um campo dinâmico de forças que atua em vários sentidos. De um lado, existem forças positivas que atuam como apoio e suporte à mudança e, de outro lado, forças negativas que atuam como oposição e resistência à mudança. Na organização, há uma balança dinâmica de forças positivas que apoiam e suportam a mudança e de forças negativas que restringem e impedem a mudança. O sistema funciona dentro de um estado de relativo equilíbrio que se denomina equilíbrio quase estacionário. Esse equilíbrio é rompido toda vez que se introduz alguma tentativa de mudança, a qual sofre pressões positivas (forças de apoio e suporte) e negativas (forças de oposição e resistência), criando um momento de forças.[16]

Capítulo 4 – Teoria do Desenvolvimento Organizacional (DO)

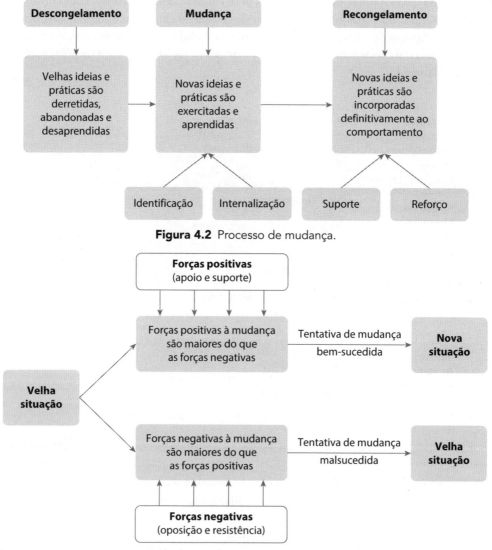

Figura 4.2 Processo de mudança.

Figura 4.3 Campo de forças que atuam no processo de mudança.

 SAIBA MAIS — **Forças positivas e forças negativas à mudança**

Quando as forças positivas são maiores que as forças negativas, a tentativa de mudança é bem-sucedida e a mudança ocorre efetivamente. Porém, quando as forças negativas são maiores que as forças positivas, a tentativa de mudança é malsucedida e a mudança não ocorre, prevalecendo a velha situação. A mudança somente ocorre quando se aumentam as forças de apoio e suporte ou quando se reduzem as forças de resistência e oposição. Na verdade, ambas devem ser influenciadas. A ideia é incentivar a mudança a ser aceita e integrá-la às novas práticas da organização.

O DO é vital para a organização que concorre e luta pela sobrevivência em condições de mudança. As mudanças que ocorrem no mundo moderno exigem a revitalização e a reconstrução das organizações. Estas têm de se adaptar às mudanças do ambiente. As mudanças organizacionais não podem ser feitas ao acaso, ao sabor da inércia ou da improvisação, mas devem ser planejadas.

Figura 4.4 Diferentes tipos de mudança organizacional.

A administração da mudança começa com a análise das forças exógenas (exigências da economia globalizada, da tecnologia, consumidores, concorrentes etc.) e das forças endógenas (como decisões e atividades internas, demandas de novos processos e tecnologias, novos produtos ou serviços, exigências dos empregados e sindicatos etc.), que criam a necessidade de mudanças na organização. As forças externas e internas são transferidas para necessidades percebidas na organização. Daí decorre a lacuna de desempenho (*performance gap*), ou seja, a disparidade entre os níveis existentes e desejados de desempenho. A lacuna de desempenho ocorre em virtude dos procedimentos atuais que não estão adequados às novas exigências. A organização deve estar atenta aos problemas e oportunidades, porque a necessidade percebida de mudança é que permite o estágio seguinte, que é o diagnóstico da mudança. Trata-se de verificar o que deve ser mudado na empresa: estrutura organizacional, cultura organizacional, tecnologia, produtos ou serviços. Por fim, a última etapa é a implementação da mudança de maneira planejada e organizada.

A mudança é o resultado da competição entre forças impulsionadoras e forças restritivas. Quando a mudança é introduzida, existem forças que a impulsionam, enquanto outras forças levam à resistência. Para implementar a mudança, torna-se necessário analisar ambas as forças que atuam na mudança a fim de remover ou neutralizar as forças restritivas que a impedem e incentivar as forças impulsionadoras. A Teoria do Campo de Forças de Lewin é indispensável nessa abordagem.[17]

Capítulo 4 – Teoria do Desenvolvimento Organizacional (DO)

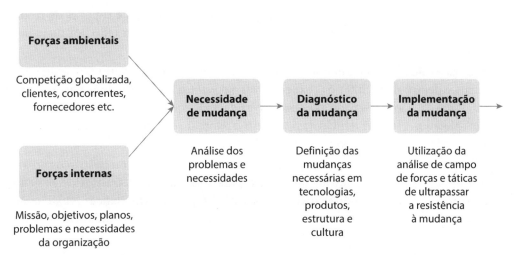

Figura 4.5 Etapas da mudança organizacional.

A mudança ocorre quando as forças impulsionadoras e favoráveis são maiores do que as forças restritivas e impeditivas.

Figura 4.6 Forças positivas e negativas à mudança.

- **Conceito de desenvolvimento:** a tendência natural da **organização** é crescer e desenvolver-se em função de **fatores endógenos** (internos e relacionados com a própria organização, estruturais ou comportamentais) e fatores **exógenos** (externos e relacionados com as demandas e influências do ambiente). O desenvolvimento é um processo lento e gradativo que conduz à realização das potencialidades da organização. O **desenvolvimento** da organização permite:
  - conhecimento profundo e realístico de si própria e de suas possibilidades;
  - conhecimento profundo e realístico do meio ambiente em que ela opera;
  - planejamento das relações com o meio ambiente e com seus participantes;
  - estrutura interna flexível para se adaptar às mudanças que ocorrem no meio ambiente e entre seus participantes;
  - meios de informação a respeito das mudanças e da adequação de sua resposta adaptativa.

As organizações devem possuir estruturas orgânicas adaptáveis e capazes de resolver problemas.[18] Para tanto, o desenvolvimento da organização pode ser feito por meio de estratégias de mudança:[19]

- **Mudança evolucionária:** quando a mudança de uma ação para outra que a substitui é pequena e dentro dos limites das expectativas e do *status quo*. A mudança evolucionária é lenta, suave e não transgride as expectativas daqueles que nela estão envolvidos ou são por ela afetados. Há uma tendência de repetir e reforçar soluções que foram eficientes no passado e de abandonar soluções fracas e deficientes.
- **Mudança revolucionária:** quando a mudança contradiz, rompe ou destrói os arranjos do *status quo*. A mudança revolucionária é rápida, intensa, brutal, transgride e rejeita as antigas expectativas e introduz expectativas novas. Enquanto as mudanças evolucionárias ocorrem aos poucos, não provocam entusiasmo ou resistência, as mudanças revolucionárias são súbitas e causadoras de impacto.
- **Desenvolvimento sistemático:** os responsáveis pela mudança delineiam modelos do que a organização deveria ser em comparação com o que é, enquanto aqueles cujas ações serão afetadas estudam, avaliam e criticam o modelo de mudança para recomendar alterações com base em seu próprio discernimento e compreensão. As mudanças resultantes traduzem-se por apoio e compromisso, e não por resistências ou ressentimentos. Os autores do DO adotam o desenvolvimento sistemático.
- **Fases da organização:** as **organizações** assumem diferentes formas organizacionais em diferentes ambientes e em diferentes épocas. Durante sua existência, percorrem cinco fases distintas:[20]
  - **Fase pioneira:** é a fase inicial da organização. Por ser ainda pequena, seus processos são supervisionáveis e controláveis. Existem tarefas de rotina e um enorme volume de improvisações, e a capacidade para realizar inovações é elevada. Reina o espírito empreendedor.
  - **Fase de expansão:** é a fase em que a organização cresce e expande suas atividades, intensifica suas operações e aumenta o número de participantes. A preocupação é aproveitar oportunidades que surgem e nivelar a sua produção com as necessidades ambientais.
  - **Fase de regulamentação:** com o crescimento das suas atividades, a organização é obrigada a estabelecer normas de coordenação entre os diversos departamentos ou setores que vão surgindo, bem como definir rotinas e processos de trabalho.
  - **Fase de burocratização:** o desenvolvimento das operações e de sua dimensão leva a organização a uma regulamentação burocrática para preestabelecer o comportamento organizacional dentro de padrões rígidos e um sistema de regras e procedimentos para lidar com as contingências relacionadas com as atividades do trabalho. Define-se a cadeia de comando, a divisão do trabalho baseada na especialização e na impessoalidade nas relações entre os participantes. A organização piramidal e monocrática apresenta pouca flexibilidade para as mudanças e para a inovação.
  - **Fase de reflexibilização:** ou seja, de readaptação à flexibilidade e de reencontro com a capacidade inovadora perdida, por meio da introdução de sistemas organizacionais flexíveis. O DO é um esforço de reflexibilização.

Quadro 4.2 Tópicos da Administração tradicional e do DO[21]

Tópicos da Administração tradicional	Tópicos do DO
■ Avaliação negativa das pessoas.	■ Visão das pessoas como seres humanos.
■ Visão do homem como um ser definitivo.	■ Visão do homem como um ser em crescimento.
■ Não aceitação das diferenças individuais.	■ Aceitação e utilização das diferenças individuais.
■ Ênfase nos cargos, e não nas pessoas.	■ Visão do indivíduo como uma personalidade.
■ Supressão da expressão de sentimentos.	■ Possibilidade de expressão dos sentimentos.
■ Uso de máscara e representação.	■ Adoção do comportamento autêntico.
■ Uso do *status* para manter poder e prestígio.	■ Uso do *status* para atingir objetivos organizacionais.
■ Desconfiança em relação às pessoas.	■ Confiança nas empresas.
■ Fuga à aceitação de riscos.	■ Desejo de aceitação de riscos.
■ Ênfase na competição entre as pessoas.	■ Ênfase na colaboração entre as pessoas.

- **Críticas às estruturas convencionais:** para os especialistas em DO, as estruturas organizacionais convencionais não estimulam a atividade inovadora nem se adaptam a circunstâncias em mudança. As críticas às estruturas convencionais são:

  - **O poder da administração frustra e aliena o empregado:** é por meio do poder e da autoridade formal que a organização controla seus participantes e consegue cumprir os seus objetivos. O poder é inerente e indispensável a toda organização. Ele diferencia os interesses da organização dos interesses dos empregados, fazendo com que estes não se identifiquem com ela, alienando-se no desempenho de suas funções ou opondo-se ao poder organizacional sob formas de comportamento e atitudes negativas.

  - **A divisão e a fragmentação do trabalho impedem o compromisso emocional do empregado:** quando a organização é dividida em departamentos, e estes divididos em seções, ocorre uma fragmentação em que o esforço humano é limitado a fazer o que foi estabelecido dentro das rotinas predeterminadas e rígidas. Os sentimentos, emoções e atitudes dos participantes não são considerados no processo, pois este deve ser racional e lógico. O comprometimento pessoal é uma emoção. Se esta é ignorada, não há comprometimento pessoal e a tarefa passa a ser executada mecânica e automaticamente, sem motivação. A motivação é um estado de espírito relacionado com a emoção. Se a emoção não existir em uma organização, não haverá comprometimento pessoal dos indivíduos.

  - **A autoridade única ou unidade de comando restringe a comunicação e afeta negativamente o comprometimento da pessoa para com a organização:** a autoridade linear limita a organização a uma estrutura simples e provê apenas um canal de comunicação de cima para baixo. Cada pessoa tem um supervisor, que é o terminal de sua comunicação. Se este canal não funciona, a pessoa encontra uma barreira e perde o único contato com a organização. A partir daí, não há comprometimento pessoal.

  - **As funções permanentes tornam-se fixas e imutáveis:** isso leva a uma inflexibilidade, tornando as organizações estáticas. O movimento dentro das organizações depende das demissões, aposentadorias, mortes e alguns novos cargos criados extemporaneamente.

As tarefas são executadas por longos períodos dentro da mesma rotina, levando à perda da participação espontânea e à monotonia.

> **PARA REFLEXÃO**
>
> **A revitalização da Organizações Pontes**
> Regina Drumont foi nomeada para substituir o antigo Presidente da Organizações Pontes (OP) e proceder à tarefa de sua renovação organizacional. Ela sabe que não será fácil migrar de uma cultura retrógrada e conservadora para uma mentalidade aberta e participativa. Os gerentes e os funcionários da OP não estão acostumados com mudanças, muito menos com participação nas decisões. Como iniciar o processo de mudança?

4.3 O QUE É DESENVOLVIMENTO ORGANIZACIONAL (DO)

O foco principal do DO está em mudar as pessoas e a natureza e qualidade de suas relações de trabalho. Sua ênfase está na mudança da cultura da organização. Em princípio, o DO é uma mudança organizacional planejada.

French e Bell definem o DO como "esforço de longo prazo, apoiado pela alta direção, no sentido de melhorar os processos de resolução de problemas de renovação organizacional, particularmente por meio de um eficaz e colaborativo diagnóstico e administração da cultura organizacional – com ênfase especial nas equipes formais de trabalho, equipes temporárias e cultura intergrupal – com a assistência de um consultor-facilitador e a utilização da teoria e tecnologia das ciências comportamentais, incluindo ação e pesquisa".[22] Essa definição inclui os seguintes significados:[23]

- **Processos de solução de problemas:** referem-se aos métodos pelos quais a empresa se defronta com as ameaças e oportunidades no seu ambiente e soluciona impasses.
- **Processos de renovação:** são as maneiras pelas quais os gerentes adaptam seus processos de solução de problemas às demandas do ambiente. Um dos objetivos do DO é melhorar os processos organizacionais de autorrenovação, tornando os gerentes capazes de adaptar e mudar o seu estilo gerencial aos problemas e oportunidades.
- **Administração participativa:** outro objetivo do DO é o compartilhamento da administração com os funcionários. A administração participativa – ou Sistema 4 de Likert – significa que gerentes colocam abaixo a estrutura hierárquica e dão aos funcionários um papel importante na tomada de decisões. Para obter essa mudança, os gerentes devem conscientemente mudar a cultura organizacional por meio de atitudes, crenças e atividades de todas as pessoas.
- **Desenvolvimento e fortalecimento (*empowerment*) de equipes:** o DO utiliza equipes com uma abordagem participativa. *Empowerment* significa o empoderamento ou fortalecimento das pessoas e equipes no sentido de dotá-las de liberdade de atuação, participação nas decisões, plena autonomia no desempenho das tarefas, responsabilidade pela tarefa total e pelos seus resultados. Ele permite que cada equipe passe a gerenciar (e não ser

gerenciada) suas atividades e que o gerente passe do papel de chefe ou controlador para o de orientador e estimulador.

- **Pesquisa-ação:** o DO utiliza a pesquisa para o diagnóstico e a ação da mudança. Com a pesquisa, os agentes de mudança aprendem sobre os diferentes aspectos das necessidades organizacionais de melhoria e como a organização pode ser ajudada a fazer, ela própria, essas melhorias. A pesquisa-ação envolve os seguintes passos:
  - Diagnóstico preliminar do problema.
  - Obtenção de dados para apoio (ou rejeição) do diagnóstico.
  - Retroação de dados aos participantes da organização.
  - Exploração dos dados pelos participantes da organização.
  - Planejamento da ação apropriada pelos participantes.
  - Execução da ação apropriada.

Aplicações do DO

A metodologia pesquisa-ação do DO foi escolhida pelos especialistas em treinamento da Organização das Nações Unidas (ONU) como a estratégia de mudança utilizada em organizações do setor público e privado de países da África e da América Latina, com o nome de Programa de Melhoria do Desempenho.[24]

- **Pressupostos básicos do DO**: existem pontos de concordância quanto aos pressupostos básicos que fundamentam o DO, a saber:
  - **Constante e rápida mutação do ambiente:** o mundo moderno caracteriza-se por mudanças rápidas, constantes e numa progressão explosiva. Há mudanças científicas, tecnológicas, econômicas, sociais, políticas etc., que influenciam o desenvolvimento e o êxito das organizações.
  - **Necessidade de contínua adaptação:** o indivíduo, o grupo, a organização e a comunidade são sistemas dinâmicos e vivos de adaptação, ajustamento e reorganização, como condição básica de sobrevivência em um ambiente em contínua mudança. São sistemas vivos, abertos, que dependem de intercâmbios com o ambiente para sua sobrevivência e desenvolvimento.
  - **Interação entre indivíduo e organização:** a organização é um sistema social. O DO parte de uma filosofia acerca do ser humano dotado de aptidões para a produtividade que podem permanecer inativas se o contexto em que vive e trabalha lhe é restritivo e hostil, impedindo o crescimento e a expansão de suas potencialidades. Se fazemos da organização um ambiente capaz de satisfazer as exigências dos indivíduos, estes poderão crescer, expandir-se e encontrar satisfação e autorrealização ao promover os objetivos da organização. É possível conseguir que as metas dos indivíduos se integrem

com os objetivos da organização, num plano em que o significado do trabalho seja estimulante e gratificante e comporte possibilidades de desenvolvimento pessoal.

- **A mudança organizacional deve ser planejada:** a mudança planejada é um processo contínuo e complexo. Para mudar uma empresa, é necessário mudar a empresa toda, envolvendo todos os seus membros em um compromisso conjunto. É necessário que aqueles que a dirigem liderem a mudança para que a atitude positiva à mudança seja comunicada de cima para baixo. A mudança deve ser responsabilidade pessoal de todas as pessoas da empresa.
- **A necessidade de participação e de comprometimento:** a mudança planejada é uma conquista coletiva, e não o resultado de poucas pessoas. As resistências são normais quando se trata de explorar atitudes, crenças, valores e comportamentos já sedimentados e sólidos nas relações entre os participantes. O aprendizado de novos comportamentos melhora a competência interpessoal (relacionamento humano sem bloqueios e preconceitos) e a adaptabilidade às mudanças.
- **A melhoria da eficácia organizacional e do bem-estar da organização:** dependem da compreensão e da aplicação dos conhecimentos sobre a natureza humana. As ciências do comportamento permitem localizar e criar o ambiente de trabalho ótimo, em que cada pessoa possa dar sua melhor contribuição e ter consciência do seu potencial. As ciências do comportamento permitem fazer alterações e mudanças de maneira a criar o mínimo de perturbação e interferências negativas.
- **O DO é uma resposta às mudanças:** é um esforço educacional complexo, destinado a mudar atitudes, valores, comportamentos e estrutura da organização, para que esta se adapte a demandas ambientais, novas tecnologias, novos mercados, novos problemas e desafios. O DO é uma metodologia que orienta a maneira pela qual a organização se ajusta ao imperativo da rápida mudança. A qualidade mais importante da organização é a sua sensibilidade: a capacidade para mudar diante das mudanças de estímulos ou situações. A organização sensível e flexível tem a capacidade de realocar e redistribuir seus recursos, pois ela é um subsistema em um ambiente que consiste em muitos outros sistemas, todos dinamicamente interdependentes.[25]

- **As características do DO:** existe uma variedade de modelos de DO e estratégias para situações ou problemas em função do diagnóstico feito. A definição do DO se fundamenta em certas características como:[26]
  - **Focalização na organização como um todo:** o DO envolve a organização como um todo para que a mudança possa ocorrer efetivamente. A organização necessita de todas as suas partes trabalhando em conjunto para resolver os problemas e as oportunidades que surgem.
  - **Orientação sistêmica:** o DO está voltado para as interações entre as partes da organização que se influenciaram reciprocamente, para as relações de trabalho entre as pessoas, bem como para a estrutura e os processos organizacionais. O objetivo do DO é fazer todas essas partes trabalharem juntas com eficácia. A ênfase é como as partes se relacionam entre si, e não com cada uma dessas partes tomada isoladamente.
  - **Agente de mudança:** o DO utiliza agentes de mudança, que são pessoas que exercem o papel de estimular, orientar e coordenar a mudança dentro de um grupo ou

organização. O agente principal de mudança pode ser um consultor externo que opere independentemente e sem vinculações com a hierarquia ou as políticas da empresa. O executivo principal de Recursos Humanos (RH) costuma ser o agente de mudança *in-house* que coordena o programa junto com a diretoria e o agente de mudança externo, resultando uma relação de três vias entre eles. Existem ainda organizações que têm um departamento de DO para detectar e conduzir as mudanças necessárias para aumentar a competitividade organizacional. O administrador está se tornando um poderoso agente de mudança dentro das organizações. O seu novo papel está exigindo a aprendizagem de habilidades de diagnóstico da situação e de implementação da mudança.

- **Solução de problemas:** o DO enfatiza a solução de problemas, e não apenas os discute teoricamente. Focaliza os problemas reais, e não os artificiais. Para isso, utiliza a pesquisa-ação, ou seja, a melhoria organizacional por meio de pesquisa e diagnóstico dos problemas e da ação necessária para resolvê-los.

- **Aprendizagem experiencial:** os participantes aprendem pela experiência no ambiente de treinamento os tipos de problemas com que se defrontam no trabalho. Os participantes discutem e analisam sua própria experiência imediata e aprendem com ela. Essa abordagem produz mais mudança de comportamento do que a tradicional leitura e discussão de casos, na qual as pessoas falam sobre ideias e conceitos abstratos. A teoria é necessária e desejável, mas o teste final está na situação real. O DO ajuda a aprender com a própria experiência, a solidificar ou recongelar novas aprendizagens e a responder perguntas que rondam a cabeça das pessoas.

- **Processos de grupo e desenvolvimento de equipes:** o DO repousa sobre processos grupais, como discussões em grupo, confrontações, conflitos intergrupais e procedimentos para cooperação. Há um esforço para desenvolver equipes, melhorar relações interpessoais, abrir os canais de comunicação, construir confiança e encorajar responsabilidades entre as pessoas. O DO é fundamentalmente antiautoritário. Seu objetivo é construir equipes de trabalho, propor cooperação e integração e ensinar como ultrapassar as diferenças individuais ou grupais para obter a cooperação e o compromisso.

- **Retroação:** o DO oferece informação de retorno e retroação às pessoas para que tenham fundamentos concretos para suas decisões. A retroação fornece informação de retorno sobre seu comportamento e encoraja as pessoas a compreender as situações em que estão envolvidas e a tomar ação autocorretiva para serem mais eficazes nessas situações.

- **Orientação contingencial:** o DO não segue um procedimento rígido e imutável. Pelo contrário, é situacional e orientado para as contingências. É flexível e pragmático, adaptando as ações para adequá-las a necessidades específicas e particulares que foram diagnosticadas. Os participantes discutem todas as alternativas possíveis e não se baseiam exclusivamente em uma única maneira de abordar os problemas.

- **Desenvolvimento de equipes:** o DO é feito por meio de equipes. Sua proposta é a mudança planejada. Parte do princípio de que não há um modelo ideal de organização aplicável a todas as circunstâncias. As organizações devem se adaptar às suas circunstâncias específicas de maneira planejada focando sua cultura organizacional. Ela tornou-se o objeto por excelência da mudança planejada, e nada melhor do que fazê-lo por meio de equipes. O avanço do DO em relação à Teoria Comportamental reside no fato de que persegue a mudança da cultura, e não apenas a mudança das pessoas. Daí a necessidade de atuar sobre o comportamento individual e grupal para chegar à mudança do comportamento organizacional.

- **Enfoque interativo:** comunicações e interações constituem os aspectos fundamentais do DO para obter multiplicação de esforços rumo à mudança. Nelas, a sinergia é fundamental.

- **Objetivos do DO:** os objetivos comuns de um programa de DO são:[27]
    - **Criação de um senso de identidade das pessoas com relação à organização:** busca-se a motivação juntamente com o comprometimento, o compartilhamento de objetivos comuns e o aumento de lealdade.
    - **Desenvolvimento do espírito de equipe:** por meio da integração e interação das pessoas.
    - **Aprimoramento da percepção comum sobre o ambiente externo:** a fim de facilitar a adaptação de cada pessoa e de toda a organização.

As características

1. Focalização na organização como um todo.
2. Orientação sistêmica.
3. Agente de mudança.
4. Solução de problemas.
5. Aprendizagem experiencial.
6. Processos de grupo e desenvolvimento de equipes.
7. Retroação.
8. Orientação contingencial.
9. Desenvolvimento de equipes.
10. Enfoque interativo.

E os objetivos do DO

1. Criação de um senso de identidade.
2. Desenvolvimento do espírito de equipe.
3. Aprimoramento da percepção comum.

Figura 4.7 Características e objetivos do DO.

VOLTANDO AO CASO INTRODUTÓRIO
A Júpiter S/A

O segundo passo de Marina Guilon é mudar a tradicional e velha cultura da empresa para reforçar o estilo mais colaborativo de trabalhar. As equipes de trabalho não devem ter um supervisor no sentido tradicional. Elas serão constituídas por operários altamente treinados para fazer o próprio trabalho, controlar seus orçamentos, monitorar a qualidade de seu trabalho coletivo e a autogestão. Cada equipe deve solucionar seus problemas, selecionar e admitir seus membros, cuidar da própria disciplina, de horário, de programa de trabalho etc. Como você poderia ajudar Marina a conseguir tudo isso?

4.4 O PROCESSO DE DESENVOLVIMENTO ORGANIZACIONAL (DO)

O DO constitui um processo que leva anos para mudar uma organização e que pode continuar indefinidamente. Para um programa dessa magnitude, o apoio decidido da alta administração é essencial.

Para Kotter, o DO é um processo que segue oito etapas, a saber:[28]

1. **Decisão da direção da empresa de utilizar o DO:** o primeiro passo é a decisão da direção da empresa em utilizar o DO como instrumento de mudança organizacional e escolher um consultor interno ou externo para coordenar o processo.
2. **Diagnóstico inicial:** a direção da empresa reúne-se com o consultor para definir o programa ou modelo de DO adequado. O consultor busca dados e insumos por meio de entrevistas com pessoas da empresa. Como na Medicina, o diagnóstico é o passo inicial para a correção de algum problema da organização.
3. **Colheita de dados:** é feita mediante pesquisa para conhecer o ambiente interno, avaliar o clima organizacional e obter dados sobre problemas comportamentais. O consultor reúne-se com grupos para obter informações sobre as condições para sua eficácia no trabalho e o que deve mudar na maneira como a empresa opera.
4. **Retroação de dados e confrontação:** são criados grupos de trabalho para avaliar e rever os dados obtidos, mediar áreas de desentendimentos, localizar problemas e estabelecer prioridades de mudança.
5. **Planejamento de ação e solução de problemas:** os grupos usam os dados para recomendar as mudanças necessárias para resolver os problemas da empresa, como planos específicos, responsáveis pela condução das ações e quando e como elas devem ser implementadas.

As oito etapas segundo Kotter:
1. Decisão da direção da empresa de utilizar o DO.
2. Diagnóstico inicial.
3. Colheita de dados.
4. Retroação de dados e confrontação.
5. Planejamento de ação e solução de problemas.
6. Desenvolvimento de equipes.
7. Desenvolvimento intergrupal.
8. Avaliação e acompanhamento.

Em resumo:
1. **Colheita de dados.**
    1. Decisão de utilizar o DO.
    2. Diagnóstico inicial.
    3. Colheita de dados.
    4. Retroação de dados e confrontação.
2. **Diagnóstico.**
    1. Identificação dos problemas e conflitos.
    2. Planejamento da ação e solução de problemas.
3. **Ação de intervenção.**
    1. Desenvolvimento de equipes.
    2. Desenvolvimento intergrupal.
    3. Avaliação e acompanhamento.

Figura 4.8 Etapas do processo de DO.

6. **Desenvolvimento de equipes:** durante as reuniões, o consultor encoraja a formação de grupos e equipes para que examinem como os participantes trabalham juntos e como os grupos interagem entre si. Ele incentiva comunicação aberta e confiança como pré-requisitos para melhorar a eficiência e a eficácia dos grupos. Os gerentes e seus subordinados passam a trabalhar em equipes.

7. **Desenvolvimento intergrupal:** os grupos fazem reuniões de confrontação para alcançar melhor relacionamento intergrupal entre as diversas equipes.

8. **Avaliação e acompanhamento:** o consultor ajuda a empresa a avaliar resultados de seus esforços de mudança e desenvolve programas nas áreas em que resultados adicionais se tornam necessários, mediante técnicas de retroação de dados.

4.5 TÉCNICAS DE DESENVOLVIMENTO ORGANIZACIONAL (DO)

Os agentes de mudança utilizam várias técnicas de DO para fazer colheita de dados, diagnóstico organizacional e ação de intervenção.[29] As técnicas são utilizadas para melhorar a eficácia, as relações entre duas ou três pessoas, o funcionamento de grupos, as relações entre grupos ou a eficácia da organização como uma totalidade.

- Técnicas de intervenção para indivíduos: a principal técnica de DO para as pessoas é o treinamento da sensitividade. É uma modalidade de dinâmica de grupo destinada a reeducar o comportamento humano e melhorar as relações sociais por meio de grupos chamados *T-Groups* (grupos de treinamento que recebem nomes como *learning groups* ou grupos de encontro), que têm em torno de dez participantes e são orientados em laboratório (sala de aula ou área isolada) por um psicólogo a fim de aumentar sua sensibilidade quanto às suas habilidades de relacionamento interpessoal. Nas reuniões, os participantes diagnosticam seu comportamento em grupo, atuando como sujeitos e experimentadores com a assessoria de um psicólogo.

O laboratório de sensitividade pressupõe o afastamento da situação que o indivíduo ocupa na organização e a inexistência de relações hierárquicas entre os participantes. O objetivo é o autoconhecimento e o conhecimento do impacto que o indivíduo exerce sobre as outras pessoas, além do aperfeiçoamento da comunicação interpessoal pela eliminação de suas barreiras.

Aumente seus conhecimentos sobre **Técnicas de DO** na seção *Saiba mais* TGA 2 4.3

Com isso, o indivíduo torna-se menos defensivo acerca de si mesmo, menos temeroso das intenções dos outros, mais responsivo aos outros e suas necessidades deixarão de ser interpretadas de uma maneira negativa. O resultado será maior criatividade (menor temor dos outros e menor posição defensiva), menor hostilidade quanto aos demais (em virtude da melhor compreensão dos outros) e maior sensitividade às influências sociais e psicológicas sobre o comportamento trabalhado.[30]

- **Técnicas de intervenção para duas ou mais pessoas**: é o DO bilateral ou de relações interpessoais. A análise transacional (AT) **é a técnica** mais conhecida e visa ao autodiagnóstico das relações interpessoais.[31] É uma técnica destinada a indivíduos, e não a grupos, pois analisa as transações e o conteúdo das comunicações entre as pessoas. Ela ensina as pessoas a enviar mensagens claras e ágeis e dar respostas naturais e razoáveis, reduzindo os hábitos destrutivos de comunicação – os chamados "jogos" – nos quais o significado das mensagens fica obscurecido. O objetivo é fazer com que as pessoas reconheçam o contexto de suas comunicações para torná-las mais abertas e honestas e endereçar suas mensagens.

As relações interpessoais ocorrem mediante transações. A transação significa toda forma de comunicação, mensagem ou relação com as demais pessoas, é a unidade básica da relação social e representa a forma de comunicação ou relação interpessoal utilizada pela pessoa. Cada pessoa se comporta de maneira diferente conforme as situações e pessoas envolvidas no seu relacionamento. Ela pode assumir ou reagir como pai, criança ou adulto para se ajustar ao papel no qual a outra pessoa a coloca.

- **Técnicas de intervenção para equipes ou grupos**: as principais técnicas de DO para equipes ou grupos são:
  - **Consultoria de procedimentos**: também chamada de consultoria de processos, é uma técnica que utiliza equipes coordenadas por um consultor interno ou externo. O consultor promove intervenções nas equipes para torná-las mais sensíveis aos seus processos internos de estabelecer metas e objetivos, participação, sentimentos, liderança, tomada de decisões, confiança e criatividade. O consultor trabalha com a equipe para ajudá-la a compreender a dinâmica de suas relações de trabalho, a mudar a maneira como trabalha e desenvolver o diagnóstico e as habilidades de solução de problemas que necessita para poder aumentar sua eficácia.
  - **Desenvolvimento de equipes**: é uma técnica de alteração comportamental na qual equipes de vários níveis e áreas se reúnem sob coordenação de um consultor e se criticam mutuamente, buscando um ponto em que a colaboração seja mais frutífera, eliminando as barreiras interpessoais de comunicação por meio da compreensão das suas causas. Cada equipe autoavalia seu desempenho mediante determinadas variáveis (ver Figura 4.9). O trabalho em equipe elimina diferenças hierárquicas e interesses específicos de cada departamento predispondo à criatividade e inovação. O objetivo é criar e desenvolver equipes sem diferenças hierárquicas e sem os interesses específicos de cada departamento de onde se originam os participantes. Cada equipe é coordenada por um consultor, cuja atuação varia enormemente, para tornar a equipe mais sensível aos seus processos internos de metas, participação, confiança mútua, comunicação etc. McGregor[32] recomenda a escala apresentada na Figura 4.9 para avaliar a eficiência da equipe. Outro objetivo é diagnosticar as barreiras para o desempenho eficaz da equipe, fortalecer o senso de unidade entre seus membros, incrementar relações entre os membros, melhorar o cumprimento das tarefas e o processo de trabalho do grupo. Muitas organizações não satisfeitas com o desenvolvimento de equipes estão realizando uma etapa mais avançada: o *empowerment* ou fortalecimento de equipes. Trata-se de dar mais ênfase, força, liberdade e valor às equipes.

Figura 4.9 Avaliação da eficiência de uma equipe.

 SAIBA MAIS — **A equipe é mais do que um simples grupo**

Na realidade, embora também sejam grupos de pessoas, as equipes apresentam duas características próprias:

1. Tanto o grupo quanto a equipe são formados por um conjunto de pessoas que mantém relações entre si, mas na equipe as relações se caracterizam pela confiança mútua e recíproca e pelo desejo de ajudar aos outros. A cooperação na equipe conduz ao efeito sinérgico por meio da multiplicação – e não apenas adição – de esforços e resultados.
2. O grupo e a equipe têm responsabilidades. Porém, enquanto no grupo as responsabilidades são solitárias ou individuais, elas são solidárias e coletivas na equipe, isto é, todos os membros assumem responsabilidades diante dos objetivos da equipe.

- **Técnicas de intervenção para relações intergrupais:** a principal técnica de DO para as relações intergrupais é a técnica das reuniões de confrontação. Reuniões de confrontação constituem uma técnica de alteração comportamental a partir da atuação de um consultor interno ou externo (chamado terceira parte), como moderador. Dois grupos antagônicos em conflito (por desconfiança recíproca, discordância, antagonismo, hostilidade etc.) podem ser tratados em reuniões de confrontação, nas quais cada grupo se autoavalia, bem como avalia o comportamento do outro, como se colocados em frente a um espelho. Nas reuniões, cada grupo apresenta ao outro os resultados das suas avaliações e é interrogado no tocante às suas percepções. Segue-se uma discussão, inicialmente acalorada, tendendo a uma posição de compreensão e de entendimento recíprocos quanto ao comportamento das partes envolvidas. O moderador facilita a confrontação, com isenção de ânimo, ponderando as críticas, orientando a discussão para a solução construtiva do conflito, eliminando as barreiras intergrupais.
- **Técnicas de intervenção para a organização como um todo:** a principal técnica de DO para toda a organização é a retroação de dados ou técnica de suprimento de informações. É uma técnica de mudança de comportamento que parte do princípio de que quanto mais dados cognitivos o indivíduo recebe, tanto maior será a sua possibilidade de organizar os dados e agir criativamente. A retroação de dados proporciona aprendizagem de novos dados a respeito da própria pessoa, dos outros, dos processos grupais ou da dinâmica de toda a organização – os quais nem sempre são levados em consideração. A retroação refere-se às atividades e aos processos que "refletem" e "espelham" a maneira pela qual a pessoa, o grupo ou a organização é percebida ou visualizada pelas demais pessoas, grupos ou organizações.

A retroação de dados requer um fluxo de informações na organização mediante:
- distribuição interna de informações para determinadas posições-chave;
- documentação e distribuição de resultados de pesquisas internas;
- discussões periódicas entre pessoas de diferentes áreas da organização;
- palestras sobre assuntos internos, programas e planos de trabalho etc.

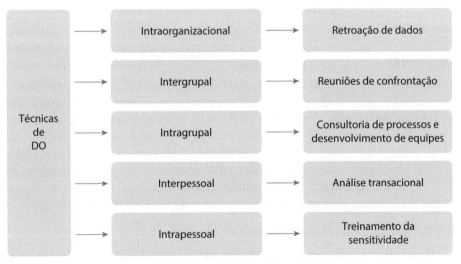

Figura 4.10 Tipos de atividades do DO.

> **PARA REFLEXÃO**
>
> **O DO na Sernambetiba**
> A Sernambetiba é uma empresa muito bem-sucedida. Sua diretoria é democrática e aberta a discussões. Um problema que aflige a diretoria é qual das técnicas de DO poderia ser aplicada para mudar e arejar a cultura da empresa. O diretor de RH, Bernardo Neves, preparou um trabalho para mostrar em uma reunião de diretoria as características de cada técnica de DO para ajudar os demais diretores na decisão. O que você faria?

4.6 MODELOS DE DESENVOLVIMENTO ORGANIZACIONAL (DO)

Existem vários modelos de DO que adotam uma variedade de abordagens, conceitos e estratégias. Os principais modelos que abordaremos são: o *managerial grid* ou DO do tipo *grid*, proposto por Blake e Mouton, o modelo de DO de Lawrence e Lorsch e o modelo da Teoria 3-D de Eficácia Gerencial, de Reddin.

4.6.1 *Managerial grid* ou DO do tipo *grid*

Blake e Mouton foram os pioneiros na introdução de uma tecnologia integrada de DO. Para eles, a mudança organizacional começa com a mudança individual para gerar mudanças nos níveis interpessoais, grupais e intergrupais, que devem ser solucionados antes que se faça mudanças na estratégia e no ambiente interno da organização. Pode-se induzir a mudança e alcançar os resultados desejados de maneira ordenada e controlada em toda a organização. Essa tecnologia de DO adotada por Blake e Mouton repousa sobre três premissas a respeito das organizações:[33]

1. Indivíduos e organizações podem reduzir dissonâncias entre sua autoimagem e realidade, o que aumenta a autoconsciência da organização. Esse processo inicia a mudança no ambiente interno da organização (políticas, estrutura, sistemas etc.).

2. As organizações alcançam "satisfações" abaixo do seu potencial. Tanto seu funcionamento quanto o seu desempenho precisam ser melhorados para que elas sejam competitivas e coerentes com o mundo atual caracterizado por transformações aceleradas e incessantes.

3. Grande quantidade da energia organizacional é perdida em comportamentos disfuncionais, como vimos nas burocracias, provocando o que se denomina *cultural drag*, que torna a organização inábil em adaptar-se e mudar em resposta aos problemas internos e externos. Torna-se necessária uma nova forma de obter mudanças – a mudança sistemática – que permite aprender com base na experiência. Os autores propõem uma tecnologia de DO para analisar a cultura organizacional, mudar o comportamento e os valores, melhorar o clima organizacional e os estilos gerenciais e consolidar tais mudanças para aumentar a eficiência da organização como um todo, da equipe e do indivíduo.

Dois conceitos são importantes para Blake e Mouton:

1. **O *excellence gap*:** como a organização é um sistema complexo, deve-se analisá-la globalmente e verificar qual é o seu *excellence gap*, isto é, a discrepância em relação ao seu padrão

de excelência. Os dirigentes devem definir modelos de organização mediante critérios de excelência. Tais modelos permitem analisar como a empresa é administrada e comparar com a maneira pela qual ela deveria ser administrada. Assim, os dirigentes podem identificar os *gaps* (discrepâncias e contradições) entre o que a organização é e o que deveria ser, e, assim, delinear e implementar providências que a façam se movimentar na direção da excelência.

2. **Rubrica da excelência empresarial:** para analisar se a empresa é ou não excelente. A rubrica permite a avaliação das seis funções da empresa – recursos humanos, finanças, operações (produção), marketing, pesquisa e desenvolvimento (P&D) e a empresa como um todo – para avaliar cada aspecto de comportamento ou desempenho dela. Cada uma das funções contribui com algo para a empresa e para a excelência como um todo ou contém barreiras que impedem que a empresa atinja um desempenho mais elevado.

O *managerial grid* (grade gerencial) pressupõe que o administrador sempre está voltado para dois assuntos: produção, ou seja, os resultados dos esforços, e pessoas, ou seja, os colegas ou indivíduos cujo trabalho ele dirige. Assim, o *managerial grid* (Figura 4.11) é uma grade composta de dois eixos:

1. **Eixo horizontal do *grid*:** representa o foco na produção. É uma série contínua de nove pontos, em que 9 significa elevada preocupação com a produção, e 1, baixa preocupação com a produção;
2. **Eixo vertical do *grid*:** representa o foco nas pessoas. Também é uma série contínua de nove pontos, em que 9 significa grau elevado, e 1, baixo grau de preocupação com pessoas.

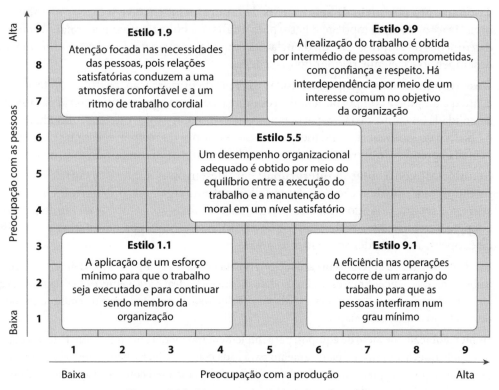

Figura 4.11 *Managerial grid* (grade gerencial).

O *grid* representa esses dois focos e sua interação em uma grade, onde estão os cinco principais estilos que os administradores utilizam (Quadro 4.3).

Quadro 4.3 Os principais estilos do *managerial grid*

Estilos da Administração	Significado
9.1	No canto inferior do *grid*. Representa forte preocupação com a produção e pouca precaução com as pessoas que produzem.
1.9	No canto superior esquerdo. É o estilo que enfatiza as pessoas, com pouca preocupação com os resultados da produção.
1.1	No canto inferior esquerdo. Nenhuma preocupação com a produção nem com as pessoas. Não são executores, mas encostadores.
5.5	No centro. É o estilo do meio-termo. Atitude de conseguir alguns resultados, mas sem muito esforços. É a mediocridade.
9.9	No canto superior direito. Demonstra elevada preocupação com a produção e igualmente com as pessoas. Os problemas são discutidos em profundidade, de maneira aberta, para alcançar compreensão mútua e comprometimento em relação às conclusões obtidas. A equipe desenvolve um interesse comum no resultado do seu esforço. A teoria 9.9 é uma teoria sinergética.

A implantação do programa de DO tipo *grid*, em geral, inclui seis fases:

1. **Treinamento por meio de seminários de laboratório:** envolve todos os membros da organização, desde o topo até a base, para analisar a cultura organizacional. Cada uma das funções da empresa é avaliada pela sua equipe por meio do *grid* em três alternativas: desempenho excelente, regular ou inaceitável.

2. **Desenvolvimento de equipes:** em todas as áreas da organização, partindo do topo, para estudar a dinâmica comportamental da organização. Cada equipe utiliza o *grid* para avaliar a qualidade e a natureza da sua participação (ação da equipe e dos esforços individuais) com o objetivo de localizar dificuldades e verificar os rumos da melhoria. Essa fase ajuda cada pessoa a aprender o que os colegas de equipe observam em seu comportamento no trabalho.

3. **Reuniões de confrontação intergrupal:** para desenvolver a interface entre os grupos e melhorar sua coordenação. É o desenvolvimento intergrupal. A departamentalização segrega e separa, criando fronteiras dentro da organização, e impede a coordenação e a cooperação essenciais à realização empresarial. Essa fase busca aprender a atingir o máximo de cooperação e coordenação entre as áreas.

4. **Estabelecimento de objetivos organizacionais pela cúpula:** a equipe de topo define por meio da Rubrica da Excelência Empresarial o modelo estratégico ideal para a empresa se ela fosse excelente. O objetivo é mudar de uma abordagem evolucionária ou revolucionária para um modelo de desenvolvimento sistemático.

5. **Implementação por meio de equipes:** para implementar o modelo organizacional ideal, a equipe de cúpula indica a equipe de planejamento para cada centro de lucro, bem como o seu coordenador. Cada equipe de planejamento elabora seu plano operacional como se o seu centro de lucro fosse independente dos demais.

Quadro 4.4 Estilos de participação de acordo com o *managerial grid*

Estilos	Tipos de preocupação
9.1	Não há muita oportunidade de participar. As pessoas sentem que, embora tenham contribuições a fazer, não são procuradas e provavelmente serão rejeitadas se apresentadas voluntariamente.
1.9	As pessoas procuram não criticar para não serem mal interpretadas ou têm receio de não receberem apoio imediato. As soluções são do "mínimo denominador comum" e o comportamento é superficial e efêmero.
1.1	Há pouco envolvimento e pouco comprometimento. As pessoas podem estar fisicamente presentes, mas mentalmente ausentes.
5.5	A tomada de decisões é do tipo acomodativo ou do meio do caminho, do "remendo de acolchoado", que deixa a todos descontentes.
9.9	A participação se faz necessária para alcançar melhor resposta. A solução do problema se dá pela participação e pelo comprometimento. Todavia, a situação 9.9, para ser efetiva, deve se basear em pessoas que tenham conhecimento e competência, sem o que poderá levar a soluções errôneas.

6. **Avaliação dos resultados:** feita por meio das mudanças ocorridas para estabilizar os objetivos organizacionais e estabelecer novos objetivos para o futuro. Deve-se utilizar a crítica sistemática: uma maneira organizada de avaliar e criticar o progresso, identificar as barreiras que estão dificultando os resultados almejados e entrever as oportunidades de melhores resultados. É um trabalho de crítica e avaliação.

Quadro 4.5 Os tipos de fronteiras intergrupais segundo o *managerial grid*

Estilos	Tipos de fronteiras intergrupais
9.1	De hostilidade intergrupal, baseada em suspeita e desconfiança mútua. Pode desenvolver disputas estimulantes entre os envolvidos, mas provoca perda da eficiência empresarial. A atitude predominante é a de ganhar-perder.
1.9	De coexistência pacífica, quando as pessoas de ambos os lados da fronteira procuram aceitar o mínimo apoio mútuo, fazendo-o agradável e amistosamente, evitando problemas que perturbariam ou impediriam as relações recíprocas. Mantém-se a harmonia, mas sacrifica-se o potencial para a realização.
1.1	De isolamento. Não há aspirações quanto à solução de problemas de coordenação intergrupais. As pessoas retrocedem de ambos os lados da fronteira, para tornar desnecessária a cooperação pela fronteira. Ocorre duplicação de esforços, pois cada departamento duplica certas atividades dentro dele mesmo, para não utilizar as habilidades e competências dos outros.
5.5	De trégua inquieta. Quando as pessoas utilizam a negociação, a transigência, o rateio e a acomodação para obterem alguma coordenação e cooperação.
9.9	De comunicações abertas e francas, enfrentando situações de discordância e controvérsia, mas encarando-as, com flexibilidade suficiente para solucionar os problemas. As fronteiras existem, pois a divisionalização é uma estruturação corrente e válida da empresa, mas a atitude das pessoas volta-se para o tratamento construtivo dos problemas e das necessidades por meio dela.

4.6.2 Modelo de Lawrence e Lorsch

Lawrence e Lorsch propõem um modelo de diagnóstico e ação para o DO,[34] cujos conceitos principais são:

- **Conceito de diferenciação e integração:** a organização representa a coordenação de diferentes atividades de contribuintes individuais com a finalidade de efetuar transações planejadas com o ambiente. A divisão do trabalho na organização provoca a diferenciação dos órgãos e esta conduz à necessidade de integração. A diferenciação reflete as características que cada grupo deve desenvolver para levar a efeito transações planejadas com a parte do ambiente que lhe foi designada. A diferenciação exige integração a fim de que as diferentes partes trabalhem conjuntamente. Quanto maior a diferenciação, tanto mais necessária a integração. A organização constitui o meio de mediação entre o indivíduo e seu ambiente mais amplo. Ela proporciona um contexto que estrutura e canaliza suas transações com o ambiente. A organização tem uma natureza sistêmica: ela é um sistema aberto, complexo, multifuncional, com vários objetivos, em um processo de modificação contínua, interagindo de múltiplas formas com o ambiente e composta de uma série de subsistemas em interação constante, apresentando interdependência e ativação recíproca. As organizações são sistemas sociais.

- **Conceito de defrontamentos:** todo sistema social constitui grupos de pessoas ocupadas em intercambiar e permutar constantemente seus recursos com base em certas expectativas de retornos. Esses recursos incluem recursos materiais, ideias, conhecimentos, habilidades, sentimentos e valores. No intercâmbio de recursos nos sistemas sociais, desenvolvem-se contratos psicológicos (defrontamentos) entre pessoas e sistemas, pessoas e grupos e entre sistemas e subsistemas, em que prevalece o sentimento de reciprocidade: cada um avalia o que está oferecendo e o que está recebendo em troca. Se desaparecer ou diminuir o sentimento de reciprocidade, ocorrerá uma modificação dentro do sistema. Em suma, o objetivo da organização é atender às suas próprias necessidades e, ao mesmo tempo, atender às necessidades da sociedade por meio da produção de bens ou serviços, pelos quais ela recebe uma compensação monetária. No intercâmbio de recursos, o defrontamento (interface) pode gerar problemas. As principais áreas de problemas, quando se deseja mudar a organização, residem nas seguintes relações interfaciais:

- Defrontamento organização × ambiente.
- Defrontamento grupo × grupo.
- Defrontamento indivíduo × organização

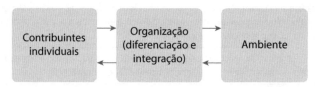

Figura 4.12 Defrontamentos em uma organização.

4.6.3 Teoria 3-D da eficácia gerencial de Reddin

O modelo conceitual de Reddin baseia-se no fato de que o administrador precisa ser eficaz em uma variedade de situações e sua eficácia é medida na proporção em que ele é capaz de transformar o seu estilo de maneira apropriada em situações de mudança. A única tarefa do administrador é a de ser eficaz.[35]

Os principais conceitos da Teoria 3-D são:

- **Eficácia gerencial:** deve ser avaliada em termos de produto (resultado) em vez de insumo, ou seja, mais por aquilo que o administrador alcança em resultados do que por aquilo que ele faz. É resultado, não insumo. Todas as posições são criadas para uma finalidade que pode ser avaliada em termos de resultado. A eficácia gerencial não é um aspecto de personalidade do administrador, mas é função da correta manipulação da situação. É desempenho, ou seja, não é o que ele faz, mas o que ele obtém. Há uma diferença entre o gerente eficiente e o gerente eficaz, como mostrado no Quadro 4.6.

Quadro 4.6 Gerente eficiente e gerente eficaz para Reddin

Gerente eficiente	Gerente eficaz
■ Faz as coisas de maneira correta.	■ Faz as coisas que devem ser feitas.
■ Resolve os problemas que surgem.	■ Produz alternativas criativas.
■ Cuida dos recursos.	■ Otimiza a utilização dos recursos.
■ Cumpre o seu dever.	■ Obtém resultados excepcionais.
■ Reduz custos.	■ Aumenta lucros.

- **Estilos gerenciais:** o comportamento gerencial é composto de dois elementos básicos: a tarefa de realizar e as relações com as pessoas. Os gerentes podem enfatizar a tarefa ou as relações com as pessoas. Há o gerente "orientado para a tarefa" (OT) e o gerente "orientado para as relações" (OR) envolvendo quatro estilos básicos, conforme a Figura 4.13.

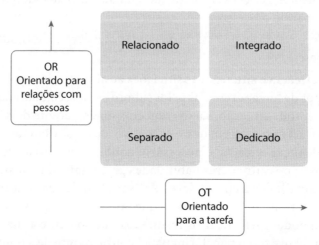

Figura 4.13 Quatro estilos básicos da Teoria 3-D.

O modelo de estilo 3-D consiste em quatro estilos gerenciais básicos que podem variar desde menos eficazes a mais eficazes. Cada situação requer uma estratégia própria. A eficácia é o resultado de se aplicar a estratégia ou o estilo gerencial mais apropriado para cada situação.

- **Habilidades gerenciais básicas:** a Teoria 3-D se baseia em três áreas de eficácia gerencial para desenvolver três habilidades gerenciais básicas:
    - **Sensitividade situacional:** habilidade de diagnóstico das situações que o gerente encara e as forças que jogam em cada situação.
    - **Flexibilidade de estilo:** habilidade de se adequar e ajustar às forças em jogo, devidamente analisadas e diagnosticadas.
    - **Destreza de gestão situacional:** habilidade de lidar com cada situação, ou seja, a capacidade de modificar a situação naquilo que deve ser modificada.
- **Conceitos básicos:** a Teoria 3-D se baseia em cinco conceitos básicos:
    - **Mudança organizacional:** é o processo de reunir gerentes em diferentes combinações para que intercambiem ideias sobre temas discutidos em um clima de confiança e interesse, visando o alcance da eficácia. Os executivos – e não os consultores externos – conhecem melhor qual é a direção para a organização.
    - **O programa 3-D não dá uma direção:** mas propõe que se considere a eficácia como valor central e reconhece que os meios de obtê-la variam. Não propõe um estilo ideal, mas busca uma resposta para a pergunta: o que fazer para ser eficaz em cada situação?
    - **Os executivos não aplicam tudo o que sabem:** cursos e conferências que fornecem mais informação não resolvem o problema. A solução está em dar aos executivos a oportunidade de aplicar o que sabem. O objetivo do programa 3-D é liberar e canalizar a reserva de eficácia potencial que os executivos possuem.
    - **A mudança deve envolver todas as unidades:** a organização envolve indivíduos, equipes, departamentos, relações etc. Para que a mudança afete toda a organização, todos devem participar do processo.
    - **Flexibilidade:** é condição necessária da mudança e deve ser estimulada para se obter a mudança desejada.
- **Relação entre eficácia e situação:** as situações administrativas podem ser visualizadas como campos de forças exercidas pelos subordinados, colaboradores, organização e tecnologia. Em toda situação, são os aspectos que o gerente deve reconhecer, agir ou mudar. A eficácia é o grau em que o executivo alcança resultados desejados de sua função. Para alcançar eficácia, é necessário conhecer as "áreas de eficácia" (resultados desejados) e possuir as três habilidades gerenciais (diagnóstico, flexibilidade e gestão situacional). O executivo deve analisar o rol de sua função (não o insumo, mas o produto ou resultado) e verificar o que faltaria na empresa se sua função fosse suprimida para poder identificar os resultados que somente a sua função consegue para a empresa. Esse é o seu papel. Um papel confuso impede a obtenção de eficácia. Para identificar um papel, deve-se distinguir entre insumo e produto, como mostra a Figura 4.14.

A eficácia é resultado do produto, não do insumo. Um executivo capaz de identificar com precisão suas "áreas de eficácia" pode estabelecer e alcançar objetivos claros. Pode medir sua eficácia e aumentá-la.

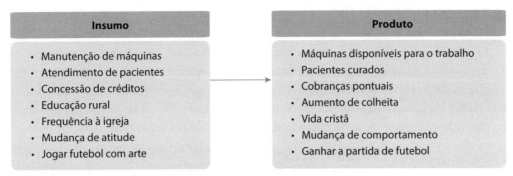

Figura 4.14 Diferenças entre insumo e produto.

PARA REFLEXÃO

A continuação do DO na Sernambetiba

Bernardo Neves, o diretor de RH da Sernambetiba, queria também mostrar em outra reunião da diretoria como funcionam os principais modelos de DO, como a grade gerencial e os modelos de Lawrence e Lorsch e de Reddin. Se você estivesse em seu lugar, como procederia nessa reunião de explicação?

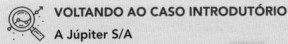

VOLTANDO AO CASO INTRODUTÓRIO

A Júpiter S/A

Marina Guilon sabe que não basta mudar a base da organização. Na verdade, é preciso mudar toda a organização, senão nada funciona ou acontece. Como fazer com que cada diretor ou cada gerente executivo passe a trabalhar com espírito de equipe na nova cultura corporativa? O problema é geral, e não particular. Toda a organização deve mudar em conjunto. Quais são as suas sugestões para Marina?

4.7 APRECIAÇÃO CRÍTICA DO DESENVOLVIMENTO ORGANIZACIONAL (DO)

O DO proporcionou à Teoria Geral da Administração (TGA) uma literatura ampla e rica de abordagens variadas e de aplicações práticas. No fundo, porém, existe uma convicção de que o DO é um rótulo utilizado para embalagem de princípios da Teoria Comportamental dentro de novas formulações como uma saída para o aumento da eficácia organizacional.[36] Mas o DO sofre críticas:

- **Aspecto mágico do DO:** existem características mágicas do DO criadas a partir de quatro mitos:[37]
  - **O mito da disciplina de DO:** há uma visão do DO como disciplina delimitada, independente e baseada no método científico. Alguns autores chegam a considerar o uso do

treinamento da sensitividade e as relações entre cliente e consultor áreas pertencentes ao DO. Na verdade, são áreas de conhecimento que o DO absorveu de outras disciplinas.

- **O mito das variáveis não pesquisáveis:** há certa resistência à pesquisa convencional dentro do DO, com a suposição de que os programas de DO são difíceis de pesquisar, que as variáveis envolvidas são difíceis de medir e que a pesquisa interfere no processo de DO. Há uma contradição entre a afirmação de que o DO se baseia no conhecimento científico e a resistência encontrada na utilização de métodos científicos no DO.
- **O mito da novidade:** existe a noção de que o DO é um conjunto de novas técnicas que facilitam a mudança. Todavia, os métodos e processos do DO são relativamente antigos, embora catalogados com novos rótulos.
- **O mito da eficácia aumentada:** os autores do DO argumentam que suas técnicas aumentam a capacidade da organização para dirigir seus objetivos com eficácia. Todavia, alguns resultados apresentados são discutíveis.

- **Imprecisão no campo do DO:** o desenvolvimento de grupos-T, de treinamento de laboratório e de outras formas para aumentar a interação ou terapia de grupo levou ao surgimento do DO. Este, por sua vez, passou a ser um código para designar programas e atividades originadas de várias tendências dentro de uma nova abordagem de educação e treinamento. Essa imprecisão no campo do DO dificulta sua definição. As várias conceituações concordam que o DO integra as necessidades das pessoas e da organização mediante técnicas de laboratório. Para o **DO**, as necessidades da organização são a adaptabilidade de suas unidades e das pessoas diante de mudanças ambientais a fim de aumentar a produtividade, identificação e lealdade delas. De outro lado, a pessoa sofre de sentimentos de inautenticidade, alienação, solidão e de falta de poder na organização. E o DO pretende satisfazer tais necessidades individuais incentivando nas pessoas habilidades sociais, maior abertura e relacionamento interpessoal em todos os níveis da organização. Nessa tal amplitude de atuação, dificilmente o campo do DO poderá ser bem delimitado.
- **Ênfase na educação "emocional":** o DO focaliza o treinamento de "habilidades" no relacionamento interpessoal, tendo por base as ciências do comportamento. Ele não se preocupa com as habilidades de direção, apenas com as técnicas de relações humanas. O treinamento de habilidades é importante, mas não constitui a essência da Administração. Ao dar ênfase ao treinamento da sensitividade em laboratório e ao fundamentar-se nas ciências do comportamento, o DO corre o perigo de se transformar numa técnica terapêutica afastada dos objetivos da organização.
- **Aplicações distorcidas do DO:** em muitos casos, o DO tem sido usado como um instrumento visando mais a legitimação externa e os efeitos sobre a imagem pública do que a legitimação interna. Por outro lado, os métodos de DO não são novos ou cientificamente válidos. Nenhuma comprovação científica demonstrou que suas técnicas melhoram a capacidade da organização de alcançar seus objetivos. Apesar de todas essas restrições e do utopismo de muitas abordagens, o DO afigura-se como a melhor opção humanista de abordagem da Teoria Administrativa.

CONCLUSÃO

Em síntese, a Teoria Comportamental e seu desdobramento de aplicações práticas – o DO – deram nova face e dimensão à Teoria Administrativa e um passo avante em direção ao futuro.

MUDANÇAS E ORGANIZAÇÕES:
- Um novo conceito de organização
- Cultura organizacional
- Clima organizacional
- Mudança cultural e de clima
- Conceito de mudança
- Processo de mudança
- Conceito de desenvolvimento
- Fases da organização
- Críticas às estruturas organizacionais

NATUREZA DO DO:
- Solução de problemas e conflitos
- Renovação
- Administração participativa
- Fortalecimento de equipes
- Pesquisa-ação

APLICAÇÕES DO DO:
- Solução de problemas e conflitos
- Renovação organizacional
- Administração participativa
- Fortalecimento de equipes

TÉCNICAS DE DO:
- Intervenção individual
- Intervenção interindividual
- Intervenção grupal
- Intervenção intergrupal
- Intervenção organizacional

MODELOS DE DO:
- *Managerial grid*
- Modelo de diagnóstico e ação
- Teoria 3-D

APRECIAÇÃO CRÍTICA DO DO:
- Aspecto mágico do DO
- Imprecisão no campo do DO
- Ênfase na educação emocional
- Aplicações distorcidas do DO

Figura 4.15 Mapa mental da Teoria do DO.

RESUMO

O DO tem sua origem na Teoria Comportamental em função das mudanças e transformações no mundo organizacional, assumindo a abordagem sistêmica e apresentando novos conceitos de organização, cultura e mudança organizacional.

O processo de DO é constituído basicamente de três etapas: colheita de dados, diagnóstico organizacional e ação de intervenção, com uma variedade de técnicas e de modelos de DO para o relacionamento interpessoal, grupal, intergrupal e organizacional, como: treinamento da sensitividade, análise transacional, consultoria de processos, desenvolvimento de equipes, reuniões de confrontação, tratamento de conflito intergrupal e suprimento de informações. Trata-se de uma alternativa para a renovação e revitalização das organizações.

QUESTÕES

1. Tente explicar o novo conceito de organização segundo o DO.
2. Quais são as diferenças entre sistemas mecânicos e sistemas orgânicos?
3. Quais são os aspectos formais e abertos e os sistemas informais e ocultos da cultura organizacional?
4. Explique o conceito de cultura organizacional.
5. Quais são as características das culturas bem-sucedidas?
6. Explique o conceito de mudança.
7. Explique as forças externas (exógenas) e as forças internas (endógenas) que influenciam a mudança organizacional.
8. Explique os diferentes tipos de mudança organizacional.
9. Explique o processo de mudança segundo Lewin.
10. Explique os diferentes tipos de estratégias de mudança.
11. O que significa clima organizacional?

REFERÊNCIAS

1. BRADFORD, L. (ed.). *T-Group theory and laboratory methods*. New York: John Wiley, 1964.
2. BENNIS, W. G. *Desenvolvimento organizacional*: sua natureza, origens e perspectivas. São Paulo: Edgard Blücher, 1972. p. 23-27. Vide também: BENNIS, W. G. *Changing organizations*. New York: McGraw-Hill, 1966.
3. WALTON, R. E. *Pacificação interpessoal*: confrontações e consultoria de uma terceira parte. São Paulo: Edgard Blücher, 1972.
4. SCHEIN, E. H.; BENNIS, W. *Personal and organizational change through group methods*. New York: John Wiley, 1965.
5. BENNIS, W. G. *The planning of change*. New York: Holt, 1969.
6. BENNIS, W. G. *Changing organizations*. New York: McGraw-Hill Book Co., 1966.
7. SCHEIN, E. H. *Organizational psychology*. Englewood Cliffs: Prentice-Hall, 1965.
8. LAWRENCE, P. R.; LORSCH, J. W. *O desenvolvimento de organizações*: diagnóstico e ação. São Paulo: Edgard Blücher, 1972.
9. LODI, J. B. *História da Administração*. São Paulo: Livraria Pioneira Editora, 1971. p. 130.
10. Entre eles, destacam-se: BRADFORD, Leland (o fundador do movimento); BENNIS, Warren G.; SCHEIN, Edgard H.; BECKHARD, Richard; LAWRENCE, Paul R.; LORSCH, Jay W.; ARGYRIS, Chris; BENNE, Kenneth; BLAKE, Robert R.; MOUTON, Jane S.; GIBB, Jack; TANNENBAUM, Robert; WESCHLER, Irving; MASSARICK, Fred; BURKE, W. Warner.
11. BECKHARD, R. *Desenvolvimento organizacional*: estratégia e modelos. São Paulo: Edgard Blücher, 1972. p. 19.
12. GILMES, B. V. H. *Industrial and organizational psychology*. New York: McGraw-Hill Book, 1971. p. 81.
13. CHIAVENATO, I. *Gerenciando com as pessoas*: o passo decisivo para a administração participativa. Barueri: Manole, 2014. p. 56.

14. LEWIN, K. Frontiers in group dynamics: concept, method, and reality in social science. *Human Relations*, v. 1, n. 1, p. 5-41, 1947.
15. SCHEIN, E. H. *Organizational psychology, op. cit.*, 1980. p. 243-247.
16. LEWIN, K. Frontiers in group dynamics: concept, method, and reality in social science, *op. cit.*, p. 10.
17. LEWIN, K. Frontiers in group dynamics: concept, method, and reality in social science, *op. cit.*, p. 22.
18. BENNIS, W. G. *Changing organizations, op. cit.*
19. BLAKE, R. R; MOUTON, J. S. *A estruturação de uma empresa dinâmica por meio do desenvolvimento organizacional.* São Paulo: Edgard Blücher, 1972.
20. GREINER, L. E. Evolution and revolution as organizations grow. *Harvard Business Review*, jul./ago. 1972.
21. Adaptado de: TANNENBAUM, R.; DAVIS, A. apud MARGULIES, N.; RAIA, A. P. *Values, man, and organization.* New York: McGraw-Hill Co., 1972. p. 9-30.
22. FRENCH, W. L.; BELL JR., C. H. *Organizational development*: behavioral science interventions for organizational improvement. Englewood Cliffs: Prentice-Hall, 1981. p. 17.
23. STONER, J. A. F.; FREEMAN, R. E.; GILBERT JR., D. R. *Management.* Englewood Cliffs: 1995. p. 421-422.
24. UNITED NATIONS. A practical guide to performance improvement programming in public organizations, United Nations Publication, ST/ESA/SER.
25. ROEBER, R. J. C. *The organization in a changing environment.* Reading: Addison-Wesley Publishing Co., 1973. p. IX-X.
26. DAVIS, K. *Human behavior at work organizational behavior.* New York: McGraw-Hill, 1981. p. 221-224.
27. BAUER, R. *Gestão da mudança*: caos e complexidade nas organizações. São Paulo: Atlas, 1999. p. 34.
28. KOTTER, J. P. *Organizational dynamics*: diagnosis and intervention. Reading: Addison-Wesley Publ., 1978.
29. MARGULIES, N.; RAIA, A. P. *Organization development.* New York: McGraw- Hill Book Co.,1972. p. 3.
30. CAMPBELL, J. P.; DUNNETTE, M. D. Effectiveness of T-group experiences in managerial training and development. *Psychological Bulletin*, v. 70, p. 73-104, 1968.
31. KORMAN, A. K. *Industrial and organizational psychology.* Englewood Cliffs: Prentice-Hall, 1971. p. 272.
32. McGREGOR, D. M. *The professional manager.* New York: McGraw-Hill Co., 1967.
33. BLAKE, R. R.; MOUTON, J. S. *A estruturação de uma empresa dinâmica através do desenvolvimento organizacional do tipo grid.* São Paulo: Edgard Blücher, 1972. Consultamos também: BLAKE, R. R.; MOUTON, J. S. *The managerial grid.* Houston: Gulf Publishing, 1964, e a tradução brasileira: *O grid derencial.* São Paulo: Pioneira, 1976.
34. LAWRENCE, P. R.; LORSCH, J. W. *O desenvolvimento de organizações*: diagnóstico e ação. São Paulo: Edgard Blücher, 1972.
35. REDDIN, W. J. *Managerial effectiveness.* New York: McGraw-Hill Book Co., 1971. Vide: REDDIN, W. J. *Eficácia gerencial.* São Paulo: Atlas, 1975.
36. GOULDNER, A. W. *The coming crisis of western sociology.* New York: Basic Books, Inc., Publishers, 1970.
37. MARGULIES, N. The myth and the magic in DO. *Business Horizons*, Indiana University, Graduate School of Business, v. XV, n. 4, ago. 1972.

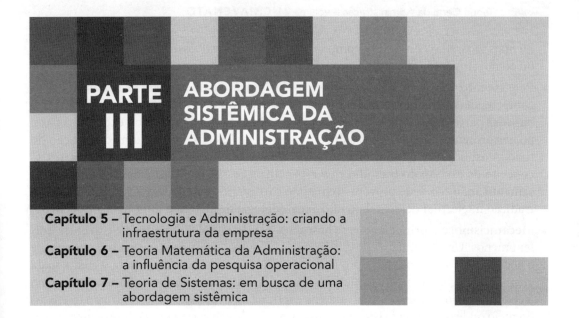

PARTE III — ABORDAGEM SISTÊMICA DA ADMINISTRAÇÃO

- **Capítulo 5** – Tecnologia e Administração: criando a infraestrutura da empresa
- **Capítulo 6** – Teoria Matemática da Administração: a influência da pesquisa operacional
- **Capítulo 7** – Teoria de Sistemas: em busca de uma abordagem sistêmica

Ao redor da década de 1950, o biólogo alemão Ludwig von Bertalanffy elaborou uma teoria interdisciplinar para transcender os problemas exclusivos de cada ciência e proporcionar princípios gerais (físicos, biológicos, sociológicos, químicos etc.) e modelos gerais para todas as ciências envolvidas, de modo que as descobertas efetuadas em cada uma pudessem ser utilizadas pelas demais. Essa teoria interdisciplinar – denominada Teoria Geral dos Sistemas (TGS) – demonstra o isomorfismo das ciências, permitindo a eliminação de suas fronteiras e o preenchimento dos espaços vazios (espaços brancos) entre elas. A TGS é essencialmente totalizante: os sistemas não podem ser compreendidos apenas pela análise separada e exclusiva de cada uma de suas partes. A TGS se baseia na compreensão da dependência recíproca de todas as disciplinas e da necessidade de sua integração. Os vários ramos do conhecimento – até então estranhos uns aos outros pela especialização e consequente isolamento – passaram a tratar seus objetivos de estudo (sejam físicos, biológicos, psíquicos, sociais, químicos etc.) como sistemas. Inclusive a Administração.

A Teoria Geral da Administração (TGA) passou por uma forte e crescente ampliação do seu enfoque, desde a abordagem clássica – passando pela humanística, neoclássica, estruturalista e behaviorista – até a abordagem sistêmica. Na sua época, a abordagem clássica havia sido influenciada por três princípios intelectuais dominantes em quase todas as ciências no início do século 20: o reducionismo, o pensamento analítico e o mecanicismo.

- **Reducionismo:** é o princípio que se baseia na crença de que todas as coisas podem ser decompostas e reduzidas em seus elementos fundamentais simples, que constituem as suas unidades indivisíveis. O reducionismo desenvolveu-se na Física (estudo dos átomos), na Química (estudo das substâncias simples), na Biologia (estudo das células), na Psicologia (estudo dos instintos e necessidades básicas), na Sociologia (indivíduos sociológicos). É graças ao reducionismo que existem essas ciências. Mas teria sido a natureza ou o homem a fazer essa separação entre as ciências? O taylorismo é um exemplo clássico do reducionismo. O reducionismo faz com que as pessoas raciocinem dentro de jaulas mentais separadas como silos, como se cada raciocínio estivesse dentro de um escaninho ou compartimento intelectual apropriado para cada tipo de assunto.

- **Pensamento analítico:** é utilizado pelo reducionismo para explicar as coisas ou tentar compreendê-las melhor. A análise consiste em decompor o todo, tanto quanto possível, nas suas partes mais simples, que são mais facilmente solucionadas ou explicadas para, posteriormente, agregar essas soluções ou explicações parciais em uma explicação do todo. A explicação do todo constitui a soma ou resultante das explicações das partes. O conceito de divisão do trabalho e de especialização são manifestações típicas do pensamento analítico. Este provém do método cartesiano: vem de Descartes (1596-1650) a tradição intelectual ocidental quanto à metodologia de análise e solução de problemas.
- **Mecanicismo:** é o princípio que se baseia na relação simples de causa e efeito entre dois fenômenos. Um fenômeno constitui a causa de outro fenômeno (seu efeito), quando ele é necessário e suficiente para provocá-lo. Como a causa é suficiente para o efeito, nada além dela era cogitado para explicá-lo. Essa relação utiliza o que hoje chamamos sistema fechado: o meio ambiente é subtraído na explicação das causas. As leis excluem os efeitos do meio onde o sistema existe. Além disso, as leis de causa e efeito não preveem as exceções. Os efeitos são totalmente determinados pelas causas em uma visão determinística das coisas.

Com o advento da Teoria Geral dos Sistemas, os princípios do reducionismo, do pensamento analítico e do mecanicismo passam a ser substituídos pelos princípios opostos do expansionismo, do pensamento sintético e da teleologia.

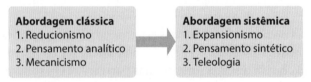

Figura III.1 Revolução da abordagem sistêmica.

- **Expansionismo:** é o princípio que sustenta que todo fenômeno é parte de um fenômeno maior. O desempenho de um sistema depende de como ele se relaciona com o sistema maior que o envolve e do qual faz parte. Isso não nega que cada fenômeno seja constituído de partes, mas a sua ênfase reside na focalização do todo do qual aquele fenômeno faz parte. Essa transferência da visão focada nos elementos constitutivos para uma visão focada no todo denomina-se abordagem sistêmica.
- **Pensamento sintético:** é o fenômeno que se pretende explicar, visto como parte de um sistema maior e explicado em termos do papel que ele desempenha nesse sistema maior. Os órgãos do organismo humano são explicados pelo papel que desempenham no organismo, e não pelo comportamento de seus tecidos ou estruturas de organização. A abordagem sistêmica está mais interessada em juntar as coisas do que em separá-las.
- **Teleologia:** é o princípio segundo o qual a causa é uma condição necessária, mas nem sempre suficiente para que surja o efeito. A relação causa e efeito não é determinística ou mecanicista, mas simplesmente probabilística. A teleologia é o estudo do comportamento com a finalidade de alcançar objetivos e passou a influenciar poderosamente as ciências.

Enquanto na concepção mecanicista o comportamento é explicado pela identificação de suas causas e nunca do seu efeito, na concepção teleológica, o comportamento é explicado por aquilo que ele produz ou por aquilo que é o seu propósito ou objetivo produzir. A relação simples de causa e efeito é produto de um raciocínio linear que tenta resolver problemas por meio de uma análise variável por variável. Isso está superado. A lógica sistêmica procura entender as inter-relações entre as diversas variáveis a partir de uma visão de um campo dinâmico de forças que atuam entre si. Esse campo dinâmico de forças produz um emergente sistêmico: o todo é diferente de cada uma de suas partes. A água é diferente do hidrogênio e oxigênio que a formam. O sistema apresenta características próprias que não existem em cada uma de suas partes integrantes. Os sistemas são visualizados como entidades globais e funcionais em busca de objetivos.

Com esses três princípios – expansionismo, pensamento sintético e teleologia –, a TGS permitiu o surgimento da Cibernética – que abriu as portas para as modernas tecnologias – e desaguou na TGA, redimensionando totalmente suas concepções. Foi realmente uma verdadeira revolução no pensamento administrativo. A Teoria Administrativa passou a pensar sistemicamente, aumentando poderosamente a sua área de influência.

Foi com o conceito de sistemas e a abordagem sistêmica que o pensamento estratégico ganhou realmente toda a sua magnitude. E a Teoria Administrativa passou a considerar fortemente o ambiente externo que envolve as organizações e as relações interorganizacionais entre elas. Descobriu-se que existe vida fora das organizações, e que lá fora delas é que provavelmente estão os maiores desafios da sua administração.

Esta parte contará com três capítulos, a saber:

5. Tecnologia e Administração: criando a infraestrutura da empresa
6. Teoria Matemática da Administração: a influência da pesquisa operacional
7. Teoria de Sistemas: em busca de uma abordagem sistêmica

5 TECNOLOGIA E ADMINISTRAÇÃO: CRIANDO A INFRAESTRUTURA DA EMPRESA

OBJETIVOS DE APRENDIZAGEM

- Mostrar a profunda influência da tecnologia na moderna Administração.
- Descrever os conceitos de Cibernética que aportaram na Administração.
- Definir os conceitos de sistemas, sua classificação, propriedades e representação.
- Identificar as contribuições da Informática à Administração.

O QUE VEREMOS ADIANTE

- O ponto de partida da Cibernética.
- A Teoria da Informação.
- Consequências da Informática na Administração.
- Dados.
- Apreciação crítica da tecnologia na Administração.

CASO INTRODUTÓRIO
A Masterpeças

Maria Amália está ligada à revolução que está varrendo o mundo empresarial desde a década de 1990 em busca da competitividade. Ela é a diretora executiva da Masterpeças, empresa de produção e comercialização de peças e componentes para carros. Nos últimos anos, Maria Amália comandou um processo de reorganização da empresa no sentido de tirar as gorduras (muita gente e muitos recursos), que se acumularam em seus processos de negócios, para privilegiar a eficácia e o baixo custo operacional. Para tanto, utilizou a moderna tecnologia da gestão, com os chamados *Enterprise Resource Planning* (ERP), para alcançar maior integração entre os departamentos e aumentar o grau de automação dos processos com redução dos custos operacionais. Agora, Maria Amália está pensando em utilizar tecnologias associadas à internet. Como você poderia ajudá-la?

INTRODUÇÃO

A tecnologia sempre influenciou poderosamente as organizações desde as duas revoluções industriais nos séculos anteriores. A primeira foi o resultado da aplicação da tecnologia da força motriz do vapor na produção e que logo substituiu o esforço humano, permitindo o aparecimento das fábricas e indústrias, ferrovias e navegação a vapor. A segunda transformou totalmente as condições econômicas e sociais no mundo ocidental com a introdução do aço, do petróleo e da eletricidade e um desdobramento de grandes invenções.

No final do século 18, a invenção da máquina de escrever foi o primeiro passo para a aceleração do processo produtivo nos escritórios. E a invenção do telefone, no final do século 19, permitiu a expansão das organizações rumo a novos e diferentes mercados. Rádio, telefone, automóvel e avião permitiram uma expansão sem precedentes nos negócios mundiais.

O desenvolvimento tecnológico sempre constituiu a plataforma básica que impulsionou o desenvolvimento das organizações e permitiu a consolidação da globalização que vemos hoje. Mas foi a invenção do computador, na segunda metade do século 20, que produziu a Terceira Revolução Industrial, a qual permitiu que as organizações passassem a apresentar as atuais características de automatização e automação de suas atividades.

Sem o computador, não haveria a possibilidade de administrar grandes organizações com uma variedade incrível de produtos, processos, materiais, clientes, fornecedores e pessoas envolvidas. O computador ofereceu a possibilidade de lidar com grandes números e com grandes e diferentes negócios simultaneamente a um custo mais baixo, com maior rapidez e absoluta confiabilidade.

Aumente seus conhecimentos sobre **O computador** na seção *Saiba mais* TGA 2 5.1

Agora, estamos atravessando a Quarta Revolução Industrial, envolvendo uma profunda e rápida integração entre o físico e o digital pela chamada Indústria 4.0, que está mudando completamente os modelos de negócio das organizações. Mas, por enquanto, é importante saber como tudo isso começou.

5.1 O PONTO DE PARTIDA DA CIBERNÉTICA

A Cibernética é uma ciência relativamente recente e que foi rapidamente assimilada pela Informática e pela Tecnologia da Informação (TI). Foi criada por Norbert Wiener (1894-1963),[1] entre os anos de 1943 e 1947,[2] na época em que Von Neuman e Morgenstern (1947)[3] criavam a Teoria dos Jogos (TJ), Shannon e Weaver (1949)[4] criavam a Teoria Matemática da Comunicação (TMG) e Von Bertalanffy (1947)[5] definia a Teoria Geral dos Sistemas (TGS).

A Cibernética surgiu como uma ciência interdisciplinar para relacionar todas as ciências, preencher os espaços vazios não pesquisados por nenhuma delas e permitir que cada ciência utilizasse os conhecimentos desenvolvidos pelas outras. O seu foco está na sinergia, conceito que veremos adiante.

Aumente seus conhecimentos sobre **Cibernética** na seção *Saiba mais* TGA 2 5.2

5.1.1 Origens da Cibernética

As origens da Cibernética estão ligadas aos seguintes fatos:[6]

- **Áreas brancas no mapa das ciências:** movimento iniciado por Norbert Wiener em 1943 para esclarecer as chamadas "áreas brancas entre as ciências". A Cibernética começou como uma ciência interdisciplinar de conexão entre as ciências e como uma ciência diretiva: a *kybernytikys* das ciências. A ideia era juntá-las, e não as separar. O mundo não se encontra separado por ciências estanques como Física, Química, Biologia, Botânica, Psicologia, Sociologia etc., com divisões arbitrárias e fronteiras bem definidas. Elas constituem diferentes especialidades inventadas pelo homem para abordar as mesmas realidades, deixando de lado fecundas áreas fronteiriças do conhecimento humano – as áreas brancas – que passaram a ser negligenciadas, formando barreiras que impedem ao cientista o conhecimento do que está se passando nos outros campos científicos. A única maneira de explorar essas áreas brancas é reunir uma equipe de cientistas de diferentes especialidades e criar uma ciência capaz de orientar o desenvolvimento de todas as demais ciências. Uma visão ampla e multidisciplinar.

- **Intercâmbio de descobertas nas áreas brancas:** os primeiros estudos sobre o cálculo de variações da Matemática, o princípio da incerteza mecânica quântica, a descoberta dos filtros de onda, o aparecimento da mecânica estatística etc. levaram a inovações na Engenharia, na Física, na Medicina etc., as quais exigiram maior conexão entre esses novos domínios e o intercâmbio de descobertas nas áreas brancas entre as ciências. A ciência que cuida dessas ligações foi chamada por Wiener de Cibernética: era um novo campo de comunicação e controle.

- **Falta de informação entre as ciências:** os estudos sobre informação e comunicação começaram com o livro de Russell e Whitehead, *Principia Mathematica*, em 1910, e, entre Ludwig Wittgenstein até a linguística matemática de A. N. Chomsky, surgiram vários trabalhos sobre a lógica da informação. Com os trabalhos de Alfred Korzybski sobre a semântica geral, surgiu o interesse pelo significado da comunicação. Mas foi com a abertura dos documentos secretos sobre a Primeira Guerra Mundial que se percebeu que a falta de comunicação entre as partes conflitantes, apesar das informações copiosas, fora a causa da terrível catástrofe que poderia ter sido evitada. Como decorrência, a informação passou a absorver a atenção do mundo científico.

- **Os primeiros estudos e experiências com computadores:** para a solução de equações diferenciais. Essas máquinas rápidas e precisas deveriam imitar o complexo sistema nervoso humano. Daí seu nome inicial: cérebro eletrônico. O comportamento da máquina tinha como modelo o cérebro humano. A comunicação e o controle no homem e no animal deveriam ser imitados pela máquina. O computador deveria ter condições de autocontrole e autorregulação, independentes de ação humana exterior – típicas do comportamento dos seres vivos – para efetuar o processamento eletrônico de dados. A Inteligência Artificial (IA) é um termo que significa fazer máquinas e computadores se comportarem como seres humanos inteligentes e capazes de aprender a aprender.

- **Aplicações em equipamentos militares:** a Segunda Guerra Mundial provocou o desenvolvimento dos equipamentos de artilharia aérea na Inglaterra em face ao aperfeiçoamento da força aérea alemã. Wiener colaborou no projeto de um engenho de defesa aérea baseado no computador em uso na época, o analisador diferencial de Bush. Esse engenho preestabelecia a orientação de voo dos aviões rápidos para dirigir projéteis do tipo terra-ar para interceptá-los em voo. Tratava-se de um servomecanismo de precisão capaz de se autocorrigir rapidamente a fim de se ajustar a um alvo em movimento rápido e variável. Surgiu o conceito de retroação (*feedback*): o instrumento detectava o padrão de movimento do avião e se ajustava a ele, autocorrigindo o seu funcionamento. A variação do movimento do avião funcionava como uma entrada de dados (retroação) que fazia a arma regulada reorientar-se no sentido do alvo em movimento.

- **Cibernética:** ampliou seu campo de ação com o desenvolvimento da TGS iniciado por Von Bertalanffy, em 1947,[7] e com a criação da TMC por Shannon e Weaver,[8] em 1949. Von Bertalanffy pretendia que os princípios e as conclusões de determinadas ciências fossem aplicáveis a todas as demais. A TGS é uma abordagem organicista que localiza aquilo que as diversas ciências têm em comum sem prejuízo daquilo que têm de específico. O movimento sistêmico teve um cunho pragmático voltado à ciência aplicada.

- **Cibernética como ciência aplicada:** no início, ela se limitava à criação de máquinas de comportamento autorregulável, semelhante a aspectos do comportamento humano animal (como robô, computador eletrônico, radar baseado no comportamento do morcego, piloto automático dos aviões etc.) e onde eram necessários conhecimentos vindos de diversas ciências.[9] As aplicações da Cibernética estenderam-se da Engenharia para a Biologia, Medicina, Psicologia, Sociologia etc., chegando à Teoria Administrativa.

5.1.2 Conceito de Cibernética

Cibernética é a ciência da comunicação e do controle, seja no animal (homem, seres vivos), seja na máquina (computador). A comunicação torna os sistemas integrados e coerentes e o controle regula o seu comportamento. A Cibernética compreende os processos e sistemas de transformação da informação e sua concretização em processos físicos, fisiológicos, psicológicos etc. Na verdade, a Cibernética é uma ciência interdisciplinar que oferece sistemas de organização e de processamento de informações e controles que auxiliam as demais ciências. Para Bertalanffy, "a cibernética é uma Teoria dos Sistemas de Controle baseada na comunicação (transferência de informação) entre o sistema e o meio ambiente e também dentro do sistema e do controle (retroação) da função dos sistemas com relação ao ambiente".[10]

Os principais conceitos que herdamos da Cibernética são:

- Campo de estudo da Cibernética: sistemas (*sistema*, do grego: *sun* = com; e *istemi* = colocar junto) "é um conjunto de elementos que estão dinamicamente relacionados".[11] O sistema dá a ideia de conectividade: "o universo parece estar formado de conjunto de sistemas, cada qual contido em outro ainda maior, como um conjunto de blocos para construção".[12] O mecanicismo ainda está presente nessa conceituação.

- Sistema é um conjunto de elementos dinamicamente relacionados entre si, formando uma atividade para atingir um objetivo, operando sobre entradas (informação, energia ou matéria) e fornecendo saídas (informação, energia ou matéria) processadas. Os elementos, as relações entre eles e os objetivos (ou propósitos) constituem os aspectos fundamentais na definição de um sistema.

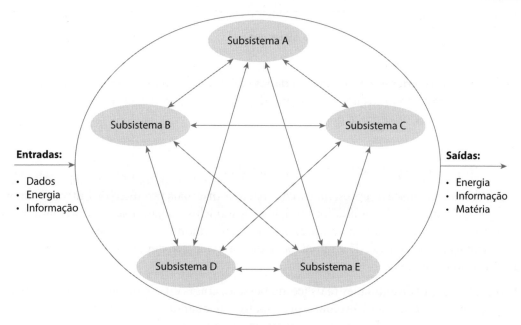

Figura 5.1 Exemplo de sistema.

Os elementos constituem as partes ou órgãos que compõem o sistema e estão dinamicamente relacionados entre si, mantendo uma constante interação. A rede que caracteriza as relações entre os elementos (rede de comunicações entre os elementos) define o estado do sistema, isto é, se ele está operando todas essas relações (estado dinâmico ou estável) ou não. As linhas que formam a rede de relações constituem as comunicações existentes no sistema. A posição das linhas reflete a quantidade de informações do sistema, e os eventos que fluem para a rede que constitui o sistema são as decisões. Essa rede é basicamente um processo decisório: as decisões são descritíveis (e mesmo previsíveis) em termos de informação no sistema e de estruturação das comunicações. Assim, no sistema, há um conjunto de elementos (que são as partes ou órgãos) dinamicamente relacionados em uma rede de comunicações (em decorrência da interação dos elementos), formando uma atividade (que é a operação ou processamento) para atingir um objetivo ou propósito (finalidade), operando sobre dados/energia/matéria (que são insumos ou entradas de recursos para o sistema operar) para fornecer informação/energia/matéria (que são as saídas do sistema).

Quadro 5.1 Conceituação de sistema

> Sistema é:
> - Um conjunto de elementos.
> - Dinamicamente interrelacionados.
> - Formando uma atividade.
> - Para atingir um objetivo.
> - Operando sobre dados/energia/matéria.
> - Para fornecer informação/energia/matéria.

SAIBA MAIS — **Organizações são sistemas**

Como administradores, em nossas atividades cotidianas, lidamos com sistemas, como organizações de todos os tipos, divisões e departamentos, processos, projetos, e esse é o nosso trabalho, a "nossa praia".

5.1.3 Representação dos sistemas: modelos

A Cibernética busca a representação de sistemas originais por meio de outros sistemas comparáveis, que são denominados modelos. Os modelos – sejam físicos, matemáticos ou descritivos – são úteis para a compreensão do funcionamento dos sistemas. *Modelo* é a representação simplificada de alguma parte da realidade. Existem três razões básicas para a utilização de modelos:[13]

1. A manipulação de entidades reais (como pessoas, coisas ou organizações) é socialmente inaceitável ou legalmente proibida, principalmente quando se torna necessário penetrá-los. Daí a utilização de modelos que os representem.
2. A incerteza com que a Administração lida cresce rapidamente e aumenta desproporcionalmente as consequências dos erros. A incerteza é o anátema da Administração.
3. A capacidade de construir modelos representativos da realidade aumentou enormemente com as novas tecnologias.

Aumente seus conhecimentos sobre **Construção de modelos** na seção *Saiba mais* TGA 2 5.3

5.1.4 Principais conceitos relacionados com sistemas

Os principais conceitos relacionados com sistemas são: entrada, saída, retroação, caixa negra, homeostasia e informação.

- **Entrada (*input*):** o sistema recebe entradas (*inputs*) ou insumos para poder operar. A entrada de um sistema é tudo o que o sistema importa ou recebe de seu mundo exterior. Pode ser constituída de informação, energia e materiais.
  - **Informação:** é tudo o que permite reduzir a incerteza a respeito de alguma coisa, como dados que entram no sistema. Quanto maior a informação, tanto menor a incerteza. A informação proporciona orientação e conhecimento a respeito de algo e permite planejar e programar o comportamento ou funcionamento do sistema.
  - **Energia:** é a capacidade utilizada para movimentar e dinamizar o sistema e fazê-lo funcionar.
  - **Materiais:** são os recursos a serem utilizados pelo sistema como meios para produzir as saídas (produtos ou serviços). Os materiais são chamados operacionais quando são usados para transformar ou converter outros recursos (por exemplo, máquinas,

equipamentos, instalações, ferramentas, instruções e utensílios) e são chamados produtivos (ou matérias-primas) quando são transformados ou convertidos em saídas (isto é, em produtos ou serviços).

Pela entrada, o sistema importa os insumos ou recursos do seu meio ambiente para poder trabalhar ou funcionar.

- **Saída (*output*):** é o resultado final da operação de um sistema. Todo sistema produz uma ou várias saídas. Pela saída, o sistema exporta o resultado de suas operações para o meio ambiente. É o caso de organizações que produzem saídas como bens ou serviços e uma infinidade de outras saídas (informações, lucros, pessoas aposentadas ou que se desligam, poluição e detritos etc.).

- **Caixa negra (*black box*):** refere-se a um sistema cujo interior não pode ser desvendado ou penetrado, cujos elementos internos são desconhecidos e que só pode ser conhecido "por fora", mediante manipulações externas ou observação externa. Na Engenharia Eletrônica, o processo de caixa negra é utilizado quando se manipula uma caixa hermeticamente fechada, com terminais de entrada (em que se aplicam tensões ou qualquer outra perturbação) e terminais de saída (em que se observa o resultado causado pela perturbação). O mesmo se dá em Medicina, quando o laboratório médico analisa externamente o paciente queixoso, ou quando o fisiologista observa o comportamento do rato no labirinto, sujeito a estímulos ou perturbações. Utiliza-se o conceito de caixa negra em duas circunstâncias: quando o sistema é impenetrável ou inacessível, por alguma razão (por exemplo, o cérebro humano ou o corpo humano), ou quando o sistema é complexo e de difícil explicação ou detalhamento (como um computador eletrônico ou a economia nacional).

Na Cibernética, a caixa negra é uma caixa onde existem entradas (insumos) que conduzem perturbações ao interior da caixa, e de onde emergem saídas (resultados), outras perturbações em consequência das primeiras. Nada se sabe sobre a maneira pela qual as perturbações de entrada se articulam com as perturbações de saída, no interior da caixa. Daí o nome caixa negra, ou seja, interior desconhecido e impenetrável.

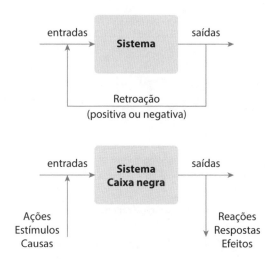

Figura 5.2 Desvendando a caixa negra.

> **SAIBA MAIS** — **Caixa negra**
>
> O conceito de caixa negra é interdisciplinar e apresenta conotações na Psicologia, na Biologia, na Eletrônica, na Cibernética etc. Na Psicologia Comportamental, relaciona-se com os "estímulos" e as "respostas" do organismo, sem se considerar os conteúdos dos processos mentais. Muitos problemas científicos ou administrativos são tratados inicialmente pelo método da caixa negra atuando apenas nas entradas e saídas, isto é, na periferia do sistema, e, posteriormente, quando esta é transformada em caixa branca (quando descoberto o conteúdo interno), passa-se a trabalhar nos aspectos operacionais e de processamento, ou seja, nos aspectos internos do sistema.

- **Retroação (*feedback*):** é um mecanismo segundo o qual uma parte da energia de saída de um sistema ou de uma máquina volta à entrada para influenciá-la. A retroação (*feedback*), também chamada de servomecanismo, retroalimentação ou realimentação é um subsistema de comunicação de retorno proporcionado pela saída do sistema à sua entrada, no sentido de alterá-la de alguma maneira. Ela serve para comparar a maneira como um sistema funciona em relação ao padrão estabelecido para ele funcionar. Quando ocorre alguma diferença (desvio ou discrepância) entre ambos, a retroação incumbe-se de regular a entrada para que a saída se aproxime do padrão estabelecido.

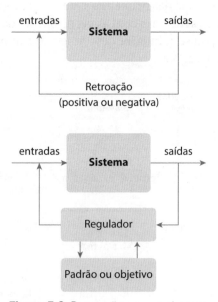

Figura 5.3 Retroação em um sistema.

SAIBA MAIS — **A retroação no sistema nervoso**

O sistema nervoso do ser humano e dos animais obedece a um mecanismo de retroação: quando se pretende pegar algum objeto, por exemplo, o cérebro transmite a ordem aos músculos, e, durante o movimento destes, os órgãos sensoriais (visão, tato, coordenação visual-motora etc.) informam continuamente o cérebro sobre a posição da mão e do objeto; o cérebro vai repetindo a ordem para corrigir eventuais desvios até que o objeto seja alcançado. O sistema nervoso funciona por meio de processos circulares de ida e de retorno (retroação) de comunicação, que partem dele para os músculos e retornam por meio dos órgãos dos sentidos. A retroação confirma se o objetivo foi cumprido, o que é fundamental para o equilíbrio do sistema.

A retroação é uma ação pela qual o efeito (saída) reflui sobre a causa (entrada), seja incentivando-a ou inibindo-a. Existem dois tipos de retroação:

1. **Retroação positiva:** é a ação estimuladora da saída que atua sobre a entrada do sistema. Na retroação positiva, o sinal de saída amplifica e reforça o sinal de entrada. É o caso em que, quando as vendas aumentam e os estoques saem com mais rapidez, ocorre a retroação positiva no sentido de aumentar a produção e a entrada de produtos em estoque, para manter um volume adequado.

2. **Retroação negativa:** é a ação frenadora e inibidora da saída que atua sobre a entrada do sistema. Na retroação negativa, o sinal de saída diminui e inibe o sinal de entrada. É o caso em que, quando as vendas diminuem e os estoques saem com menor rapidez, ocorre a retroação negativa no sentido de diminuir a produção e reduzir a entrada de produtos no estoque, para evitar que o volume de estocagem aumente em demasia.

A retroação impõe correções ou ajustes no sistema, adequando suas entradas e saídas e reduzindo os desvios ou discrepâncias para regular seu funcionamento.

- **Homeostasia**: é o equilíbrio dinâmico obtido pela autorregulação, ou seja, pelo autocontrole por retroação. É a capacidade que tem o sistema de manter certas variáveis dentro de limites, mesmo quando os estímulos do meio externo forçam essas variáveis a assumirem valores que ultrapassam ou fiquem aquém dos limites da normalidade. Todo mecanismo homeostático é um dispositivo de controle para manter certa variável dentro de limites desejados (como é o caso do piloto automático em aviação ou do veículo autodirigido).

A homeostase é obtida por meio de dispositivos de retroação (*feedback*), chamados de servomecanismos. Os dispositivos de retroação são sistemas de comunicação que reagem ativamente a uma entrada de informação. O resultado dessa ação-reação transforma-se, a seguir, em nova informação, que modifica seu comportamento subsequente. A homeostase é um equilíbrio dinâmico que ocorre quando o organismo ou sistema dispõe de mecanismos de retroação capazes de restaurar o equilíbrio perturbado por estímulos externos. A base do equilíbrio é a comunicação e a consequente retroação positiva ou negativa.

Os seres humanos vivem por meio de um processo contínuo de desintegração e de reconstituição dentro do ambiente: é a homeostase. Se esse equilíbrio homeostático não resistir ao fluxo de desintegração e corrupção, o ser humano começa a desintegrar mais do que pode reconstruir e morre.[14] A homeostase é, portanto, o equilíbrio dinâmico entre as partes do sistema. Os sistemas têm uma tendência a se adaptar a fim de alcançar um equilíbrio interno em face das mudanças externas do meio ambiente.

Aumente seus conhecimentos sobre **A homeostasia animal** na seção *Saiba mais TGA 2 5.4*

- **Informação:** o conceito de informação, tanto do ponto de vista popular quanto do ponto de vista científico, envolve um processo de redução de incerteza. Na linguagem diária, a ideia de informação está ligada à novidade e utilidade, pois informação é o conhecimento (não qualquer conhecimento) disponível para uso imediato e que permite orientar a ação, ao reduzir a margem de incerteza que cerca as decisões cotidianas.[15] Na sociedade moderna, a importância da disponibilidade da informação ampla e variada cresce proporcionalmente ao aumento da complexidade da própria sociedade.

O conceito de informação envolve necessariamente três conceitos: dados, informação e comunicação.

1. **Dado:** é um registro ou anotação a respeito de um evento ou ocorrência. Um banco de dados, por exemplo, é um meio de se acumular e armazenar conjuntos de dados para serem posteriormente combinados e processados. Quando um conjunto de dados possui um significado (um conjunto de números ao formar uma data, ou um conjunto de letras ao formar uma frase), temos uma informação. É impressionante o oceano de dados – o *big data* – que transita hoje ao redor do mundo todo a tal ponto de se falar em *megadata* e uma engenharia de dados para conseguir processá-los adequadamente.

2. **Informação:** é um conjunto de dados com um significado, ou seja, que reduz a incerteza ou que aumenta o conhecimento a respeito de algo. Na verdade, informação é uma mensagem com significado em determinado contexto, disponível para uso imediato e que proporciona orientação às ações pelo fato de reduzir a margem de incerteza a respeito de nossas decisões.

3. **Comunicação:** ocorre quando uma informação é transmitida a alguém, sendo, então, compartilhada também por essa pessoa. Para que haja comunicação, é necessário que o destinatário da informação a receba e a compreenda. A informação transmitida, mas não recebida, não foi comunicada. *Comunicar* significa tornar comum a uma ou mais pessoas determinada informação.

> **TENDÊNCIAS EM ADM**
>
> **O oceano de dados e a era da análise (*analytics*)**[16]
>
> Estamos ingressando em um mundo baseado em dados. O volume de dados continua a duplicar a cada ano, à medida que a informação se expande em plataformas digitais, sensores sem fio, aplicações de realidade virtual e bilhões de celulares e *smartphones* ao redor. A capacidade de armazenamento de dados (na nuvem) aumenta espantosamente enquanto seu custo vem caindo. Isso leva a um poder de computação sem precedentes que, graças a algoritmos sofisticados, aumentam a capacidade das organizações de amplificar suas operações e lançar novos modelos de negócios, além de ampliar sua escala de dados e expandir suas fronteiras. Como adaptar-se a essa era de tomada de decisões com base em dados? Apenas investir em tecnologia não é suficiente. É preciso investir em pessoas para que aprendam a utilizá-la bem. Para isso, é necessário desenvolver talentos, processos e toda a organização para capturar valor real da análise de dados.

Quadro 5.2 Ponto de partida da Cibernética

1. Origens da Cibernética.
2. Conceito de Cibernética.
3. Principais conceitos de Cibernética:
   - Campo de estudo: os sistemas.
   - Representação dos sistemas: os modelos.
4. Principais conceitos de sistemas:
   - Conceito de entrada (*input*).
   - Conceito de saída (*output*).
   - Conceito de caixa negra (*black box*).
   - Conceito de retroação (*feedback*).
   - Conceito de homeostasia.
   - Conceito de informação.

5.2 TEORIA DA INFORMAÇÃO

A Teoria da Informação é um ramo da Matemática Aplicada que utiliza o cálculo da probabilidade. Originou-se em 1920, com os trabalhos de Leo Szilar e H. Nyquist, desenvolvendo-se com as contribuições de Hartley, Claude Shannon, Kolmogorov, Norbert Wierner e outros.

Foi, porém, com as pesquisas de Claude E. Shannon e Warren Weaver[17] para a Bell Telephone Company, no campo da telegrafia e telefonia, em 1949, que a Teoria da Informação cresceu. Ambos formulam uma teoria geral da informação, desenvolvendo um método para medir e calcular a quantidade de informação, com base em resultados da Física Estatística.[18] A preocupação de ambos era uma aferição quantitativa de informações. Sua teoria diferia

Aumente seus conhecimentos sobre **Transmissão da informação** na seção *Saiba mais* TGA 2 5.5

das anteriores em dois aspectos: introdução de noções de estatística e por sua teoria ser macroscópica, e não microscópica, ao visualizar aspectos amplos e gerais dos dispositivos de comunicações. O sistema de comunicação tratado pela Teoria da Informação consiste em seis componentes:

1. **Fonte:** significa a pessoa, coisa ou processo que emite ou fornece as mensagens por intermédio do sistema.
2. **Transmissor:** significa o processo ou equipamento que opera a mensagem, transmitindo-a da fonte ao canal. O transmissor codifica a mensagem fornecida pela fonte para poder transmiti-la. É o caso dos impulsos sonoros (voz humana da fonte) que são transformados e codificados em impulsos elétricos pelo telefone (transmissor) para serem transmitidos para um outro telefone (receptor) distante.
Em princípio, todo transmissor é um codificador de mensagens.
3. **Canal:** significa o equipamento ou espaço intermediário entre o transmissor e o receptor. Em telefonia, o canal é o circuito de fios condutores da mensagem de um telefone para outro. Em radiotransmissão, é o espaço livre através do qual a mensagem se difunde a partir da antena.
4. **Receptor:** significa o processo ou equipamento que recebe a mensagem no canal. O receptor decodifica a mensagem para colocá-la à disposição do destino. É o caso dos impulsos elétricos (canal telefônico) que são transformados e decodificados em impulsos sonoros pelo telefone (receptor) para serem interpretados pelo destino (pessoa que está ouvindo o telefone receptor). Todo receptor é um decodificador de mensagem.
5. **Destino:** significa a pessoa, coisa ou processo a quem é destinada a mensagem no ponto final do sistema de comunicação.
6. **Ruído:** significa a quantidade de perturbações indesejáveis que tendem a deturpar e alterar, de maneira imprevisível, as mensagens transmitidas. O conceito de ruído serve para conotar as perturbações presentes nos diversos componentes do sistema, como é o caso das perturbações provocadas pelos defeitos no transmissor ou receptor, ligações inadequadas nos circuitos etc. A palavra *interferência* é utilizada para conotar uma perturbação de origem externa ao sistema, mas que influencia negativamente o seu funcionamento, como é o caso de ligações cruzadas, ambiente barulhento, interrupções, interferências climáticas etc. Num sistema de comunicações, toda fonte de erros ou distorções está incluída no conceito de ruído. Uma informação ambígua ou que induz a erro é uma informação que contém ruído.

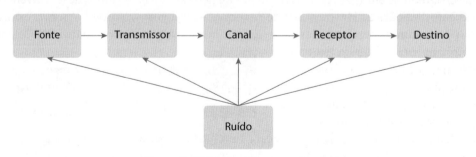

Figura 5.4 Sistema de comunicação.

A Teoria da Informação substitui cada bloco da Figura 5.4 por um modelo matemático que reproduz o comportamento do bloco correspondente, sua interação e sua interdependência, dentro de uma visão macroscópica e probabilística. Trabalhando com os conceitos de comunicação e controle, a Cibernética estuda o paralelismo entre o comportamento humano e as máquinas de comunicação.[19]

Quadro 5.3 Exemplos de sistemas de comunicação

Componentes	Sistema telefônico	Porta automática	Programa de TV
Fonte	Voz humana	Afluência de pessoas interrompendo um raio de luz	Palcos e atores
Transmissor	Aparelho telefônico	Célula fotoelétrica e circuitos auxiliares	Câmera, transmissores e antena
Canal	Fio condutor que liga um aparelho ao outro	Fios conduzindo ao solenoide que move a porta	Espaço livre
Receptor	O outro aparelho telefônico	Mecanismo solenoidal	Antena e aparelho de TV
Destino	Ouvido humano	Porta	Telespectador
Ruído	Estática, linha cruzada, interferência	Mau funcionamento de um dispositivo	Estática, interferência, mau funcionamento de um componente

Toda informação do ambiente recebida pela pessoa é coordenada pelo sistema nervoso central, que seleciona, arquiva e ordena os dados, enviando ordens aos músculos, as quais voltam recebidas pelos órgãos de movimentação, passando a combinar com o conjunto de informações já armazenadas para influenciarem as ações atuais e futuras. Assim, o conteúdo do que permutamos com o ambiente ao nos adaptarmos a ele é a própria informação. O processo de receber e utilizar informações é o processo de ajustamento do indivíduo à realidade e o que lhe permite viver e sobreviver no ambiente.

Nesse processo, avultam três conceitos: redundância, entropia e sinergia.

1. **Redundância:** é a repetição da mensagem para que sua recepção correta seja mais garantida. A redundância introduz no sistema de comunicação certa capacidade de eliminar o ruído e prevenir distorções e enganos na recepção da mensagem. Por isso, quando se quer entrar em uma sala, bate-se na porta mais de duas vezes, ou quando se quer comprovar o resultado de uma operação aritmética complexa, torna-se a fazê-la.

2. **Entropia:** (do grego *entrope* = transformação) é um conceito controvertido nas ciências da comunicação. A entropia é a segunda lei da termodinâmica e refere-se à perda de energia em sistemas isolados, levando-os à degradação, à desintegração e ao desaparecimento. A entropia significa que partes do sistema perdem comunicação entre si e sua integração e consistência, fazendo com que o sistema perca energia, informação e se degenere sucessivamente.

Se a entropia é um processo pelo qual um sistema tende à exaustão, à desorganização, à desintegração e, por fim, à morte, para poder sobreviver o sistema precisa abrir-se e reabastecer-se de energia e de informação a fim de manter a sua estrutura. A esse processo reativo de obtenção de reservas de energia e de informação dá-se o nome de entropia negativa ou negentropia. À medida que aumenta a informação, diminui a entropia, pois a informação é a base da configuração e dá ordem. A negentropia, portanto, utiliza a informação adicional como meio ou instrumento de ordenação do sistema. A negentropia é o reverso da segunda lei da termodinâmica, ou seja, um suprimento de informação adicional capaz, não apenas de repor as perdas, mas de proporcionar maior integração e organização no sistema. Contudo, a informação também sofre uma perda ao ser transmitida. Isso significa que todo sistema de informação possui uma tendência entrópica. Daí decorre o conceito de ruído. Quando nenhum ruído é introduzido na transmissão, a informação permanece constante.

3. **Sinergia**: (do grego: *syn*, com, e *ergos*, trabalho) significa literalmente "trabalho conjunto". O conceito de sinergia também é controvertido. Existe sinergia quando duas ou mais causas produzem, atuando conjuntamente, um efeito maior do que a soma dos efeitos que produziriam atuando individualmente. É o caso da aspirina, que é um febrífugo, e a cafeína também. Ambas as substâncias atuando simultaneamente produzem um efeito febrífugo multiplicado. As organizações são exemplos maravilhosos de efeito sinérgico. Quando as partes de um sistema mantêm entre si um estado sólido, uma estrita inter-relação, integração e comunicação, elas se ajudam mutuamente e o resultado do sistema passa a ser maior do que a soma dos resultados de suas partes tomadas isoladamente.

Assim, a sinergia constitui o efeito multiplicador das partes de um sistema que alavancam o seu resultado global. A sinergia é um exemplo de emergente sistêmico: uma característica do sistema que não é encontrada em nenhuma de suas partes tomadas isoladamente. A água, por exemplo, é totalmente diferente do hidrogênio e do oxigênio que a formam.

5.2.1 Conceito de Informática

Informática é a disciplina que lida com o tratamento racional e sistemático da informação por meios automáticos. Embora não se deva confundir Informática com computadores, na verdade, ela existe porque existem os computadores. Na realidade, a Informática trata das relações entre as coisas e suas características, de maneira a representá-las por meio de suportes de informação. Trata, ainda, da forma de manipular esses suportes, em vez de manipular as próprias coisas. A Informática é um dos fundamentos da teoria e dos métodos que fornecem as regras para o tratamento da informação.

VOLTANDO AO CASO INTRODUTÓRIO
MasterPeças

Maria Amália acredita que uma empresa como a MasterPeças requer uma forte integração em toda a empresa. Para ela, qualquer melhoria interna somente daria resultados se fosse acompanhada de melhoria externa. Quais sugestões você daria a Maria Amália?

5.3 CONSEQUÊNCIAS DA INFORMÁTICA NA ADMINISTRAÇÃO

A Cibernética marca o início da era da eletrônica nas organizações. Até então, o aparato tecnológico se resumia a máquinas elétricas ou manuais sempre associadas aos conceitos de automação. Com a mecanização que se iniciou com a Revolução Industrial, o esforço muscular do homem foi transferido para a máquina. Porém, com a automação provocada inicialmente pela Cibernética e, depois, pela Informática, muitas tarefas que cabiam ao cérebro humano passaram a ser realizadas pelo computador. Se as primeira e segunda revoluções industriais criaram as máquinas, fábricas e abriram mercados, a terceira revolução industrial – provocada pela Cibernética e pela Informática – levou a uma substituição do cérebro humano pelo cérebro eletrônico e *softwares* cada vez mais complexos.[20] O computador tende a substituir o ser humano em uma gama crescente de atividades – como no diagnóstico médico, na cirurgia médica, no planejamento e nas operações de manufatura, nos diversos ramos da Engenharia, além de um infindável número de outras aplicações – e com enorme vantagem, rapidez e precisão.

SAIBA MAIS — **Informática**

No mundo dos negócios, a tecnologia conhecida por Informática aparece na forma de centros de processamento de dados em algumas organizações, como bancos e órgãos públicos ou de redes descentralizadas e integradas de computadores.

Por meio da Informática, as organizações implementam bancos de dados e sistemas de informação e redes de comunicações integradas.

As primeiras consequências da Informática na Administração foram:

- **Automação**: é uma síntese de ultramecanização, super-racionalização (melhor combinação dos meios), processamento contínuo e controle automático (pela retroação que alimenta a máquina com o seu próprio produto). Com a automação surgiram os sistemas automatizados e as fábricas autogeridas. Algumas indústrias químicas, como as refinarias de petróleo, apresentam uma automação quase total. O mesmo ocorre em organizações cujas operações são relativamente estáveis e cíclicas, como as centrais elétricas, as ferrovias, os metrôs etc. Os bancos e as financeiras estão entre as organizações que mais estão investindo em automação de suas operações, seja em âmbito interno, seja em sua periferia com o mercado.

Os autômatos são engenhos que contêm dispositivos e *softwares* capazes de tratar informações ou estímulos que recebem do meio exterior e produzir ações (ou respostas). A Teoria dos Autômatos estuda de forma abstrata e simbólica as maneiras pelas quais um sistema pode processar informações recebidas. As máquinas automáticas são capazes de realizar sequências de operações até certo ponto semelhantes aos processos mentais humanos, podendo ainda corrigir erros que ocorrem no curso de suas operações seguindo critérios preestabelecidos. Os equipamentos automatizados podem cuidar das funções de observação, memorização e decisão. A automação abrange quatro setores bem distintos:

1. **Integração em cadeia contínua de diversas operações:** realizadas sequencialmente, como o processo de fabricação, automação bancária ou automação no comércio.
2. **Utilização de dispositivos de retroação e regulagem automática (retroação):** para que as próprias máquinas corrijam seus erros, como na robotização e na indústria petroquímica.
3. **Utilização do computador ou rede de computadores:** para acumular volumes de dados em bancos de dados e analisá-los por meio de operações lógicas complexas, com incrível rapidez, inclusive na tomada de decisões programadas, como é o caso do cadastro de clientes dos bancos e de contribuintes da Receita Federal.
4. **Máquinas organizadas:** o conceito de máquina se aproxima do conceito de organização (dotada de controle, retroação e análise da informação). Estamos passando da organização da produção (transformação de coisas em coisas) para a organização da produção em termos de fluxo de coisas e de informação. A automação é uma extensão lógica da Administração Científica: desde que as operações tenham sido analisadas como se fossem operações de máquinas e organizadas como tal (a Administração Científica realizou isso com sucesso), elas deveriam ser feitas por meio de máquinas capazes de substituir o ser humano.

SAIBA MAIS — Sobre autômatos

Em Cibernética, os autômatos são engenhos que contêm dispositivos capazes de tratar informações (ou estímulos) recebidos do meio exterior e produzir ações (ou reações ou respostas). A Teoria dos Autômatos estuda de forma abstrata e simbólica as maneiras pelas quais um sistema pode tratar as informações recebidas. As máquinas automáticas podem realizar uma sequência de operações até certo ponto semelhantes aos processos mentais humanos, podendo ainda corrigir erros que ocorrem no curso de suas operações, segundo critérios preestabelecidos. Os equipamentos automatizados podem cuidar das funções de observação, memorização e até de tomada de decisão.

Muito do que se faz em automação depende da *robótica*, termo criado por Isaac Asimov em 1942. Robótica é a disciplina que estuda o desenho e a aplicação de robôs para qualquer campo da atividade humana. Um robô (do eslavo: *robota*, trabalho) é um mecanismo programável desenhado para aceitar entradas simbólicas ou materiais e operar processos físicos, químicos ou biológicos, mediante a mobilização de materiais de acordo com pautas especificadas.

Aumente seus conhecimentos sobre **Conceito de robô** na seção *Saiba mais* TGA 2 5.6

- **TI:** representa a convergência do computador com a televisão e as telecomunicações. Ela está invadindo e permeando a vida das organizações e das pessoas, provocando profundas transformações:
    - **Compressão do espaço:** a Era da Informação trouxe o conceito de escritório virtual ou não territorial. Prédios e escritório sofreram uma brutal redução em tamanho.

A compactação fez com que arquivos eletrônicos acabassem com o papelório e com a necessidade de móveis, liberando espaço para outras finalidades. A fábrica enxuta foi decorrência da mesma ideia aplicada aos materiais em processamento e à inclusão dos fornecedores como parceiros no processo produtivo. Os centros de processamento de dados (CPD) foram enxugados (*downsizing*) e descentralizados por meio de redes integradas de microcomputadores nas organizações. Surgiram as empresas virtuais conectadas eletronicamente, dispensando prédios e reduzindo despesas fixas que se tornaram desnecessárias. A miniaturização, a portabilidade e a virtualidade passaram a ser a nova dimensão espacial fornecida pela TI.

- **Compressão do tempo:** as comunicações tornaram-se móveis, flexíveis, rápidas, diretas e em tempo real, permitindo maior tempo de dedicação ao cliente. A instantaneidade passa a ser a nova dimensão temporal fornecida pela TI. O *just-in-time* (JIT) foi o resultado da convergência de tempos reduzidos no processo produtivo. A informação em tempo real e *on-line* permite a integração de vários processos diferentes nas organizações e passou a ser a nova dimensão temporal fornecida pela TI.

- **Conectividade:** com o microcomputador portátil, multimídia, trabalho em grupo (*workgroup*), estações de trabalho (*workstation*), surgiu o teletrabalho, em que as pessoas trabalham juntas, embora distantes fisicamente. A teleconferência e a telerreunião permitem maior contato entre as pessoas sem necessidade de deslocamento físico ou viagens para reuniões ou contatos pessoais.

- **Sistemas de informação:** como qualquer organismo vivo, as organizações recebem e utilizam informações que lhes permitem viver, sobreviver e competir no ambiente que as rodeia. As decisões tomadas nas organizações baseiam-se nas informações disponíveis. E para melhorar seu processo decisório, elas criam sistemas específicos de busca, coleta, armazenamento, classificação e tratamento de informações relevantes para o seu funcionamento, que são denominados Sistemas de Informação Gerencial (SIG) (*Management Information System* – MIS).

Na essência, os SIG constituem sistemas computacionais capazes de proporcionar informação como matéria-prima para todas as decisões a serem tomadas pelos participantes tomadores de decisão dentro da organização. Constituem uma combinação de sistemas de computação, procedimentos e pessoas tomadoras de decisão e têm como base um banco de dados, que nada mais é do que um sistema de arquivos (coleção de registros correlatos) interligados e integrados. Todo SIG possui três tipos de componentes: banco de dados, sistema de processamento de dados e canais de comunicação. Sua estrutura pode se apresentar em quatro tipos: centralizada, hierarquizada, distribuída ou descentralizada.[21]

A TI modifica o trabalho dentro e fora das organizações. E a internet – com as suas avenidas digitais, ou infovias, e a democratização do acesso à informação – é um eloquente sinal disso. A ligação com a internet e a adoção de redes internas de comunicação a partir da intranet e da extranet intensificam a globalização da economia por meio da globalização da informação. Quanto mais poderosa a TI, tanto mais informado e poderoso se torna o seu usuário, seja ele uma pessoa, uma organização ou um país. A informação torna-se a principal fonte de energia da organização: seu principal combustível e o mais importante recurso ou insumo. E os dados são o ponto de partida.

```
┌─────────────────────────────────────────┐
│  • Estrutura centralizada               │
│  • Estrutura hierarquizada              │
│  • Estrutura distribuída                │
│  • Estrutura descentralizada            │
└─────────────────────────────────────────┘

┌──────────┐  ┌─────────────────────────────────────────────────────┐
│Integração│  │• Construir e integrar o sistema interno             │
│   do     │  │• Integrar as entradas – a cadeia integrada de       │
│ negócio  │  │  fornecedores                                       │
│          │  │• Integrar as saídas – o relacionamento com os       │
│          │  │  clientes                                           │
│          │  │• Integrar o sistema interno com as entradas e as    │
│          │  │  saídas                                             │
└──────────┘  └─────────────────────────────────────────────────────┘
```

Figura 5.5 Sistemas de informação.

- **Integração do negócio**: cada vez mais, a passagem do mundo real para o mundo virtual segue pelas modernas tecnologias, que proporcionam os meios adequados para que as organizações organizem e agilizem seus processos internos, sua logística e seu relacionamento com o ambiente por meio do modelo digital. Cada vez mais, as organizações estão buscando meios para encontrar modelos capazes de integrar todas as soluções para alcançar sucesso nos seus negócios tradicionais e virtuais. Integração, conectividade, mobilidade e agilidade são as palavras de ordem no mundo atual. Incorporar modernas tecnologias à dinâmica da organização é imprescindível para o seu sucesso. A implantação de um sistema integrado de gestão empresarial passa por quatro etapas:
  - **Construir e integrar o sistema interno:** o primeiro passo para a utilização intensiva da TI é a busca de competitividade operacional, ou seja, a organização interna por meio da adoção de *softwares* complexos e integrados de gestão organizacional. Estes são conhecidos pela sigla ERM (*Enterprise Resource Management*) e são desdobramentos da tecnologia denominada *Computer-Integrated Manufacturing* (CIM), envolvendo a totalidade da organização. Por módulos interligados entre si e implantados de forma customizada para cada área da organização, esse conjunto compõe um único programa capaz de manter o fluxo de processos e controlar e integrar todas as transações da organização. Os resultados: maior eficiência, menores custos, maior rapidez e clientes satisfeitos. Isso significa arrumar a própria casa.
  - **Integrar as entradas:** que compõem a cadeia integrada de fornecedores para dispor dos recursos no tempo certo, local exato e na quantidade esperada, tudo isso ao menor custo possível da operação. Essa logística começa antes do pedido, já na entrega da matéria-prima do fornecedor ao fabricante, passando por eventuais atacadistas, transportadores, varejistas e, finalmente, do estoque do mercado para o usuário. Isso significa arrumar também a casa dos parceiros e fornecedores buscando soluções adequadas à gestão de toda a cadeia logística da organização. As soluções de SCM (*Supply Chain Management*) envolvem *softwares* sofisticados que, em sua programação, envolvem dados históricos de horário de pico e vias de tráfego congestionadas para determinar a rota de menor custo e maior eficiência. O SCM cuida da gestão de toda a cadeia de fornecimento com todo o fluxo de informações, materiais e serviços envolvidos no negócio – desde o fornecimento de matéria-prima pelos fornecedores

até o usuário final, passando pelos produtores e distribuidores ou intermediários. As várias redes de fornecedores são alinhadas para alcançar vantagem estratégica no sentido de alcançar um balanço entre elevada satisfação do cliente, serviços e custo. Para obter esse balanço, a organização toda deve pensar em termos de cadeias simples e integradas, e não em segmentos separados. Tecnologias avançadas estão aí para isso.

- **Integrar as saídas com o relacionamento com os clientes:** Esse constitui o foco das estratégias organizacionais para facilitar o acesso a informações e produtos oferecidos pela organização. Como o cliente é parte da essência do negócio, nada mais importante do que aplicar esforços e recursos em um primoroso relacionamento com ele. Porém, ter um sistema interno integrado e excelente e uma logística bem programada não basta. Prescinde-se também do atendimento impecável ao cliente por meio de complexos *softwares*, como o CRM (*Customer Relationship Management*), cujo objetivo é garantir a fidelização do cliente, oferecendo também serviços pós-venda altamente valorizados. No atual cenário competitivo, a tecnologia avançada é o fator diferenciador. O CRM funciona como uma ferramenta tecnológica que permite encarar todos os parceiros de negócios e clientes como uma ampla comunidade. Dessa forma, envolve agentes de pesquisa que proporcionam o *feedback* necessário para que a organização possa aprimorar seus padrões, processos e produtos. Tudo isso com a ajuda da internet. Muitas organizações equipam seus vendedores com *smartphones* dotados de sofisticados *softwares* que armazenam dados da empresa e até a relação dos últimos pedidos. Outras implantam soluções de *call centers* com *chatbots* inteligentes que são agentes virtuais especializados para atender todo tipo de chamada por telefone como forma de melhorar o relacionamento com seus clientes.

- **Integrar o sistema interno com as entradas e saídas:** com a internet e as tecnologias avançadas, as organizações estão se concentrando no modelo digital de fazer negócios: compram, vendem, pagam, informam e se comunicam com esse novo ambiente virtual. Bancos e órgãos públicos oferecem serviços aos clientes, digitalizando e permitindo transações virtuais, intensas, ágeis e altamente eficientes, obtenção de informações, envio de documentos com redução de custos e aumento da lucratividade, além de produtos e serviços mais aprimorados para os seus clientes.

PARA REFLEXÃO

Sistema de informações da QuimPaulista

Como gerente do departamento de sistemas da QuimPaulista, Severo Bento está montando um sistema de informações em rede capaz de interligar os vários departamentos da empresa: produção, finanças e marketing. Severo quer um sistema global e que integre a companhia como um todo. O problema é convencer a diretoria. Severo está elaborando o material de apresentação. Como você o faria?

As novas tecnologias estão quebrando paradigmas, tanto na relação empresa-cliente quanto B2C (*Business to customer*) ou empresa-empresa B2B (*Business to business*),

Acesse conteúdo sobre **A inteligência do negócio** na seção *Tendências em ADM* 2 5.1

agilizando transações, aumentando a velocidade da comunicação, eliminando fronteiras, reduzindo custos e facilitando a forma de fazer negócios.

Essas modernas ferramentas estão trabalhando um conceito novo: a filosofia de que a base está não somente na organização do conhecimento da empresa, mas também em como visualizar e utilizar todas as informações internas e externas em prol dos negócios, para tornar a empresa mais produtiva, dinâmica, inovadora e competitiva. Nenhum negócio consegue viver isolado: é como se cada parte envolvida fosse uma peça de um grande quebra-cabeça que precisa ser encaixada corretamente para montá-lo. Permanece a visão sistêmica: o objetivo é reduzir a incerteza e os riscos na cadeia de fornecimento para aumentar o nível dos serviços, transações, processos, estoques e oferecer valor ao mercado.

- *E-business*: é o motor da Nova Economia. São os negócios virtuais feitos pela mídia eletrônica. Essa mídia, que recebe o nome de *web* (*wide world web*), está proporcionando todas as condições para uma ampla e enorme malha interligada de sistemas – portais de intermediação de negócios, *sites* para assegurar pagamento de bens e serviços, publicidades atualizadas dinamicamente com as últimas notícias de jornais ou de segmentos de mercados, *sites* para oferta e procura de todos os tipos de bens e serviços, *softwares* para oferta de treinamento e conhecimento e uma infinidade de outras aplicações totalmente inseridas na gestão das organizações. Isso significa que cada organização – independentemente do seu tamanho ou área de atuação – precisa construir por si própria ou utilizar por meio de terceiros uma infraestrutura de *hardware* e *software* que permita que ela se mantenha intimamente conectada à malha. Isso passou a ser condição essencial para participar ativamente das oportunidades que estão surgindo no mundo do *e-business* – compras eletrônicas, parcerias, logística virtual, produção sob medida e tudo mais.

Quadro 5.4 A emergência da TI

TI – o principal produto da Cibernética – representa a convergência do computador com a televisão e as telecomunicações.
Está invadindo e permeando a vida das organizações e das pessoas, provocando profundas transformações:
1. Compressão do espaço.
2. Compressão do tempo.
3. Conectividade.

A TI proporcionou à internet, a rede mundial de computadores, a chamada infovia global ou superestrada de informação, cuja capacidade de tráfego permite que o mundo se torne uma verdadeira aldeia global. A internet permite que se receba e forneça informação, isto é, que se ligue diretamente a empresas, fornecedores, clientes e consumidores no mundo inteiro por meio de um simples microcomputador, iniciando a Era Digital. A partir da internet surge a intranet, que são redes internas que usam a mesma tecnologia e que permitem a comunicação direta entre empresas ou dentro da mesma empresa. Ela é ligada à internet, mas protegida dela por um programa de segurança que permite aos usuários da rede doméstica navegarem na internet, mas impede a entrada de intrusos no espaço virtual da corporação. A intranet funciona sem a intermediação de correios e empresas de telefonia ou de telecomunicações ou de operadoras privadas. O correio eletrônico (*e-mail*) promove relacionamentos, grupos de discussão, reuniões virtuais, tráfego de documentos, transações, negociações etc. Aliás, o *e-mail*, sem intermediários, segue a mesma direção do dinheiro eletrônico (*e-money* e *fintechs*), ou seja, da moeda digital que representa um meio de pagamento virtual e que pode dar a volta ao mundo em tempo real. Isso faz com que conceitos clássicos e imperturbáveis, como base monetária, meio circulante, nível de liquidez na economia, estejam a caminho da aposentadoria. A idade digital está derrubando conceitos clássicos e colocando em seu lugar novos e diferentes conceitos de um mundo sem fronteiras. Mas a coisa não fica por aí. Graças à sua interatividade, essas inovações tecnológicas apresentam possibilidades ilimitadas e podem criar organizações baseadas no conhecimento, derrubando as barreiras e paredes internas, bem como romper as ilhas de informação, fazendo com que a informação flua livremente no interior das organizações e derrubando os gerentes como fontes exclusivas e monopolizadoras de informação. O principal impacto do computador foi criar funções ilimitadas para as pessoas.

Quadro 5.5 Consequências da Informática na Administração

1. Automação:
   - Integração das operações em cadeia continua.
   - Dispositivos de retroação e regulagem automática.
   - Utilização de rede de computadores.
2. TI:
   - Compressão do espaço.
   - Compressão do tempo.
   - Conectividade.
3. Sistemas de informação:
   - Estrutura centralizada.
   - Estrutura hierarquizada.
   - Estrutura distribuída.
   - Estrutura descentralizada.
4. Integração do negócio:
   - Integrar o sistema interno: ERM.
   - Integrar as entradas: SCM.
   - Integrar as saídas: CRM.
   - Integrar o sistema interno com as entradas e saídas.
5. *E-business.*

- **Homo digitalis:** já que a Administração Científica enfatizou o *homo economicus*, a Escola de Relações Humanas e o homem social, o estruturalismo apontou o homem organizacional, e a Teoria Comportamental conduziu ao homem administrativo, não é de estranhar que muitos autores estejam falando do homem digital: aquele cujas todas as transações e interações com seu meio ambiente são efetuadas por computadores, celulares, *smartphones*, internet e redes sociais.

Quadro 5.6 As concepções do ser humano por meio das teorias administrativas

Teorias administrativas	Conceito de ser humano
■ Administração Cientifica. ■ Teoria das Relações Humanas. ■ Teoria Estruturalista. ■ Teoria Comportamental. ■ Teoria da Informação.	■ Homem econômico. ■ Homem social. ■ Homem organizacional. ■ Homem administrativo. ■ Homem digital.

PARA REFLEXÃO

A intranet na Gama Associados

Para incrementar e dinamizar ainda mais a sua rede interna de comunicações, a Gama Associados pretende utilizar os meios proporcionados pela internet e as tecnologias digitais para criar a sua própria rede interna, a intranet. Se você fosse o diretor de planejamento da Gama, como apresentaria as vantagens disso à diretoria?

Na Era Digital, com as novas tecnologias emergentes e inteligentes, soluções rápidas e ágeis (com maior precisão e em tempo real) estão sendo cada vez mais necessárias para atender às demandas da nova economia.

 Acesse conteúdo sobre **Estar conectado *versus* ser conectado** na seção *Tendências em ADM 2 5.2*

5.4 DADOS

Os dados constituem, atualmente, o combustível da moderna economia digital. Eles inspiram e transformam o mundo organizacional de hoje. Dados constituem conjuntos de valores ou ocorrências em um estado bruto a partir dos quais são obtidas as informações. Os dados podem ser utilizados por pessoas ou processados por uma entrada em um computador, armazenados e ali processados e transmitidos como saída para outro computador ou pessoa.

Da mesma forma que os problemas – como vimos há pouco –, também os dados podem ser classificados em:

- **Dados estruturados:** são formatados, organizados em tabelas, linhas e colunas e facilmente processados. Em geral, são registrados em um sistema gerenciador de banco de dados.
- **Dados não estruturados:** não possuem formatação específica e são mais difíceis de serem processados, por não ter nenhum grau de confiança, como mensagens de *e-mail*, imagens, documentos de texto, mensagens em redes sociais.

Na TI, dado é uma sequência de símbolos quantificados ou quantificáveis. Um texto é um dado, pois as letras são símbolos quantificáveis, uma vez que o alfabeto constitui uma base numérica. Imagens, sons e animação também podem ser quantificados a partir de alguma representação quantificada.[22]

Quando agrupados adequadamente, os dados se transformam em informação (dados organizados que possuem algum sentido, como um texto) que, quando agrupadas adequadamente, as informações se transformam em conhecimento (resultado de várias informações organizadas de maneira lógica para criar ou entender um evento e suas causas). O conhecimento é uma informação valiosa, sendo um produto de reflexão e síntese, pois "se refere à habilidade de criar um modelo mental que descreve o objeto e indica as ações a implementar e as decisões a tomar".[23]

Quadro 5.7 A transformação dos dados até chegar ao conhecimento[24]

Dado	Informação	Conhecimento
■ Representação de um evento no tempo ou no espaço. ■ Facilmente estruturável. ■ Frequentemente quantificado. ■ Facilmente transferível. ■ Facilmente trabalhado por máquinas.	■ Conjunto de dados agrupados que possuem algum sentido ou significado. ■ Exige consenso quanto ao significado. ■ Exige a mediação humana. ■ Requer a unidade de análise.	■ Conjunto de várias informações que criam um modelo mental, síntese ou contexto sobre algo. ■ Estruturação difícil. ■ Frequentemente tácito. ■ De difícil transferência. ■ De difícil captura em máquinas.

O segredo está no acesso e na captação de dados estruturados, na sua integração, no seu processamento, cruzamento, análises estatísticas e busca de *insights*.

Acesse conteúdo sobre **Do manual para o digital** na seção *Tendências em ADM 2 5.3*

5.4.1 *Big data*

A enorme e caudalosa quantidade de dados, informações e transações que incessantemente cruzam o planeta a todo momento é realmente impressionante. Eles conduzem tendências e significados ocultos que precisam ser traduzidos e transformados em inteligência capaz de absorver deles a vantagem competitiva para o negócio. O *big data* provém de uma enorme variedade de fontes – como *e-mails*, mídias sociais, imagens, vídeos, *call centers*, internet, celulares, *smartphones*, transações de todos os tipos, negócios, dados do mercado, sistemas, sensores e máquinas inteligentes – que são analisados e interpretados por meio de novas tecnologias avançadas cujos *softwares* treinados para buscar significados ocultos, conclusões, padrões e inferências que conduzem a *insights* e a descobertas incríveis. Os algoritmos são construídos para coletar dados, lidar e aprender com eles e tomar decisões a partir da automatização do processo de análise. O segredo está em transformar essa imensidão de dados em informação útil e a informação em decisões em tempo real, ágeis e adequadas para que, com isso, criem, gerem e ofereçam valor. Essa é a razão pela qual os dados – sejam estruturados ou não – possuem um enorme valor pelos resultados que podem oferecer nos dias de hoje. Amazon, Google, Spotify, Apple, Microsoft e uma enorme constelação de *startups* que o digam.

SAIBA MAIS — **Dados em ação**

Dados movem o mundo. A Uber é movida a dados a respeito de uma enorme constelação de carros e de profissionais que os dirigem, de onde vêm, onde deverão parar, qual o melhor ponto para pegá-los, para onde deverão ir e quanto custará a viagem. Há um enorme acervo de clientes e usuários. Tudo baseado em dados. Esse é o papel da Uber: em função dos dados, colocar um veículo à disposição de cada cliente em qualquer tempo e em qualquer lugar. A Uber analisa a experiência do cliente e por meio de sua plataforma digital une o cliente que quer fazer uma viagem com o motorista que tem o carro adequado para isso, juntando os dois em uma plataforma virtual. A IA ajuda a guardar a experiência de cada cliente e aprender com ela, arquivar no seu banco de dados e servir em futuras viagens. Com a repetição, a IA faz conexões que servirão para oferecer outros produtos ou serviços mais adiante, de acordo com os costumes dos clientes.

A IA permite conexões, relações, previsões, sentimentos, preferências, hábitos, rotinas individualizados, contextualizados, parâmetros.

O *big data* se apresenta combinando três características básicas: volume elevado, alta velocidade e variedade provinda de múltiplas fontes. Ele está mudando completamente a maneira como analisamos os dados em tempo real em qualquer tipo de negócio. Todos os negócios são envolvidos e beneficiados pelo *big data*, que oferece um valor incrível para todos eles. Assim, representa um poderoso e amplo conjunto de dados que, em virtude de suas complexas, mutáveis e díspares características, não pode mais ser analisado com ferramentas ou metodologias tradicionais. E a maneira adequada de capturar, coletar, integrar, organizar, processar e analisar dados pode ser o diferencial competitivo de um negócio nos dias de hoje. Nesse sentido, existem os negócios inovadores, os adotantes adiantados, os adotantes atrasados e os que tardam a adotar as novas tecnologias da ciência de dados. Essa poderosa transformação de dados brutos em informação para abastecer a tomada de decisões inteligentes do negócio vai requerer desempenho, utilidade, escalabilidade, flexibilidade e baixo custo – tudo isso em tempo real.

É preciso entender o que os dados dizem e transformar os *insights* que eles produzem em oportunidades, estratégias e soluções. Para isso, precisamos da TI e explorar melhor o *big data*. Essa oportunidade ocorre em consequência da explosão dos dados digitais e do surgimento de ferramentas de análise e computação na nuvem. A expansão da digitalização permite que quantidades massivas de dados de fornecedores, parceiros, clientes e colaboradores – e de todos os *stakeholders* – sejam disponíveis em tempo real enquanto todos eles estejam compartilhando informações a todo momento. O fato é que a IA e a internet das coisas (IoT) vêm chegando para "botar mais lenha na fogueira". A nossa capacidade de integrar, analisar e explorar dados e nossa habilidade para entender e aprender a partir dos dados está melhorando sensivelmente. À medida que aprendemos a fazer as questões certas, estamos nos movendo rapidamente da Era da Informação para a Era Digital. As transações ocorrem no espaço físico e virtual, e os negócios estão se tornando cada vez mais virtuais. A digitalização do negócio reduz custos operacionais e cria novas e incríveis ofertas de valor aos consumidores e demais *stakeholders*. Vale a pena embarcar nessa onda.

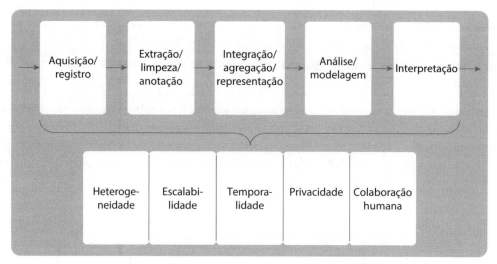

Figura 5.6 *Pipeline* da análise do *big data*.[25]

A análise do *big data* com grande quantidade de dados permite vislumbrar *insights* poderosos, descobrindo determinados padrões e tendências, e resultando em análises estatísticas, descritivas e preditivas. O processamento de dados requer uma série de cuidados, tal como apresentados no Quadro 5.8.

Quadro 5.8 O tratamento de dados

O que medir	Retorno do investimento (ROI) Lucratividade Faturamento Despesas gerais Investimentos	Cadastro de clientes Cadastro de fornecedores Cadastro de atacadistas Cadastro de varejistas Cadastro de funcionários	Cadastro de produtos Cadastro de serviços Manutenção Suprimentos Logística
Mineração de dados	Regiões e filiais Propaganda Promoções Vendas Devoluções	Desempenho Resultados Avaliações Críticas de reclamações Providencias	Apontamentos *E-mails* Mídias sociais Todas as fontes possíveis de dados
Mapeamento de dados (como medir)	Objetivos Estratégias Táticas Operações	Indicadores KPIs	Métricas

(continua)

(continuação)

Como implementar	Software Algoritmos IA Sensores Aplicativos	Análises estatísticas Modelagem preditiva Dashboards descritivos Chatbot Otimização	
Como alinhar	Foco nos objetivos estratégicos e nos resultados a oferecer a todos os stakeholders		

5.4.2 Nível de maturidade digital

O nível de maturidade digital tornou-se uma maneira de avaliar o estágio atual das organizações, além de suas competências, recursos e sua gestão. A corrida na transformação digital, ou melhor, na revolução digital, mostra que algumas organizações mais bem-sucedidas se movimentam mais rapidamente do que as outras e chegam agilmente aonde querem chegar. Em outras palavras, pode-se comparar as organizações em relação ao seu grau de avanço na transformação tecnológica em termos de maturidade digital, como na Figura 5.7.

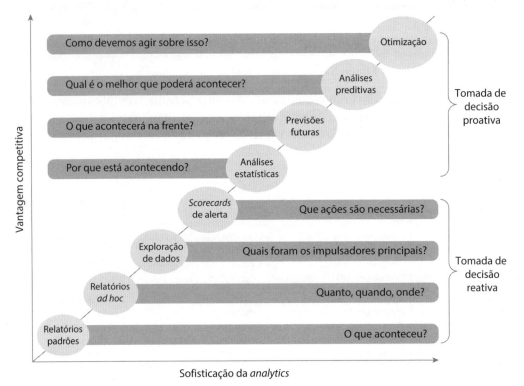

Figura 5.7 Graus de maturidade digital analítica.[26]

O caminho da maturidade digital requer mudanças profundas no modo de inovar para se diferenciar e prosperar na Era Digital. Ferramentas tecnológicas, como agentes virtuais – *chatbots* –, automação, robotização, bancos de dados, análises avançadas, inteligência artificial e avançada e uma infinidade de *softwares,* aplicativos e sensores, estão definindo a nova identidade: ligando o velho ao novo. Ou, em outros termos, entrelaçando o mundo físico com o mundo virtual e envolvendo uma complexa série de ativos interligados e altamente conectados capazes de criar verdadeiros pontos de inflexão na curva do sucesso organizacional. Afinal, estamos na era exponencial e precisamos aproveitá-la com a agilidade, velocidade e urgência que ela requer. O futuro está chegando mais depressa.

Realmente, com a moderna e avançada tecnologia disponível e cada vez mais sofisticada, as aplicações matemáticas, estatísticas e analíticas (*analytics*) – principalmente nos grandes volumes de dados como no *big data* – estão oferecendo soluções incríveis às organizações por meio de algoritmos avançados e da IA. A Era Digital está chegando cada vez mais rapidamente no seio das organizações e a Quarta Revolução Industrial já começou. A Administração está ganhando novos rumos graças a elas.

Acesse conteúdo sobre **Um salto para o futuro: a computação quântica** na seção *Tendências em ADM 2 5.4*

VOLTANDO AO CASO INTRODUTÓRIO
MasterPeças

Maria Amália pretende construir um modelo de organização integrado, convergente e sólido que possua íntimo inter-relacionamento entre seu sistema social e tecnológico graças a um sistema gerencial adequado. Como você poderia ajudar Maria Amália?

5.5 APRECIAÇÃO CRÍTICA DA TECNOLOGIA NA ADMINISTRAÇÃO

O recurso corporativo que desempenha o papel mais importante na criação da nova organização é a TI. Por trás dela, está o computador e a internet. Contudo, salienta Crainer,[27] a TI não conseguiu ainda gerar todos os benefícios de produtividade e desempenho projetados pelas organizações. Além de automatizar tarefas e operações, a TI deve, acima de tudo, informar e conectar pessoas, sistemas e artefatos.[28] Ela é uma poderosa ferramenta de união e colaboração entre as pessoas que precisa ser urgentemente aproveitada. E é o que está acontecendo com a Quarta Revolução Industrial.

Quadro 5.9 Apreciação crítica da tecnologia na Administração

1. A nova organização depende da TI
2. Falta ainda aproveitar os benefícios da TI:
    - Os executivos têm uma compreensão limitada da TI.
    - Preocupam-se em reduzir custos, tarefas e pessoas.
    - Não sabem extrair o máximo da TI.
    - A TI é utilizada em tarefas erradas.
    - Passou a ser uma função, e não um recurso à disposição.
3. A TI deveria, acima de tudo, informar e unir as pessoas

Aumente seus conhecimentos sobre **O poder da informação** na seção *Saiba mais TGA 2* 5.7

 Acesse conteúdo sobre **O futuro é digital** na seção *Tendências em ADM 2* 5.5

CONCLUSÃO

Nada se faz hoje em dia sem as modernas tecnologias. Elas estão em tudo o que fazemos: nos nossos comportamentos, como vivemos, trabalhamos, viajamos, aprendemos, como nos divertimos e nos relacionamos. Nós, humanos, andamos sobre duas ou quatro rodas, voamos em jatos a velocidades incríveis, nos comunicamos em tempo real com celulares ou *smartphones* em qualquer lugar e a qualquer hora, aprendemos com IA, nos informamos com o Google, conversamos pelo Facebook, viajamos com o Waze. Temos muito mais do que cinco sentidos com toda essa moderna parafernália. E as organizações? Sejam industriais, comerciais, *shopping centers*, hospitais, bancos, financeiras, transportes aéreos, navais, ferroviários, rodoviários, em uma sequência sem-fim, as modernas tecnologias já estão presentes em todas elas e as ajudam a serem administradas e dinamizadas.

A ABERTURA DA CIBERNÉTICA:
- Conceito de sistemas e de modelos
- Conceitos de:
  - Entrada
  - Saída
  - Caixa negra
  - Retroação
  - Homeostasia
  - Informação

TEORIA DA INFORMAÇÃO:
- Fonte
- Transmissor
- Canal
- Receptor
- Destino
- Ruído
- Redundância
- Sinergia
- Entropia
- Informática

CONSEQUÊNCIAS DA INFORMÁTICA:
- Automação
- TI
- Sistemas de informação
- Integração do negócio
- *e-business*
- *Homo digitalis*

APRECIAÇÃO CRÍTICA DA TECNOLOGIA E INFORMAÇÃO:
- Base da Era da Informação
- Organizações digitais e virtuais

Figura 5.8 Mapa mental da tecnologia e Administração.

RESUMO

A Cibernética proporcionou profunda influência sobre a Administração, não apenas em termos de conceitos e ideias, mas por seus produtos como máquinas inteligentes, robôs e computadores. Seus conceitos foram incorporados à Teoria Administrativa: o conceito de sistema e seus derivados (*input, output,* caixa negra, *feedback*, homeostasia e informação) e a representação de sistemas por meio de modelos. A Informática trouxe influências poderosas sobre a Administração, como automação, TI, sistemas de informação, integração do negócio (como ERM, SCM e CRM, além do B2C e do B2B) e o *e-business*.

QUESTÕES

1. Explique as origens e o advento da Cibernética.
2. Conceitue Cibernética.
3. Qual o campo de estudo da Cibernética?
4. Dê a classificação arbitrária dos sistemas.
5. Quais as propriedades dos sistemas cibernéticos?
6. Explique a hierarquia dos sistemas.
7. Explique a representação dos sistemas com base nos modelos.
8. O que é um modelo? Quais os tipos de modelos?
9. Dê o conceito de caixa negra.
10. Defina entrada de um sistema.
11. Defina saída.
12. Defina retroação.
13. Quais os tipos de retroação? Como funcionam?
14. Defina homeostasia.
15. Defina dados, informação e comunicação.
16. Explique a Teoria da Informação.
17. Quais os componentes de um sistema de comunicação?
18. Defina entropia e entropia negativa.
19. Defina ruído e redundância.
20. Defina Informática.
21. Quais as principais consequências da Informática na Administração?
22. O que é automação?
23. O que é robotização?
24. Explique a automação industrial.
25. Explique a automação comercial.
26. Explique a automação bancária.
27. O que é robô?
28. Defina Robótica.

REFERÊNCIAS

1. WIENER, Norbert (1894-1963), matemático norte-americano, é considerado o fundador da cibernética.
2. WIENER, N. *Cybernetics*: or control and communication in the animal and the machine. Cambridge: The Technology Press of Massachusetts Institute of Technology, 1948.
3. NEUMANN, J. von; MORGENSTERN, O. *Theory of games and economic behavior*. Princeton: Princeton University Press, 1947.
4. SHANNON, C. E.; WEAVER, W. *The mathematical theory of communication*. Urbana: University of Illinois Press, 1949.
5. BERTALANFFY, L. von. The theory of open systems in physics and biology. *Science*, v. 111, p. 23-28, 1947.
6. Para melhor informação histórica: LATIL, P. de. *Thinking by machine*: a study of cybernetics. Boston: Houghton Mifflin, 1957.
7. BERTALANFFY, L. von. The theory of open systems in physics and biology. *Science, op. cit.*
8. SHANNON, C. E.; WEAVER, W. *The mathematical theory of communication, op. cit.*
9. ASHBY, W. R. *Introduction to cybernetics*. New York: John Wiley & Sons, Inc., 1956.
10. BERTALANFFY, L. von. *Teoria geral dos sistemas*. Petrópolis: Vozes, 1975. p. 41.
11. BEER, S. *Cibernética e administração industrial*. Rio de Janeiro: Zahar, 1969. p. 25.
12. BEER, S. *Cibernética e administração industrial, op. cit.*, p. 28.
13. STARR, M. K. *Management*: a modern approach. New York: Harcourt Brace Jovanovich, Inc., 1971. p. 32-33.
14. CANNON, W. B. *The wisdom of the body*. New York: W. W. Norton & Company, Inc., 1939.
15. EPSTEIN, I. Informação. *Enciclopédia Abril*. São Paulo: Abril. p. 2556.
16. HENKE, N.; BUGHIN, J.; CHUI, M.; MANIYKA, J.; SALEH, T.; Wiseman, B. The age of analytics: competing in a data-driven world. McKinsey Global Institute, dec. 2016.
17. SHANNON, C. E.; WEAVER, W. *The mathematical theory of communication, op. cit.*
18. 1SLEPIAN, D. Teoria das informações. *In*: McCLOSKEY, J.; TREFETHEN, F. N. *Pesquisa operacional como instrumento de gerência*. São Paulo: Edgard Blücher, 1966. p. 274-284.
19. KAPLAN, A. Sociology learns the language of mathematics. *Commentary*, v. 14, p. 169, 1952.
20. DONOVVAN, J. J. *The second industrial revolution*: reinventing your business on the web. Upper Saddle River: Prentice Hall, 1997. p. 95-151.
21. TURBAN, E.; RAINER JR.; K.K.; PORTER, R. E. *Administração da tecnologia da informação*. Rio de Janeiro: Campus, 2003. p. 243-282.
22. *Vide*: Dados. Disponível em: https://pt.wikipedia.org/wiki/Dados. Acesso em: 9 maio 2021.
23. RESENDE, S. O. *Sistemas inteligentes*. Barueri: Manole, 2003.
24. Adaptado de: RESENDE, S. O. *Sistemas inteligentes, op. cit.*
25. BERNSTEIN, A. D.; BERTINO, P.; DAVIDSON, S.; DAYAL, U.; WIDON, M. Challenges and opportunities with big data. *Computing Community Consortium Committee of the Computing Research Association*. Disponível em: http://cra.org/ccc/resources/ccc-led-whitepapers/. Acesso em: 9 maio 2021.
26. Adaptado de: SAS Institute Inc, Analytics maturity goal: from reactive to predictive, 2012. Disponível em: www.sas.com. Acesso em: 9 maio 2021.
27. CRAINER, S. *Key management ideas*: thinkers that changed the management world. London: Pearson Education, 1999, p. 69.
28. D'AVENI, R. A. *Hypercompetition*. New York: The Free Press, 1994. p. xiii-xiv.

6 TEORIA MATEMÁTICA DA ADMINISTRAÇÃO: A INFLUÊNCIA DA PESQUISA OPERACIONAL

OBJETIVOS DE APRENDIZAGEM

- Oferecer uma visão da influência das técnicas matemáticas sobre a Administração.
- Mostrar a aplicação de modelos matemáticos em Administração.
- Introduzir os conceitos de pesquisa operacional e suas técnicas.
- Apresentar o movimento pela mensuração e pela qualidade.

O QUE VEREMOS ADIANTE

- Origens da Teoria Matemática da Administração.
- Processo decisório e a necessidade de indicadores de desempenho.
- Pesquisa operacional e modelos matemáticos em Administração.
- Apreciação crítica da Teoria Matemática.
- A poderosa influência das tecnologias na Administração

 CASO INTRODUTÓRIO
Supermercados High Tech

Ricardo Montes dirige como um timoneiro uma famosa cadeia de supermercados. O negócio é altamente competitivo e sujeito a chuvas e trovoadas. Ricardo é muito exigente e precisa ter uma empresa enxuta, ágil e elástica para enfrentar intensas flutuações de mercado em função da instável conjuntura econômica. Para tanto, deve privilegiar a eficácia e o baixo custo operacional. Isso o levou a tentar promover uma verdadeira revolução empresarial. Como Ricardo poderia levar adiante o seu projeto?

INTRODUÇÃO

A Teoria Matemática e a tecnologia influenciaram e estão influenciando profundamente a Teoria Geral da Administração (TGA) com novas abordagens e soluções.

Comecemos pela Teoria Matemática: a TGA recebeu muitas contribuições da Matemática sob a forma de modelos matemáticos para proporcionar soluções de problemas organizacionais. Muitas decisões administrativas são tomadas com base em soluções baseadas em equações matemáticas que simulam situações reais que obedecem a certas leis, padrões, causalidades, regularidades ou estatísticas. A Teoria Matemática – denominação exagerada para uma variedade de temas relacionados com a Administração – é aplicada à solução dos problemas administrativos e recebe o nome genérico e vago de pesquisa operacional (PO). Ela não é propriamente uma escola – tal como as teorias que estudamos –, mas uma corrente que percebemos em vários autores que enfatizam o processo decisório e o tratam de modo lógico e racional por meio de uma abordagem quantitativa e lógica. Os autores dessa escola provieram da Matemática, Estatística, Engenharia e Economia e possuem uma orientação técnico-econômica, racional e lógica.

A aplicação da Teoria Matemática na gestão das operações – denominação dada a vários assuntos típicos em organizações de manufatura e de serviços – envolve atividades relacionadas com produtos ou serviços, processos e tecnologias, localização industrial, gestão da qualidade, planejamento e controle de operações.[1] Os temas mais tratados pela Teoria Matemática são:

- **Operações:** focalizando processos produtivos e produtividade, especialmente quando a globalização está impondo produtos mundiais (como o carro mundial cujos componentes são fabricados em diferentes países do mundo).
- **Serviços:** tratando de sistemas de operações de serviços.
- **Qualidade:** envolvendo tratamento estatístico da qualidade, melhoria contínua, programas de qualidade total e certificação da *International Standartization Organization* (ISO).
- **Estratégia de operações:** definindo o alinhamento estratégico e a natureza estratégica da gestão de operações complexas.
- **Tecnologia:** utilização de sistemas computadorizados na gestão de operações.

6.1 ORIGENS DA TEORIA MATEMÁTICA NA ADMINISTRAÇÃO

A Teoria Matemática surgiu na Teoria Administrativa a partir de:

- **Teoria dos Jogos:** pelo trabalho clássico de Von Neumann e Morgenstern (1947) e de Wald (1954) e Savage (1954) para a Teoria Estatística da Decisão. A contribuição de H. Raiffa, R. Schalaifer e R. Howard foi fundamental.[2]
- **Processo decisório:** a abordagem de Herbert Simon,[3] o criador da Teoria das Decisões, ressaltou a importância maior da decisão do que da ação dela decorrente na dinâmica organizacional. A prévia tomada de decisão da ação é considerada decisiva no sucesso de todo sistema cooperativo e das organizações.
- **Decisões programáveis:** Simon[4] define as decisões qualitativas (não programáveis e tomadas por pessoas e gestores) e as decisões quantitativas (programáveis e programadas para máquina). Apesar da complexidade do processo decisório e das variáveis envolvidas, as

decisões são quantificadas e representadas por modelos matemáticos e operacionalizadas por computação.[5]

- **A computação:** proporcionou os meios adequados para aplicação e desenvolvimento de técnicas matemáticas mais complexas e sofisticadas.
- **PO:** a Teoria Matemática surgiu com a PO no decorrer da Segunda Guerra Mundial. O sucesso do método científico no campo da estratégia militar fez com que a PO fosse utilizada nas organizações a partir de 1945. A Teoria Matemática pretendeu criar uma Ciência da Administração em bases lógicas e matemáticas e acabou produzindo a chamada Gestão de Operações focada na gestão da produção.

6.2 TEORIA DA DECISÃO E O PROCESSO DECISÓRIO

A Teoria Matemática desloca a ênfase na ação para a ênfase na decisão que a antecede e condiciona. O processo decisório é o fundamento básico de toda ação. Constitui o campo de estudo da Teoria da Decisão iniciada por Simon na abordagem comportamental e que é aqui considerada um desdobramento da Teoria Matemática quando processada por modelos dessa área. A tomada de decisão é o ponto focal da abordagem quantitativa, isto é, da Teoria Matemática. E toda decisão deve se basear em dados ou em fatos concretos para ser eficaz. A tomada de decisão é estudada sob duas perspectivas:[6]

1. **Perspectiva do processo:** concentra-se nas etapas sequenciais da tomada de decisão. Nessa perspectiva, o objetivo é selecionar a melhor alternativa de decisão. Focaliza o processo decisório como uma sequência de três etapas:
   - Definição do problema.
   - Quais as alternativas possíveis de solução do problema.
   - Qual é a melhor alternativa de solução (escolha).

   A perspectiva do processo concentra-se na escolha entre as possíveis alternativas de solução daquela que produza melhor eficiência no processo. Sua ênfase está na busca dos meios alternativos. É uma abordagem criticada por se preocupar com o procedimento, e não com o conteúdo da decisão. Preocupa-se com a eficiência da decisão.

2. **Perspectiva do problema:** orientada para a resolução de problemas, com ênfase na solução final do problema. Essa perspectiva é criticada pelo fato de não indicar alternativas e pela sua deficiência quando as situações demandam vários modelos de implementação. Nessa perspectiva, o tomador de decisão aplica métodos quantitativos para tornar o processo decisório o mais racional possível, concentrando-se na definição e no equacionamento do problema a ser resolvido. Preocupa-se com a eficácia da decisão.

Para a Teoria da Decisão, todo problema administrativo equivale a um processo de decisão. E o administrador é um tomador de decisões por excelência. Existem dois extremos de decisão: as decisões programadas e as não programadas.[7] Esses dois tipos não são mutuamente exclusivos, mas representam dois pontos extremos entre os quais existe uma gama contínua de decisões intermediárias.

1. Perspectiva do processo.
2. Perspectiva do problema.

Decisões programadas:
- Dados adequados
- Dados repetitivos
- Condições estatísticas
- Certeza
- Previsibilidade
- Rotina

Decisões não programadas:
- Dados inadequados
- Dados únicos
- Condições dinâmicas
- Incerteza
- Imprevisibilidade
- Inovação

Figura 6.1 Características das decisões programadas e não programadas.[8]

 SAIBA MAIS — **Técnicas de tomada de decisão**

Está ocorrendo uma verdadeira revolução nas técnicas de tomada de decisão. A análise matemática, a pesquisa operacional, o processamento de dados, a análise de sistemas, a simulação pelo computador e os sistemas de integração do negócio são técnicas utilizadas em operações programadas que antes eram executadas pelo pessoal do escritório. O computador assumiu o trabalho da pessoa, está assumindo a da média administração e logo mais assumirá o da alta direção, produzindo decisões programadas que governarão a empresa. A automação e a racionalização da decisão estão conduzindo a sistemas estruturados que permitem diagnóstico e solução integrada de problemas de forma analítica e objetiva. E mais rápida.

As organizações adaptativas e de ágil e rápida retroação e mudança descentralizam o processo decisório para alcançar rapidez e flexibilidade a fim de aproveitar novas oportunidades e desafios à medida que surgem, quase em tempo real. Assim, movem a tomada de decisão para a frente e para baixo em oposição ao velho e tradicional modo de capturar dados, enviando-os para a distante cúpula da cadeia hierárquica que os analisava centralmente e enviava as instruções de volta. Hoje, as organizações empurram a tomada de decisões para as bordas e as bases e, além das fronteiras organizacionais para parceiros e até consumidores, a fim de que funcione mais como uma ampla rede colaborativa e menos como uma longa e demorada cadeia de comando.

Capítulo 6 – Teoria Matemática da Administração   169

PARA REFLEXÃO

Os estoques da CustomCar

Leda Jardim trabalha na CustomCar, uma concessionária de automóveis. Um dos problemas que a aflige é o de definição de estoques de carros e de autopeças para assegurar as operações cotidianas da empresa. Leda conhece bem os volumes mensais médios de vendas dos diversos modelos de carros e da enorme variedade de autopeças. Como os valores unitários são elevados, não deve haver estoques desnecessários nem insuficientes. Como ela poderia aplicar modelos matemáticos na definição desses estoques?

6.3 MODELOS MATEMÁTICOS EM ADMINISTRAÇÃO

A Teoria Matemática busca construir modelos matemáticos capazes de simular situações reais na empresa. A criação de modelos matemáticos focaliza a resolução de problemas de tomada de decisão. Um modelo é a representação de alguma coisa ou o padrão de algo a ser feito. É por meio do modelo que se fazem representações da realidade. Na Teoria Matemática, o modelo é usado como simulação de situações futuras e avaliação da probabilidade de sua ocorrência. O modelo delimita a área de ação de maneira a proporcionar o alcance de uma situação futura com razoável esperança de ocorrência.

SAIBA MAIS — **Modelos são simplificações da realidade**

Em síntese, os modelos representam simplificações da realidade. Sua vantagem reside nisso: manipular de maneira simulada as complexas situações reais por simplificações da realidade. Sejam matemáticos ou comportamentais, os modelos proporcionam um instrumento valioso de trabalho para a Administração solucionar problemas ou lidar com dados. Um problema é uma discrepância entre o que é (a realidade) e o que poderia ou deveria ser (valores, metas e objetivos).[9]
A organização defronta-se com uma variedade de problemas em diferentes graus de complexidade que podem ser classificados como problemas estruturados e não estruturados.[10]

- **Problemas estruturados:** um problema estruturado é aquele que pode ser perfeitamente definido, pois suas principais variáveis – como os estados da natureza, possíveis ações e consequências – são conhecidas.
  O problema estruturado pode ser subdividido em três categorias:[11]
  - **Decisões sob certeza:** as variáveis são bem conhecidas e a relação entre as ações e suas consequências é certa e determinística.

- **Decisões sob risco:** as variáveis são conhecidas e a relação entre a consequência e a ação é conhecida em termos relativos e probabilísticos.
- **Decisões sob incerteza:** as variáveis são conhecidas, mas as probabilidades para avaliar a consequência de uma ação são desconhecidas ou não são determinadas com algum grau de certeza.

Figura 6.2 *Continuum* incerteza-certeza.[12]

- **Problemas não estruturados:** o problema não estruturado não pode ser claramente definido, pois uma ou mais de suas variáveis é desconhecida ou não pode ser determinada com algum grau de confiança.

O modelo matemático pode tratar tanto problemas estruturados quanto não estruturados, com as seguintes vantagens:[13]

- Permite descobrir e entender uma situação melhor do que uma descrição verbal.
- Descobre relações existentes entre os vários aspectos do problema que não transpareceriam na descrição verbal.
- Trata o problema em seu conjunto e considera todas as variáveis simultaneamente.
- Utiliza técnicas matemáticas objetivas e lógicas.
- Conduz a uma solução segura e qualitativa.
- Permite respostas imediatas e em escala gigantesca por meio de computadores e equipamentos eletrônicos.

- **Tipos de decisão:** em função dos problemas estruturados e não estruturados, as técnicas de tomada de decisão – programadas e não programadas – são as apresentadas na Figura 6.4.

PARA REFLEXÃO

A Companhia Kapa de Cimento

Muitos problemas operacionais das empresas podem ser resolvidos por meio de modelos matemáticos. A Companhia Kapa de Cimento possui uma fábrica totalmente automatizada, onde o problema fundamental é definir a produção (saída ou resultado em termos de toneladas de cimento) e o tempo de processamento (em termos de horas ou dias de trabalho). Em função dessas duas variáveis, pode-se calcular os insumos (entradas) necessários, como suprimento de matérias-primas, eletricidade, mão de obra, equipamentos etc., bem como o tempo necessário. Qual equação você poderia aplicar à Teoria Matemática, nesse caso?

1. Problemas estruturados
   Decisões sob certeza
   Decisões sob risco
   Decisões sob incerteza
2. Problemas não estruturados
3. Tipos de decisão

		Decisões	
		Programadas	**Não programadas**
Problemas	**Estruturados**	• Dados adequados, certos, repetitivos e corretos • Previsibilidade • Situações conhecidas e estruturadas • Processamento de dados convencional	• Dados inadequados, novos, incertos e não confiáveis • Imprevisibilidade • Situações conhecidas e variáveis estruturadas • Tomada de decisão individual e rotineira
	Não estruturados	• Dados adequados, certos, repetitivos e corretos • Previsibilidade • Situações desconhecidas e não estruturadas • Pesquisa operacional • Técnicas matemáticas	• Dados inadequados, novos, incertos e não confiáveis • Imprevisibilidade • Situações desconhecidas e variáveis não estruturadas • Tomada de decisão individual e criativa

Figura 6.3 Problemas estruturados e não estruturados e decisões programadas e não programadas.[14]

6.4 PESQUISA OPERACIONAL

O ramo da pesquisa operacional (PO) descende – sob vários aspectos – da Administração Científica, à qual acrescentou métodos matemáticos refinados como a tecnologia computacional e uma orientação mais ampla.[15] Ambas têm em comum a sua aplicação ao nível operacional. A PO adota o método científico como estrutura para a solução dos problemas, com forte ênfase no julgamento objetivo. Suas definições variam desde técnicas matemáticas específicas até o método científico e incluem três aspectos básicos comuns à abordagem de PO à tomada de decisão administrativa:[16]

- Visão sistêmica dos problemas a serem resolvidos.
- Uso do método científico na resolução de problemas.
- Utilização de técnicas específicas de estatística, probabilidade e modelos matemáticos para ajudar o tomador de decisão a resolver o problema.

| | | Técnicas de tomada de decisão ||
		Tradicionais	Modernas
Decisões	**Programadas** Decisões repetitivas de rotina	• Hábito • Rotina (processo padronizado) • Estrutura organizacional • Métodos e processo definidos	• Pesquisa operacional • Análise matemática • Simulação em computador • Processamento de dados

	Não programadas Decisões únicas e diferenciadas, mal estruturadas, tratadas por processos	• Julgamento ou intuição
		• Criatividade
		• Regras empíricas
		• Decisões de executivos
		• Políticas e diretrizes
		• Normas e regulamentos
			• Técnicas heurísticas de solução aplicadas a:
			  • Treinamento de executivo em tomada de decisão
			  • Definição de programas heurísticos para computador

Figura 6.4 Os tipos de decisão e as técnicas de tomada de decisão.[17]

 Aumente seus conhecimentos sobre **Pesquisa operacional** na seção *Saiba mais* TGA 2 6.1

A PO focaliza a análise de operações de um sistema como um todo, e não apenas um problema particular. Para tanto, a PO utiliza:

- **Probabilidades:** na abordagem de PO para decisões sob condições de risco e de incerteza.
- **Estatística:** na sistematização e análise de dados para obter soluções.
- **Matemática:** na formulação de modelos quantitativos.

PO é "a aplicação de métodos, técnicas e instrumentos científicos a problemas que envolvem as operações de um sistema de modo a proporcionar soluções ótimas para o problema em foco".[18] Ela se "ocupa de operações de um sistema existente [...]", envolvendo "materiais, energias, pessoas e máquinas já existentes [...]".[19] "O objetivo da PO é capacitar a administração a resolver problemas e tomar decisões".[20] Apesar da diversidade nas definições sobre a PO, há unanimidade quanto ao seu objetivo: fornecer subsídios racionais para a tomada de decisões nas organizações. Ela pretende tornar científico, racional e lógico o processo decisório nas empresas.

A metodologia da PO utiliza um processo de seis fases:[21]

1. **Formular o problema:** com a análise do sistema e seus objetivos e das alternativas de ação.
2. **Construir um modelo matemático para representar o sistema:** o modelo expressa o sistema como um conjunto de variáveis, das quais uma, pelo menos, está sujeita a controle.
3. **Deduzir uma solução do modelo:** a solução ótima de um modelo por meio do processo analítico ou do processo numérico.
4. **Testar o modelo e a solução:** construir o modelo que represente a realidade e que deve ser capaz de prever com exatidão o efeito das mudanças no sistema e a eficiência geral do sistema.
5. **Estabelecer controle sobre a solução:** a solução de um modelo será adequada enquanto as variáveis incontroladas conservarem seus valores e as relações entre as variáveis se mantiverem constantes.
6. **Colocar a solução em funcionamento (implementação):** a solução precisa ser testada e transformada em uma série de processos operacionais.

As principais técnicas de PO são:

- **Teoria dos Jogos:** proposta pelos matemáticos Johann von Neumann (1903-1957) e Oskar Morgenstern (1902-1962),[22] oferece uma formulação matemática para a estratégia e a análise dos conflitos. Toda competição inclui um conflito. O conceito de conflito envolve oposição de forças ou de interesses em jogo. A situação de conflito ocorre quando um jogador ganha e outro perde, pois os objetivos visados são antagônicos e incompatíveis entre si. A Teoria dos Jogos é aplicada aos conflitos (chamados jogos) que envolvem disputa de interesses entre dois ou mais intervenientes, no qual cada jogador pode assumir uma variedade de ações possíveis, delimitadas pelas regras do jogo.[23] O número de estratégias disponíveis é finito e, portanto, enumerável. Cada estratégia descreve o que será feito em qualquer situação. Conhecidas todas as estratégias possíveis dos jogadores, pode-se buscar aquela que conduza aos melhores resultados.

A Teoria dos Jogos é aplicável nas seguintes situações:

- O número de participantes é finito.
- Cada participante dispõe de um número finito de cursos possíveis de ação.
- Cada participante conhece os cursos de ação ao seu alcance.
- Cada participante conhece os cursos de ação ao alcance do adversário, embora desconheça qual será o curso de ação escolhido por ele.
- As duas partes intervêm de cada vez e o jogo é "zero-soma", isto é, puramente competitivo: os benefícios de um jogador são as perdas do outro, e vice-versa.

Quando os participantes escolhem seus respectivos cursos de ação, o resultado do jogo acusará perdas ou ganhos finitos, que dependem dos cursos de ação por eles escolhidos. Os resultados de todas as combinações possíveis de ações são perfeitamente calculáveis.

A Teoria dos Jogos possui uma terminologia própria.[24]

- **Jogador:** cada participante envolvido.
- **Partida (ou disputa):** quando cada jogador escolhe um curso de ação.
- **Estratégia:** regra de decisão pela qual o jogador determina seu curso de ação. O jogador nem sempre conhece a estratégia escolhida pelo adversário.

- **Estratégia mista:** quando o jogador usa todos os seus cursos de ação disponíveis, numa proporção fixa.
- **Estratégia pura:** quando o jogador utiliza apenas um curso de ação.
- **Matriz:** é a tabela que mostra os resultados de todas as partidas possíveis. Os números da matriz representam os valores ganhos pelo jogador. Os valores negativos traduzem perdas. A teoria é estática (pois trabalha apenas com valores dados, fixos e independentes do resultado do jogo), enquanto as situações concretas são dinâmicas (seus valores não são fixos). Como qualquer outra teoria científica, a Teoria dos Jogos representa um mapa simplificado, isomorfo, da realidade. Sua utilidade reside na razão direta do isomorfismo em relação a algum aspecto do mundo real.

Aumente seus conhecimentos sobre **Teoria dos Jogos** na seção *Saiba mais* TGA 2 6.2

■ **Teoria das Filas:** refere-se à otimização de arranjos em condições de aglomeração e de espera e utiliza técnicas matemáticas variadas. É a teoria que cuida dos pontos de estrangulamento e dos tempos de espera, ou seja, das demoras verificadas em algum ponto de serviço. Sua aplicação situa-se em problemas de gargalos e esperas, como ligação telefônica, filas de bancos ou supermercados, problemas de tráfego viário, cadeias de suprimentos, logística e entregas de mercadorias.[25] Nela, os pontos de interesse são: o tempo de espera dos clientes; o número de clientes na fila; e a razão entre o tempo de espera e o tempo de prestação do serviço. O mesmo para operações com produtos ou serviços.

Em toda situação de fila, existem os seguintes componentes:

- Uma sequência de fila de clientes ou de operações.
- Uma passagem ou ponto de serviço por onde devem passar os clientes ou operações envolvendo um tempo de espera.
- Um processo de entrada (*input*) e de saída (*output*) de determinada operação com certo tempo de duração.
- Uma disciplina ou ordenação sobre a fila.
- Uma organização de serviço.

A situação de fila ocorre quando: clientes desejam prestação de serviço, e, quando cada cliente chega ao ponto de serviço, ocorre um período de prestação que termina quando o cliente se retira. Outros clientes chegam e esperam a sua vez formando uma fila de espera.

Aumente seus conhecimentos sobre **Teoria das Filas** na seção *Saiba mais* TGA 2 6.3

■ **Teoria dos Grafos:** baseia-se em redes e diagramas de flechas para várias finalidades. Oferece técnicas de planejamento e programação por redes (CPM, PERT etc.) utilizadas na construção civil e montagem industrial. Tanto o PERT (*Program Evaluation Review*

Technique) quanto o CPM (*Critical Path Method*) são diagramas de flechas que identificam o caminho crítico estabelecendo uma relação direta entre os fatores de tempo e o custo, indicando o "ótimo econômico" de um projeto. Esse "ótimo econômico" é alcançado por meio de uma sequência das operações de um projeto que permita o melhor aproveitamento dos recursos disponíveis por um prazo otimizado. O Neopert é uma variação simplificada do PERT, possibilitando economia de tempo na sua elaboração.

As redes ou diagramas de flechas são aplicáveis em projetos que envolvam várias operações simultâneas e etapas, vários recursos e órgãos envolvidos, prazos e custos mínimos. Tudo articulado, coordenado e sincronizado, os cronogramas convencionais e o Gráfico de Gantt não permitem essa sincronização de todas essas variáveis.

As redes ou diagramas de flechas apresentam as seguintes vantagens:

- Execução do projeto no prazo mais curto e ao menor custo.
- Permitem o inter-relacionamento das etapas e operações do projeto.
- Distribuição ótima dos recursos disponíveis e facilitação de sua redistribuição em caso de modificações.
- Fornecem alternativas para a execução do projeto e facilitam a tomada de decisão.
- Identificam tarefas ou operações "críticas" que não oferecem folga de tempo para a sua execução para nelas concentrar a atenção. As tarefas ou operações "críticas" afetam o prazo para o término do projeto global.
- Definem responsabilidade de órgãos ou pessoas envolvidos no projeto.

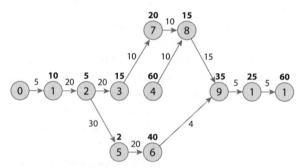

Figura 6.5 Diagrama PERT sobre introdução de nova linha de produtos.

- **Programação Linear (PL):** é uma técnica matemática que permite analisar os recursos de produção no sentido de maximizar o lucro e minimizar o custo. É uma técnica de solução de problemas que requer a definição dos valores das variáveis envolvidas na decisão para otimizar um objetivo a ser alcançado dentro de um conjunto de limitações ou restrições, que constituem as regras do jogo. Tais problemas envolvem alocação de recursos, relações lineares entre as variáveis da decisão, objetivo a alcançar e restrições. Quase sempre, esta técnica focaliza problemas em busca da melhor maneira de alocar recursos escassos entre atividades concorrentes. Essa alocação envolve situações como programar a produção para maximizar lucros, misturar ingredientes de um produto para minimizar custos, selecionar um portfólio excelente de investimentos, alocar pessoal de vendas em um território ou definir uma rede de transportes intermodais com o menor custo e a maior rapidez.[26] A PL procura o custo mínimo ou o rendimento máximo nos processos decisórios. Suas características são:

- Busca a posição ótima em relação a um objetivo. A finalidade é minimizar custos e maximizar benefícios em função do objetivo prefixado.
- Supõe a escolha entre alternativas ou combinação dessas alternativas.
- Considera limites ou restrições que cercam a decisão.
- As variáveis devem ser quantificáveis e ter relações lineares entre si.

SAIBA MAIS — Aplicações da Programação Linear

A programação linear é aplicável em situações complexas que envolvam inúmeras variáveis quando se tem objetivos definidos, como no estudo do percurso econômico de um caminhão de entrega de botijões de gás engarrafado em determinado bairro; ou de uma frota de caminhões de distribuição de cerveja ou refrigerantes entre diversos bares e restaurantes etc. O desenvolvimento tecnológico da informática oferece programas específicos, como QSB, Lindo e outros para a resolução de problemas de PL.

- **Programação Dinâmica**: é aplicada em problemas que possuem várias fases inter-relacionadas, em que se deve adotar uma decisão adequada a cada uma delas, sem perder de vista o objetivo final. Somente quando o efeito de cada decisão for avaliado é que poderá ser efetuada a escolha final. A técnica pode ser ilustrada por meio de um exemplo supersimplificado do problema de um motorista que deseja ir de um ponto a outro da cidade, devendo, ainda, interromper a viagem para almoçar. Normalmente, o motorista soluciona o problema por fases. Primeiramente, seleciona vários locais intermediários nos quais poderá fazer a refeição. Em seguida, determina o trajeto ótimo de seu ponto de partida para cada local intermediário até seu ponto de chegada. A menor distância (ou o menor tempo de percurso, conforme o caso) determina o melhor ponto intermediário. Sua primeira decisão consiste em escolher o local da refeição, e a segunda, o melhor trajeto para esse local. Mas em qualquer tipo de solução está presente o intuito de procurar o menor percurso ou menor dispêndio de tempo até o ponto final.

SAIBA MAIS — Aplicações da Programação Dinâmica

A Programação Dinâmica é aplicável em estudos de alternativas econômicas para decidir entre comprar/construir/manter máquinas e equipamentos, ou decisões entre comprar/alugar imóveis ou, ainda, entre manter ou desmobilizar ativos da organização.

- **Análise estatística e cálculo de probabilidade:** é o método matemático utilizado para obter a mesma informação com a menor quantidade de dados, como o controle estatístico de qualidade (CEQ) na área de produção. Os métodos estatísticos permitem produzir o máximo de informações a partir dos dados disponíveis. A análise estatística utiliza amostras e suas características para serem representativas de um universo de dados e qual o risco associado na decisão de aceitar ou rejeitar um lote de produção em face das informações fornecidas pelo exame da amostra. Sua aplicação aos problemas de qualidade começou com Walter A. Shewhart no decorrer da Segunda Guerra Mundial e dois gurus que iriam revolucionar o conceito de qualidade, inicialmente no Japão: Deming e Juran.
- **Controle estatístico da qualidade:** a análise estatística encontrou seu maior divulgador em W. Edwards Deming[27] (1900-1993), que popularizou no Japão – e posteriormente no mundo ocidental –, o controle estatístico da qualidade (CEQ) – ou *Statistical Quality Control* (SQC). A ideia era aplicar metodologia estatística na inspeção de qualidade, passando depois ao controle estatístico de qualidade e chegando à qualidade assegurada a fim de obter conformidade com as especificações e proporcionar alto grau de confiabilidade, durabilidade e desempenho nos produtos. Sua influência foi tão grande que desde 1951 foi instituído no Japão o Prêmio Deming de Qualidade como reconhecimento para as empresas premiadas nesse campo. O CEQ é baseado nas técnicas de determinação do momento em que os erros tolerados na produção começam a ultrapassar os limites de tolerância, quando então a ação corretiva torna-se necessária. As ideias de Deming conduziram ao conceito de melhoria contínua, que será discutido mais adiante. Trata-se de uma filosofia e de um sistema administrativo de redução de perdas para incrementar ganhos incessantes. O CEQ tem por objetivo localizar desvios, erros, defeitos ou falhas no processo produtivo, comparando o desempenho com o padrão estabelecido. Essa comparação pode ser feita por:
  - **Controle de qualidade (CQ) 100%:** corresponde à inspeção total da qualidade. O CQ total faz parte do processo produtivo e todos os produtos são inspecionados.
  - **Controle de qualidade por amostragem:** é o CQ por lotes de amostras recolhidos para serem inspecionados. Substitui o controle total para não interferir no processo produtivo. Se a amostra é aprovada, todo o lote é aprovado. Se é rejeitada, todo o lote deverá ser inspecionado.
  - **Controle de qualidade aleatório:** é o CQ probabilístico e consiste em inspecionar apenas certa percentagem de produtos ou do trabalho aleatoriamente.

Aumente seus conhecimentos sobre **Os cinco S do *housekeeping*** na seção *Saiba mais* TGA 2 6.4

6.4.1 Qualidade total

J. M. Juran (1904-2008)[28] estendeu os conceitos de qualidade para toda a empresa com o seu Controle Total da Qualidade (CTQ) – ou *Total Quality Control* (TQC). As ideias de Juran conduziram ao conceito estratégico de qualidade total, que será discutido mais adiante. Enquanto o controle estatístico da qualidade (CEQ) é aplicável no nível operacional – e de preferência na área de produção e manufatura –, a CTQ estende o conceito de qualidade a toda a organização, desde o nível operacional até o nível institucional, abrangendo o pessoal de escritório e do chão da fábrica em um envolvimento total.[29] Mais ainda, envolve também a rede de fornecedores que vai até o cliente final em uma abrangência sem limites. As vantagens do CTQ são:

- Redução de desperdícios.
- Diminuição dos ciclos de tempo e dos tempos de resultados.
- Melhoria da qualidade dos resultados (produtos ou serviços).

Quadro 6.1 Os processos para administrar a qualidade[30]

Planejamento da qualidade	Controle da qualidade	Melhoria da qualidade
■ Definir os objetivos de qualidade. ■ Identificar os clientes. ■ Aprender com as necessidades dos clientes. ■ Desenvolver os requisitos dos produtos. ■ Desenvolver os requisitos dos processos. ■ Definir controle de processo. ■ Transferi-los para a produção.	■ Escolher os itens do controle. ■ Escolher as métricas de medição. ■ Definir objetivos. ■ Criar sensores de desvios. ■ Medir o desempenho atual. ■ Interpretar a diferença. ■ Tomar ação corretiva sobre desvios.	■ Satisfazer as necessidades do cliente. ■ Identificar projetos de melhoria. ■ Organizar equipes de projeto. ■ Diagnosticar as causas dos desvios. ■ Proporcionar remédios eficazes. ■ Lidar com a resistência à mudança. ■ Controlar para garantir ganhos.

Ambos – o CEQ e o CTQ – constituem abordagens incrementais para se obter excelência em qualidade dos produtos e processos, além de proporcionar uma formidável redução de custos.

1. Aplicação da probabilidade em condições de risco e incerteza.
2. Estatísticas na sistematização e análise de dados.
3. Matemática na formulação de modelos quantitativos.

Metodologia da PO:

- Formulação do problema
- Construção do modelo matemático
- Dedução de uma solução do modelo
- Teste do modelo e da solução
- Controle sobre a solução
- Colocação da solução em funcionamento (implementação)

Técnicas de PO:

- Teoria dos Jogos
- Teoria das Filas
- Teoria dos Grafos
- Programação Linear
- Programação Dinâmica
- Análise estatísticas e cálculo de probabilidade:
  * CEQ
  * CTQ

Figura 6.6 Metodologia e técnicas de PO.

> **PARA REFLEXÃO**
>
> **O dimensionamento de uma agência de turismo**
>
> Uma das principais características do trabalho do administrador é tomar decisões, principalmente decisões de natureza julgamental. Enquanto as decisões programadas e estruturadas são tratadas por computador, as decisões não estruturadas precisam ser tratadas pela PO por outras técnicas matemáticas, mas sempre com o talento do administrador. Assis Pereira tem pela frente um problema que precisa resolver: como dimensionar e organizar uma agência de turismo que precisa atender a clientes sofisticados, cada qual tomando mais de trinta minutos de atenção para esclarecer seus planos e solicitando diferentes cursos de ação? Quais as suas ideias a respeito?

> **VOLTANDO AO CASO INTRODUTÓRIO**
> **Supermercados High Tech**
>
> Com o avanço da tecnologia de gestão e difusão dos chamados sistemas de planejamento de recursos empresariais (*Enterprise Resource Planning* – ERP), Ricardo Montes iniciou um amplo programa para aumentar a integração entre os departamentos de sua rede de supermercados e o grau de automação dos processos para alcançar redução dos custos operacionais. A ideia é criar sistemas integradores envolvendo todas as áreas da empresa para compensar a forte descentralização das suas operações. Como você poderia ajudar Ricardo?

6.5 A NECESSIDADE DE INDICADORES DE DESEMPENHO

Uma das maiores contribuições da Teoria Matemática foi o aporte de indicadores financeiros e não financeiros – quantificados e objetivos – para medir ou avaliar o desempenho organizacional ou de parte dele, como indicadores departamentais, desempenho humano, financeiro ou contábil etc.

- **Por que medir?** Os indicadores de desempenho são os sinais vitais de uma organização, pois permitem mostrar o que ela está fazendo e quais os resultados de suas ações. Um sistema de medição funciona como um painel de controle para que a organização ou cada departamento possa avaliar seu desempenho. O sistema de medição é um modelo da realidade e pode assumir várias formas, como relatórios periódicos, gráficos ou sistema de informação *on-line* etc. para que o desempenho seja analisado e as ações corretivas sejam tomadas quando necessárias. A montagem do sistema de medição envolve as seguintes etapas:

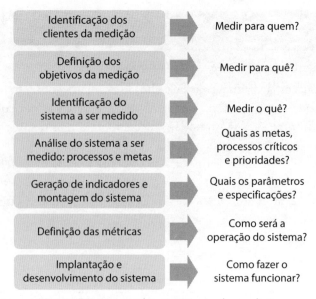

Figura 6.7 Etapas de um sistema de medição.

As principais vantagens de um sistema de medição são:

- Avaliar o desempenho e indicar as ações corretivas necessárias.
- Apoiar a melhoria do desempenho.
- Manter a convergência de propósitos e a coerência de esforços na organização por meio da integração de estratégias, ações e medições.

- **O que medir?** As organizações utilizam a medição, a avaliação e o controle de três áreas principais:
  - **Resultados:** isto é, os resultados concretos e finais que se pretende alcançar dentro de determinado período, como dia, semana, mês ou ano.
  - **Desempenho:** ou seja, o comportamento ou os meios instrumentais que se pretende colocar em prática.
  - **Fatores críticos de sucesso:** isto é, os aspectos fundamentais para que a organização seja bem-sucedida em seus resultados ou em seu desempenho.

Quadro 6.2 Exemplos de indicadores de desempenho

Área	Indicador de desempenho
Organizacional	■ Retorno sobre o investimento. ■ Margem de contribuição. ■ Lucratividade.
Marketing	■ Volume de vendas. ■ Participação no mercado. ■ Nível de atendimento de pedidos. ■ *Mix* de produtos/serviços. ■ Satisfação dos clientes.

(continua)

(continuação)

Área	Indicador de desempenho
Produção	■ Produtividade. ■ Nível de qualidade. ■ Nível de refugo. ■ Rendimento da matéria-prima.
Desenvolvimento	■ Lançamento de novos produtos/serviços. ■ Inovações em processos.
Finanças	■ Índice de ganho financeiro. ■ Índice de clientes inadimplentes. ■ Nível de ciclo financeiro. ■ Redução de custos fixos. ■ Redução de custos variáveis.
Logística	■ Pontualidade na entrega. ■ Nível de atendimento dos pedidos. ■ Custo de distribuição. ■ Giro do inventário.
Suprimentos	■ Custo das matérias-primas. ■ Qualidade das matérias-primas.
Recursos Humanos	■ Índice de absenteísmo. ■ Índice de acidentes no trabalho. ■ Nível de satisfação dos colaboradores.

SAIBA MAIS — **Hierarquia dos indicadores de desempenho**

Da mesma forma como os objetivos organizacionais, os indicadores obedecem a uma hierarquia na qual os mais simples são contidos em indicadores mais complexos. Nas organizações tradicionais, a hierarquia dos indicadores corresponde aos níveis hierárquicos. Naquelas organizadas por processos, essa hierarquia corresponde ao desdobramento dos processos mais complexos em processos mais simples.

- **6-Sigma:** sigma é uma medida de variação estatística. Quando aplicada a um processo organizacional, ela se refere à frequência com que uma operação ou transação utiliza mais do que os recursos mínimos para satisfazer o cliente. A maioria das organizações está no nível "4-sigma", o que significa mais de 6 mil defeitos por 1 milhão de oportunidades. Isso significa 6 mil produtos defeituosos em cada 1 milhão de produtos fabricados. A organização que está no nível "6-sigma" registra apenas três defeitos em 1 milhão. Isso significa uma vantagem de custos e, mais importante, faz com que sobrem recursos para serem dirigidos para os processos de diferenciar uma empresa 6-sigma em relação às demais.

Aumente seus conhecimentos sobre **O aparecimento do 6-sigma** na seção *Saiba mais* TGA 2 6.5

O programa 6-sigma utiliza várias técnicas num metódico processo passo a passo para atingir metas bem definidas. A diferença é que com o 6-sigma já não se busca qualidade pela qualidade, mas aperfeiçoar os processos da organização. Na prática, o 6-sigma diferencia-se da Qualidade Total em quatro áreas básicas:

- **Maior amplitude da aplicação:** a maior parte do *Total Quality Management* (TQM) se aplica dentro da área de produção e manufatura, e não no projeto, em finanças etc. O 6-sigma é para a organização toda. A Motorola afixa boletins de tempo de ciclo, dados de defeitos e metas de melhoria nos refeitórios e banheiros.
- **Estrutura de implementação mais simples:** os faixas-pretas dedicam-se inteiramente à mudança e ficam fora do cotidiano. A administração é premiada ou punida pela melhoria dos negócios.
- **Ferramentas mais profundas:** além das ferramentas do TQM, o 6-sigma se aprofunda para descrever a situação atual e prever o futuro. Há uma forte dose de estatística aplicada e uma melhor compreensão de como os processos se comportam, um *software* para auxiliar e um mapa para a aplicação das ferramentas. O mapa de aplicação das ferramentas permite esclarecer os problemas e melhorar sua solução.
- **Forte vinculação com a saúde (financeira) dos negócios:** o 6-sigma aborda os objetivos da empresa e se certifica de que todas as áreas-chave para a saúde futura da empresa contêm mensurações quantificáveis com metas de melhoria e planos de aplicação detalhados. Quantifica o que é necessário para atingir os objetivos financeiros da organização.

O 6-sigma busca a eficácia organizacional em três dimensões conjuntas:

- **Redução do desperdício:** por meio do conceito de empreendimento enxuto (*lean enterprise*), ou esforço de tempo futuro, ou redução do ciclo de tempo, ou, ainda, eliminação do desperdício do sistema ou eliminar coisas que não têm valor para o cliente, imprimindo velocidade à empresa.
- **Redução dos defeitos:** é o processo do 6-sigma em si.
- **Envolvimento das pessoas:** por meio da chamada "arquitetura humana".

VOLTANDO AO CASO INTRODUTÓRIO
Supermercados High Tech

Por fim, Ricardo lançou-se a outro desafio. Com a rápida expansão das tecnologias associadas à internet, o segredo do sucesso da rede estava em ultrapassar os muros da empresa e envolver toda a enorme cadeia de valor – fornecedores, clientes, atacadistas, parceiros – via *web* para aumentar as oportunidades de negócios que somente a conectividade pela internet poderia tornar possível, por quebrar barreiras de tempo e de geografia. Se você fosse Ricardo, o que faria?

- **Balanced Scorecard (BSC):** as medidas e os indicadores afetam profundamente o comportamento das pessoas nas organizações. A ideia predominante é: o que se faz é o que se pode medir. E o que não se pode medir não se pode administrar. O que uma organização define como indicador é o que ela pretende obter como resultados. O foco dos sistemas e as medidas utilizadas tradicionalmente nas organizações – como o balanço contábil, os demonstrativos financeiros, o retorno sobre investimento (ROI), a produtividade por pessoa etc. – concentra-se somente em aspectos financeiros ou quantitativos – para controlar desempenhos ou comportamentos. Esse controle típico da Era Industrial não funciona bem. Torna-se necessário um modelo direcionado para a organização no futuro de modo a envolver mudanças, transformações, incertezas, velocidade, agilidade e colocar as diversas perspectivas num sistema de contínua monitoração em tempo real, e não no controle *a posteriori*.

O BSC é um método de administração focado no equilíbrio organizacional que se baseia em quatro perspectivas básicas:[31]

> Aumente seus conhecimentos sobre *Balanced Scorecard* (BSC) na seção *Saiba mais* TGA 2 6.6

- **Finanças:** para analisar o negócio sob o ponto de vista financeiro. Envolve indicadores e medidas financeiras e contábeis para avaliar o comportamento da organização perante itens como lucratividade, retorno dos investimentos, valor agregado ao patrimônio e outros indicadores que a organização adota como relevantes para seu negócio.
- **Clientes:** para analisar o negócio sob o ponto de vista dos clientes. Inclui indicadores e medidas como satisfação e retenção dos clientes, participação e posicionamento no mercado, valor agregado aos produtos/serviços, tendências do mercado, nível de serviços à comunidade etc.
- **Processos internos:** para analisar o negócio do ponto de vista interno da organização. Inclui indicadores sobre qualidade intrínseca dos produtos e processos, criatividade, inovação, capacidade de produção, alinhamento com demandas do mercado, logística e otimização dos fluxos, qualidade das informações, da comunicação interna e das interfaces com o ambiente externo.
- **Aprendizagem/crescimento organizacional:** para analisar o negócio do ponto de vista daquilo que é básico para alcançar o futuro com sucesso. Considera as pessoas em termos de capacidades, competências, motivação, *empowerment*, alinhamento e a estrutura organizacional em termos de investimentos no seu futuro. Essa perspectiva garante a solidez e constitui o valor fundamental para as organizações de futuro.

Essas perspectivas podem ser tantas quanto a organização necessite escolher em função da natureza do seu negócio, propósitos, estilo de atuação etc. O BSC busca estratégias e ações equilibradas em todas as áreas que afetam o negócio da organização como um todo, permitindo que os esforços sejam dirigidos para as áreas de maior competência, detectando e indicando as áreas para eliminação de incompetências. É um sistema focado no comportamento, e não no controle. Recentemente, os autores passaram a usar o BSC para criar organizações focadas na estratégia.[32] Alinhamento e foco são as palavras de ordem. *Alinhamento* significa coerência da organização. *Foco* significa concentração. O BSC habilita a organização a focar suas equipes de executivos, unidades de negócios, recursos humanos, tecnologia da informação e recursos financeiros para sua estratégia organizacional.

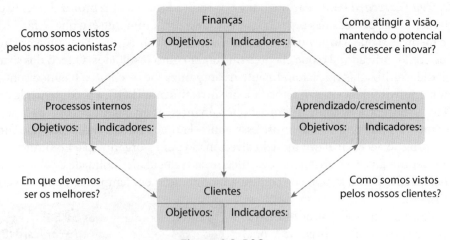

Figura 6.8 BSC.

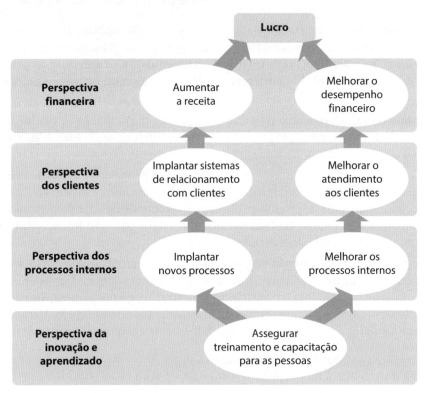

Figura 6.9 Mapa da estratégia, segundo o BSC.

O BSC cria um contexto para que as decisões relacionadas com as operações cotidianas possam ser alinhadas com a estratégia e a visão organizacional, permitindo divulgar a estratégia, promover o consenso e o espírito de equipe, integrando as partes da organização e criando meios para envolver todos os programas do negócio, catalisar esforços e motivar as pessoas.

Figura 6.10 Os princípios da organização focada na estratégia.[33]

VOLTANDO AO CASO INTRODUTÓRIO
Supermercados High Tech

Ricardo Montes tem outro desafio para o futuro: construir um modelo de negócio dinamicamente adaptado aos voláteis mercados em que sua rede atua, marcados por expansões e contrações rápidas, inesperadas e intempestivas. Ricardo sabe que as empresas vencedoras serão aquelas capazes de aproveitar ao máximo as expansões de mercado e perder o mínimo nas contrações. Isso exige processos de negócio com mais custos variáveis do que custos fixos. Para construir esse modelo de negócio, Ricardo precisa ter tecnologias sofisticadas e saber utilizar estrategicamente a terceirização. Quais as suas recomendações a Ricardo?

6.6 APRECIAÇÃO CRÍTICA DA TEORIA MATEMÁTICA

A Teoria Matemática trouxe enorme contribuição à Administração ao oferecer técnicas de planejamento e controle no emprego de recursos materiais, financeiros, humanos etc. e um formidável suporte na tomada de decisões, no sentido de otimizar a execução de trabalhos e diminuir os riscos envolvidos nos planos que afetam o futuro a curto ou longo prazo.

- **Limitações da Teoria Matemática:** do ponto de vista de uma teoria administrativa, a Teoria Matemática apresenta enormes limitações, a saber:

- **Aplicações restritas a projetos ou operações:** que envolvam órgãos ou grupos de pessoas, com poucas condições de aplicações globais abrangendo toda a organização como um conjunto. Nesse sentido, ela ainda é mais um conglomerado de técnicas de aplicação individualizada do que um arcabouço teórico e abrangente.
- **Total quantificação dos problemas administrativos:** abordando-os do ponto de vista estatístico ou matemático. Todas as situações são reduzidas a números ou expressões matemáticas para serem resolvidas. Do ponto de vista da organização, a maior parte dos conceitos, situações ou problemas nem sempre apresenta condições de redutibilidade a expressões numéricas ou quantitativas, daí a dificuldade de aplicação extensiva da PO.
- **Técnicas de aplicação restritas ao nível operacional:** na esfera de execução e poucas técnicas em níveis mais elevados na hierarquia. A PO quase se restringe à pesquisa e à investigação das operações situadas no nível operacional da organização.

- **O reducionismo dos métodos de PO:** sua abordagem é eminentemente matemática, objetiva, quantitativa e reducionista.[34] Seus modelos:
  - **Enfatizam modelos para representação lógica de problemas:** que podem ser simples ou complexos. As fórmulas contábeis – como ativo menos passivo é igual a propriedade, por exemplo – são modelos que simbolizam a relação das variáveis envolvidas.
  - **Enfatizam objetivos numéricos e medidas de eficiência:** a fim de determinar se a solução atinge o objetivo. Se o objetivo é lucro, a medida de eficiência será o índice de retorno sobre o investimento, e todas as soluções propostas farão com que se possa medir o resultado em relação com a medida. Contudo, apenas algumas variáveis podem ser controláveis, enquanto outras são incontroláveis.
  - **Tentam incorporar todas as variáveis em um problema:** ou todas aquelas variáveis que parecem ser importantes para a sua solução.
  - **Tentam quantificar as variáveis de um problema:** pois somente dados quantificados são inseridos no modelo a fim de proporcionar um resultado definido.
  - **Tentam oferecer dados quantificáveis com recursos matemáticos e estatísticos úteis:** as probabilidades são inseridas na situação para que o problema matemático se torne prático e sujeito a uma pequena margem de erro.

- **Similaridade com a Administração Científica:** alguns autores salientam que a PO está orientada operacionalmente, enquanto a Teoria Administrativa está dirigida para a elaboração de uma teoria mais ampla, genérica e estratégica.[35] Para outros, pelo contrário, não se pode traçar uma linha divisória para definir os limites entre a PO e a Administração Científica, a sua criadora:

  > para Leavitt, ambas criaram um conjunto de métodos técnicos para a solução de problemas do trabalho; ambas apresentam uma abordagem que separa o planejamento dos programas para solução dos problemas e as rotinas criadas com base nas soluções; além disso, a PO está criando na sua forma operacional uma classe de especialistas de *staff* que se assemelham aos antigos especialistas de *staff* da era de Taylor, só que no lugar do cronômetro está o computador e a mesma velha história do conflito entre tecnologia e humanidade.[36]

Além disso a PO apresenta outras limitações:

- A PO é apenas uma ferramenta para auxiliar o tomador de decisões. Ela não é ainda, por si, a própria tomadora de decisões, dependendo da tecnologia para tanto.
- Muitos problemas não podem ser expressos em termos quantitativos, tornando inviável a aplicação da PO.
- Muitos problemas são amplos demais para serem resolvidos por meio de técnicas analíticas de PO, mesmo com a ajuda da tecnologia.

O planejamento, a organização ou a tomada de decisões constituem processos lógicos que podem ser expressos em símbolos e relações matemáticas.[37] Contudo, a abordagem central é o modelo que representa o problema ou a situação em suas relações básicas e em termos de objetivos predeterminados.

- **Reducionismo da Teoria Matemática:** parece mais uma abordagem matemática dos problemas de Administração do que uma escola definida de Administração.[38]

  Talvez mais uma escola situada na tecnologia do que na Administração. Apesar da importância da Matemática na Teoria Administrativa, torna-se necessário colocar as coisas nos devidos lugares. É o mesmo que pretender desenvolver uma teoria matemática na Astronomia, Economia ou na Psicologia. Pode?

- **Gestão de operações:** a Teoria Matemática está se transformando gradativamente em uma gestão de operações e se concentrando nos seguintes aspectos:[39]

    - **Produção *just-in-time*:** é um sistema de produção que procura agilizar a resposta às demandas do cliente por meio da eliminação do desperdício e do aumento da produtividade. O objetivo do sistema JIT (*just-in-time*) é produzir exatamente o que é necessário para satisfazer a demanda atual – nem mais, nem menos. O sistema utiliza somente materiais e produtos requeridos para atender aos requisitos de produção ou da demanda, o que permite incrível redução de níveis de inventários, altos níveis de qualidade e tempos mais curtos de manufatura. O JIT requer alta coordenação da programação da produção e saídas livres de defeitos em cada estágio do processo, para que o sistema tenha pequenos inventários. Administradores, empregados e fornecedores são totalmente envolvidos e comprometidos com o sistema. O objetivo é responder prontamente às demandas e necessidades do cliente pela redução contínua do tempo de manufatura por melhorias incrementais no sistema.[40] O JIT conduz ao conceito de fábrica enxuta, o sistema de manufatura ou serviços, dimensionando exatamente para as operações atuais, sem gorduras ou acréscimos desnecessários.

    - **Qualidade total:** a qualidade sempre foi – ao lado da quantidade – um aspecto importante da produção. Três princípios básicos caracterizam a visão japonesa sobre qualidade, conhecida como TQM, a saber:

        a) **Qualidade é construída, e não apenas inspecionada.** Não se trata de corrigir erros ou desvios apenas, mas, antes de tudo, melhorar para evitar e prevenir futuros erros, desvios ou retrabalhos.

        b) **A melhoria da qualidade economiza dinheiro.** Se a qualidade é vista como resultado da inspeção, então a qualidade custa dinheiro. Mas se a qualidade melhora porque a organização melhora o desenho do produto e o processo produtivo, a organização reduz o desperdício e as rejeições, economiza dinheiro na produção e aumenta a satisfação do cliente.

c) **A qualidade repousa no princípio da melhoria contínua (*kaizen*):** com melhorias incrementais nos produtos e processos. O conceito de defeito zero estabelece o nível de defeitos que é aceitável, o que significa que a qualidade deve ser continuamente melhorada.

- **Operações com tecnologias relacionadas com computador:** tecnologias baseadas em computação na gestão das operações, como o *Computer-Aided Design* (CAD) e o *Computer-Aided Manufacturing* (CAM) são impressionantes. Sistemas de planejamento e controle da produção – como o *Manufacturing Resources Planning* (MRP) e outras tecnologias de produção baseadas na computação estão fazendo com que os operários tenham de ser mais qualificados e capacitados para lidar com dados.[41] As tecnologias estão proporcionando sistemas flexíveis e ágeis de manufatura em tempo real, favorecendo mecanismos rápidos de tomada de decisão graças a sistemas de suporte de decisão.

- **Competição baseada no tempo:** produtos e serviços concorrem não apenas em função de preço e qualidade. O tempo – rapidez de expedição ou tempo de mercado – é também um fator importante. A *Time-Based Competition* (TBC) estende os princípios do JIT a cada faceta do ciclo de expedição do produto, desde o início de pesquisa e desenvolvimento (P&D), passando por manufatura ou operações e chegando ao mercado e distribuição, envolvendo também a logística.[42] A TBC considera duas forças impulsionadoras: a aplicação do JIT por meio do ciclo de expedição do produto e a eficácia que depende da proximidade com o cliente (conhecimento do cliente e habilidade em usar esse conhecimento para responder às suas demandas).[43] A tecnologia e a administração de operações facilitam a concorrência baseada no tempo, encurtando-o de maneira drástica.

SAIBA MAIS *Electronic Data Interchange* (EDI)

Processos de EDI permitem enviar automaticamente pedidos e orientar e monitorar todo o processo produtivo em relação a cada pedido de cliente. Um dos exemplos clássicos é o da Federal Express, a FedEx, que desenvolveu o conceito de expedição noturna de malotes e encomendas. Com a engenharia concorrente, as pessoas de todas as áreas da organização – marketing, vendas, serviços, compras, engenharia, pesquisa e desenvolvimento e manufatura – formam equipes de produto. As pessoas de cada equipe podem ou não trabalhar em um só local, mas a constante interação virtual agiliza o desenvolvimento de produtos, melhora a qualidade e reduz custos. Uma equipe dessas, quando bem coordenada eletronicamente, proporciona produtos melhores sob o ponto de vista das especialidades e áreas envolvidas, facilita a manufatura e melhora a qualidade.

- **Reengenharia de processos:** representa um redesenho fundamental e drástico dos processos do negócio para melhorar custo, qualidade, serviço e velocidade. A reengenharia descarta as estruturas, os processos e sistemas existentes e os reinventa de maneira completamente diferente. A reengenharia apresenta aspectos comuns com a qualidade total – pois ambas reconhecem a importância dos processos organizacionais e enfatizam necessidades do cliente –, mas uma diferença entre ambas é significativa. Os programas de qualidade funcionam a partir dos processos existentes na organização e procuram melhorá-los ou incrementá-los gradativamente com melhoria contínua. A reengenharia busca o desempenho excelente descartando os processos existentes e partindo para outros inteiramente novos e diferentes.[44]

- **Usina de serviços ou fábrica de serviços:** é uma tendência no sentido de competir não somente com base nos produtos, mas também com base nos serviços. Serviços são atividades econômicas que produzem lugar, tempo, forma ou utilidade psicológica para o consumidor. Os serviços podem incluir suporte informacional para o cliente, entrega rápida e confiável, instalação do produto, serviço pós-venda e solução de problemas. As organizações industriais estão se antecipando e respondendo às necessidades dos clientes ao combinar produtos superiores com serviços correlatos. A unidade de manufatura torna-se o centro das atividades da organização – localizadas em áreas separadas e distantes da organização – para atrair e reter clientes.[45]

- **O movimento pela qualidade:** graças à Teoria Matemática surgiu o movimento pela qualidade como base fundamental para a excelência e a competitividade das organizações. Esse movimento começou no Japão com a aplicação de critérios estatísticos no chão da fábrica, tomando uma dimensão fora do comum e envolvendo toda a organização e suas interfaces com fornecedores e clientes. Desdobramentos importantes desse movimento estão acontecendo no mundo todo, como o Prêmio Deming de Qualidade, o *Baldrige Award*, o Prêmio Nacional de Qualidade do Brasil e a ISO.

  - **Prêmio Deming de Qualidade:** surgiu no Japão, em 1951, como meio de consagrar as empresas com alto nível de qualidade e em homenagem ao norte-americano que ajudou à reconstrução industrial do país. Rapidamente foi copiado em vários lugares do mundo.

  - *Malcolm Baldrige National Quality Award:* inspirado no Prêmio Deming do Japão e criado nos Estados Unidos, em 1987, para encorajar as empresas e servir como modelo para melhorar os padrões de qualidade e competitividade. É administrado em conjunto com o *National Bureau of Standards* e a *American Society for Quality Control* (ASQC) e premia anualmente as empresas que se destacam pela elevada qualidade de seus produtos e de sua administração. Um *board* de examinadores avalia cada organização que se inscreve na disputa por meio de um conjunto de critérios que, no total, chegam a 1.000 pontos. O aspecto pedagógico do prêmio é indiscutível, pois serve como *benchmarking* para todas as demais empresas que ainda não alcançaram o nível de qualidade e o desempenho das empresas premiadas.

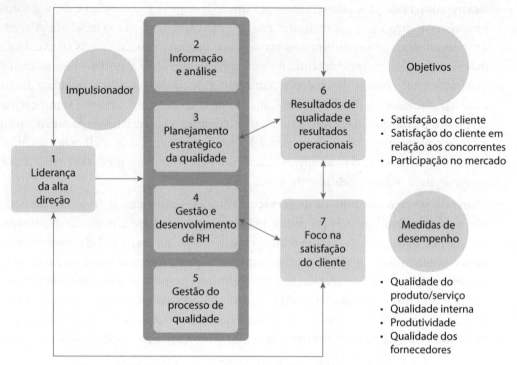

Figura 6.11 Modelo de avaliação do *Prêmio Baldrige* de Qualidade.

- **Prêmio Nacional de Qualidade:** em 1991, foi criada a Fundação para o Prêmio Nacional da Qualidade (FNQ) para administrar o Prêmio Nacional da Qualidade (PNQ).
  Os fundamentos da excelência do PNQ são:[46]
    - Liderança e constância de propósitos.
    - Visão de futuro.
    - Foco no cliente e no mercado.
    - Responsabilidade social e ética.
    - Decisões baseadas em fatos.
    - Valorização das pessoas.
    - Abordagem por processos.
    - Foco nos resultados.
    - Inovação.
    - Agilidade.
    - Aprendizado organizacional.
    - Visão sistêmica.

Os oito critérios de excelência do PNQ são apresentados no Quadro 6.3.

Quadro 6.3 Critérios e itens de excelência do Prêmio Nacional de Qualidade[47]

Categorias	Pontos

1.0 Liderança
   1.1 Sistema de liderança
   1.2 Cultura de excelência
   1.3 Análise crítica do desempenho global
	100
	30
	40
	30

2.0 Estratégias e planos
   2.1 Formulação das estratégias
   2.2 Desdobramento das estratégias
   2.3 Planejamento na medição do desempenho
	90
	30
	30
	30

3.0 Clientes
   3.1 Imagem e reconhecimento de mercado
   3.2 Relacionamento com clientes
	60
	30
	30

4.0 Sociedade
   4.1 Responsabilidade socioambiental
   4.2 Ética e desenvolvimento social
	60
	30
	30

5.0 Informações e conhecimento
   5.1 Gestão das informações da organização
   5.2 Gestão das informações comparativas
   5.3 Gestão do capital intelectual
	60
	20
	20
	20

6.0 Pessoas
   6.1 Sistema de trabalho
   6.2 Capacitação e desenvolvimento
   6.3 Qualidade de vida
	90
	30
	30
	30

7.0 Processos
   7.1 Gestão de processos relativos ao produto
   7.2 Gestão de processos de apoio
   7.3 Gestão de processos relativos aos fornecedores
   7.4 Gestão econômico-financeira
	90
	30
	20
	20
	20

8.0 Resultados específicos da companhia
   8.1 Resultados relativos aos clientes e ao mercado
   8.2 Resultados econômico-financeiros
   8.3 Resultados relativos às pessoas
   8.4 Resultados relativos aos fornecedores
   8.5 Resultados dos processos relativos ao produto
   8.6 Resultados relativos à sociedade
   8.7 Resultados dos processos de apoio e organizacionais
	450
	100
	100
	60
	30
	80
	30
	50

Total	1.000

- **International Standartization Organization (ISO):** foi criada para estabelecer padrões internacionais de qualidade. Os padrões da série ISO 9000 definem os componentes da qualidade. As organizações solicitam certificação naqueles padrões mais próximos de seu negócio a fim de concorrerem no mercado internacional. A certificação é baseada na capacidade da organização de implantar procedimentos documentados de seus processos. A certificação garante consistência de que a organização adota padrões reconhecidos mundialmente, mas não significa que a organização produza realmente produtos de qualidade. Os padrões da ISO 14000 são desenhados para assegurar processos limpos de produção que reduzam problemas ambientais, como prevenção à poluição e ao aquecimento global, bem como proteção à camada de ozônio.

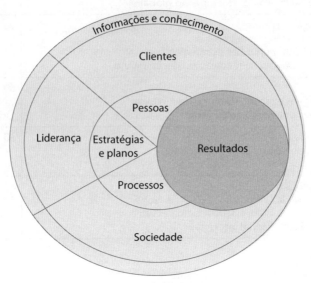

Figura 6.12 Modelo de Excelência do PNQ: uma visão sistêmica da organização.

CONCLUSÃO

Concluindo, a Administração de Operações se transformou em uma importante área das organizações. Na Era Digital, as empresas virtuais estão cada vez mais utilizando os conceitos operacionais, uma vez que os produtos – quando concretos e físicos, como alimentos, roupas, livros –, embora vendidos por meio de sistemas *business to costumer* (B2C), precisam ser entregues ao cliente em sua casa. Aí entra a logística tradicional, física e concreta para levar o produto físico até as mãos de carne e osso do comprador virtual, com a maior agilidade e presteza e o menor custo possível. Isso envolve cálculos matemáticos que a PO pode fazer, a qual constitui a base para aumentar a eficiência, a eficácia e a produtividade do negócio.

Capítulo 6 – Teoria Matemática da Administração

PROCESSO DECISÓRIO:
- Perspectiva do processo
- Perspectiva do problema
- Decisões programadas
- Decisões não programadas

MODELOS MATEMÁTICOS:
- Problemas estruturados
- Problemas não estruturados

BALANCED SCORECARD (BSC)
- Perspectiva financeira
- Perspectiva do cliente
- Perspectiva dos processos internos
- Perspectiva do aprendizado/crescimento

PESQUISA OPERACIONAL:
- Teoria dos Jogos
- Teoria das Filas
- Teoria dos Grafos
- Programação Linear
- Programação Dinâmica
- Análise estatística e probabilística
    * Controle de qualidade
    * Melhoria contínua da qualidade
    * Qualidade total

APRECIAÇÃO CRÍTICA DA TEORIA MATEMÁTICA:
- Limitações do enfoque matemático e exato
- Reducionismo das técnicas de PO
- Determinismo da Teoria Matemática
- Similaridade com a Administração Científica
- Administração de operações
- Padronização e determinismo

MOVIMENTO PELA QUALIDADE:
- Prêmio Deming de Qualidade
- *Malcolm Baldrige Award*
- Prêmio Nacional de Qualidade
- ISO

Figura 6.13 Mapa mental da Teoria Matemática.

RESUMO

A Teoria Matemática – antes conhecida como pesquisa operacional (PO) – é uma abordagem recente no campo da Administração, especialmente na área de operações. Sua principal área de aplicação na Administração é o processo decisório, principalmente quando as decisões são programáveis ou quantitativas, em que há um enorme potencial de modelos matemáticos.

A PO é uma das alternativas de métodos quantitativos de enorme aplicação por meio de variadas técnicas (como Teoria dos Jogos, Teoria das Filas, Teoria dos Grafos, Programação Linear, Probabilidade e Estatística Matemática e Programação Dinâmica. A abordagem matemática fundamenta-se na necessidade de medir e avaliar quantitativa e objetivamente as ações organizacionais. O BSC é um exemplo de medição em função de objetivos estratégicos. Todavia, a Teoria Matemática da Administração tem sua aplicação voltada para o nível organizacional próximo à esfera da execução e relacionada com as operações e tarefas, no caso, operações de manufatura e serviços, utilizando intensamente a contribuição da tecnologia (Informática) e da Matemática.

QUESTÕES

1. Explique as origens da Teoria Matemática da Administração.
2. Explique o processo decisório do ponto de vista da Teoria Matemática.
3. Explique a perspectiva do processo e a perspectiva do problema.
4. Quais as quatro dimensões de uma boa decisão?
5. Compare as decisões programadas e as decisões não programadas.
6. Explique a necessidade de modelos matemáticos em Administração.
7. O que é um problema?
8. O que é um problema não estruturado?
9. O que é um problema estruturado? Como se divide?
10. Explique o conceito de modelo.
11. Quais as vantagens do modelo matemático?
12. O que é pesquisa operacional?
13. Quais as características principais da PO?
14. Quais as seis fases do procedimento de PO?
15. Quais as principais técnicas de PO?
16. Explique sucintamente a Teoria dos Jogos.
17. Explique sucintamente a Teoria das Filas.
18. Explique sucintamente a Teoria dos Grafos.
19. Explique sucintamente a Probabilidade e Estatística Matemática.
20. Comente o CEQ (ou SQC) e o CTR (ou TQC).
21. Explique sucintamente a Programação Dinâmica.
22. Comente a Teoria das Restrições.
23. Explique a necessidade de indicadores de desempenho.
24. Por que medir?
25. Conceitue o 6-sigma.
26. Explique os fundamentos do *Balanced Scorecard*.
27. Explique as quatro perspectivas do *Balanced Scorecard*.
28. O que significa *Balanced Scorecard*?
29. Explique o mapa estratégico do *Balanced Scorecard*.
30. Explique os critérios do Prêmio Nacional de Qualidade.
31. Quais as principais limitações apresentadas pela Teoria Matemática?
32. A Teoria Matemática é realmente uma teoria ou uma simples abordagem dos problemas de Administração? Comente.

REFERÊNCIAS

1. MARKLAND, R. E.; VICKERY, S. K.; DAVIS, A. *Operations management*: concepts in manufacturing and services. Cincinnati: South-Western Publ., 1995. p. 27-33.
2. LUCE, R. D.; RAIFFA, H. *Games and decisions*. New York: Willey, 1957.
3. SIMON, H. A. *The new science of management decision*. New York: Harper & Row, Publishers, Inc. 1960. p. 2.
4. SIMON, H. A. *The new science of management decision, op. cit.*, p. 2.
5. SIMON, H. A. The new science of management decision. *The shape of automation for men and management*. New York: Harper & Row, Publishers, Inc., 1965, Cap. III.
6. SIMON, H. A. *The new science of management decision, op. cit.*, p. 2.
7. SIMON, H. A. *The new science of management decision, op. cit.*, p. 10.
8. HAMPTON, D. R. *Contemporary management*. New York: McGraw-Hill Book Co., 1977. p. 175.
9. KILMANN, R. H. *Social systems design, normative theory and the MPAS design technology*. New York: Elsevier North-Holland, Inc., 1977. p. 210.
10. MITROFF, I. I.; SAGASTI, F. Epistemology as general systems theory: an approach to the design of complex decision-making experiments. *Philosophy of Social Science*, v. 3, p. 117-134, 1973.
11. RAIFFA, H. *Decision analysis*. Reading: Addison-Wesley Publishing Co., 1968.
12. HELLRIEGEL, D.; SLOCUM JR., J. W. *Management*: a contingency approach. Reading: Addison Wesley Publ. Co., 1974. p. 159.
13. VAZSONYI, A. *Scientific programming in business and industry*. New York: John Wiley & Sons, Inc., 1958. p. 18.
14. SIMON, H. A. *The shape of automation for men and management*. New York: Harper & Row Publ., Inc., 1965. p. 62.
15. KAST, F. E.; ROSENZWEIG, J. E. *Organization and management*: a systems approach. New York: McGraw-Hill Book Co., 1976.
16. LUTHANS, F. *Introduction to management*: a contingency approach. New York: McGraw-Hill Book Co., 1976. p. 202.
17. SIMON, H. A. *The shape of automation for men and management, op. cit.*, p. 64.
18. CHURCHMAN, C. W.; ACKOFF, R. L.; ANSOFF, E. L. *Introduction to operations research*. Nova York: John Wiley & Sons, 1957. p. 18.
19. HALL, A. D. A. *A methodology for systems engineering*. New York: D. Van Nostrand, 1962. p. 18.
20. SIEGEL, G. D. A unidade do método sistêmico. *Revista de Administração Pública*, v. 5, n. 1, p. 26, 1º semestre 1971.
21. CHURCHMAN, C. W.; ACKOFF, R. L.; ANSOFF, E. L. *Introduction to operations research, op. cit.*
22. NEUMANN, J. von; MORGENSTERN, O. *Theory of games and economic behavior*. Princeton: Princeton University Press, 1947.
23. POUNDSTONE, W. *Prisoner's dilema*: John Von Neumann, game theory and the puzzle of the bomb. New York: Anchor Books, 1992.
24. EPSTEIN, I. Teoria dos jogos. *Enciclopédia Abril*. São Paulo: Abril. p. 2680; 2681.
25. MARSHALL JR., B. Teoria das filas *apud* McCLOSKEY, J.; TREFETHEN, F. N. *Pesquisa operacional como instrumento de gerência*. São Paulo: Edgard Blücher, 1966. p. 152.
26. MARKLAND, R. E.; VICKERY, S. K.; DAVIS, R. A. *Operations management, op. cit.*, p. 841.
27. DEMING, W. E. *Qualidade*: a revolução da administração. São Paulo: Saraiva, 1990.

28. *Vide*: JURAN, J. M.; GRYNA, F. M. *Controle da qualidade*: conceitos, políticos e filosofia da qualidade. São Paulo: Makron Books, 1991. v. I.

    JURAN, J. M.; GRYNA, F. M. *Controle da qualidade*: componentes básicos da função qualidade. São Paulo: Makron Books, 1991. v. II.

    JURAN, J. M.; GRYNA, F. M. *Controle da qualidade*: ciclo dos produtos: do projeto à produção. São Paulo: Makron Books, 1991. v. III.

    JURAN, J. M.; GRYNA, F. M. *Controle da qualidade*: ciclo dos produtos: inspeção e teste. São Paulo: Makron Books, 1991. v. IV.

    JURAN, J. M. *Managerial breakthrough*. New York: McGraw-Hill Book Co., 1964.

    JURAN, J. M. *Juran on planning for quality*. New York: Free Press, 1988.

29. *Vide*: MIRSHAWKA, V. *A implantação da qualidade e da produtividade pelo método do Dr. Deming*. São Paulo: Makron Books, 1991.

    BERMANO FILHO, V. *Gerência econômica da qualidade através do TQC*. São Paulo: Makron Books, 1991.

    CROSBY, P. *Qualidade*: falando sério. São Paulo: Makron Books, 1991.

30. JURAN, J. M.; GRYNA, F. M. *Quality planning and analysis*. New York: McGraw-Hill Book Co., 1993. p. 9.

31. KAPLAN, R. S.; NORTON, D. P. *The strategy-focused organization*: how balanced scorecard companies thrive in the new business environment. Boston: Harvard Business School Press, 2000.

    Vide tradução em português: KAPLAN, R. S.; NORTON, D. P. *Organização orientada para a estratégia*: como as empresas que adotam o balanced scorecard prosperam no novo ambiente de negócios. Rio de Janeiro: Campus, 2001.

32. KAPLAN, R. S.; NORTON, D. P. *The strategy-focused organization, op. cit.*, p. 9-17.

33. KAPLAN, R. S.; NORTON, D. P. *The strategy-focused organization, op. cit.*, p. 9.

34. KOONTZ, H.; O'DONNELL, C. *Princípios de administração*: uma análise das funções administrativas. São Paulo: Pioneira, 1976. p. 175.

35. SIMON, H. A. *The new science of management decision, op. cit.*, p. 14-15.

36. LEAVITT, H. J. Applied organization change in industry: structural, technical, and human approaches. *In*: COOPER, W. W.; LEAVITT, H. J.; SHELLY II, M. W. (eds.). *New perspectives in organization research*. New York: John Wiley & Sons, Inc., 1964. p. 61-62.

37. KOONTZ, H. The management theory jungle. *In*: CARROL JR., Stephen; PAINE, Frank T.; MINER, John B. (ed.). *The management process*: cases and readings. New York: MacMillan, 1973. p. 22.

38. KOONTZ, H. The management theory jungle, *op. cit.*, p. 22.

39. MARKLAND, R. E.; VICKERY, S. K.; DAVIS, R. A. *Operations management, op. cit.*, p. 27-33.

40. SHINGO, S. *A revolution in manufacturing*: the SMED system. Stanford: Productivity Press, 1985.

41. WALLACE, T. F. *MRP II*: making it happen: the implementer's guide to success with manufacturing resource planning. Essex Junction: Oliver Wright Ltd. Publ., 1985. p. 5.

42. BLACKBURN, J. D. *Time-based competition*: the next battleground in american manufacturing. Homewood: Business One-Irwin, 1991. p. 69.

43. MOODY, P. E. *Strategic manufacturing*: dynamic new directions for the 1990's. Homewood: Dow-Jones Irwin, 1990. p. 191.

44. HAMMER, M; CHAMPY, J. Reengineering: the path to change. *Reengineering the corporation*: a manifesto for business revolution. New York: HarperBusiness, 1993. p. 31-49.

45. CHASE, R. B.; GARVIN, D. A. The service factory. *Harvard Business Review*, n. 67, p. 61-69, July-Aug. 1989.

46. Disponível em: www.fnq.org.br. Acesso em: 9 maio 2021.

47. Disponível em: www.fnq.org.br. Acesso em: 9 maio 2021.

7 TEORIA DE SISTEMAS: EM BUSCA DE UMA ABORDAGEM SISTÊMICA

OBJETIVOS DE APRENDIZAGEM

- Proporcionar uma visão sistêmica das organizações.
- Introduzir os conceitos de sistemas e suas aplicações à Administração.
- Definir o conceito de sistema aberto e seu intercâmbio com o ambiente.
- Discutir a abordagem sistêmica de Katz e Kahn.
- Discutir a abordagem sociotécnica de Tavistock.
- Apresentar uma apreciação crítica da Teoria de Sistemas.

O QUE VEREMOS ADIANTE

- Origens da Teoria Geral de Sistemas (TGS).
- Conceito de sistemas.
- O sistema aberto.
- A organização como um sistema aberto.
- Características da organização como um sistema aberto.
- Modelos de organização.
- Apreciação crítica da Teoria de Sistemas.

CASO INTRODUTÓRIO
A MasterPeças

Maria Amália está muito ligada à revolução que está varrendo o mundo empresarial em busca da competitividade. Ela é a Diretora Executiva da MasterPeças, empresa dedicada à produção e comercialização de peças e componentes para carros. Nos últimos cinco anos, Maria Amália comandou um processo de reorganização da empresa no sentido de tirar as gorduras (muita gente e muitos recursos) que se acumularam em seus processos de negócios e aumentar a eficácia e competitividade da empresa. Para tanto, precisa enfatizar a visão sistêmica do negócio e buscar maior integração entre os departamentos e aumentar a agilidade na criação e oferta de novos produtos. Como você poderia ajudá-la?

INTRODUÇÃO

A Teoria de Sistemas (TS) é um ramo específico da Teoria Geral de Sistemas (TGS). Com ela, a abordagem sistêmica chegou à Administração a partir da década de 1960 e tornou-se parte integrante da Teoria Administrativa, trazendo uma profunda modificação em suas bases e em sua dinâmica.

7.1 ORIGENS DA TEORIA GERAL DE SISTEMAS (TGS)

A TGS surgiu com os trabalhos do biólogo alemão Ludwig von Bertalanffy.[1] Ela não busca solucionar problemas ou tentar soluções práticas, mas produzir teorias e formulações conceituais para aplicações na realidade empírica e permite uma diferente visão da realidade organizacional. Os pressupostos básicos da TGS são:

- Existe uma forte tendência para a integração das ciências naturais e sociais.
- Essa integração parece orientar-se rumo a uma Teoria de Sistemas.
- A Teoria de Sistemas constitui o modo mais abrangente de estudar os campos não físicos do conhecimento científico, como as ciências sociais.
- A Teoria de Sistemas desenvolve princípios unificadores que atravessam verticalmente os universos particulares das diversas ciências envolvidas, visando ao objetivo da unidade da ciência.
- A Teoria de Sistemas conduz a uma integração na educação científica.

Bertallanfy critica a visão que se tem do mundo dividida em diferentes áreas, como Física, Química, Biologia, Psicologia, Sociologia etc. São divisões arbitrárias com fronteiras solidamente definidas e espaços vazios (áreas brancas) entre elas. A natureza não está dividida em nenhuma dessas partes. A TGS afirma que se deve estudar os sistemas globalmente, envolvendo todas as interdependências das suas partes. Lembra que a água é diferente do hidrogênio e do oxigênio que a constituem. E que o bosque é diferente das suas árvores.

A TGS fundamenta-se em três premissas básicas,[2] a saber:

1. **Os sistemas existem dentro de sistemas:** cada sistema é constituído de subsistemas e, ao mesmo tempo, faz parte de um sistema maior, o suprassistema. Cada subsistema pode ser detalhado em seus subsistemas componentes, e assim por diante. Também o suprassistema faz parte de um suprassistema maior. Esse encadeamento parece ser infinito. As moléculas existem dentro de células, que existem dentro de tecidos, que compõem os órgãos, que compõem os organismos, e assim por diante.

2. **Os sistemas são abertos:** é uma decorrência da premissa anterior. Cada sistema existe dentro de um meio ambiente constituído por outros sistemas maiores. Os sistemas abertos são caracterizados por um processo infinito de intercâmbio com o seu ambiente para trocar energia e informação continuamente.
3. **As funções de um sistema dependem de sua estrutura:** cada sistema tem um objetivo ou uma finalidade que constitui o seu papel no intercâmbio com outros sistemas dentro do meio ambiente. Os sistemas estão intimamente relacionados entre si e com outros sistemas, influenciando-se reciprocamente. É a sua estrutura que define suas funções.

SAIBA MAIS — **Sobre a abordagem sistêmica**

Não é propriamente a TGS que nos interessa, mas o seu produto principal: a sua abordagem de sistemas. Doravante, deixaremos a TGS de lado para falarmos de Teoria de Sistemas (TS). A TS se opõe ao mecanicismo que divide organismos em agregados de células, células em agregados de moléculas, moléculas em agregados de átomos e o comportamento humano num agregado de reflexos condicionados e incondicionados. A partir da TS surgem novas denominações, como sistema solar em Astronomia, sistema social em Sociologia, sistema monetário em Economia, sistemas nervoso, digestivo e respiratório em Fisiologia, e assim por diante, mas dentro de uma visão global e integrada. O conceito de sistemas passou a dominar profundamente as ciências e, principalmente, a Administração.

A Teoria de Sistemas introduziu-se na Teoria Administrativa por várias razões:
- A necessidade de uma síntese e integração das teorias que a precederam, esforço tentado sem muito sucesso pelas Teorias Estruturalista e Comportamental. Todas as teorias anteriores tinham um ponto fraco: a microabordagem. Elas lidavam com pouquíssimas variáveis da situação total e reduziram-se a algumas variáveis impróprias que não tinham tanta importância em Administração.
- A Cibernética permitiu o desenvolvimento e a operacionalização das ideias que convergiam para uma teoria de sistemas aplicada à Administração.
- Os resultados bem-sucedidos da aplicação da Teoria de Sistemas nas demais ciências.

O conceito de sistemas proporciona uma visão compreensiva, abrangente, holística e gestáltica de um conjunto de coisas complexas dando-lhes uma configuração e identidade total. A análise

Aumente seus conhecimentos sobre **Holismo** na seção *Saiba mais TGA 2 7.1*

sistêmica – ou análise de sistemas – das organizações permite revelar o "geral no particular", indicando as propriedades gerais das organizações de uma maneira global e totalizante, que não são reveladas pelos métodos ordinários de análise científica. Em suma, a Teoria de Sistemas permite reconceituar os fenômenos dentro de uma abordagem global, permitindo a inter-relação e a integração de assuntos que são, na maioria das vezes, de naturezas completamente diferentes.[3]

7.2 CONCEITO DE SISTEMAS

O conceito de sistemas foi abordado no Capítulo 5. A palavra *sistema* denota um conjunto de elementos interdependentes e interagentes ou um grupo de unidades combinadas que formam um todo organizado. Sistema é um conjunto ou combinações de coisas ou partes formando um todo unitário.[4]

- **Características dos sistemas:** os sistemas apresentam características próprias. O conceito de sistema é a ideia de um conjunto de elementos interligados para formar um todo. O todo apresenta propriedades e características próprias que não são encontradas em nenhum dos seus elementos isolados. É o que chamamos de emergente sistêmico: uma propriedade ou característica que existe no sistema como um todo e não existe em seus elementos em particular. As características da água, por exemplo, são totalmente diferentes do hidrogênio e oxigênio que a formam.

  Da definição de Bertalanffy,[5] segundo a qual o sistema é um conjunto de unidades reciprocamente relacionadas, decorrem dois conceitos: o de propósito (ou objetivo) e o de globalismo (ou totalidade). Esses dois conceitos retratam duas características básicas do sistema.

  - **Propósito ou objetivo:** todo sistema tem um ou alguns propósitos ou objetivos. As unidades ou elementos (ou objetos), bem como os relacionamentos, definem um arranjo que visa sempre um objetivo ou finalidade a alcançar.
  - **Globalismo ou totalidade:** todo sistema tem uma natureza orgânica, pela qual uma ação que produza mudança em uma das unidades do sistema deverá produzir mudanças em todas as suas outras unidades. Em outros termos, qualquer estimulação em qualquer unidade do sistema afetará todas as unidades em virtude do relacionamento existente entre elas. O efeito total dessas mudanças ou alterações proporcionará um ajustamento de todo o sistema. O sistema sempre reagirá globalmente a qualquer estímulo produzido em qualquer parte ou unidade. À medida que o sistema sofre mudanças, o ajustamento sistemático é contínuo. Das mudanças e dos ajustamentos contínuos do sistema decorrem dois fenômenos: o da entropia e o da homeostasia.[6]

 Aumente seus conhecimentos sobre **Sistema, subsistema e suprassistema** na seção *Saiba mais* TGA 2 7.2

Na verdade, o enfoque de sistemas – como uma série de atividades e processos que fazem parte de um todo maior – é uma maneira de olhar o mundo e a nós mesmos. No passado, até se podiam visualizar sistemas, mas não haviam meios tecnológicos para se aperceber dessa visão. A produção em massa exemplifica um enfoque de sistemas. Ela não é apenas uma coleção de coisas, mas um conceito integrado e uma visão unificadora do processo produtivo que requer um grande número de coisas – como máquinas, equipamentos e instalações –, mas não começa com essas coisas: estas é que decorrem da visão do sistema. A ideia de sistema lembra conectividade, integração e totalidade.

- **Tipos de sistemas:** há uma variedade de sistemas e várias tipologias para classificá-los. Os tipos de sistemas são:
  - **Quanto à sua constituição:** os sistemas podem ser físicos ou abstratos:
    a) **Sistemas físicos ou concretos:** são compostos de equipamentos, maquinaria, objetos e coisas reais. São denominados *hardware*.[7] Podem ser descritos em termos quantitativos de desempenho.
    b) **Sistemas abstratos ou conceituais:** são compostos de conceitos, filosofias, planos, hipóteses e ideias. Aqui, os símbolos representam atributos e objetos, que muitas vezes só existem no pensamento das pessoas. São denominados *software*.[8]

SAIBA MAIS — *Hardware e software*

Na realidade, há uma complementaridade entre sistemas físicos e sistemas abstratos: os sistemas físicos (como as máquinas, por exemplo) precisam de um sistema abstrato (programação) para poder funcionar e desempenhar suas funções. A recíproca também é verdadeira: os sistemas abstratos somente se realizam quando aplicados a algum sistema físico. *Hardware* e *software* se complementam. É o exemplo de uma escola com suas salas de aulas, carteiras, lousas, iluminação etc. (sistema físico) para desenvolver um programa de educação (sistema abstrato); ou um centro de processamento de dados, onde o equipamento e os circuitos processam programas de instruções ao computador.

  - **Quanto à sua natureza:** os sistemas podem ser fechados ou abertos:
    a) **Sistemas fechados:** não apresentam intercâmbio com o meio ambiente que os circunda, pois são herméticos a qualquer influência ambiental. Sendo assim, não recebem influência nem influenciam o ambiente. Não recebem nenhum recurso externo e nada produzem que seja enviado para fora. A rigor, não existem sistemas fechados na acepção exata do termo. A denominação *sistemas fechados* é dada aos sistemas cujo comportamento é determinístico e programado e que operam com pequeno e conhecido intercâmbio de matéria e energia com o meio ambiente. O termo também é utilizado para os sistemas estruturados, em que os elementos e as relações combinam-se de maneira peculiar e rígida, produzindo uma saída invariável. São os chamados sistemas mecânicos, como as máquinas e os equipamentos.
    b) **Sistemas abertos:** apresentam relações de intercâmbio com o ambiente por meio de inúmeras entradas e saídas. Os sistemas abertos trocam matéria e energia regularmente com o meio ambiente. São adaptativos, isto é, para sobreviver devem reajustar-se constantemente às condições do meio. Mantêm um jogo recíproco com o ambiente e sua estrutura é otimizada quando o conjunto de elementos do sistema

se organiza por meio de uma operação adaptativa. A adaptabilidade é um contínuo processo de aprendizagem e de auto-organização.

- **Parâmetros dos sistemas:** o sistema é caracterizado por parâmetros que estudamos no Capítulo 5. Parâmetros são constantes arbitrárias que caracterizam, por suas propriedades, o valor e a descrição dimensional de um sistema ou componente do sistema. Os parâmetros dos sistemas são: entrada, saída, processamento, retroação e ambiente.
  - **Entrada ou insumo (*input*):** é a força ou impulso de arranque ou de partida do sistema que fornece material, energia ou informação para a operação do sistema. Recebe também o nome de importação.
  - **Saída ou produto ou resultado (*output*):** é a consequência para a qual se reuniram elementos e relações do sistema. Os resultados de um sistema são as saídas. Estas devem ser congruentes (coerentes) com o objetivo do sistema. Os resultados dos sistemas são finais (conclusivos), enquanto os resultados dos subsistemas são intermediários. Recebe o nome de exportação.
  - **Processamento ou processador ou transformador (*throughput*):** é o mecanismo de conversão das entradas em saídas. O processador está empenhado na produção de um resultado. O processador pode ser representado pela caixa negra: nela entram os insumos e dela saem os produtos.
  - **Retroação, retroalimentação, retroinformação (*feedback*) ou alimentação de retorno:** é a função de sistema que compara a saída com um critério ou padrão previamente estabelecido. A retroação tem por objetivo o controle, ou seja, o estado de um sistema sujeito a um monitor. Monitor é uma função de guia, direção e acompanhamento. Assim, a retroação é um subsistema planejado para "sentir" a saída (registrando sua intensidade ou qualidade) e compará-la com um padrão ou critério preestabelecido para mantê-la controlada dentro daquele padrão ou critério, evitando desvios. A retroação visa manter o desempenho de acordo com o padrão ou critério, escolhido. No fundo, tudo o que vai volta ou retorna pela retroação.
  - **Ambiente:** é o meio que envolve externamente o sistema. O sistema aberto recebe suas entradas do ambiente, processa-as e efetua saídas ao ambiente, de tal forma que existe entre ambos – sistema e ambiente – uma constante interação. O sistema e o ambiente encontram-se inter-relacionados e interdependentes. Para que o sistema seja viável e sobreviva, ele deve se adaptar ao ambiente por meio de uma constante interação. Assim, a viabilidade ou sobrevivência de um sistema depende de sua capacidade de adaptar-se, mudar e responder às exigências e demandas do ambiente externo. O ambiente serve como fonte de energia, materiais e informação ao sistema. Como o ambiente muda continuamente, o processo de adaptação do sistema deve ser sensitivo e dinâmico. Essa abordagem "ecológica" indica que o ambiente pode ser um recurso para o sistema como pode também ser uma ameaça à sua sobrevivência.

Quadro 7.1 Características, tipos e parâmetros dos sistemas

1. Características dos sistemas:
   - Propósito ou objetivo.
   - Globalismo ou totalidade.

2. Tipos de sistemas:
   - Quanto à sua constituição: concretos ou abstratos.
   - Quanto à sua natureza: fechados ou abertos.

3. Parâmetros dos sistemas:
   - Entrada ou insumo (*input*).
   - Saída, produto ou resultado (*output*).
   - Processamento ou processado (*throughput*).
   - Retroação ou retroalimentação (*feedback*).
   - Ambiente.

PARA REFLEXÃO

O sistema integrado da Centrum Express

A Centrum Express é uma empresa dinâmica e inovadora. Verônica Gonçalves, a diretora-geral, está sempre introduzindo inovações na organização. Uma delas é a integração dos vários sistemas internos para obter coordenação de esforços e sinergia nos resultados. A Centrum tem vários sistemas separados que individualmente funcionam muito bem: um sistema financeiro (faturamento, bancos, investimentos, cobrança e tesouraria), um sistema de marketing (vendas, previsão de vendas, entregas, estoques de produtos, clientes e pedidos), um sistema de produção (programação de produção, programação de compras, programação de mão de obra, produtividade e produção diária) e um sistema de recursos humanos (classificação de cargos, salários, programas de treinamento, necessidades de recrutamento e seleção, benefícios e habilidades disponíveis). Como ela poderia integrar todos esses diferentes sistemas para alcançar sinergia?

7.3 O SISTEMA ABERTO

O sistema aberto se caracteriza por um intercâmbio de transações com o seu ambiente externo e conserva-se constantemente no mesmo estado (autorregulação) apesar da matéria e energia que o integram se renovarem constantemente (equilíbrio dinâmico ou homeostasia). O organismo humano, por exemplo, não pode ser considerado mera aglomeração de elementos separados, mas um sistema definido que possui integridade e organização. Assim, o sistema aberto – como o organismo – é influenciado pelo meio ambiente e influi sobre ele, alcançando um estado de equilíbrio dinâmico nesse meio. O modelo de sistema aberto é um complexo de elementos em interação e intercâmbio contínuo com o seu ambiente. Por essa razão, a abordagem sistêmica provocou profundas repercussões na Teoria Administrativa.

O ambiente que envolve as organizações – social, econômico, político, cultural, tecnológico – fora negligenciado durante todo o período anterior pela Teoria Administrativa.

Quadro 7.2 Diferenças entre sistemas vivos e sistemas organizados[9]

Sistemas vivos (organismos)	Sistemas organizados (organizações)
■ Nascem, herdam seus traços estruturais. ■ Morrem, seu tempo de vida é limitado. ■ Têm um ciclo de vida predeterminado. ■ São concretos – o sistema é descrito em termos físicos e químicos. ■ São completos. O parasitismo e a simbiose são excepcionais. ■ A doença é definida como um distúrbio no processo vital.	■ São organizados, adquirem sua estrutura em estágios. ■ Podem ser reorganizados, têm vida ilimitada e podem ser reconstruídos. ■ Não têm ciclo de vida definido. ■ São abstratos – o sistema é descrito em termos psicológicos e sociológicos. ■ São incompletos: dependem de cooperação com outras organizações. Suas partes são intercambiáveis. ■ O problema é definido como um desvio nas normas sociais.

Existem diferenças fundamentais entre os sistemas abertos – os sistemas biológicos e sociais, como a célula, a planta, o homem, a organização, a sociedade, as nações – e os sistemas fechados – como os sistemas físicos, como as máquinas, os equipamentos, o relógio, o termostato, os *smartphones* – a saber:[10]

- O sistema aberto está em constante interação dual com o ambiente. Dual no sentido de que o influencia e é por ele influenciado. Age a um tempo, como variável independente e como variável dependente do ambiente. O sistema fechado não interage com o ambiente.
- O sistema aberto tem capacidade de crescimento, mudança, adaptação ao ambiente e até autorreprodução sob certas condições ambientais. O sistema fechado não tem essa capacidade. Portanto, o estado atual, final ou futuro do sistema aberto não é, necessária nem rigidamente, condicionado por seu estado original ou inicial, porque o sistema aberto tem reversibilidade. Enquanto isso, o estado atual e futuro ou final do sistema fechado será sempre o seu estado original ou inicial.
- É contingência do sistema aberto competir com outros sistemas, o que não ocorre com o sistema fechado.

7.4 A ORGANIZAÇÃO COMO UM SISTEMA ABERTO

O conceito de sistema aberto é perfeitamente aplicável à organização empresarial. A organização é um sistema criado pelo homem e mantém uma dinâmica interação com seu meio ambiente, sejam clientes, fornecedores, concorrentes, entidades sindicais, órgãos governamentais e outros agentes externos. Influi sobre o meio ambiente e recebe influência dele. Além disso, é um sistema integrado por diversas partes ou unidades relacionadas entre si, que trabalham em harmonia umas com as outras, com a finalidade de alcançar uma série de objetivos, tanto da organização quanto de seus participantes.

Em suma, o sistema aberto "pode ser compreendido como um conjunto de partes em constante interação e interdependência, constituindo um todo sinérgico (o todo é maior do que a soma das partes), orientado para determinados propósitos (comportamento teleológico orientado para fins) e em permanente relação de interdependência com o ambiente (entendida como a dupla capacidade de influenciar o meio externo e ser por ele influenciado)".[11]

Aumente seus conhecimentos sobre **A organização como um organismo vivo** na seção *Saiba mais* TGA 2 7.3

7.4.1 Características das organizações como sistemas abertos

As organizações possuem as características próprias de sistemas abertos, como:

- **Comportamento probabilístico e não determinístico:** como todos os sistemas sociais, as organizações são sistemas abertos afetados por mudanças em seus ambientes, denominadas variáveis externas. O ambiente inclui variáveis desconhecidas e incontroláveis. Por essa razão, as consequências dos sistemas sociais são probabilísticas e não determinísticas, e seu comportamento não é totalmente previsível. As organizações são complexas e respondem a muitas variáveis ambientais que não são totalmente compreensíveis.[12]

- **As organizações são partes de uma sociedade maior e são constituídas de partes menores:** as organizações são vistas como sistemas dentro de sistemas. Os sistemas são "complexos de elementos colocados em interação".[13] Essa focalização incide mais sobre as relações entre os elementos interagentes cuja interação produz uma totalidade que não pode ser compreendida pela simples análise das várias partes tomadas isoladamente.

- **Interdependência das partes:** a organização é um sistema social cujas partes são independentes mas inter-relacionadas. "O sistema organizacional compartilha com os sistemas biológicos a propriedade de interdependência de suas partes, de modo que a mudança em uma das partes provoca impacto sobre as outras."[14] A organização não é um sistema mecânico no qual uma das partes pode ser mudada sem um efeito concomitante sobre as outras partes. Em consequência da diferenciação provocada pela divisão do trabalho, as partes precisam ser coordenadas por meios de integração e de controle.

- **Homeostase ou "estado sólido":** a organização alcança um estado firme – ou seja, um estado de equilíbrio – por meio da retroação, quando satisfaz dois requisitos: a unidirecionalidade e o progresso.[15]
  - **Unidirecionalidade ou constância de direção:** apesar das mudanças do ambiente ou da organização, os mesmos resultados são atingidos. O sistema continua orientado para o mesmo fim, usando outros meios.
  - **Progresso com relação ao objetivo:** o sistema mantém, em relação ao fim desejado, um grau de progresso dentro dos limites definidos como toleráveis. O grau de progresso pode ser melhorado quando a empresa alcança o resultado com menor esforço, com maior precisão e sob condições de variabilidade.

Além do mais, toda organização – como um sistema aberto – precisa conciliar dois processos opostos, ambos imprescindíveis para a sua sobrevivência, a saber:[16]

- **Homeostasia:** é a tendência do sistema em permanecer estático ou em equilíbrio, mantendo inalterado o seu *status quo* interno apesar das mudanças no ambiente.
- **Adaptabilidade:** é a mudança do sistema no sentido de ajustar-se aos padrões requeridos em sua interação com o ambiente externo, alterando o seu *status quo* interno para alcançar um equilíbrio diante de novas situações.

SAIBA MAIS — **Homeostasia *versus* adaptabilidade**

A homeostasia garante a rotina do sistema, enquanto a adaptabilidade leva à ruptura, a mudança e à inovação. Rotina e ruptura. Manutenção e inovação. Estabilidade e mudança. Identidade e ajustamento. Ambos os processos são levados a cabo pela organização para garantir a sua viabilidade.

- **Fronteiras ou limites:** fronteira é a linha que demarca e define o que está dentro e o que está fora do sistema ou subsistema. Nem sempre a fronteira existe fisicamente. Os sistemas sociais têm fronteiras que se superpõem. Um indivíduo pode ser membro de duas ou mais organizações, simultaneamente.

    As organizações têm fronteiras que as diferenciam dos ambientes. As fronteiras variam quanto ao grau de permeabilidade: são linhas de demarcação que podem deixar passar maior ou menor intercâmbio com o ambiente. As transações entre organização e ambiente são feitas pelos elementos situados nas fronteiras organizacionais, isto é, na periferia da organização. A permeabilidade das fronteiras define o grau de abertura do sistema em relação ao ambiente. É por meio da fronteira que existe a interface. Interface é a área ou o canal entre os diferentes componentes de um sistema por meio do qual a informação é transferida ou o intercâmbio de energia, matéria ou informação é realizado.

- **Morfogênese:** diferentemente dos sistemas mecânicos e mesmo dos sistemas biológicos, o sistema organizacional tem a capacidade de modificar a si próprio e sua estrutura básica: é a propriedade morfogênica das organizações, considerada por Buckley[17] a característica identificadora das organizações. Uma máquina não pode mudar suas engrenagens e um animal não pode criar uma cabeça a mais. Porém, a organização pode modificar sua constituição e estrutura por um processo cibernético, pelo qual seus membros comparam os resultados desejados com os resultados obtidos e detectam os erros que devem ser corrigidos para modificar a situação.

- **Resiliência:** em linguagem científica, a resiliência é a capacidade de superar o distúrbio imposto por um fenômeno externo. Como sistemas abertos, as organizações têm capacidade de enfrentar e superar perturbações externas provocadas pelo seu ambiente sem que percam o seu potencial de auto-organização. A resiliência determina o grau de defesa ou de vulnerabilidade do sistema a pressões ambientais externas. O termo resiliência vem da física para explicar o comportamento de molas ou elásticos que após pressão retornam ao seu estado anterior. Isso explica o fracasso nas tentativas de mudança nos modelos tradicionais e burocráticos ao sofrerem forte resistência ao avanço da inovação e da mudança.

Aumente seus conhecimentos sobre **O sistema aberto tem muitas portas e janelas abertas** na seção *Saiba mais* TGA 2 7.4

Quadro 7.3 Características das organizações como sistemas abertos

1. Comportamento probabilístico e não determinístico.
2. As organizações como partes de uma sociedade maior.
3. Interdependência das partes.
4. Homeostase ou "estado firme":
   - Unidirecionalidade.
   - Progresso em relação ao objetivo.
   - Homeostasia e equilíbrio.
   - Adaptabilidade.
5. Fronteiras ou limites.
6. Morfogênese.
7. Resiliência.

PARA REFLEXÃO

A Global Face

Meditando a respeito de sua empresa, a Global Face, Waldomiro Pena começou a pensar em uma nova forma de gestão dos seus negócios. A Global Face tinha passado por várias mudanças de produtos e serviços, novas exigências de clientes, alterações na legislação e nas políticas governamentais, e, agora, a globalização e o forte desenvolvimento tecnológico que envelhece rapidamente qualquer produto e o torna obsoleto em questão de instantes. A Global Face passara por tudo isso e continuava firme, mas perdera terreno para empresas concorrentes. Waldomiro acha que a empresa poderia ser mais sensitiva ao mercado e mais aberta para o ambiente de negócios. Quais sugestões você daria a Waldomiro a respeito da Global Face?

7.5 MODELOS DE ORGANIZAÇÃO

Existem vários modelos que explicam a organização como um sistema aberto. Abordaremos três deles: o modelo de Schein, Katz e Kahn, e o sociotécnico.

1. **Modelo de Schein.** Schein[18] propõe alguns aspectos que a Teoria de Sistemas considera na definição de organização:
   - **A organização é um sistema aberto, em constante interação com o meio:** recebendo matéria-prima, pessoas, energia e informações e transformando-as ou convertendo-as em produtos e serviços que são exportados para o meio ambiente.
   - **A organização é um sistema com objetivos ou funções múltiplas:** que envolvem interações múltiplas com o meio ambiente.

- **A organização é um conjunto de subsistemas em interação dinâmica:** uns com os outros. Deve-se analisar o comportamento dos subsistemas em vez de focalizar os comportamentos individuais.
- **Os subsistemas são mutuamente dependentes:** e as mudanças ocorridas em um deles afetam o comportamento dos outros.
- **A organização existe em um ambiente dinâmico:** que compreende outros sistemas e outras organizações. O funcionamento da organização não pode ser compreendido sem considerar as demandas impostas pelo meio ambiente.
- **Os múltiplos elos entre a organização e seu meio ambiente:** tornam difícil a clara definição das fronteiras organizacionais.

Quadro 7.4 Modelo de organização de Schein

- A organização é um sistema aberto.
- A organização tem objetivos.
- A organização é um conjunto de subsistemas.
- Os subsistemas são mutuamente dependentes.
- A organização existe em um ambiente dinâmico.
- É difícil definir as fronteiras organizacionais.

VOLTANDO AO CASO INTRODUTÓRIO
A MasterPeças

Maria Amália acredita que uma empresa como a MasterPeças requer uma forte integração em toda a extensão de sua cadeia de valor. Para isso, precisa envolver clientes, fornecedores e parceiros que fazem parte direta ou indiretamente do negócio da empresa. Para Maria Amália, qualquer melhoria interna somente daria resultados se fosse acompanhada de melhoria externa. Quais as sugestões que você daria a ela?

2. **Modelo de Katz e Kahn.** Katz e Kahn desenvolveram um modelo de organização[19] por meio da aplicação da Teoria de Sistemas à Teoria Administrativa. No modelo proposto, a organização apresenta as características típicas de um sistema aberto:
   - **A organização como um sistema aberto**. A organização é um sistema aberto que apresenta as seguintes características:
      a) **Importação (entradas):** a organização recebe insumos do ambiente e depende de suprimentos renovados de energia de outras instituições ou de pessoas. Nenhuma estrutura social é autossuficiente ou autocontida.
      b) **Transformação (processamento):** os sistemas abertos transformam a energia recebida. A organização processa e transforma seus insumos em produtos acabados,

mão de obra treinada, serviços etc. Essas atividades acarretam alguma reorganização das entradas.

c) **Exportação (saídas):** os sistemas abertos exportam seus produtos, serviços ou resultados para o meio ambiente.

d) **Os sistemas são ciclos de eventos que se repetem:** "o funcionamento do sistema aberto consiste em ciclos recorrentes de importação –transformação – exportação. A importação e a exportação são transações que envolvem o sistema e setores do seu ambiente imediato, enquanto a transformação é um processo contido dentro do próprio sistema."[20] As organizações reciclam constantemente suas operações ao longo do tempo.

e) **Entropia negativa:** a entropia é um processo pelo qual todas as formas organizadas tendem à exaustão, desorganização, desintegração e, no fim, à morte. Para sobreviver, os sistemas abertos precisam se mover para deterem o processo entrópico e se reabastecerem de energia, mantendo indefinidamente sua estrutura organizacional. É um processo reativo de obtenção de reservas de energia que recebe o nome de entropia negativa ou negentropia.

f) **Informação como insumo, retroação negativa e processo de codificação:** os sistemas abertos recebem insumos, como materiais ou energia, que são transformados ou processados. Recebem também entradas de caráter informativo, que proporcionam sinais à estrutura sobre o ambiente e sobre seu próprio funcionamento em relação a ele.

SAIBA MAIS   **Retroação negativa**

O tipo mais simples de entrada de informação é a retroação negativa (*negative feedback*), que permite ao sistema corrigir seus desvios da linha certa. As partes do sistema enviam de volta informação sobre os efeitos de sua operação a algum mecanismo central ou subsistema, o qual atua sobre tal informação e mantém o sistema na direção correta. Quando a retroação negativa é interrompida, o estado firme do sistema desaparece e sua fronteira se desvanece, pois esse dispositivo permite que o sistema se mantenha no curso certo sem absorver excesso de energia ou gastá-la em demasia. Além disso, o processo de codificação permite ao sistema reagir seletivamente apenas em relação aos sinais de informação para os quais esteja sintonizado. A codificação é um sistema de seleção de entradas pelo qual os materiais são rejeitados ou aceitos e traduzidos para a estrutura. A confusão existente no ambiente é racionalizada por meio do uso de categorias simplificadas e significativas para o sistema.

g) **Estado firme e homeostase dinâmica:** o sistema aberto mantém certa constância no intercâmbio de energia importada e exportada do ambiente, assegurando seu caráter organizacional e evitando o processo entrópico. Assim, os sistemas abertos caracterizam-se por um estado firme: existe um influxo contínuo de energia do ambiente exterior e uma exportação contínua dos produtos do sistema, porém o quociente de intercâmbios de energia e as relações entre as partes continuam os mesmos. O estado firme é observado no processo homeostático que regula a temperatura do corpo: as condições externas de temperatura e umidade podem variar, mas a temperatura do corpo permanece a mesma. A tendência mais simples do estado firme é a homeostase, e o seu princípio básico é a preservação do caráter do sistema: o equilíbrio quase estacionário proposto por Lewin. Segundo esse conceito, os sistemas reagem à mudança ou a antecipam por intermédio do crescimento que assimila as novas entradas de energia nas suas estruturas. Os altos e baixos desse ajustamento contínuo nem sempre trazem o sistema de volta ao seu nível primitivo. Assim, os sistemas vivos apresentam um crescimento ou expansão, no qual maximizam seu caráter básico, importando mais energia do que a necessária para a sua saída, a fim de garantir sua sobrevivência e obter alguma margem de segurança além do nível imediato de existência.

h) **Diferenciação:** a organização, como sistema aberto, tende à diferenciação, isto é, à multiplicação e elaboração de funções, o que lhe traz também multiplicação de papéis e diferenciação interna. Os padrões difusos e globais são substituídos por funções especializadas, hierarquizadas e diferenciadas. A diferenciação é uma tendência para a elaboração de estrutura.

i) **Equifinalidade:** os sistemas abertos são caracterizados pelo princípio de equifinalidade: um sistema pode alcançar, por uma variedade de caminhos, o mesmo resultado final, partindo de diferentes condições iniciais. À medida que os sistemas abertos desenvolvem mecanismos regulatórios (homeostase) para regular suas operações, a quantidade de equifinalidade é reduzida. Porém, a equifinalidade permanece: existe mais de um modo de o sistema produzir determinado resultado, ou seja, existe mais de um caminho para o alcance de um objetivo. O modo estável do sistema pode ser atingido a partir de condições iniciais diferentes e por meios diferentes.

j) **Limites ou fronteiras:** como um sistema aberto, a organização apresenta limites ou fronteiras, isto é, barreiras entre o sistema e o ambiente. Os limites ou fronteiras definem a esfera de ação do sistema, bem como o seu grau de abertura (receptividade de insumos) em relação ao ambiente.

Aumente seus conhecimentos sobre **Negentropia ou entropia negativa** na seção *Saiba mais* TGA 2 7.5

As organizações constituem uma classe de sistemas sociais, os quais constituem uma classe de sistemas abertos. Como tal, as organizações têm propriedades peculiares e compartilham das propriedades dos sistemas abertos, como entropia negativa, retroinformação, homeostase, diferenciação e equifinalidade. Os sistemas abertos não estão em repouso, nem são estáticos, pois tendem à elaboração e à diferenciação.

- **Características de primeira ordem**. As características das organizações como sistemas sociais são as seguintes:[21]

a) **Os sistemas sociais não têm limitação de amplitude:** as organizações sociais estão vinculadas a um mundo concreto de seres humanos, de recursos materiais, de fábricas e de outros artefatos, porém esses elementos não se encontram em interação natural entre si. O sistema social é independente de qualquer parte física, podendo alijá-la ou substituí-la, pois representa a estruturação de eventos ou acontecimentos, e não a estruturação de partes físicas. Enquanto os sistemas físicos ou biológicos têm estruturas anatômicas que podem ser identificadas (como automóveis ou organismos), os sistemas sociais não podem ser representados por modelos físicos. Há uma enorme diferença entre a estrutura socialmente planejada do sistema social e a estrutura física da máquina ou do organismo humano e do sistema físico ou biológico.

b) **Os sistemas sociais necessitam de entradas de manutenção e de produção:** as entradas de manutenção são importações da energia que sustenta o funcionamento do sistema, enquanto as entradas de produção são as importações da energia que é processada para proporcionar um resultado produtivo. As entradas de produção incluem as motivações que atraem as pessoas e as mantêm trabalhando dentro do sistema social.

c) **Os sistemas sociais têm sua natureza planejada:** são sistemas inventados pelo homem e, portanto, imperfeitos. Eles se baseiam em atitudes, crenças, percepções, motivações, hábitos e expectativas das pessoas. Apesar da rotatividade do pessoal, apresentam constância nos padrões de relações.

d) **Os sistemas sociais apresentam maior variabilidade que os sistemas biológicos:** por isso, os sistemas sociais precisam utilizar forças de controle para reduzir a variabilidade e instabilidade das ações humanas, situando-as em padrões uniformes e dignos de confiança por parte do sistema social.

e) **As funções, as normas e os valores são os principais componentes do sistema social:** as funções descrevem as formas de comportamento associado a determinadas tarefas a partir dos requisitos da tarefa e constituem formas padronizadas de comportamento, requeridas das pessoas que desempenham as tarefas. As normas são expectativas gerais com caráter de exigência, atingindo a todos os incumbidos de desempenho de função. Valores são as justificações e aspirações ideológicas mais generalizadas. Assim, os comportamentos de função dos membros, as normas que prescrevem e sancionam esses comportamentos e os valores em que as normas se acham implantadas constituem as bases sociopsicológicas dos sistemas sociais para garantir sua integração.

f) **As organizações sociais constituem um sistema formalizado de funções:** representam um padrão de funções interligadas que definem formas de atividades prescritas ou padronizadas. As regras definem o comportamento esperado das pessoas no sistema e são explicitamente formuladas. Para a imposição das regras existem as sanções.

g) **O conceito de inclusão parcial:** a organização utiliza apenas os conhecimentos e as habilidades das pessoas que lhes são importantes. Os demais aspectos das pessoas são simplesmente ignorados. Assim, a organização não requer nem solicita a pessoa inteira. As pessoas pertencem a muitas organizações e nenhuma destas é capaz de obter o pleno empenho das suas personalidades. As pessoas incluem-se apenas parcialmente nas organizações.

h) **A organização em relação a seu meio ambiente:** o funcionamento organizacional deve ser estudado em relação às transações com o meio ambiente. Essa relação envolve os conceitos de sistemas, subsistemas e supersistemas: os sistemas sociais – como sistemas abertos – dependem de outros sistemas sociais. Sua caracterização como subsistemas, sistemas ou supersistemas depende do grau de autonomia na execução de suas funções.

- **Cultura e clima organizacionais.** Katz e Kahn salientam que "cada organização cria sua própria cultura com seus próprios tabus, usos e costumes. A cultura do sistema reflete as normas e os valores do sistema formal e sua reinterpretação pelo sistema informal, bem como decorre das disputas internas e externas das pessoas que a organização atrai, seus processos de trabalho e distribuição física, as modalidades de comunicação e o exercício da autoridade dentro do sistema. Assim como a sociedade tem uma herança cultural, as organizações sociais possuem padrões distintivos de sentimentos e crenças coletivos, que são transmitidos aos novos membros".[22]

- **Dinâmica do sistema.** Para poderem se manter, as organizações sociais recorrem à multiplicação de mecanismos, pois lhes falta a estabilidade intrínseca dos sistemas biológicos. Assim, as organizações sociais criam mecanismos de recompensas a fim de vincular seus membros ao sistema, estabelecem normas e valores para justificar e estimular as atividades requeridas e as estruturas de autoridade para controlar e dirigir o comportamento organizacional.

- **Conceito de eficácia organizacional.**[23] "Como sistemas abertos, as organizações sobrevivem somente enquanto forem capazes de manter negentropia, isto é, importação sob todas as formas de quantidades maiores de energia do que elas devolvem ao ambiente como produto. A razão é óbvia. Uma parte da entrada de energia em uma organização é investida diretamente e objetivada como saída organizacional. Porém, uma parte da entrada absorvida é consumida pela organização. Para fazer o trabalho de transformação, a própria organização precisa ser criada e receber energia a ser mantida, e tais requisitos estão refletidos na inevitável perda de energia entre a entrada e a saída."[24]

SAIBA MAIS — **Eficácia organizacional**

Assim, a eficiência, para Katz e Kahn, refere-se ao quanto de entrada de uma organização resulta como produto e quanto é absorvido pelo sistema. A eficiência relaciona-se com a necessidade de sobrevivência da organização. A eficácia organizacional relaciona-se com a extensão em que todas as formas de rendimento para a organização são maximizadas, o que é determinado pela combinação da eficiência da organização e seu êxito em obter condições vantajosas ou entradas de que necessita. A eficiência busca incrementos por meio de soluções técnicas e econômicas, enquanto a eficácia procura a maximização do rendimento para a organização, por meios técnicos e econômicos (eficiência) e por meios políticos (não econômicos).

- **Organização como um sistema de papéis.** *Papel* é o conjunto de atividades solicitadas de um indivíduo que ocupa determinada posição em uma organização. Os requisitos podem ser óbvios ao indivíduo, em virtude de seu conhecimento da tarefa ou do processo técnico ou lhe podem ser comunicados pelos membros da organização que solicitam ou dependem de seu comportamento em papel para que possam atender às expectativas de seus próprios cargos. Assim, a organização consiste de papéis ou aglomerados de atividades esperadas dos indivíduos e que se superpõem. A organização é uma estrutura de papéis. Melhor dizendo, um sistema de papéis.

Quadro 7.5 Modelo de organização de Katz e Kahn

a) Organização como um sistema aberto:	b) Características de primeira ordem:
■ Importação (entradas).	■ Sistemas sociais têm limitação de amplitude.
■ Transformação (processamento).	■ Necessitam de entradas de manutenção e de produção.
■ Exportação (saídas).	
■ Ciclos de eventos que se repetem.	■ Têm sua natureza planejada.
■ Entropia negativa.	■ Apresentam maior variabilidade.
■ Informação como insumo.	■ Funções, normas e valores são importantes.
■ Estado firme e homeostase dinâmica.	■ Constituem um sistema formalizado de funções.
■ Diferenciação.	■ Conceito de inclusão parcial.
■ Equifinalidade.	■ A organização em relação ao meio ambiente.
■ Limites ou fronteiras.	c) Cultura e clima organizacionais
	d) Dinâmica de sistema
	e) Conceito de eficácia organizacional
	f) Organização como um sistema de papéis

9. **Modelo sociotécnico de Tavistock** O modelo sociotécnico de Tavistock foi proposto por sociólogos e psicólogos do Instituto de Relações Humanas de Tavistock.[25] Para eles, a organização é um sistema aberto em interação constante com seu ambiente. Mais do que isso, a organização é um sistema sociotécnico estruturado sobre dois subsistemas:
   - **Subsistema técnico:** que compreende as tarefas a serem desempenhadas, instalações físicas, equipamentos e instrumentos utilizados, exigências da tarefa, utilidades e técnicas operacionais, ambiente físico e a maneira como está arranjado, bem como a operação das tarefas. Em resumo, o subsistema técnico envolve a tecnologia, o território e o tempo.[26] É o responsável pela eficiência potencial da organização.
   - **Subsistema social:** que compreende as pessoas, suas características físicas e psicológicas, relações sociais entre os indivíduos encarregados de execução da tarefa, bem como as exigências de sua organização formal como informal na situação de trabalho. O subsistema social transforma a eficiência potencial em eficiência real.

A abordagem sociotécnica concebe a organização como a combinação da tecnologia (exigências de tarefa, ambiente físico, equipamento disponível) com um subsistema social (sistema de relações entre aqueles que realizam a tarefa). O subsistema tecnológico e o social acham-se em uma interação mútua e recíproca, e cada um determina o outro, até certo ponto. A natureza da tarefa influencia (e não determina) a natureza da organização das pessoas, bem como as características psicossociais das pessoas influenciam (e não determinam) a forma em que determinado cargo será executado.

O modelo de sistema aberto proposto pela abordagem sociotécnica[27] parte do pressuposto de que toda organização "importa" várias coisas do meio ambiente e utiliza essas importações em processos de "conversão", para então "exportar" produtos e serviços que resultam do processo de conversão. As importações são constituídas de informações sobre meio ambiente, matérias-primas, dinheiro, equipamento e pessoas implicadas na conversão em algo que deve ser exportado e que cumpre exigências do meio ambiente. A tarefa primária da organização reside em sobreviver dentro desse processo cíclico de:

- **Importação:** aquisição de matérias-primas.
- **Conversão:** transformação das importações em exportações, ou seja, dos insumos em produtos ou serviços.
- **Exportação:** colocação dos resultados da importação e da conversão.

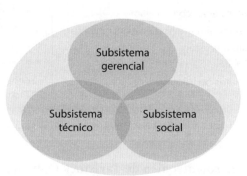

Figura 7.1 Modelo de organização de Tavistock.

 Aumente seus conhecimentos sobre **Modelo de importação – conversão – exportação** na seção *Saiba mais* TGA 2 7.6

PARA REFLEXÃO

A W. Monteiro

Depois de alguns anos proporcionando um forte impulso inicial a sua empresa, Doralice Monteiro resolveu começar a pensar em uma organização madura, coesa e integrada, principalmente do ponto de vista humano e social. Como Presidente da W. Monteiro, uma organização de alta tecnologia, Doralice queria que sua empresa constituísse um sistema social aberto, dinâmico e direcionado para a excelência. Para tanto, passou a imaginar um modelo capaz de proporcionar eficácia organizacional, orientar seus funcionários quanto aos seus papéis na organização e integrar aspectos sociais e tecnológicos. Como você poderia ajudar Doralice a estabelecer as bases de uma nova W. Monteiro?

7.6 APRECIAÇÃO CRÍTICA DA TEORIA DE SISTEMAS

De todas as teorias administrativas, a Teoria de Sistemas é a menos criticada, pelo fato de que a perspectiva sistêmica parece concordar com a preocupação estrutural-funcionalista típica das ciências sociais dos países capitalistas de hoje.[28] A Teoria de Sistemas desenvolveu os conceitos dos estruturalistas e behavioristas, pondo-se a salvo das suas críticas.

Uma apreciação crítica da Teoria de Sistemas revela os seguintes aspectos:

- **Confronto entre teorias de sistema aberto e de sistema fechado:** o conceito de sistemas tem sua origem nas disciplinas científicas (como Biologia, Sociologia etc.). Estas têm um denominador comum: o chamado sistema aberto, que descreve as ações e interações de um organismo em um ambiente. Os sistemas abertos trocam energia e informação com seus ambientes e são por eles influenciados. A abordagem de sistema aberto trouxe uma nova e moderna concepção para a Administração, a partir dos seguintes aspectos:[29]

  - **A natureza essencialmente dinâmica do ambiente conflita com a tendência essencialmente estática da organização:** esta tende a se autoperpetuar ou a autoperpetuar sua estrutura, seus critérios, seus métodos e suas metas enquanto o ambiente se caracteriza por uma intensa e interminável mudança.
  - **Um sistema organizacional rígido não pode sobreviver:** na medida em que não consegue responder eficazmente às mudanças contínuas e rápidas do ambiente.
  - **Para garantir sua viabilidade:** a organização como sistema aberto – seja ela um clube, um hospital ou o governo – oferece ao ambiente produtos e serviços de que ele necessita e, se for o caso, cria nele a necessidade de tais produtos e serviços, pois somente assim garante a entrada de insumos necessários às operações.
  - **O sistema precisa de constante e apurada informação do ambiente** sobre a qualidade e quantidade dos insumos disponíveis e sobre a eficácia ou adequação dos produtos ou respostas da organização ao ambiente. O sistema requer constante, apurada e rápida retroação, pois a continuidade da oferta de produtos desnecessários resultará na redução dos insumos ou recursos, reduzindo a capacidade da organização para se autossustentar e alcançar seus propósitos.

Ao contrário da abordagem de sistema aberto, a velha perspectiva de sistema fechado levou a Teoria Geral da Administração (TGA) às seguintes distorções:[30]

- **A Teoria Administrativa ficou limitada às regras de funcionamento interno:** à apologia da eficiência como critério básico da viabilidade organizacional e à ênfase em procedimentos, e não em programas adequados à sociedade.
- **A perspectiva de organização como sistema fechado levou à insensibilidade da Teoria Administrativa tradicional:** à interdependência entre a organização e seu ambiente. Isso explica a transferibilidade inadequada e a importação acrítica de soluções e técnicas que, apesar de eficazes em algumas situações, não funcionam em outras. A premissa aparentemente lógica da perspectiva da organização como sistema fechado trouxe soluções, instrumentos e técnicas intertransferíveis, já que para ela o ambiente não faz diferença.

Como o ambiente não faz diferença, a perspectiva da organização como sistema fechado leva à insensibilidade quanto à necessidade de mudanças e adaptação contínua e urgente das respostas da organização ao ambiente. Em um ambiente em que a velocidade e o ritmo de mudança é grande, certas organizações tendem a desaparecer por se tornarem desnecessárias ao ambiente: os seus produtos não mais atendem a necessidades, anseios e solicitações do contexto.

- **Características básicas da análise sistêmica:** as características da Teoria Administrativa baseada na análise sistêmica são:[31]
  - **Ponto de vista sistêmico:** a moderna teoria visualiza a organização como um sistema constituído de cinco parâmetros básicos: entrada, processo, saída, retroação e ambiente. A Teoria Geral de Sistemas inclui todos os tipos de sistemas – biológicos, físicos e comportamentais. Ideias de controle, estrutura, propósito e processos operacionais provindos da TGS, da Cibernética e de áreas relacionadas são importantes na moderna Teoria Administrativa.
  - **Abordagem dinâmica:** a ênfase da teoria moderna é sobre o dinâmico processo de interação que ocorre dentro da estrutura de uma organização. Essa abordagem contrasta com a visão clássica que enfatiza a estrutura estática. A moderna teoria não desloca a ênfase na estrutura, mas adiciona a ênfase sobre o processo de interação entre as partes que ocorre dinamicamente dentro da estrutura.
  - **Multidimensional e multinivelada:** a moderna teoria considera a organização do ponto de vista micro e macroscópico. A organização é micro quando considerada dentro do seu ambiente (nível da sociedade, comunidade ou país) e é macro quando se analisam as suas unidades internas em todos os níveis, bem como a "Gestalt" ou totalidade e interação existente entre elas. Daí o efeito sinérgico nas organizações.
  - **Multimotivacional:** a Teoria de Sistemas reconhece que as organizações existem porque seus participantes esperam satisfazer vários objetivos individuais por intermédio delas. Esses objetivos não podem ser reduzidos a um objetivo único, como o lucro.
  - **Probabilística:** a teoria moderna tende a ser probabilística. Suas frases estão saturadas de expressões como "em geral", "pode ser" etc., demonstrando que muitas variáveis podem ser explicadas em termos preditivos, e não com absoluta certeza.
  - **Multidisciplinar:** a Teoria de Sistemas é uma teoria multidisciplinar com conceitos e técnicas de muitos campos de estudo, como Sociologia, Psicologia, Economia, Ecologia, pesquisa operacional etc. A teoria moderna representa uma síntese integrativa de partes relevantes de todos os campos no desenvolvimento de uma teoria geral das organizações e da Administração.
  - **Descritiva:** a teoria moderna é descritiva. Ela descreve as características das organizações e da Administração. Enquanto as teorias mais antigas eram normativas e prescritivas – preocupadas em sugerir o que fazer e como fazer –, a teoria moderna contenta-se em procurar compreender os fenômenos organizacionais e deixar a escolha de objetivos e métodos ao administrador.
  - **Multivariável:** a teoria moderna assume que um evento pode ser causado por vários e numerosos fatores que são inter-relacionados e interdependentes. Essa abordagem contrasta com as teorias antigas que pressupõem causação simples (causa e efeito) e de fator único. A teoria moderna reconhece a possibilidade de que fatores causais sejam afetados por influências que eles próprios causaram mediante a retroação.

- **Adaptativa:** a moderna Teoria Administrativa assume que a organização é um sistema adaptativo. Para se manter viável (continuar a existir) em seu ambiente, a organização deve continuamente adaptar-se aos requisitos cambiantes do ambiente. Organização e ambiente são vistos como interdependentes e em um contínuo equilíbrio dinâmico, rearranjando suas partes quando necessário em face da mudança. A moderna teoria visualiza a organização em um sentido ecológico, como um sistema aberto que se adapta por meio de um processo de retroação negativa para permanecer viável. Essa abordagem adaptativa e ecológica das organizações traz como consequência a focalização nos resultados (*output*) da organização em vez da ênfase sobre o processo ou atividades da organização, como o faziam as antigas teorias. Ênfase sobre a eficácia, e não exclusivamente ênfase sobre a eficiência.

- **Caráter integrativo e abstrato da Teoria de Sistemas:** a Teoria de Sistemas é demasiado abstrata e conceptual e, portanto, de difícil aplicação a situações gerenciais práticas.[32] Apesar de predominar na Teoria Administrativa e ter "uma aplicabilidade geral ao comportamento de diferentes tipos de organizações e indivíduos em diferentes meios culturais",[33] a abordagem sistêmica é uma teoria geral que cobre amplamente todos os fenômenos organizacionais. Ela é uma teoria geral das organizações e da Administração,[34] uma síntese integrativa dos conceitos clássicos, neoclássicos, estruturalistas e behavioristas. Algumas variáveis novas passaram a ser estudadas nesse contexto. Embora o esquema geral dessa abordagem pareça completo no seu todo, muitos detalhes da teoria ainda permanecem por estudar e pesquisar.[35] Os campos da Cibernética e da Teoria dos Sistemas praticamente se fundiram, pois o campo principal de aplicação teórica de ambas são os sistemas. Na verdade, a Cibernética é uma teoria de sistemas cujos fundamentos são a comunicação (tanto a circulação de informações entre o sistema e o ambiente, quanto internamente dentro do sistema) e o controle (ou a regulação do funcionamento do sistema em decorrência do ambiente).

- **O efeito sinérgico das organizações como sistemas abertos:** sinergia é o esforço simultâneo de vários órgãos que provoca um resultado ampliado e potenciado. Uma das razões para a existência das organizações é o seu efeito sinérgico ou sinergístico. A sinergia faz com que o resultado de uma organização seja diferente em quantidade ou qualidade da soma de suas partes. A "aritmética organizacional" pode dar um resultado como 2 + 2 = 5, ou, então, 2 + 2 = 3, 4, 7, 13, A, X, Z unidades de saída. As unidades de saída podem ser iguais, maiores ou menores do que as unidades de entrada. No caso citado, a saída 3 significa uma organização malsucedida por não haver sinergia. A saída 4 é uma organização em ponto de equilíbrio, também sem sinergia. As saídas 7 e 13 indicam uma organização bem-sucedida, pois a saída é maior do que seu custo. As saídas A, X ou Z representam dimensões de saída que podem ser qualitativamente diferentes das unidades de entrada.[36] Assim, o sistema aberto provoca um resultado maior do que a soma de suas partes quando apresenta sinergia: a reunião das partes proporciona o surgimento de novas potencialidades para o conjunto, qualidades emergentes que retroalimentam as partes, estimulando-as a utilizar suas potencialidades individuais. Nesse sentido, as organizações produzem valor agregado por meio do efeito sinergístico. Os recursos humanos, materiais e financeiros – quando considerados como fatores de produção – geram riqueza pela sinergia organizacional. A perspectiva sistêmica mostra que a organização deve ser administrada como um todo complexo. O presidente da organização deve ser perito em totalidade e não apenas um coordenador geral de diversas áreas.

SAIBA MAIS **Circularidade**

Para conhecer as partes, para poder conhecer o todo e, ao mesmo tempo, conhecer o todo para poder conhecer as partes, torna-se necessário reconhecer a circularidade nas explicações simultâneas do todo pelas partes e das partes pelo todo. Ambas essas colocações são complementares, sem que nenhuma possa anular os aspectos antagônicos e concorrentes da outra.

- **O "homem funcional":** a Teoria de Sistemas utiliza o conceito do homem funcional, em contraste com o conceito do *homo economicus* da Teoria Clássica, do homem social da Teoria das Relações Humanas, do homem organizacional da Teoria Estruturalista e do homem administrativo da Teoria Behaviorista. O indivíduo comporta-se em um papel dentro das organizações, inter-relacionando-se com os demais indivíduos como um sistema aberto. Nas suas ações em um conjunto de papéis, o homem funcional mantém expectativas quanto ao papel dos demais participantes e procura enviar aos outros as suas expectativas de papel. Essa interação altera ou reforça o papel. As organizações são sistemas de papéis, nas quais as pessoas desempenham papéis.

- **Uma nova abordagem organizacional:** a perspectiva sistêmica trouxe uma nova maneira de ver as coisas – não somente em termos de abrangência, mas principalmente quanto ao enfoque. Do todo e das partes, do dentro e do fora, do total e da especialização, da integração interna e da adaptação externa, da eficiência e da eficácia. A visão gestáltica e global das coisas, privilegiando a totalidade e as suas partes componentes, sem desprezar o que chamamos de emergente sistêmico: as propriedades do todo que não aparecem em nenhuma de suas partes. A visão do bosque, e não de cada árvore apenas. A visão da cidade, e não de cada prédio. A visão da organização, e não apenas de cada uma de suas partes. Nessa nova abordagem organizacional, o importante é ver o todo, e não cada parte isoladamente, para enxergar o emergente sistêmico. É esse emergente sistêmico que faz com que a água seja totalmente diferente dos elementos que a constituem, o hidrogênio e o oxigênio.

VOLTANDO AO CASO INTRODUTÓRIO
A MasterPeças

Maria Amália pretende construir um modelo de organização integrado, convergente e sólido que possa funcionar de maneira harmônica e sinérgica, com o máximo de rendimento e o mínimo de perdas. Para construir esse modelo, a MasterPeças precisa de um íntimo inter-relacionamento entre seu sistema social e tecnológico graças a um sistema gerencial adequado. Como você poderia ajudar Maria Amália?

- **Ordem e desordem:** a principal deficiência que se constata na noção de sistemas abertos é o conceito de equilíbrio, o mesmo conceito perseguido pelos autores estruturalistas e comportamentais, o ciclo contínuo e ininterrupto de funcionamento de um sistema cibernético (em que a entrada leva ao processamento, que leva à saída, que leva à retroação e que leva à homeostasia) tem como produto final o equilíbrio. Ou melhor, a busca e a manutenção do estado de equilíbrio.

Quadro 7.6 Apreciação crítica da Teoria de Sistemas

1. Confronto entre teorias de sistema aberto e de sistema fechado.
2. Características básicas da análise sistêmica:
    - Ponto de vista sistêmico.
    - Abordagem dinâmica.
    - Multidimensional e multinivelada.
    - Multimotivacional.
    - Probabilística.
    - Multidisciplinar.
    - Descritiva.
    - Multivariável.
    - Adaptativa.
3. Caráter integrativo e abstrato da Teoria de Sistemas.
4. O efeito sinergético das organizações como sistemas abertos.
5. O "homem funcional".
6. Uma nova abordagem organizacional.
7. Ordem e desordem.

Aumente seus conhecimentos sobre **A convivência com a incerteza** na seção *Saiba mais* TGA 2 7.7

Sem dúvida, a Teoria de Sistemas provocou forte influência na Teoria Administrativa e permitiu e facilitou o ingresso de outras abordagens mais recentes, como veremos adiante.

CONCLUSÃO

As organizações são abordadas como sistemas abertos, como partes de um sistema maior (ambiente) e constituídas por sistemas menores e interdependentes. Seu comportamento é probabilístico e não determinístico, adaptativo e responsivo às profundas influências, mudanças e transformações ambientais. A Teoria de Sistemas trouxe uma fantástica ampliação na visão do comportamento organizacional em contraposição às antigas abordagens do sistema fechado. Seu caráter integrativo e abstrato, bem como a possibilidade de compreensão dos efeitos sinérgicos das organizações, é surpreendente. A abordagem sistêmica representou um enorme impulso na Teoria Administrativa e uma nova visão do mundo organizacional.

CONCEITO DE SISTEMAS:	ORGANIZAÇÕES COMO SISTEMAS ABERTOS:

• Características:
  Propósito ou objetivo
  Globalismo ou totalidade
• Tipos de sistemas:
  Físicos e abstratos
  Fechados e abertos
• Parâmetros dos sistemas
  Entrada, saída, processamento, retroação, ambiente
	• Comportamento probabilístico
	• Partes da sociedade (suprassistema)
	• Têm partes menores (subssistemas)
	• Interdependência das partes
	• Homeostasia ou estado firme
	• Fronteiras ou limites
	• Morfogênese
	• Resiliência

MODELOS DE ORGANIZAÇÃO:	**APRECIAÇÃO CRÍTICA DA TEORIA DE SISTEMAS:**
• Modelo de Schein • Modelo de Katz e Kahn • Modelo Sociotécnico de Tavistock	• Teorias de sistema fechado e aberto • Análise sistêmica • Caráter integrativo e abstrato • Efeito sinergístico das organizações • Conceito de homem funcional • Nova abordagem organizacional • Ordem e desordem

Figura 7.2 Mapa mental da Teoria de Sistemas.

RESUMO

A Teoria de Sistemas é uma decorrência da Teoria Geral de Sistemas desenvolvida por Von Bertalanffy e que se espalhou por todas as ciências, influenciando notavelmente a Administração.

A abordagem sistêmica contrapõe-se à microabordagem do sistema fechado.

O conceito de sistemas é complexo: para sua compreensão, torna-se necessário o conhecimento de algumas características dos sistemas – propósito, globalismo, entropia e homeostasia –, bem como dos tipos possíveis e dos parâmetros dos sistemas – entrada, processo, saída, retroação e ambiente. O sistema aberto é o que melhor permite uma análise ao mesmo tempo profunda e ampla das organizações.

As organizações são abordadas como sistemas abertos, pois o seu comportamento é probabilístico e não determinístico; as organizações fazem parte de uma sociedade maior, constituídas de partes menores; existe uma interdependência entre as partes das organizações; a organização precisa alcançar uma homeostase ou estado firme; as organizações possuem fronteiras ou limites mais ou menos definidos; têm objetivos; caracterizam-se pela morfogênese.

Nessa abordagem, avulta o modelo de Katz e Kahn – importação-processamento-exportação – com características de primeira e segunda ordens.

Por outro lado, o modelo sociotécnico de Tavistock representa igualmente uma abordagem sistêmica calcada sobre dois subsistemas: o técnico e o social.

Em uma apreciação crítica da Teoria de Sistemas, verifica-se que essa abordagem trouxe uma fantástica ampliação na visão dos problemas organizacionais em contraposição à antiga abordagem do sistema fechado. Seu caráter integrativo e abstrato e a possibilidade de compreensão dos efeitos sinérgicos da organização são realmente surpreendentes. A visão do homem funcional dentro das organizações é a decorrência principal sobre a concepção da natureza humana. Apesar do enorme impulso, a Teoria de Sistemas ainda carece de melhor sistematização e detalhamento, pois sua aplicação prática é ainda incipiente.

QUESTÕES

1. O que é a Teoria Geral de Sistemas?
2. Explique as origens da Teoria de Sistemas na Administração.
3. O que significa abordagem sistêmica?
4. Quais são as características dos sistemas?
5. O que é globalismo ou totalidade?
6. O que é propósito ou objetivo?
7. O que é entropia?
8. O que é sinergia?
9. O que é homeostasia?
10. O que é adaptabilidade?
11. O que é sistema global?
12. O que são subsistemas?
13. Explique os tipos de sistemas.
14. Quais são os parâmetros dos sistemas?
15. O que significa perspectiva sistêmica?
16. O que é ambiente?
17. O que significa sistema aberto?
18. O que significa sistema fechado?
19. O que é emergente sistêmico?
20. Quais as analogias entre a organização e os organismos vivos?
21. O que significa comportamento probabilístico e não determinístico das organizações?
22. Explique as organizações como partes de uma sociedade maior e constituídas de partes menores.
23. O que significa interdependência das partes de um sistema?
24. Explique a homeostasia ou estado firme.
25. O que é autorregulação?
26. O que são fronteiras ou limites?
27. O que é morfogênese?
28. Explique a organização como um sistema aberto, segundo Katz e Kahn.

29. Por que os sistemas são ciclos de eventos?
30. O que é entropia negativa?
31. O que é equifinalidade?
32. Caracterize o homem funcional.
33. Conceitue eficácia organizacional.
34. O que são funções, normas e valores?
35. Conceitue eficácia organizacional.
36. Explique o sistema sociotécnico.
37. Explique o modelo de importação-conversão-exportação.

REFERÊNCIAS

1. BERTALANFFY, L. von. The theory of open systems in physics and biology. *Science*, v. III, p. 23-29, 1950; General systems theory: a new approach to unity of science. *Human Biology*, dez. 1951; General systems theory. *Yearbook of the Society for General Systems Research*, 1956; *General Systems Theory*. New York: George Brasilier, 1968.
2. BERRIEN, F. K. *General and social systems*. New Brunswick: Rutgers University Press, 1968.
3. EMERY, F. E. *Systems thinking*. Middlesex: Penguin Books, 1972. p. 8.
4. JOHNSON, R. A.; KAST, F. E.; ROSENZWEIG, J. E. Designing management systems. *In*: SCHODERBECK, P. P. *Management systems*. New York: John Wiley & Sons Inc., 1968. p. 113.
5. BEERTALANFFY, L. von. *General systems theory, op. cit.*
6. MILLER, J. G. Living systems: basic concepts. *Behavioral Science*, p. 196, 10 jul. 1965.
7. *Hardware*: termo da linguagem dos computadores e da literatura científica. Não é traduzível. Significa a totalidade dos componentes físicos de um sistema. Pode ser utilizado mais restritivamente para significar o equipamento em oposição a *software*.
8. *Software*: o termo também não é traduzível; significa um conjunto de programas e instruções. Pode ser utilizado de maneira restritiva para significar manejo, funcionamento, programação.
9. PATERSON, T. T. *Management theory*. London: Business Publications, Ltd. 1969.
10. NASCIMENTO, K. T. A revolução conceitual da administração: implicações para a formulação dos papéis e funções essenciais de um executivo. *Revista de Administração Pública*, v. 6, n. 2, p. 33, abr./jun. 1972.
11. NASCIMENTO, K. T. A revolução conceitual da administração: implicações para a formulação dos papéis e funções essenciais de um executivo, *op. cit.*, p. 34.
12. WIELAND, G. F.; ULRICH, R. A. *Organizations, behavior, design and change*. Homewood: Richard D. Irwin, Inc., 1976. p. 7.
13. BERTALANFFY, L. von. *General systems theory, op. cit.*, p. 33.
14. LAWRENCE P. R.; LORSCH, J. W. *Desenvolvimento organizacional*: diagnóstico e ação. São Paulo: Edgard Blücher, 1972. p. 9-10.
15. MILLER, J. G. Living systems: basic concepts. *Behavioral Science*, v. 10, p. 193-237; 229, jul. 1965; EMERY, F. E. *Systems thinking, op. cit.*, p. 9.
16. LEVY, A. R. *Competitividade organizacional*. São Paulo: Makron Books, 1992.
17. BUCKLEY, W. *A sociologia e a moderna teoria dos sistemas*. São Paulo: Cultrix, 1974. p. 92-102.
18. SCHEIN, E. H. *Organizational psychology*. Englewood Cliffs: Prentice-Hall, 1980. p. 95.

19. KATZ, D.; KAHN, R. L. *Psicologia social das organizações*. São Paulo: Atlas, 1972, p. 34-45.
20. KATZ, D.; KAHN, R. L. *Psicologia social das organizações, op. cit.*, 1972, p. 508.
21. KATZ, D.; KAHN, R. L. *Psicologia social das organizações, op. cit.*, p. 46-89.
22. KATZ, D.; KAHN, R. L. *Psicologia social das organizações, op. cit.*, p. 85.
23. KATZ, D.; KAHN, R. L. *Psicologia social das organizações, op. cit.*, p. 175-198.
24. KATZ, D.; KAHN, R. L., *Psicologia social das organizações, op. cit.*, p. 176-177.
25. É o chamado Modelo de Tavistock. Entre eles: RICE, A. K. *The enterprise and its enviromment*. London: Tavistock Publications, 1963; EMERY, F. E; TRIST, E. L. Sociotechnical systems. *In*: CHURCHMAN, C. W.; VERHULST, M. (eds.). *Management sciences*: models and techniques. New York: Pergamon Press, 1960.
26. MILLER, E. J. Technology, territory and time: the internal differentiation of complex production systems. *In*: FRANK, Eric H. (ed.). *Organization structuring*. London: McGraw-Hill Book Co., 1971. p. 81-115.
27. RICE, A. K. *Productivity and social organization*: the ahmedabad experiment. London: Tavistock Publications, 1958.
28. MOTTA, F. C. P. *Teoria geral da administração*: uma introdução. São Paulo: Pioneira, 1997. p. 78.
29. NASCIMENTO, K. T. A revolução conceptual da administração: implicações para a formulação dos papéis e funções essenciais de um executivo. *Revista de Administração Pública, op. cit.*
30. NASCIMENTO, K. T. A revolução conceptual da administração: implicações para a formulação dos papéis e funções essenciais de um executivo. *Revista de Administração Pública, op. cit.*
31. HICKS, H. G.; GULLETT, C. R. *Organizations*: theory and behavior. Tokyo: McGraw-Hill Kogakusha, Ltd., 1975. p. 213-219.
32. SCOTT, W. G.; MITCHELL, T. R. *Organization theory*: a structural and behavioral analysis. Homewood: Richard D. Irwin, Inc., 1976. p. 67.
33. ISARD, W. *General theory*. Cambrdige: Masschusetts Institute of Technology Press, 1969. p. 494.
34. BECKETT, J. A. *Management dynamics*: the new synthesis. New York: McGraw-Hill Book Co., 1971. p. 72; 159; 208.
35. HICKS, H. G.; GULLETT, C. R. *Organizations*: theory and behavior, *op. cit.*, p. 219-220.
36. HICKS, H. G.; GULLETT, C. R. *The management of organizations*. New York: McGraw-Hill Book Co., 1976. p. 12.

PARTE IV ABORDAGEM CONTINGENCIAL DA ADMINISTRAÇÃO

Capítulo 8 – Teoria da Contingência: em busca da flexibilidade e da agilidade

A palavra *contingência* significa algo incerto ou eventual, que pode suceder ou não, dependendo das circunstâncias. Refere-se a uma proposição cuja verdade ou falsidade somente pode ser conhecida pela experiência e pela evidência, e não pela razão. A abordagem contingencial salienta que não se alcança a eficácia organizacional seguindo um único e exclusivo modelo organizacional, ou seja, não existe uma forma única e melhor para organizar no sentido de se alcançar os objetivos mutáveis e variados das organizações em um ambiente também mutável e variado. Os estudos recentes sobre as organizações complexas levaram a uma nova perspectiva teórica: a estrutura da organização e seu funcionamento são dependentes da sua interface com o ambiente externo. Diferentes ambientes requerem diferentes desenhos organizacionais para obter eficácia, ou seja, um modelo apropriado para cada situação. Além disso, diferentes tecnologias requerem diferentes desenhos organizacionais. Assim, variações no ambiente ou na tecnologia conduzem a variações na estrutura organizacional. Estudos de Dill,[1] Burns e Stalker,[2] Chandler,[3] Fouraker e Stopford,[4] Woodward,[5] Lawrence e Lorsch,[6] entre outros, demonstraram o impacto ambiental sobre a estrutura e o funcionamento das organizações.

O paradigma citado lembra o modelo de estímulo-resposta proposto por Skinner ao nível individual, que se preocupa com a adequação da resposta, deixando de lado os processos pelos quais um estímulo leva a uma resposta ou reação. Para Skinner,[7] determinado comportamento opera sobre o ambiente externo para nele provocar alguma mudança; se o comportamento causa uma mudança no ambiente, então a mudança ambiental será contingente em relação àquele comportamento. A contingência é uma relação do tipo "se-então".

O conceito skinneriano de contingência envolve três elementos:

1. Um estado ambiental.
2. Um comportamento sobre ele.
3. Uma consequência desse comportamento no ambiente.

Skinner enfatiza as consequências ambientais como mecanismos controladores do comportamento aprendido. O comportamento atua sobre o ambiente para produzir determinada consequência ou resultado. Ele pode ser mantido, reforçado, alterado ou suprimido de acordo com as consequências produzidas. Portanto, o comportamento é função de suas consequências ou resultados. Essa abordagem é eminentemente externa: enfatiza o efeito das consequências ambientais sobre o comportamento observável e objetivo das pessoas. E o mesmo ocorre com as organizações.

A abordagem contingencial marca uma nova etapa na Teoria Geral da Administração (TGA), a saber:

- **Teoria Clássica:** concebe a organização como um sistema fechado, rígido e mecânico ("Teoria da Máquina"), sem nenhuma conexão com seu ambiente exterior. A preocupação dos autores clássicos era encontrar a "melhor maneira" (*the best way*) de organizar, válida para todo e qualquer tipo de organização. Com esse escopo, delineiam uma teoria normativa e prescritiva (como fazer bem as coisas), impregnada de princípios e receitas aplicáveis a todas as circunstâncias. O que era válido para uma organização era válido e generalizável para as demais organizações.

- **Teoria das Relações Humanas:** movimento eminentemente humanizador da Teoria das Organizações, que, apesar de todas as críticas que fez à abordagem clássica, não se livrou da concepção da organização como um sistema fechado, já que também sua abordagem era voltada para o interior da organização. Nessa abordagem introvertida e introspectiva, a maior preocupação era o comportamento humano e o relacionamento informal e social dos participantes em grupos sociais que moldam e determinam o comportamento individual. A tônica das relações humanas foi a tentativa de deslocar o fulcro da Teoria das Organizações do processo e dos aspectos técnicos para o grupo social e os aspectos sociais e comportamentais. O que era válido para uma organização humana era válido e generalizável para as demais organizações. Da mesma forma, permaneceu o caráter normativo e prescritivo da teoria, impregnada de princípios e receitas aplicáveis a todas as circunstâncias.

- **Teoria Neoclássica:** marca um retorno aos postulados clássicos atualizados e realinhados em uma perspectiva de inovação e adaptação à mudança. É um enfoque novo, utilizando velhos conceitos de uma teoria que, sem dúvida alguma, é a única que até aqui apresenta um caráter universalista, fundamentada em princípios que podem ser universalmente aplicados. Ao mesmo tempo que realça a Administração como um conjunto de processos básicos (Escola Operacional), de aplicação de várias funções (Escola Funcional), de acordo com princípios fundamentais e universais, também os objetivos são realçados (Administração por Objetivos). Levanta-se aqui o problema da eficiência no processo e da eficácia nos resultados em relação aos objetivos. A abordagem torna a ser normativa e prescritiva, embora em certos aspectos a preocupação seja explicativa e descritiva.

- **Teoria da Burocracia:** caracteriza-se também por uma concepção introvertida, restrita e limitada da organização, já que preocupada apenas com os aspectos internos e formais de um sistema fechado, hermético e monolítico. A ênfase na divisão racional do trabalho, na hierarquia de autoridade, na imposição de regras e disciplina rígida e a busca de um caráter racional, legal, impessoal e formal para o alcance da máxima eficiência conduziram a uma estrutura organizacional calcada na padronização do desempenho humano e na rotinização das tarefas para evitar a variedade das decisões individuais. Com o diagnóstico das disfunções burocráticas e dos conflitos, inicia-se a crítica à organização burocrática e a revisão do modelo weberiano. Também o modelo descrito por Weber não cogitara da interação da organização com o ambiente.

- **Teoria Estruturalista:** os estudos sobre a interação organização-ambiente e a concepção da organização como um sistema aberto têm início nessa teoria. A sociedade de organizações aproxima-se do conceito de um sistema de sistemas e de uma macroabordagem inter e extraorganizacional. Os conceitos de organização e de homem são ampliados e redimensionados numa tentativa de integração entre as abordagens clássicas e humanística a partir de uma moldura fornecida pela Teoria da Burocracia. Dentro de uma visualização eclética e crítica, os estruturalistas desenvolvem análises comparativas das organizações e formulam tipologias para facilitar a localização de características e objetivos organizacionais, em uma abordagem explicativa e descritiva.

- **Teoria Comportamental:** a partir da herança deixada pela Teoria das Relações Humanas, ampliou os conceitos de comportamento social para o comportamento organizacional. Passou a comparar o estilo tradicional de Administração com o moderno estilo baseado na compreensão dos conceitos comportamentais e motivacionais. A organização é estudada sob o prisma de um sistema de trocas de alicientes e contribuições em uma complexa trama de decisões. É com o movimento do Desenvolvimento Organizacional (DO) que o impacto da interação entre a organização e o mutável e dinâmico ambiente que a circunda toma impulso em direção a uma abordagem de sistema aberto. Enfatiza-se a necessidade de flexibilização das organizações e sua adaptabilidade às mudanças ambientais como imperativo de sobrevivência e crescimento. Para que uma organização mude e se adapte dinamicamente, é necessário mudar não somente a sua estrutura formal, mas, principalmente, o comportamento dos participantes e suas relações interpessoais. Apesar da abordagem descritiva e explicativa, alguns autores do DO aproximam-se levemente da abordagem normativa e prescritiva. Até aqui, a preocupação está centrada ainda dentro das organizações, muito embora se cogite também do ambiente.

- **Teoria de Sistemas:** surge a preocupação com a construção de modelos abertos que interagem dinamicamente com o ambiente e cujos subsistemas denotam uma complexa interação interna e externa. Os subsistemas que formam uma organização são interconectados e inter-relacionados, enquanto o suprassistema ambiental interage com os subsistemas e com a organização como um todo. Os sistemas vivos – sejam indivíduos ou organizações – são analisados como "sistemas abertos", isto é, com incessante intercâmbio de matéria, energia e informação em relação com um ambiente circundante. A ênfase é colocada nas características organizacionais e nos seus ajustamentos contínuos às mutáveis demandas ambientais. Assim, esta teoria desenvolveu uma ampla visão do funcionamento organizacional, mas demasiado abstrata para resolver problemas específicos da organização e de sua administração.

- **Teoria da Contingência:** provoca o deslocamento da visualização de dentro para fora da organização: a ênfase é colocada no ambiente e nas demandas ambientais sobre a dinâmica organizacional. Para essa abordagem, são as características ambientais que condicionam as características organizacionais. É no ambiente que estão as explicações causais das características das organizações. Assim, não há uma única melhor maneira (*the best way*) de se organizar. Tudo depende (*it depends*) das características ambientais relevantes para cada organização. As características organizacionais somente podem ser entendidas mediante a análise das características ambientais com as quais se defrontam.

A Teoria da Contingência representa um passo além da Teoria dos Sistemas em Administração. A visão contingencial da organização e da administração sugere que a organização é um sistema composto de subsistemas e definido por limites que o identificam em relação ao suprassistema ambiental. A visão contingencial procura analisar as relações dentro e entre os subsistemas, bem como entre a organização e seu ambiente, e definir padrões de relações ou configuração de variáveis. Ela enfatiza a natureza multivariada das organizações e procura verificar como as organizações operam sob condições variáveis e em circunstâncias específicas. A visão contingencial está dirigida acima de tudo para desenhos organizacionais e sistemas gerenciais flexíveis adequados para cada situação específica, de acordo com o ambiente externo e com a tecnologia utilizada.[8]

Esta parte contará com um capítulo, a saber:

8. Teoria da Contingência: em busca da flexibilidade e da agilidade

REFERÊNCIAS

1. DILL, W. R. Environment as an influence on managerial autonomy. *Administrative Science Quarterly*, v. II, p. 409-443, 1958.
2. BURNS, T.; STALKER, G. M. *The management of innovation*. London: Tavistock Publications, 1961.
3. CHANDLER JR., A. D. *Strategy and structure*: chapters in the history of the American industrial enterprise. Cambridge: The M.I.T. Press, Massachusetts Institute of Technology, 1962.
4. FOURAKER, L. E.; STOPFORD, J. M. Organizational structure and multinational strategy. *Administrative Science Quarterly*, p. 47-64, June 1968.
5. WOODWARD, J. *Industrial organizations, theory and practice*. London: Oxford University Press, 1970.
6. LAWRENCE, P. R. Differentiation and integration in complex organizations. *Administrative Science Quarterly*, jun. 1967. *Vide* também: LAWRENCE, P. R.; LORSCH, J. W. *As empresas e o ambiente*: a interação das teorias administrativas. Petrópolis: Vozes, 1973.
7. SKINNER, B. F. *Science and human behavior*. New York: The Free Press, 1953.
8. KAST, F. E.; ROSENZWEIG, J. E. General systems theory: applications for organization and management. *Academy of Management Journal*, p. 460, dez. 1972.

8

TEORIA DA CONTINGÊNCIA: EM BUSCA DA FLEXIBILIDADE E DA AGILIDADE

OBJETIVOS DE APRENDIZAGEM

- Introduzir a visão relativista e contingencial das organizações.
- Caracterizar os ambientes organizacionais e as dificuldades da análise ambiental.
- Proporcionar uma visão da tecnologia utilizada pelas organizações e sua influência.
- Mostrar os níveis organizacionais e suas interfaces com o ambiente e com a tecnologia.
- Introduzir a abordagem contingencial sobre o desempenho organizacional.
- Apresentar o conceito de homem complexo e o modelo contingencial de motivação.
- Proporcionar uma apreciação crítica da Teoria da Contingência.

O QUE VEREMOS ADIANTE

- Origens da Teoria da Contingência.
- Ambiente.
- Tecnologia.
- As organizações e seus níveis.
- Arranjo organizacional.
- O homem complexo.
- Modelo contingencial de motivação.
- Estratégia organizacional.
- Apreciação crítica da Teoria da Contingência.

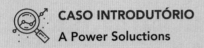

CASO INTRODUTÓRIO
A Power Soluctions

Benjamin Constant dirige a Power Soluctions (PS) e conta com uma equipe de executivos de altíssimo nível. A PS está focada na oferta de soluções para o *e-business*. Trata-se de um negócio virtual e extremamente sofisticado. Benjamin está de olho nas transações comerciais feitas por meio de um canal eletrônico. "Sua praia" são os negócios digitais. Muitas empresas vendem e se conectam com fornecedores praticando o *e-business*. Para Benjamin, existem dois tipos de *e-business*. O primeiro e mais visível são os negócios que ocorrem entre empresa e consumidor, sem intermediários: o *Business-to-consumer* ou B2C. As vendas nas lojas virtuais estão crescendo fortemente. O segundo e menos visível são os negócios digitais que ocorrem entre empresas, o *Business-to-business* ou B2B, cujo montante equivale a quase 40 vezes o volume de negócios B2C. Como abordar o assunto?

INTRODUÇÃO

Para a Teoria da Contingência, não há nada de absoluto nas organizações ou na Teoria Administrativa. Tudo é relativo. Tudo depende de uma relação funcional entre as condições do ambiente e as técnicas administrativas apropriadas para o alcance eficaz dos objetivos da organização. As variáveis ambientais são variáveis independentes, enquanto as técnicas administrativas são variáveis dependentes em uma relação funcional do tipo "se-então".

SAIBA MAIS — **Relação funcional**

A relação funcional entre variáveis independentes e dependentes não implica que haja uma relação de causa e efeito, pois a Administração é ativa e não passivamente dependente, procurando as relações funcionais entre o ambiente independente e as técnicas administrativas dependentes que melhorem a eficácia da administração contingencial.[1] Há um aspecto proativo e não apenas reativo na abordagem contingencial. Ela é intitulada abordagem do "se-então". O diagnóstico e a adaptação ao ambiente são importantes para que a organização seja bem-sucedida. As relações funcionais entre as condições ambientais e as práticas administrativas devem ser identificadas e ajustadas.

8.1 ORIGENS DA TEORIA DA CONTINGÊNCIA

A Teoria da Contingência surgiu com as pesquisas para avaliar os modelos de estruturas organizacionais mais eficazes em determinados tipos de empresas.[2] Elas pretendiam confirmar se as organizações eficazes seguiam os pressupostos clássicos, como divisão do trabalho, hierarquia, amplitude de controle etc. Os resultados levaram a uma nova concepção de organização: a estrutura e a dinâmica da organização dependem de sua interface com o ambiente. E este muda. Assim, não há um único e melhor jeito (*the best way*) de organizar.

Essas pesquisas foram contingentes no sentido de tentar compreender e explicar o modo como as empresas funcionam em diferentes condições do ambiente que escolhe como seu domínio de operação. Tais condições são ditadas "de fora" da empresa, isto é, do seu ambiente. As contingências externas podem ser oportunidades e imperativos ou restrições e ameaças que influenciam a estrutura e os processos internos da organização.[3]

8.1.1 Pesquisa de Chandler sobre estratégia e estrutura

Chandler[4] fez uma investigação sobre as mudanças estruturais de quatro grandes empresas norte-americanas – DuPont, General Motors, Standard Oil Co. de New Jersey e Sears Roebuck & Co. – para demonstrar como sua estrutura foi sendo adaptada e ajustada à sua estratégia. A estrutura organizacional é o desenho que a empresa adotou para integrar seus recursos, enquanto a estratégia é o plano global de alocação de recursos para atender às demandas do ambiente. Essas empresas passaram por um processo que envolveu quatro fases:[5]

1. Acumulação de recursos.
2. Racionalização do uso dos recursos.
3. Continuação do crescimento.
4. Racionalização do uso dos recursos em expansão.

Assim, mostrou-se que há uma dependência entre estratégia e estrutura organizacional.

SAIBA MAIS — **A estratégia define a estrutura organizacional**

Diferentes estruturas organizacionais foram necessárias para tocar diferentes estratégias ao enfrentar diferentes ambientes. A mudança ambiental é o fator que influi sobre a estrutura: "quando uma empresa pertence a uma indústria cujos mercados, fontes de matérias-primas e processos produtivos permanecem invariáveis, são poucas as decisões a serem tomadas... Mas quando a tecnologia, mercados e fontes de suprimento mudam rapidamente, os defeitos da estrutura tornam-se mais evidentes".[6] Assim, diferentes ambientes levam as empresas a adotar novas estratégias que passam a exigir diferentes estruturas organizacionais.

8.1.2 Pesquisa de Burns e Stalker sobre as organizações

Dois sociólogos, Tom Burns e G. M. Stalker,[7] pesquisaram indústrias inglesas para verificar a relação entre práticas administrativas e o ambiente externo dessas indústrias. Encontraram diferentes procedimentos administrativos e as classificaram em dois tipos: organizações "mecanísticas" e "orgânicas".[8]

1. As organizações mecanísticas apresentam as seguintes características:
   - Estrutura burocrática baseada em uma minuciosa divisão do trabalho.
   - Cargos ocupados por especialistas com atribuições claramente definidas.
   - Decisões centralizadas e concentradas na cúpula da empresa.
   - Hierarquia rígida de autoridade baseada no comando único.
   - Sistema rígido de controle: a informação sobe mediante filtros e as decisões descem por meio de uma sucessão de amplificadores.
   - Predomínio da interação vertical entre superior e subordinado.
   - Amplitude de controle administrativo mais estreita.
   - Ênfase nas regras e procedimentos formais.
   - Ênfase nos princípios universais da Teoria Clássica.
2. As organizações orgânicas apresentam as seguintes características:
   - Estruturas organizacionais flexíveis com pouca divisão de trabalho.
   - Cargos continuamente modificados e redefinidos por meio da interação com outras pessoas que participam da tarefa.
   - Decisões descentralizadas e delegadas aos níveis inferiores.
   - Tarefas executadas por meio do conhecimento que as pessoas têm da empresa como um todo.
   - Hierarquia flexível, com predomínio da interação lateral sobre a vertical.
   - Amplitude de controle administrativo mais ampla.
   - Maior confiabilidade nas comunicações informais.
   - Ênfase no relacionamento humano da Teoria das Relações Humanas.

Quadro 8.1 Características dos sistemas mecânicos e orgânicos

Características	Sistemas mecânicos	Sistemas orgânicos
Estrutura organizacional	Burocrática, permanente, rígida e definitiva	Flexível, mutável, adaptativa e transitória
Autoridade	Baseada na hierarquia e no comando	Baseada no conhecimento e na consulta
Desenho de cargos e tarefas	Definitivo. Cargos estáveis e definidos. Ocupantes especialistas e univalentes	Provisório. Cargos mutáveis, redefinidos constantemente. Ocupantes polivalentes
Processo decisório	Decisões centralizadas na cúpula da organização	Decisões descentralizadas *ad hoc* (aqui e agora)
Comunicações	Quase sempre verticais	Quase sempre horizontais
Confiabilidade	Em regras e regulamentos formalizados por escrito e impostos pela empresa	Em pessoas e comunicações informais entre as pessoas
Princípios predominantes	Princípios gerais e da Teoria Clássica	Aspectos democráticos da Teoria das Relações Humanas
Ambiente	Estável e permanente	Instável e dinâmico

Parecia haver dois sistemas divergentes: um sistema "mecanicista" apropriado para empresas que operam em condições ambientais estáveis e um sistema "orgânico" apropriado para empresas que operam em condições ambientais em mudança.

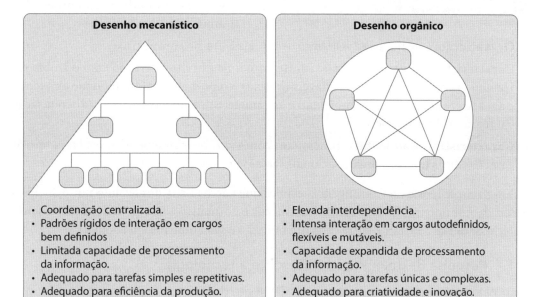

Figura 8.1 As propriedades da estrutura mecanística e da estrutura orgânica.

A conclusão de Burns e Stalker é que a forma mecanística de organização é apropriada para condições ambientais estáveis, enquanto a forma orgânica é apropriada para condições de mudança e inovação. Parece haver um imperativo ambiental: o ambiente determina a estrutura e o funcionamento das organizações.

 Aumente seus conhecimentos sobre **Adhocracia** na seção *Saiba mais* TGA 2 8.1

8.1.3 Pesquisa de Lawrence e Lorsch sobre o ambiente

Lawrence e Lorsch fizeram uma pesquisa que provocou o surgimento da Teoria da Contingência. Queriam saber como as organizações enfrentam as condições externas de mercado.[9] Concluíram que a adequação da organização ao seu ambiente depende de dois desafios:

1. **Diferenciação:** a organização divide seu trabalho em departamentos, cada qual desempenhando uma tarefa especializada para **determinado contexto ambiental.**
   Cada departamento reage somente à parte do ambiente relevante para sua própria tarefa. A diferenciação no ambiente provoca diferenciação na estrutura departamental. Quanto mais diferenciada lá fora, tanto mais diferenciada será a organização

2. **Integração:** quanto maior a diferenciação, tanto maior a necessidade de integração entre as partes para garantir a coordenação e a unidade do sistema.

Em função dos resultados da pesquisa, os autores formularam a Teoria da Contingência: não existe uma única maneira melhor de organizar. Pelo contrário, as organizações precisam

Aumente seus conhecimentos sobre **Diferenciação *versus* integração** na seção *Saiba mais* TGA 2 8.2

ser sistematicamente ajustadas às mutáveis condições ambientais. A mudança organizacional é contingente.

A Teoria da Contingência apresenta os seguintes aspectos básicos:

- **Organização:** é de natureza sistêmica, isto é, ela é um sistema aberto.
- **Características organizacionais:** apresentam uma estreita interação com o ambiente. Há uma íntima relação entre variáveis externas (como a certeza/estabilidade ambiental e a incerteza/instabilidade ambiental) e as características da organização (diferenciação e integração organizacionais).
- **Características ambientais:** funcionam como variáveis independentes, enquanto as características internas organizacionais são as variáveis dependentes.

Em suma, a Teoria da Contingência explica que não há nada de absoluto nos princípios gerais de Administração. Os aspectos universais e normativos devem ser substituídos pelo critério de ajuste constante entre cada organização e seu ambiente e tecnologia.

8.1.4 Pesquisa de Joan Woodward sobre a tecnologia

Joan Woodward fez uma pesquisa para avaliar a correlação entre os princípios de Administração e o êxito do negócio.[10] Comparou uma amostra de 100 firmas inglesas classificadas em três grupos de tecnologia de produção:[11]

1. **Produção unitária ou oficina:** a produção é feita por unidades ou pequenos lotes, cada produto a seu tempo sendo modificado à medida que é feito. Os operários utilizam vários instrumentos e ferramentas. O processo produtivo é menos padronizado e menos automatizado, como na produção de navios, aviões, construções industriais ou residenciais, locomotivas e confecções sob medida.

2. **Produção em massa ou mecanizada:** a produção é feita em grandes lotes. Os operários trabalham em linha de montagem ou operam máquinas em linha que desempenham operações sobre o produto. A produção requer máquinas operadas pelo homem e linhas de produção ou automatizadas por robôs, como as empresas montadoras de automóveis.

3. **Produção contínua ou automatizada:** produção em processamento contínuo em que um ou poucos operários monitorizam um processo total ou parcialmente automático de produção. A participação humana é mínima e a automação e a robotização são o forte. É o caso do processo de produção das refinarias de petróleo, produção química ou petroquímica, siderúrgicas, cimenteiras etc.

Os três tipos de tecnologia – produção unitária, em massa e produção contínua – envolvem diferentes abordagens na manufatura dos produtos. A tecnologia extrapola a produção e influencia toda a organização empresarial.

Capítulo 8 – Teoria da Contingência

Quadro 8.2 Arranjo físico da produção conforme a tecnologia utilizada

Tipo de tecnologia	Tecnologia utilizada	Resultado da produção
Produção unitária ou oficina	■ Habilidade manual ou operação de ferramentas. ■ Artesanato. ■ Pouca padronização e pouca automatização. ■ Mão de obra intensiva e não especializada.	■ Produção em unidades. ■ Pouca previsibilidade dos resultados. ■ Incerteza quanto à sequência das operações.
Produção em massa ou mecanizada	■ Máquinas agrupadas em baterias do mesmo tipo (seções ou departamentos). ■ Mão de obra intensiva. ■ Mão de obra barata e utilizada com regularidade.	■ Produção em lotes e em quantidade regular. ■ Razoável previsibilidade dos resultados. ■ Certeza quanto à sequência das operações.
Produção contínua ou automatizada	■ Processamento contínuo por meio de máquinas. ■ Padronização e automação. ■ Tecnologia intensiva. ■ Pessoal especializado.	■ Produção contínua e em grande quantidade. ■ Previsibilidade dos resultados. ■ Certeza absoluta quanto à sequência das operações.

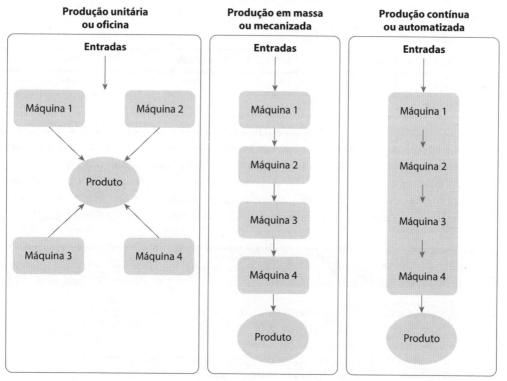

Figura 8.2 Os três tipos de tecnologia de produção.

As conclusões da pesquisa de Woodward são as seguintes:[12]

- **O desenho organizacional é afetado pela tecnologia:** as firmas de produção em massa bem-sucedidas são organizadas em linhas clássicas, assumem a forma burocrática e obtêm sucesso. Nos outros tipos de tecnologias, a forma organizacional mais viável nada tem a ver com os princípios clássicos.
- **Forte correlação entre estrutura organizacional e previsibilidade das técnicas de produção:** a previsão de resultados é alta na produção por processamento contínuo e é baixa na produção unitária (oficina). Ela afeta o número de níveis hierárquicos: quanto maior a previsibilidade, tanto maior o número de níveis hierárquicos; e quanto menor a previsibilidade, tanto menor a necessidade de muitos níveis hierárquicos
- **As empresas com operações estáveis requerem estruturas burocráticas diferentes das empresas com tecnologia mutável:** uma organização estruturada e burocrática com sistema mecanístico é apropriada para operações estáveis. Inovadora e com tecnologia mutável, requer um sistema "orgânico" e adaptativo.
- **Há sempre o predomínio de alguma função na empresa:** como vendas, produção e engenharia: a importância de cada função na empresa depende da tecnologia utilizada, como mostra o Quadro 8.3.

Quadro 8.3 Tecnologia e suas consequências

Tecnologia	Previsibilidade dos resultados	Níveis hierárquicos	Padronização e automação	Áreas predominantes
Produção unitária ou oficina	Baixa	Poucos	Pouca	Engenharia (Pesquisa e Desenvolvimento – P&D)
Produção em massa	Média	Médio	Média	Produção e operações
Produção contínua	Elevada	Muitos	Muita	Marketing e vendas

Essas quatro pesquisas – de Chandler, Burns e Stalker, Lawrence e Lorsch e de Woodward – revelam a dependência da organização em relação ao ambiente e à tecnologia adotada. As características da organização não dependem dela própria, mas das circunstâncias ambientais e da tecnologia que utiliza. A Teoria da Contingência mostra que as características organizacionais são variáveis dependentes e contingentes em relação ao ambiente e à tecnologia. Isso explica a importância do estudo do ambiente e da tecnologia.

PARA REFLEXÃO

O foco interno da BioVita

Como executivo principal da BioVita, Edmundo Correia procura organizar a empresa de acordo com padrões racionais e lógicos. Sua opinião é de que a empresa é uma organização viva cuja estrutura e funcionamento devem ser melhorados ao longo do tempo, de acordo com as teorias tradicionais. Contudo, Edmundo nota que, apesar da elevada eficiência interna de sua organização, algo estranho está acontecendo. Apesar de seus padrões excelentes de trabalho, a empresa está perdendo mercado e clientes. Por outro lado, os concorrentes estão passando disparadamente à frente. Edmundo fica matutando: o que será que está acontecendo? Sempre fizemos o melhor. E agora?

8.2 AMBIENTE

Ambiente é o contexto que envolve externamente a organização (ou o sistema). É a situação dentro da qual a organização está inserida. Como esta é um sistema aberto, mantém transações e intercâmbio com o ambiente externo. E tudo o que ocorre no ambiente passa a influenciar internamente o que ocorre na organização.

Caixa negra ao contrário

A análise das organizações dentro da abordagem múltipla envolvendo a interação entre organização e ambiente foi iniciada pelos estruturalistas.[13] Na medida em que a análise organizacional foi influenciada pela abordagem de sistemas abertos, aumentou a ênfase no meio ambiente para a compreensão da eficácia das organizações. A análise ambiental ainda não produziu uma adequada sistematização e operacionalização dos conhecimentos acerca do ambiente. As organizações pouco sabem a respeito de seus ambientes.

Figura 8.3 *Continuum* das teorias da Administração em relação ao ambiente.

8.2.1 Ambiente geral

É o macroambiente, o ambiente genérico e comum a todas as organizações. Tudo o que acontece nele afeta direta ou indiretamente todas as organizações de maneira ampla e genérica. O ambiente geral é constituído de um conjunto de condições comuns para todas as organizações:

- **Condições tecnológicas:** o desenvolvimento tecnológico que ocorre no ambiente provoca influências nas organizações, principalmente quando se trata de tecnologia inovadora, disruptiva e de futuro imprevisível. As empresas precisam se adaptar e incorporar tecnologia do ambiente para não perder competitividade.

- **Condições legais:** constituem a legislação vigente e que afeta direta ou indiretamente as organizações, facilitando-as ou impondo-lhes restrições às suas operações. São leis de caráter comercial, trabalhista, fiscal, civil que constituem elementos normativos para a vida das organizações.
- **Condições políticas:** são decisões e definições políticas tomadas em nível federal, estadual e municipal que influenciam as organizações.
- **Condições econômicas:** constituem a conjuntura que define o desenvolvimento ou a retração econômica e que condicionam fortemente as organizações. Inflação, balança de pagamentos do país, distribuição da renda interna são aspectos que influenciam as organizações.
- **Condições demográficas:** taxa de crescimento, população, raça, religião, distribuição geográfica, migração, distribuição por sexo e idade são aspectos demográficos que determinam as características do mercado atual e futuro.
- **Condições culturais:** a cultura de um povo penetra nas organizações por meio das expectativas e comportamentos de seus participantes e de seus consumidores.
- **Condições ecológicas:** são condições relacionadas com o ambiente natural que envolve a organização. O ecossistema constitui o sistema de intercâmbio entre os seres vivos e seu meio ambiente. As organizações influenciam e são influenciadas por aspectos como poluição, clima, transportes, comunicações etc.

8.2.2 Ambiente de tarefa

É o ambiente mais próximo e imediato de cada organização. Constitui o segmento do ambiente geral do qual a organização extrai suas entradas e deposita suas saídas. É o ambiente de operações de cada organização e é constituído por:

- **Fornecedores de entradas:** são os fornecedores dos recursos que a organização requer para trabalhar: recursos materiais (fornecedores de matérias-primas, que formam o mercado de fornecedores), recursos financeiros (fornecedores de capital que formam o mercado de capitais), recursos humanos (fornecedores de talentos que formam o mercado de candidatos) etc.
- **Clientes ou usuários:** isto é, consumidores das saídas da organização.
- **Concorrentes:** cada organização não está sozinha nem existe no vácuo, mas disputa com outras organizações os mesmos recursos (entradas) e os tomadores de saídas. Daí os concorrentes quanto a recursos e a clientes.
- **Entidades reguladoras:** cada organização está sujeita a várias outras organizações que procuram regular ou fiscalizar suas atividades. É o caso de sindicatos, associações de classe, órgãos reguladores do governo, órgãos protetores do consumidor, ONGs etc.

Cada organização tem o seu próprio e específico ambiente de tarefa.

Aumente seus conhecimentos sobre **Ambiente de tarefa** na seção *Saiba mais* TGA 2 8.3

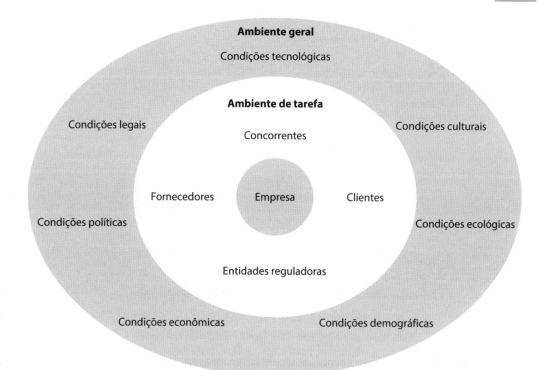

Figura 8.4 Ambiente geral e ambiente de tarefa.

O problema atual com que as organizações se defrontam é a incerteza: essa é o desafio atual da Administração. A incerteza não está no ambiente, mas na percepção e na interpretação das organizações, e não na realidade ambiental percebida. Melhor dizendo, a incerteza está na cabeça dos seus administradores.

8.2.3 Tipologia de ambientes

Embora o ambiente seja um só, cada organização está exposta a apenas uma parte dele e essa parte apresenta características diferentes das demais. Para facilitar a análise ambiental, existem tipologias de ambientes, relacionadas com o ambiente de tarefa. Vejamos algumas classificações dos ambientes.[14]

- **Quanto à sua estrutura:** os ambientes são classificados em homogêneos e heterogêneos:
  - **Ambiente homogêneo:** composto de fornecedores, clientes e concorrentes semelhantes. O ambiente é homogêneo com pouca segmentação ou diferenciação dos mercados.
  - **Ambiente heterogêneo:** ocorre muita diferenciação entre fornecedores, clientes e concorrentes e provoca uma diversidade de problemas diferentes à organização. O ambiente é heterogêneo quando há muita diferenciação dos mercados.

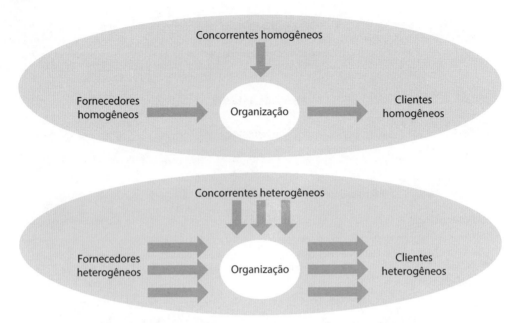

Figura 8.5 Homogeneidade e heterogeneidade ambiental.

Na realidade, os ambientes homogêneos e heterogêneos constituem dois extremos de um *continuum*, e não simplesmente dois tipos de ambientes.

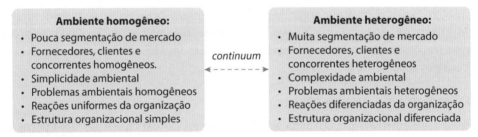

Figura 8.6 O *continuum* homogeneidade-heterogeneidade ambiental.

- **Quanto à sua dinâmica:** os ambientes são classificados em estáveis e instáveis:
  - **Ambiente estável:** é o ambiente caracterizado por pouca ou nenhuma mudança. É onde as mudanças são lentas e previsíveis ou onde quase não ocorrem mudanças. É um ambiente tranquilo e previsível.
  - **Ambiente instável:** é o ambiente dinâmico e mutável. É o ambiente onde os agentes estão constantemente provocando mudanças e influências recíprocas, formando um campo dinâmico de forças. A instabilidade provocada pelas mudanças gera a incerteza para a organização.

As duas tipologias podem ser reduzidas a dois *continuums* envolvendo homogeneidade-heterogeneidade e estabilidade-instabilidade, por onde navegam as organizações (Figura 8.8).

Capítulo 8 – Teoria da Contingência

Ambiente estável:
- Estabilidade e permanência
- Pouca mudança
- Problemas ambientais rotineiros
- Previsibilidade e certeza
- Rotina e conservação
- Manutenção do *status quo*
- Reações padronizadas e rotineiras
- Tendência à burocracia
- Lógica do sistema fechado
- Preocupação interna com a organização
- Intraorientação para a produção
- Ênfase na eficiência

continuum

Ambiente instável:
- Instabilidade e variação
- Muita mudança e turbulência
- Problemas ambientais novos
- Imprevisibilidade e incerteza
- Ruptura e transformação
- Inovação e criatividade
- Reações variadas e inovadoras
- Tendência à adhocracia
- Lógica do sistema aberto
- Preocupação externa com o ambiente
- Extraorientação para o mercado
- Ênfase na eficácia

Figura 8.7 O *continuum* estabilidade-instabilidade ambiental.

		Ambiente estável	Ambiente mutável
		Reações empresariais padronizadas e uniformes no tempo	Reações empresariais diferenciadas e variadas no tempo
Ambiente homogêneo	Estrutura organizacional simples e centralizada no espaço	Coações uniformes no ambiente 1	Contingências uniformes do ambiente 2
Ambiente heterogêneo	Estrutura organizacional complexa, diferenciada e descentralizada no espaço	Coações diferenciadas no ambiente 3	Contingências diferenciadas do ambiente 4

Figura 8.8 Correlação entre estrutura e dinâmica ambiental.

PARA REFLEXÃO

O cenário de operações da Amaralina Confecções

Para mudar o ambiente de tarefa, é necessário mudar o produto/serviço da empresa. Foi o que fez a Amaralina Confecções. Antes, a empresa dedicava-se à produção de retalhos destinados ao mercado industrial. Seus clientes eram indústrias de pequeno porte e pequenas confecções que utilizavam retalhos como insumos para produzir seus produtos. A Amaralina queria dedicar-se ao mercado de consumo e passou a produzir também tecidos e roupas (blusas, camisas, saias e calças). Assim, para alcançar heterogeneidade de mercados, provocou uma heterogeneidade interna. Quais as novas características da empresa e do seu entorno?

>
> **VOLTANDO AO CASO INTRODUTÓRIO**
> **A Power Soluctions**
>
> Em primeiro lugar, Benjamin Constant sabe que os canais eletrônicos oferecem, simultaneamente, custos menores que os antigos canais tradicionais e uma capacidade de prover melhores serviços para quem está do outro lado da linha. Em segundo lugar, os meios eletrônicos desconhecem as distâncias geográficas e, em uma competição globalizada, permitem buscar novos mercados em outros locais para fazer frente à nova realidade. São armas estratégicas que as empresas precisam utilizar para manter sua competitividade.

8.3 TECNOLOGIA

Ao lado do ambiente, a tecnologia constitui outra variável independente que influencia as características organizacionais (variáveis dependentes). Além do impacto ambiental (imperativo ambiental), existe o impacto tecnológico (imperativo tecnológico) sobre as organizações. Elas utilizam tecnologias para executar suas operações e realizar suas atividades. A tecnologia adotada pode ser rudimentar (como a faxina e limpeza com vassoura ou escovão) como sofisticada (processamento de dados computadorizado). É evidente que as organizações dependem da tecnologia para funcionar e alcançar seus objetivos.

Aumente seus conhecimentos sobre **Tecnologia** na seção *Saiba mais TGA 2 8.4*

A tecnologia pode estar ou não incorporada a bens físicos. Ela é incorporada quando contida em bens de capital, matérias-primas ou componentes etc. Assim, uma placa de metal é constituída pelo metal mais a tecnologia que tornou possível sua fabricação e que está nela incorporada. Aqui, a tecnologia corresponde ao conceito de *hardware*. E a tecnologia não incorporada encontra-se nas pessoas – como técnicos, peritos, especialistas, engenheiros, pesquisadores – sob formas de conhecimentos intelectuais ou operacionais, habilidade mental ou manual para executar operações ou em documentos que a registram e asseguram sua conservação e transmissão – como mapas, plantas, desenhos, projetos, patentes, relatórios. Aqui corresponde ao conceito de *software*. As duas tecnologias – incorporada (*hardware*) e não incorporada (*software*) – interagem.[15]

A tecnologia pode ser considerada sob dois ângulos diferentes: como uma variável ambiental e externa e como uma variável organizacional e interna.

- **Tecnologia como variável ambiental:** ela é um componente do meio ambiente, quando as empresas adquirem e incorporam tecnologias criadas e desenvolvidas pelas outras empresas do seu ambiente de tarefa em seus sistemas.

- **Tecnologia como variável organizacional:** ela é um componente organizacional quando é parte do sistema interno, já incorporada a ele, passando a influenciá-lo poderosamente e, com isso, influenciando também o seu ambiente de tarefa.

Em virtude de sua complexidade, os autores tentaram propor classificações ou tipologias de tecnologias para facilitar o estudo de sua administração.

8.3.1 Tipologia de tecnologias de Thompson

Para Thompson, "a tecnologia é uma importante variável para a compreensão das ações das empresas".[16] As empresas buscam alcançar objetivos em função de suas convicções sobre relações de causa e efeito. E, para alcançar um objetivo, elas preveem quais são as ações necessárias e as maneiras de conduzi-las para aquele objetivo. Tais convicções sobre como alcançar os objetivos constituem racionalidade técnica – a tecnologia, que é avaliada por dois critérios: o critério instrumental – que permite conduzir aos objetivos desejados – e o critério econômico – que permite alcançá-los com o mínimo de recursos. A tecnologia instrumentalmente perfeita leva ao objetivo desejado, enquanto a tecnologia menos perfeita promete um resultado provável ou possível. Thompson propõe uma tipologia de tecnologias conforme o seu arranjo dentro da organização:[17]

- **Tecnologia de elos em sequência:** baseia-se na interdependência serial das tarefas que é necessária para completar um produto: o ato Z pode ser executado depois de completar com êxito o ato Y, que, por sua vez, depende do ato X e assim por diante, em uma sequência de elos encadeados e interdependentes. É o caso da linha de montagem da produção em massa realizada em uma sequência de etapas.

- **Tecnologia mediadora:** certas organizações têm por função básica a ligação de clientes que são ou desejam ser interdependentes. O banco comercial liga os depositantes com os que tomam emprestado. A companhia de seguros liga os que desejam associar-se em riscos comuns. A empresa de propaganda vende tempo ou espaço, ligando os veículos às organizações. A companhia telefônica liga os que querem chamar com os que querem ser chamados. A agência de colocações media a procura com a oferta de emprego. A complexidade da tecnologia mediadora está no fato de requerer modos padronizados para ligar clientes ou compradores distribuídos no tempo e no espaço. O banco comercial precisa encontrar e agregar depósitos de diversos depositantes. Mas, apesar da diversidade deles, a transação deve obedecer a termos padronizados e procedimentos uniformes de escrituração e contabilização. "A padronização permite o funcionamento da tecnologia e assegura a cada segmento da empresa que os outros segmentos funcionem de maneira compatível por meio das técnicas burocráticas de categorização e aplicação impessoal dos regulamentos."[18]

- **Tecnologia intensiva:** representa a convergência de várias especializações e competências sobre um único cliente, pois a organização utiliza várias técnicas simultaneamente. A seleção, combinação e aplicação dependem da retroação dada pelo próprio objeto. O hospital, as construções civis e industriais e estaleiros navais utilizam esse tipo de organização. O hospital geral ilustra a tecnologia intensiva: a internação de emergência exige combinação de serviços dietéticos, radiológicos, de laboratório etc., em conjunto com várias especialidades médicas, serviço social, farmacêuticos, terapias ocupacionais etc. Qual destes e quando será determinado pelo estado do paciente ou da sua resposta ao tratamento. A tecnologia intensiva requer aplicação de parte ou de toda a disponibilidade das competências potencialmente necessárias, dependendo da combinação exigida pelo caso individual. Ela conduz a organização a cada caso.

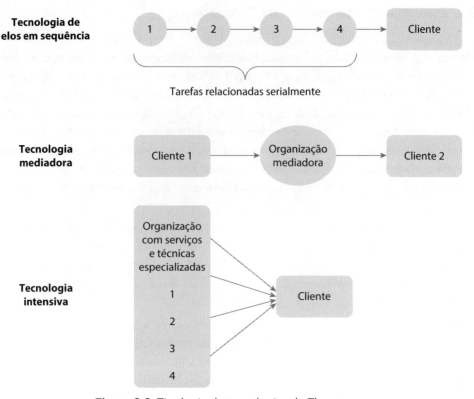

Figura 8.9 Tipologia de tecnologias de Thompson.

Além disso, Thompson e Bates[19] classificam a tecnologia em dois tipos básicos:

1. **Tecnologia flexível:** a flexibilidade refere-se à extensão em que máquinas, o conhecimento técnico e as matérias-primas podem ser usados para outros produtos ou serviços diferentes. Essa maleabilidade permite outras aplicações.

2. **Tecnologia fixa:** é aquela que não permite utilização em outros produtos ou serviços. É a tecnologia inflexível e utilizada para um único fim.

A influência da tecnologia – seja flexível ou fixa – são perceptíveis quando associadas com o tipo de produto da organização. Existem dois tipos de produtos:

1. **Produto concreto:** é o produto que pode ser descrito com precisão, identificado com especificidade, medido e avaliado. É o produto palpável.

2. **Produto abstrato:** não permite descrição precisa nem identificação e especificação notáveis. É o produto não palpável.

Ambas as classificações binárias podem ser reunidas em uma tipologia de tecnologia e produtos que considera suas consequências para a elaboração da estratégia global da organização. Daí as quatro combinações:

1. **Tecnologia fixa e produto concreto:** típica de organizações em que a mudança tecnológica é pequena ou difícil. A preocupação reside na possibilidade de que o mercado venha a

rejeitar ou dispensar o produto oferecido pela organização. A estratégia global da organização enfatiza a colocação do produto com especial reforço na área mercadológica. É o caso das empresas do ramo automobilístico.

2. **Tecnologia fixa e produto abstrato:** a mudança tecnológica é difícil. A estratégia da organização enfatiza a obtenção do suporte ambiental para a mudança. As partes relevantes do ambiente de tarefa são influenciadas para que aceitem novos produtos que a organização deseja oferecer. É o caso de instituições educacionais baseadas em conhecimentos especializados e que oferecem cursos variados.

3. **Tecnologia flexível e produto concreto:** a mudança tecnológica é fácil para produzir um produto novo ou diferente por meio de máquinas, técnicas, equipamentos, conhecimento etc. A estratégia enfatiza a inovação pela P&D, isto é, criação constante de produtos diferentes ou com características novas para antigos produtos. É o caso de empresas do ramo plástico ou equipamentos eletrônicos, nas quais as tecnologias adotadas são constantemente reavaliadas, modificadas e melhoradas.

4. **Tecnologia flexível e produto abstrato:** a tecnologia é adaptável e mutável. A estratégia enfatiza a obtenção do consenso externo em relação ao produto ou serviço a ser oferecido ao mercado (consenso de clientes) e aos processos de produção (consenso dos empregados). O problema está na escolha de qual é a alternativa mais adequada. É o caso de organizações abertas ou extraoficiais, de propaganda e relações públicas, empresas de consultoria administrativa, de consultoria legal, auditoria e organizações não governamentais (ONGs).

Quadro 8.4 Matriz de tecnologia/produto

	Produto concreto	**Produto abstrato**
Tecnologia fixa	■ Poucas possibilidades de mudança. ■ Falta de flexibilidade da tecnologia. ■ Estratégia focada na colocação do produto no mercado. ■ Ênfase na área mercadológica. ■ Receio de ter o produto rejeitado pelo mercado.	■ Flexibilidade da tecnologia para mudanças nos limites da tecnologia. ■ Estratégia para busca de aceitação de novos produtos pelo mercado. ■ Ênfase na área mercadológica (promoção e propaganda). ■ Receio de não obter o apoio ambiental necessário.
Tecnologia flexível	■ Mudanças nos produtos pela adaptação ou mudança tecnológica. ■ Estratégia focada na inovação e na criação de novos produtos ou serviços. ■ Ênfase na área de P&D.	■ Adaptabilidade ao meio ambiente e flexibilidade tecnológica. ■ Estratégia para obtenção de consenso externo (quanto aos novos produtos) e consenso interno (quanto aos novo processos de produção). ■ Ênfase nas áreas de P&D (novos produtos e processos), mercadológica (consenso dos clientes) e recursos humanos (consenso dos empregados).

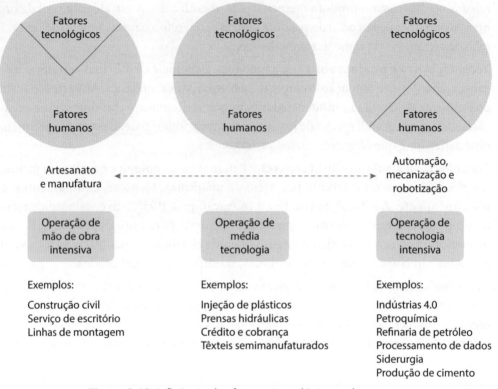

Figura 8.10 Influência dos fatores tecnológicos e humanos.

8.3.2 Impacto da tecnologia

A influência da tecnologia sobre a organização é enorme e intensa em virtude dos seguintes fatores:[20]

- **A tecnologia determina a estrutura organizacional e o comportamento organizacional.** Fala-se de um imperativo tecnológico: a tecnologia determina a estrutura e o comportamento organizacional. Apesar do exagero, não há dúvida de que há forte impacto da tecnologia sobre o desempenho das organizações.
- **A tecnologia – a racionalidade técnica – é um sinônimo de eficiência.** E esta tornou-se o critério normativo de avaliação das organizações pelo mercado.
- **A tecnologia faz os administradores melhorarem cada vez mais a eficácia:** dentro dos limites do critério normativo de produzir eficiência.

 VOLTANDO AO CASO INTRODUTÓRIO
A Power Soluctions

Para manter sua empresa sempre "surfando na crista da onda", Benjamin Constant não se descuida jamais. Está sempre "plugado" no que fazem as empresas excelentes e nos desdobramentos da tecnologia. Afinal, sua empresa utiliza tecnologia de ponta. Como você poderia ajudar Benjamin?

8.4 AS ORGANIZAÇÕES E SEUS NÍVEIS

Para a Teoria da Contingência, não existe a universalidade dos princípios de Administração, nem uma única e melhor maneira de estruturar as organizações. A estrutura e o comportamento organizacional são variáveis dependentes, enquanto as variáveis independentes são o ambiente e a tecnologia. O ambiente impõe desafios externos à organização, enquanto a tecnologia impõe desafios internos e externos. Para enfrentar esses desafios, as organizações diferenciam-se em três níveis organizacionais:[21]

1. **Nível institucional ou estratégico:** é o nível mais elevado, composto de proprietários ou acionistas, diretores e altos executivos. É o nível em que as decisões são tomadas e onde são definidos os objetivos da organização e as estratégias para alcançá-los. É um nível basicamente extrovertido, pois mantém a interface com o ambiente. Lida com a incerteza pelo fato de não ter poder ou controle sobre os eventos ambientais presentes e muito menos capacidade de prever com razoável precisão os eventos ambientais futuros.

2. **Nível intermediário:** é o nível tático, mediador ou gerencial colocado entre o nível institucional e o nível operacional e que cuida da articulação interna entre ambos. Trata-se da linha do meio de campo. Atua na escolha e na captação dos recursos necessários, bem como na distribuição e na colocação do que foi produzido pela empresa nos diversos segmentos do mercado. É o nível que lida com problemas de adequação das decisões do nível institucional (no topo) com as operações realizadas no nível operacional (na base da organização). Compõe a média administração, os gerentes ou órgãos que transformam as estratégias formuladas para atingir os objetivos empresariais em programas de ação. A média administração forma uma cadeia escalar de autoridade.

3. **Nível operacional:** é o nível técnico ou núcleo técnico localizado na base inferior da organização. Está ligado aos problemas de execução cotidiana e eficiente das operações da organização e orientado para a tarefa técnica a ser executada, com os materiais a serem processados e a cooperação de vários funcionários para a produção dos produtos ou serviços. É nele que estão as instalações físicas, máquinas e equipamentos, linhas de montagem, escritórios e balcões de atendimento cujo funcionamento deve atender a rotinas e procedimentos programados dentro de uma regularidade e continuidade que permitam a utilização plena dos recursos e a máxima eficiência das operações.

SAIBA MAIS — **O nível intermediário ou nível mediador**

O nível intermediário recebe o nome de nível mediador pois se defronta com dois componentes diferentes entre si: um componente sujeito à incerteza e ao risco em face de um ambiente externo mutável e complexo (nível institucional), e outro componente voltado à certeza e à lógica, ocupado com a programação e a execução de tarefas definidas e rotineiras (nível operacional). No meio de ambos, o nível intermediário amortece e limita os impactos e solavancos da incerteza que vem do ambiente pelo nível institucional, absorvendo-os para trazer ao nível operacional programas e procedimentos rigidamente estabelecidos que esse nível seguirá para executar as tarefas básicas da organização com eficiência. Assim, o nível intermediário deve ser flexível, elástico, capaz de amortecer e conter os impactos externos para não prejudicar as operações internas que são realizadas no nível operacional, bem como deve ser capaz de dilatar ou reduzir certas demandas e exigências externas para compatibilizá-las com as rotinas internas do nível operacional. Como o nível operacional tem pouca flexibilidade, cabe ao nível intermediário servir de bolsão mediador que possa cadenciar os ritmos mais rápidos ou mais lentos das forças ambientais com as possibilidades rotineiras e cotidianas do nível operacional.[22]

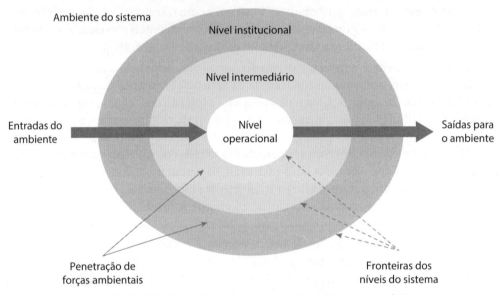

Figura 8.11 Relação sistêmica entre a organização e seu ambiente.

PARA REFLEXÃO

As modernas tecnologias do Banco Múltiplo

O Banco Múltiplo quer inovar. Uma das novidades foi a criação do banco virtual, disponível via internet durante as 24 horas do dia na casa do cliente. Outra foi a criação de um sistema integrado de autoatendimento eletrônico, em que o cliente tem à sua disposição no local da agência física um menu de alternativas de produtos, serviços e informações na ponta dos dedos. Como você poderia explicar essas inovações em termos de tecnologia?

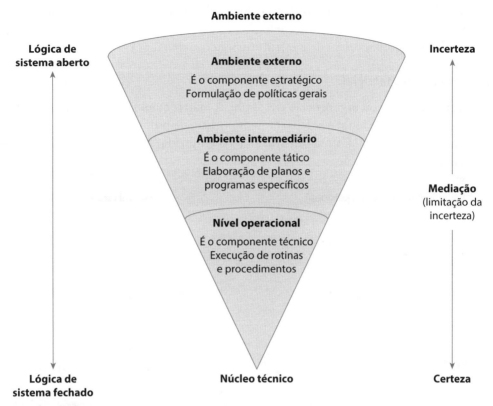

Figura 8.12 Níveis organizacionais e seu relacionamento com a incerteza.

8.5 ARRANJO ORGANIZACIONAL

O desenho organizacional retrata a configuração estrutural da organização e implica o arranjo dos órgãos dentro da estrutura no sentido de aumentar a eficiência e a eficácia pela conectibilidade. Como as organizações vivem em um mundo em constante e acelerada mudança, sua estrutura deve se caracterizar pela flexibilidade, pela adaptabilidade e pela agilidade ao ambiente e à tecnologia.

As organizações são, de um lado, sistemas abertos, defrontando-se com a incerteza que provêm das coações e con-

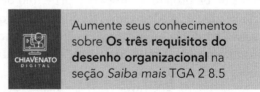

tingências externas impostas pelo ambiente e que nelas penetram por meio do nível institucional. Sua eficácia reside na tomada de decisões capazes de permitir que a organização se antecipe às oportunidades, se defenda das coações e se ajuste às contingências do ambiente.

Por outro lado, as organizações são também sistemas fechados, pois o nível operacional funciona em termos de certeza e de previsibilidade, operando a tecnologia de acordo com critérios de racionalidade limitada. A eficiência reside nas operações executadas dentro de programas, rotinas e procedimentos estandardizados, cíclicos, repetitivos nos moldes da "melhor maneira" (*the best way*) e da otimização na utilização dos recursos disponíveis. Tudo isso precisa ser levado em conta. Assim, a estrutura e o comportamento organizacional dependem do ambiente externo e da tecnologia adotada pela organização.[23] Quanto maior a incerteza ambiental e a inovação tecnológica, tanto maior a necessidade de flexibilidade, adaptabilidade e agilidade de toda a estrutura organizacional.

8.5.1 Estrutura matricial

É denominada matriz ou organização em grade. A matriz combina duas formas de departamentalização – a funcional e a departamentalização de produto ou projeto – na mesma estrutura organizacional. É uma estrutura mista e híbrida. A organização adota os dois tipos de departamentalização.

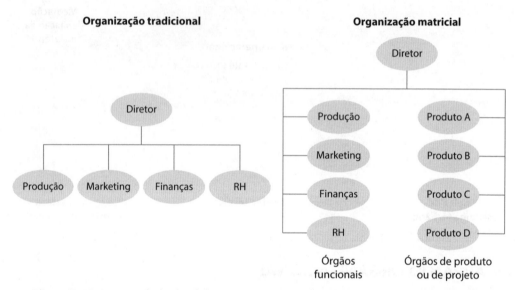

Figura 8.13 A autoridade dividida em organização tradicional e organização matricial.

O desenho matricial apresenta duas dimensões: gerentes funcionais e gerentes de produtos ou de projeto. Com isso, o princípio da unidade de comando "vai para o espaço" e cria-se uma delicada balança de duplo poder que caracteriza a matriz. Cada departamento passa a ter dupla subordinação: segue orientação dos gerentes funcionais e dos gerentes de produto/projeto simultaneamente. A estrutura matricial funciona como uma tabela de dupla entrada.

Na realidade, a estrutura matricial é uma espécie de remendo na velha estrutura funcional para torná-la mais ágil e flexível às mudanças, uma espécie de turbo em um motor velho e exaurido para fazê-lo funcionar com mais velocidade.

- **Vantagens da estrutura matricial:** permite vantagens da estrutura funcional e de produto/projeto enquanto neutraliza as fraquezas e as desvantagens de ambas. O desenho funcional enfatiza a especialização, mas não enfatiza o negócio, e o de produto/projeto enfatiza o negócio, mas não enfatiza a especialização de funções. A alternativa é sobrepor o gerente de produto com responsabilidade pelo lucro com gerentes funcionais que gerem recursos da empresa. O desenho matricial satisfaz duas necessidades da organização: a especialização e a coordenação.

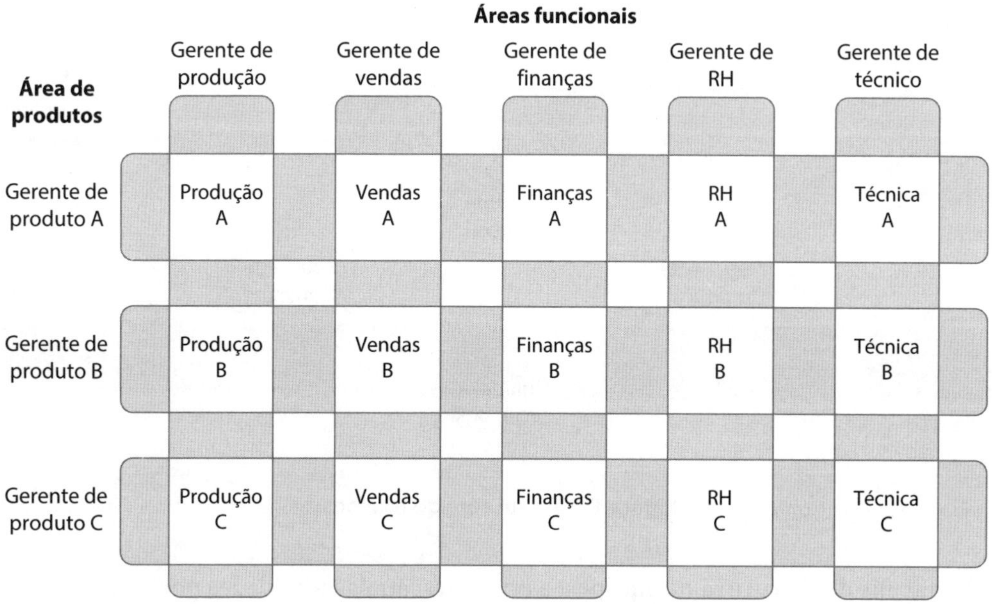

	Áreas funcionais				
Área de produtos	Gerente de produção	Gerente de vendas	Gerente de finanças	Gerente de RH	Gerente de técnico
Gerente de produto A	Produção A	Vendas A	Finanças A	RH A	Técnica A
Gerente de produto B	Produção B	Vendas B	Finanças B	RH B	Técnica B
Gerente de produto C	Produção C	Vendas C	Finanças C	RH C	Técnica C

Figura 8.14 Estrutura matricial.

- **Limitações da estrutura matricial:** utilizada por organizações como meio de incentivar inovação e flexibilidade, ela viola a unidade de comando e introduz conflitos de duplicidade de supervisão: enfraquece a cadeia de comando e a coordenação vertical, enquanto melhora a coordenação lateral. Impõe uma nova mentalidade, cultura e comportamento organizacional.
- **Aplicações da estrutura matricial:** a matriz é um esquema participativo e flexível, depende da colaboração das pessoas e enfatiza interdependência entre departamentos. A necessidade de lidar com a complexidade leva a utilizar equipes cruzadas (funcionais e por produto/projeto) como resposta à mudança e à inovação. Ela representa um meio-termo em uma ampla gama de combinações de desenhos organizacionais, como na Figura 8.15.

8.5.2 Organização por equipes

A cadeia vertical de comando constitui um meio de controle, mas seu ponto frágil é jogar a responsabilidade para o topo. A tendência atual consiste em delegar autoridade e responsabilidade em todos os níveis por meio da criação de equipes participativas para obter o comprometimento das pessoas. E o *empowerment* faz parte disso: implantar o trabalho em equipe nas organizações.

A abordagem de equipes torna as organizações flexíveis e ágeis ao ambiente global, mutável e competitivo.[24] E, quando compostas de pessoas de vários departamentos funcionais, elas se tornam equipes cruzadas para resolver problemas mútuos ou comuns. As equipes funcionais cruzadas criam uma atmosfera de trabalho coletivo e representam uma abordagem multidisciplinar, embora não cheguem a constituir órgãos definitivos propriamente. As empresas inovadoras, como IBM, Hewlett-Packard, Compaq, Quantum, Apple e Microsoft utilizam fartamente essa abordagem.

Figura 8.15 Estrutura de equipes.

- **Vantagens da estrutura de equipes:** a estruturação das atividades por equipes traz as seguintes vantagens:
    - **Aproveita as vantagens da estrutura funcional:** como economias de escala e treinamento especializado – e melhoria do relacionamento grupal.
    - **Redução das barreiras entre departamentos:** com aumento do compromisso pela maior proximidade entre as pessoas.
    - **Menor tempo de reação:** aos requisitos do cliente e mudanças ambientais. As decisões da equipe são rápidas e dispensam a aprovação hierárquica.
    - **Participação das pessoas com envolvimento em projetos:** e não em tarefas monótonas. As tarefas são ampliadas e enriquecidas.
    - **Menores custos administrativos:** a equipe derruba a hierarquia e não requer gerentes para sua supervisão.
- **Desvantagens da estrutura por equipes:**
    - **Membros da equipe enfrentam conflitos e dupla lealdade:** a equipe funcional cruzada impõe diferentes solicitações aos seus membros.
    - **Aumento de tempo e recursos despendidos em reuniões:** o que aumenta a necessidade de coordenação.
    - **Pode levar a uma descentralização exagerada e não planejada:** os gerentes departamentais tomam decisões em função dos objetivos da organização, enquanto os membros da equipe nem sempre têm uma noção corporativa e podem tomar decisões que são boas para a equipe e que podem ser más para a organização como um todo.

VOLTANDO AO CASO INTRODUTÓRIO
A Power Solutions

Benjamin pretende implantar um desenho organizacional avançado na PS a fim de integrar os diferentes consultores e especialistas focados nas soluções para os clientes. O seu problema é saber como fazê-lo. Como você poderia ajudá-lo?

8.5.3 Abordagens em redes

A mais recente abordagem é a estrutura em rede (*network organization*) em que a organização transfere algumas de suas funções tradicionais para empresas ou unidades separadas que são interligadas por um órgão coordenador, que constitui o núcleo central. Produção, vendas, engenharia, contabilidade passam a constituir serviços prestados por unidades separadas que trabalham sob contrato e que são conectadas eletronicamente a um escritório central para efeito de coordenação e integração. A companhia central retém o aspecto essencial do negócio (*core business*), enquanto transfere para terceiros as atividades que outras companhias podem fazer melhor e mais barato.

SAIBA MAIS — **Organização em redes**

As empresas multinacionais adotam a organização em redes para poderem deitar suas raízes pelo mundo todo: os motores de uma indústria automobilística são produzidos em um país, as carrocerias em outro, a parte eletrônica num terceiro. Não só a empresa, mas os próprios carros são multinacionais.[25] Cada vez mais, as organizações deixam de ser organizadas em nacionais e internacionais para atuarem como transnacionais, por meio de uma rede mundial na qual cada uma das tarefas distintas – pesquisa, projeto, engenharia, desenvolvimento, testes, manufatura e marketing – é organizada de maneira transnacional.

A abordagem em redes apresenta duas características básicas:

1. **Modularidade:** é uma alternativa em que áreas ou processos da organização constituem módulos completos e separados. Cada módulo funciona como um bloco em um caleidoscópio, permitindo conectividade, arranjos, transferências e, principalmente, agilidade nas mudanças.

2. **Sistema celular:** é uma combinação de processos e arranjos de produtos, nos quais se arranjam as pessoas e as máquinas em células autônomas e autossuficientes para as operações requeridas para produzir um produto. Cada célula de produção tem total autonomia para planejar e trabalhar.

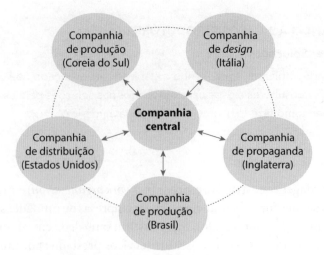

Figura 8.16 Organização em redes.

Coca-Cola, Pepsi-Cola, Nike, McDonald's, KFC são exemplos de empresas organizadas em redes no mundo todo. Essa abordagem revolucionária torna difícil reconhecer onde começa e onde termina a organização em termos tradicionais.[26]

- **Vantagens da organização em redes:**
  - **Permite competitividade em escala global,** pois aproveita as vantagens no mundo todo e alcança qualidade e preço em seus produtos e serviços.
  - **Flexibilidade da força de trabalho e habilidade em fazer as tarefas onde elas são necessárias.** Apresenta flexibilidade para mudar rapidamente sem limitações de fábricas próprias ou equipamentos fixos. A organização pode redefinir-se em direção a novos produtos e oportunidades de mercado.
  - **Custos administrativos reduzidos,** pois sua hierarquia de apenas dois ou três níveis hierárquicos é menor que dez ou mais das organizações tradicionais.
- **Desvantagens da organização em redes:**
  - **Falta de controle global,** pois os gerentes não têm todas as operações dentro de sua empresa e dependem de contratos, coordenação e negociação com outras empresas para tocar todas as coisas em conjunto.
  - **Maior incerteza e potencial de falhas**. Se uma empresa subcontratada deixa de cumprir o contrato, o negócio pode ser prejudicado. A incerteza é maior porque não existe o controle direto sobre todas as operações.
  - **A lealdade das pessoas é enfraquecida**. Elas sentem que podem ser substituídas por outros contratos de serviços. A cultura corporativa torna-se frágil. Com produtos e mercados mutáveis, a organização pode mudar as pessoas para adquirir o composto de novas habilidades e competências.

8.5.4 Permeabilidade e flexibilidade das fronteiras organizacionais

A Teoria de Sistemas mostrou que toda organização tem seus limites ou fronteiras que a separam do seu ambiente externo. Nos sistemas fechados, a incrível mudança ambiental traria como proteção e defesa um reforço nas suas fronteiras. Contudo, nos sistemas organizacionais está acontecendo exatamente o contrário. Para se manterem sustentáveis nos tempos atuais, cada organização necessita reconfigurar, refinar, flexibilizar ou mesmo quebrar quatro tipos de fronteiras:[27]

1. **Fronteiras verticais** (os andares e tetos das organizações): que separam órgãos e pessoas por níveis hierárquicos, títulos e *status*.
2. **Fronteiras horizontais** (as paredes internas): que separam as pessoas nas organizações por função, unidade de negócio, grupo de produto ou departamento.
3. **Fronteiras externas** (as paredes externas): que dividem as organizações de seus fornecedores, consumidores, comunidades e outros elementos externos.
4. **Fronteiras geográficas** (as paredes culturais): que incluem aspectos das outras três fronteiras, mas que são aplicadas no tempo e no espaço, muitas vezes mediante diferentes países e culturas.

Cada uma dessas fronteiras requer adequada permeabilidade e flexibilidade para que ideias, informação e recursos possam fluir livremente acima e abaixo, dentro e fora e ao longo de toda a organização. A ideia não é somente ter fronteiras totalmente permeáveis, ou mesmo não ter fronteiras – o que poderia ser uma "desorganização" –, mas obter adequada permeabilidade para que a organização possa ajustar-se de maneira ágil e criativa às mudanças no seu meio ambiente.[28]

8.5.5 Organizações virtuais

Na verdade, muitas organizações não somente derrubaram suas fronteiras como também eliminaram tudo o que era físico ou material. A Tecnologia da Informação (TI) abriu espaço para a Era da Informação e proporcionou um ambiente informacional cooperativo, rompeu com as tradicionais fronteiras organizacionais e facilitou o aparecimento das organizações virtuais, que não requerem espaço e recursos físicos, nem os tradicionais conceitos de tempo e duração. São organizações não físicas que fazem uso intensivo da TI para a coordenação interorganizacional de seus negócios e para interagir no ciberespaço. Na maioria das vezes, elas funcionam como verdadeiros consórcios organizacionais frutos da integração de várias competências entre organizações independentes, para oferecer algo em tempo rápido e custo baixo, o que não era possível com apenas um dos parceiros ou aliados envolvidos. Constituem um arranjo sistêmico de redes virtuais temporárias de organizações, pessoas ou bancos de dados feito pela TI para atender ágil e rapidamente oportunidades emergentes e interligar demandas e recursos.

Competitividadade das organizações virtuais

As organizações virtuais não estão presentes fisicamente, mas estão coletivamente disponíveis umas para as outras e para o mercado. Na Era Digital, a competitividade passa pela minimização do conceito de tempo de criação e de exploração de oportunidades. O mercado recompensa as organizações capazes de fazê-lo e pune aquelas que não o conseguem. Na prática, as organizações virtuais são alianças oportunistas de competências essenciais – como a maioria das *startups* – para atender a determinada demanda ou explorar determinada oportunidade.[29] Elas desempenham atividades em comum por meio de um leque de relacionamentos entre si mesmas.[30] São organizações altamente flexíveis, ágeis e em constante mudança.

A internet está constituindo um poderoso fator modificador dos formatos organizacionais e na maneira de agir e trabalhar. As organizações virtuais não se limitam às fronteiras de espaço nem de tempo, pois estão presentes em qualquer lugar e em qualquer momento graças aos seguintes aspectos:

- **Uso intensivo da TI:** como plataforma que permite sustentar maior capacidade de armazenamento de dados, fluxos multidirecionais de informação e velocidade de transmissão na *web*.
- **Utilização da TI para unir organizações, pessoas, bens e conhecimentos:** de maneira interativa e dinâmica, sem necessidade de juntá-las em um mesmo espaço físico ou ao mesmo tempo. Constitui o cenário predominante na Era da Informação e na Era Digital.
- **Integração e concentração de uma enorme variedade de competências essenciais:** oferecidas por vários e diferentes parceiros por meio de uma intensa coordenação interorganizacional.
- **Capilaridade em termos de acesso e cobertura global:** e não apenas local ou regional, tornando a localização geográfica sem importância.
- **Poucos investimentos em recursos tradicionais, físicos ou concretos:** como prédios, edifícios, instalações físicas, locais de atendimentos.
- **Utilização de redes colaborativas e interativas:** para oferecer vários e diferentes serviços por meio de parcerias com outras organizações, cada qual oferecendo sua competência essencial para obter maior vantagem competitiva.
- **Elevada flexibilidade, adaptabilidade, mutabilidade e agilidade:** para inovar, crescer, encolher ou desaparecer.

As organizações virtuais se baseiam na informação e em novas concepções sobre:

- **Comércio eletrônico (*e-business*):** envolvendo interações pessoais e transações comerciais, financeiras, imobiliárias, acionárias etc.
- **Teletrabalho:** ou trabalho remoto.
- **Ensino a distância:** aulas sem presença em sala de aula.
- **Teleconferências:** proporcionando ensino ou reuniões interativas.
- **Informação, conhecimento e relacionamento (redes sociais):** por meio de *sites* de jornais, revistas, anúncios, *blogs* etc.

O conceito de organização está mudando fortemente, e as tradicionais fronteiras organizacionais estão se tornando cada vez mais permeáveis, indefinidas e voláteis.

É impressionante a enorme difusão de uma incrível variedade de organizações virtuais em todo o planeta, *startups* que fazem *e-business*, vendas, noticiários, redes de relacionamento, entretenimento, educação a distância e uma infinidade de possibilidades de viver a vida com uma qualidade muito maior.

8.6 MODELO CONTINGENCIAL DE MOTIVAÇÃO

As concepções anteriores a respeito da natureza humana contam apenas uma parte da história, e não toda a sua complexidade e os fatores que influenciam sua motivação. Daí surge a concepção contingencial do "homem complexo": o ser humano como um sistema complexo de valores, percepções, características e necessidades individuais.[31]

SAIBA MAIS — **A variabilidade humana**

Na atualidade, o homem complexo é tanto genérico quanto particular. Ele é ativo e reflexivo. O ser humano é sujeito ativo, e não o objeto da ação. A Teoria da Contingência passou a aceitar a variabilidade humana nas organizações: em vez de selecionar as pessoas e padronizar o comportamento humano, passou-se a realçar as diferenças individuais e a respeitar a personalidade das pessoas, canalizando as suas diferentes habilidades e capacidades. Foi assim que surgiu o *empowerment*.

Os autores da Contingência[32] substituem as tradicionais teorias de motivação baseadas em uma estrutura uniforme, hierárquica e universal de necessidades humanas por novas teorias que rejeitam ideias preconcebidas e que refletem as diferenças individuais e as diversas situações em que as pessoas se encontram.

8.6.1 Modelo de motivação de Vroom

O modelo contingencial proposto por Victor H. Vroom[33] mostra que o nível de produtividade humana depende de três forças básicas em cada indivíduo (Figura 8.17):

1. **Expectativas:** são objetivos individuais que incluem dinheiro, segurança no cargo, aceitação social, reconhecimento e várias combinações de objetivos.
2. **Recompensas:** é a relação percebida entre produtividade e alcance dos objetivos individuais.
3. **Relações entre expectativas e recompensas:** é a capacidade percebida de aumentar a produtividade para satisfazer expectativas com recompensas.

Esses três fatores determinam a motivação do indivíduo para produzir em quaisquer circunstâncias em que se encontre. A motivação é um processo que orienta opções

Aumente seus conhecimentos sobre **O modelo contingencial de Vroom** na seção *Saiba mais* TGA 2 8.6

de comportamento (resultados intermediários) para alcançar um resultado final. Os resultados intermediários compõem uma cadeia de relações entre meios e fins. Quando a pessoa quer alcançar um objetivo individual (resultado final), ela o busca por meio de vários resultados intermediários que funcionam como objetivos gradativos (*path-goal*) para alcance do objetivo final.

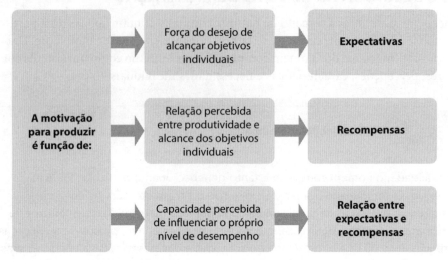

Figura 8.17 Três dimensões básicas da motivação.

Figura 8.18 Modelo de expectância.

8.6.2 Modelo de motivação de Lawler

O modelo proposto por Vroom foi desenvolvido por Lawler III, que o relacionou com o dinheiro quando ofertado em tempo real.[34] As conclusões de Lawler III são:[35]

- **As pessoas desejam o dinheiro:** o dinheiro permite a satisfação de necessidades fisiológicas e de segurança (alimentação, conforto, padrão de vida etc.), como também dá plenas condições para a satisfação das necessidades sociais (relacionamentos, amizades etc.), de estima (*status*, prestígio) e de autorrealização (realização do potencial e talento individual).

Figura 8.19 Implicações gerenciais da Teoria da Expectância.

- **Se as pessoas creem que a obtenção do dinheiro (resultado final) depende do desempenho (resultado intermediário),** elas se dedicarão a ele, pois este terá valor de expectação quanto ao alcance do resultado final.

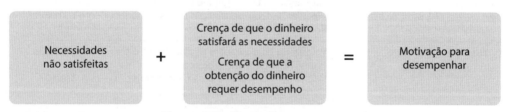

Figura 8.20 Teoria da Expectância.

 SAIBA MAIS — **O impacto do dinheiro**

O dinheiro foi criticado como fator motivador desde os tempos da Administração Científica, quando os incentivos salariais e os prêmios de produção foram abusivamente usados no sentido de elevar a produtividade. Desde então, o dinheiro foi afigurado como o vilão da história que compra a dedicação do empregado. Lawler encontrou evidências de que o dinheiro motiva o desempenho excelente e também o companheirismo, o relacionamento com colegas e a dedicação ao trabalho. O dinheiro tem apresentado pouca potência motivacional em face de sua incorreta aplicação pela maior parte das empresas. O dinheiro é um resultado intermediário, com elevada expectância para o alcance de resultados finais.

8.6.3 Modelo de impulsos motivacionais

A motivação humana é muito mais complexa do que se pensava e os modelos que procuram explicá-la abordam apenas algumas de suas características. Para compreendê-la melhor, as ideias básicas de Maslow e Herzberg são usadas para abordar quatro classes de impulsos básicos que dirigem o nosso comportamento:

1. **Impulso de adquirir:** relacionado com possuir, ter, ganhar, conquistar, comprar. Tem a ver com as necessidades psicológicas.
2. **Impulso de formar laços:** relacionado a amizade, relacionamento, vida social e confiança. Tem a ver com as necessidades sociais.
3. **Impulso de compreender:** relacionado a conhecimento, habilidade, competência e contribuição. Tem a ver com as necessidades de autorrealização.
4. **Impulso de defender:** relacionado a segurança, proteção, garantia, equidade, justiça, defesa. Tem a ver com as necessidades de segurança.

Todos esses impulsos estão intimamente interligados e interagem dinamicamente entre si.

Quadro 8.5 Impulsos humanos e alavancas impulsionadoras

Impulsos	Alavancas	Medidas necessárias
Adquirir	Sistema de premiação	Diferenciar o bom do mau desempenho. Vincular a recompensa com o desempenho e com os resultados. Remuneração compatível com a competência e a retribuição.
Formar laços	Cultura	Valorizar a colaboração, as relações e o trabalho em equipe. Promover a confiança recíproca. Incentivar a amizade e a camaradagem entre as pessoas. Compartilhar as melhores práticas.
Compreender	Desenho do trabalho	Desenhar tarefas inteiras, distintas, relevantes e importantes. Organizar o trabalho com sentido e significado. Criar um senso de contribuição e de solidariedade.
Defender	Gestão do desempenho	Aumentar a transparência dos processos administrados. Enfatizar a justiça e a equidade nos processos. Conquistar a confiança das pessoas. Clareza no reconhecimento e nas recompensas.

Para satisfazê-los, as organizações costumam utilizar quatro alavancas organizacionais básicas:

1. **Cultura organizacional:** para satisfazer o impulso de formar laços sociais, o clima, os relacionamentos, as amizades, o ambiente social, o reconhecimento, a confiança e o compromisso com e entre as pessoas.
2. **Desenho do trabalho:** para satisfazer o impulso de compreender, entender, melhorar, desenvolver, refletir, contribuir, criar, inovar.
3. **Gestão do desempenho:** para satisfazer o impulso de defender, ter o seu lugar e papel, ampliar, melhorar, garantir, competir e obter justiça e equidade.

4. Sistema de premiação e recompensas: para satisfazer o impulso de ganhar, adquirir, incrementar o merecimento, o reconhecimento e a autoestima das pessoas.

Esses são os ingredientes do bolo. O desafio está em dosá-los adequadamente e integrá-los para que produzam um contexto agradável e incentivador para as pessoas. O segredo do engajamento das pessoas para que elas possam pensar grande, enfrentar desafios, participar ativamente das mudanças e alcançar objetivos está em dar-lhes autonomia. Autonomia significa liberdade para pensar, decidir, agir e executar. Sem dúvida, a Administração constitui a maior invenção do século 20, mas ela é somente otimizada quando consegue que as pessoas façam as coisas de maneira correta, inteligente, eficiente, cada vez melhor e eficaz e mais agradável e gratificante.

8.6.4 Clima organizacional

O conceito de clima organizacional representa o quadro mais amplo da influência externa e ambiental sobre a motivação. Ele mostra a qualidade ou propriedade do ambiente organizacional que é percebida ou experimentada pelos participantes da organização e que influencia o seu comportamento. O ambiente organizacional cria um clima organizacional que apresenta certas propriedades que podem ou não provocar motivação para determinados comportamentos das pessoas. Assim, as dimensões do clima organizacional residem nos seguintes aspectos:

- **Estrutura organizacional:** pode impor limites ou liberdade de ação para as pessoas, por meio de ordens, restrições e limitações impostas no local de trabalho, como regras, regulamentos, procedimentos, autoridade, especialização. Quanto mais flexibilidade da estrutura, tanto mais liberdade e tanto melhor o clima.
- **Responsabilidade:** quando mais se incentiva a responsabilidade, tanto melhor o clima organizacional e, quando se coíbe e restringe a iniciativa pessoal, ele piora.
- **Riscos:** a situação de trabalho pode ser essencialmente protetora para evitar riscos ou pode ser impulsionadora no sentido de assumir desafios novos e diferentes. Quanto mais impulsionadora, tanto melhores o clima e o entusiasmo.
- **Recompensas:** a organização pode tanto enfatizar críticas e punições quanto pode estimular recompensas e incentivos pelo alcance de resultados, deixando o método de trabalho a critério de cada pessoa. Quanto mais estimula recompensas e incentivos, tanto melhor o clima.
- **Calor e apoio:** a organização pode tanto manter um clima frio e negativo de trabalho quanto pode criar um clima de calor humano, boa camaradagem e apoio à iniciativa pessoal e grupal. Quanto mais calor e apoio, tanto melhor o clima.
- **Conflito:** a organização tanto pode estabelecer regras e procedimentos para evitar choques de opiniões diferentes quanto pode incentivar diferentes pontos de vista e administrar os conflitos decorrentes por meio da confrontação e da busca de consenso. Quanto mais incentivo a diferentes pontos de vista, tanto melhor o clima.

Diferentes climas organizacionais podem ser criados por meio de variações nessas dimensões anteriores. O importante é que esse clima tem uma poderosa influência na motivação das pessoas e sobre o seu desempenho e a satisfação no trabalho.

> **PARA REFLEXÃO**
>
> **O novo desenho organizacional da Colmeia**
> Para manter a competitividade da empresa, a diretoria da Colmeia estuda o futuro desenho organizacional a ser adotado. A estrutura departamentalizada funcional não tem mais fôlego e torna-se necessário migrar para um novo formato organizacional ágil, flexível, dinâmico e inovador. Amélia Medina foi incumbida de explicar aos diretores da Colmeia quais são as alternativas organizacionais, os pontos positivos e as limitações para que eles possam fazer opções. Se você estivesse no lugar de Amélia, como procederia?

8.7 APRECIAÇÃO CRÍTICA DA TEORIA DA CONTINGÊNCIA

A Teoria da Contingência representa uma das mais recentes abordagens da Teoria Administrativa. Embora suas raízes remontem aos primeiros estudos de Woodward,[36] Burns e Stalker,[37] Chandler,[38] Emery e Trist,[39] Sherman,[40] e Evan,[41] somente com o trabalho de Lawrence e Lorsch[42] é que ela passou a constituir uma teoria consolidada e coerente.

 Aumente seus conhecimentos sobre **Teoria da Contingência** na seção *Saiba mais* TGA 2 8.7

Os principais aspectos críticos da Teoria da Contingência são:

- **Relativismo na Administração:** a Teoria da Contingência rechaça os princípios universais e definitivos de Administração. A prática administrativa é situacional e circunstancial. Ela é contingente, pois depende de situações e circunstâncias diferentes e variadas. Nada é absoluto ou universalmente aplicável. Tudo é relativo e tudo depende.

- **Bipolaridade contínua:** os conceitos da Teoria da Contingência são utilizados em termos relativos, como em um *continuum*. Os autores não utilizam conceitos únicos e estáticos e em termos absolutos e definitivos, mas conceitos dinâmicos abordados em diferentes graus de variação, como em um *continuum*, variando entre Teoria X e Teoria Y, sistema fechado e sistema aberto, modelo mecanístico e modelo orgânico.

- **Ênfase no ambiente:** a Teoria Contingencial focaliza a organização de fora para dentro. Autores mais exacerbados pregam o determinismo ambiental: o ambiente determina e condiciona as características e o comportamento das organizações – o que é um exagero. A abordagem contingencial mostra a forte influência ambiental na estrutura e no comportamento das organizações.

- **Ênfase na tecnologia:** a visão contingencial focaliza a organização como um meio de utilização racional da tecnologia. Certos autores pregam o imperativo tecnológico, outro exagero. O correto é que a tecnologia constitui a variável independente que condiciona fortemente a estrutura e o comportamento organizacional.

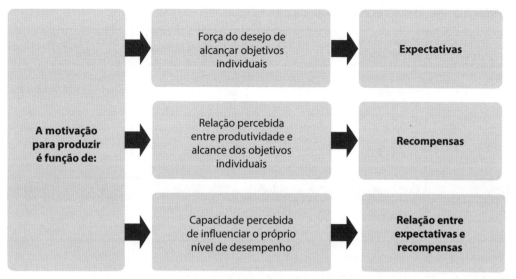

Figura 8.21 Ambiente como fonte de oportunidades e ameaças.

- **Compatibilidade entre abordagens de sistemas fechado e aberto:** a Teoria da Contingência mostra que as abordagens mecanísticas se preocupam com aspectos internos da organização, enquanto as abordagens orgânicas se fixam nos aspectos da periferia organizacional. Ela mostra que ambas andam de mãos dadas.

Quadro 8.6 Organizações burocráticas e organizações adaptativas

Sistemas mecanicistas	Sistemas orgânicos
Rigidez	Flexibilidade
Definitividade	Adaptabilidade
Permanência	Mudança
Certeza	Incerteza
Previsibilidade	Imprevisibilidade
Ambiente estável	Ambiente mutável
Teorias tradicionais	Teoria da Contingência
Burocracia	Adhocracia

Percebeu-se que a organização possui simultaneamente características mecanísticas e orgânicas. Os níveis inferiores e no âmago da organização trabalham dentro da lógica de sistema fechado, enquanto os níveis mais elevados e situados na periferia organizacional servem de interface para os eventos ambientais e trabalham com a lógica de sistema aberto. Ou sseja, abertura e isolamento ao mesmo tempo.

Quadro 8.7 Características dos três níveis organizacionais

Subsistema organizacional	Principal tarefa administrativa	Contexto	Comportamento	Preocupação básica	Lógica
Nível estratégico	Relacionar a empresa com o ambiente	Imprevisibilidade e incerteza	Extrovertido	Eficácia do sistema todo	Sistema aberto
Nível tático	Integrar e coordenar as atividades internas	Amortecimento da incerteza	Elo interno	Integração e coordenação	Sistema bifocal
Nível operacional	Comprimir as metas e os programas cotidianos	Previsibilidade e certeza	Introvertido	Eficiência na execução	Sistema fechado

Quadro 8.8 Características dos três níveis organizacionais

Subsistema organizacional	Visão predominante	Perspectiva	Ponto de vista	Processos gerais	Decisão
Nível estratégico	Longo prazo	Futuro e destino da organização	Satisfatório	Não programados	Julgamental
Nível tático	Médio prazo	Condições de presente e futuro	Meio-termo	Não programados e programáveis	Meio-termo
Nível operacional	Curto prazo	Presente e cotidiano	Otimizante	Totalmente programados	Computacional

Como se pode observar nos Quadros 8.7 e 8.8, a ação administrativa, isto é, o processo de planejar, organizar, liderar (dirigir) e controlar, é contingencial e totalmente diferente, conforme o nível organizacional considerado.

Quadro 8.9 Processo administrativo nos três níveis organizacionais

Subsistema organizacional	Planejamento	Organização	Direção	Controle
Nível estratégico	Estratégico e global Objetivos organizacionais	Desenho organizacional	Direção e liderança	Estratégicos e global
Nível tático	Tático e departamental Objetivos intermediários	Desenho departamental	Gerência	Tático e departamental
Nível operacional	Operacional e cotidiano Programas e metas	Desenho de cargos e tarefas	Supervisão	Operacional e detalhado

- **Caráter eclético e integrativo:** a abordagem contingencial é eclética e integrativa, absorvendo os conceitos de todas as teorias administrativas no sentido de ampliar horizontes e mostrar que nada é absoluto. A tese central é a de que não há um método ou técnica que seja válido ou ótimo para todas as situações. O que existe é uma variedade de métodos e técnicas das várias teorias administrativas adequados para determinadas situações. Cada teoria administrativa foi forjada e desenvolvida para dada situação dentro da qual funciona adequadamente.

CONCLUSÃO

A Teoria da Contingência marca um passo além na Teoria Administrativa, mostrando não somente a relatividade e a contingencialidade nas organizações, mas principalmente a necessidade de compreender as características e as condições do ambiente (condições exógenas) e das tecnologias utilizadas (condições endógenas) e saber aproveitar as oportunidades que podem apresentar para o seu negócio, na conquista dos clientes e na sua competitividade e sustentabilidade. Para tanto, oferece modelos organizacionais orgânicos e flexíveis adequados para um mundo em crescente mudança e transformação de uma maneira relativista e situacional. No fundo, a Teoria da Contingência é muito mais uma maneira relativa e contingencial de encarar o mundo organizacional do que propriamente uma teoria administrativa.

Figura 8.22 Mapa mental da Teoria da Contingência.

RESUMO

A Teoria da Contingência constitui um avanço na Teoria Administrativa e marca um passo além da Teoria de Sistemas. Suas origens remontam às pesquisas de Chandler, Burns e Stalker, Woodward e Lawrence, e Lorsch a respeito das organizações e seus ambientes e suas tecnologias. Todas essas pesquisas revelaram a Teoria Administrativa disponível até então para explicar os mecanismos de ajustamento das organizações aos seus ambientes e às suas tecnologias de maneira dinâmica e proativa.

Verificou-se que muita coisa existente nas organizações era decorrente do que existia fora delas, nos seus ambientes. Passou-se a estudar os ambientes e as interdependências entre a organização e o meio ambiente. As organizações escolhem e depois passam a ser condicionadas por eles, necessitando adaptar-se a eles e às suas mudanças para poderem sobreviver e crescer. O conhecimento do ambiente passou a ser vital para a compreensão dos mecanismos organizacionais. Todavia, a análise ambiental até então é bastante precária, requerendo ainda muita pesquisa pela frente. Além das condições tecnológicas, econômicas, sociais, culturais, legais, políticas, demográficas e ecológicas que existem no ambiente geral, as organizações interagem com o seu ambiente de tarefa (composto de fornecedores, clientes, concorrentes e entidades reguladoras), no qual pretendem manter o seu domínio. O ambiente de tarefa pode ser homogêneo ou heterogêneo, como pode ser estável ou mutável, exigindo características organizacionais diferentes.

Outra variável que condiciona a estrutura e o comportamento organizacional é a tecnologia utilizada pela organização para as suas operações. Para alguns, a organização é um meio para se obter a máxima eficiência da tecnologia: é o imperativo tecnológico, ou seja, a premissa de que as características organizacionais são determinadas pela tecnologia. As tipologias de tecnologias apresentadas são ainda incipientes, muito limitadas e incompletas.

Constatou-se que as organizações são simultaneamente sistemas abertos e confrontadas com a racionalidade técnica como sistemas fechados. Assim, as organizações são constituídas de três níveis organizacionais: o nível institucional (estratégico) atuando como um sistema aberto, o nível intermediário (administrativo) e o nível operacional, este atuando como um sistema fechado. Enquanto o nível institucional busca a eficácia, o nível operacional busca a eficiência.

O desenho organizacional passou a se enquadrar em uma abordagem contingencial, voltado para as demandas ambientais e tecnológicas, sem descuidar-se de outros fatores, como a tarefa e as pessoas envolvidas.

A Teoria da Contingência trouxe uma nova concepção a respeito do ser humano: o conceito de homem completo, a partir da Teoria Contingencial sobre a motivação e sobre a liderança, além de novas colocações a respeito de incentivos por meio da Teoria da Expectância.

O processo administrativo passou por um refinamento e as funções administrativas de planejamento, organização, direção e controle passaram a ser conceituadas diferentemente nos três níveis organizacionais: institucional, intermediário e operacional. Sobretudo, os conceitos de eficiência e de eficácia passaram por uma ampliação.

Em uma rápida apreciação crítica, verifica-se que a Teoria da Contingência é eminentemente eclética e integrativa, mas, ao mesmo tempo, relativista e situacional. No fundo, todas as teorias administrativas são válidas – mas para determinadas situações e circunstancias. Em alguns aspectos, parece que a Teoria da Contingência é muito mais uma maneira relativa e situacional de ver as organizações do que propriamente uma teoria administrativa original.

QUESTÕES

1. Explique o conceito de contingência para Skinner.
2. O que é contingência?
3. Explique sucintamente as origens da Teoria da Contingência.
4. Comente a pesquisa de Chandler e suas conclusões.
5. Comente a pesquisa de Burns e Stalker e suas conclusões.
6. Compare os sistemas mecânicos e os orgânicos.
7. Comente a pesquisa de Woodward e suas conclusões.
8. Explique a classificação de indústrias segundo Woodward.
9. Comente a pesquisa de Lawrence e Lorsch.
10. O que significa diferenciação?
11. Quais são os componentes da diferenciação?
12. O que significa integração?
13. Quais são os componentes da integração?
14. O que significa integração requerida?
15. O que significa diferenciação requerida?
16. Explique os conceitos de certeza e incerteza.
17. Defina ambiente.
18. Defina ambiente geral.
19. Defina ambiente de tarefa.
20. Defina domínio.
21. Explique a tipologia de ambientes.
22. Defina tecnologia.
23. Explique a tipologia de tecnologias de Thompson.
24. Explique a tipologia de tecnologias de Perrow.
25. Compare o imperativo ambiental e o imperativo tecnológico.
26. Defina os níveis organizacionais e os seus papéis.
27. O que é desenho organizacional?
28. Comente as abordagens sobre o desenho organizacional.
29. Conceitue o homem complexo.
30. O que significa modelo contingencial de motivação?
31. O que significa modelo contingencial de liderança?
32. Comente a Teoria da Expectância.
33. Defina as relações entre eficiência e eficácia.

REFERÊNCIAS

1. LUTHANS, F. *Introduction to management*: a contingency approach. New York: McGraw-Hill, 1976. p. 31.
2. Daí o nome de Neoestruturalismo dado por Schein a autores como Lawrence, Lorsch, Galbraith etc., pela abordagem dada à estrutura organizacional como resposta às demandas ambientais. *Vide*: SCHEIN, E. H. *Psicologia de la organización*. Madrid: Editorial Prentice/Hall Internacional, 1972. p. 125-127.
3. LAWRENCE, P. R.; LORSCH, J. W. *As empresas e o ambiente*: diferenciação e integração administrativas. Petrópolis: Vozes, 1973. p. 210.
4. CHANDLER JR., A. *Strategy and structure*: chapters is the history of American industrial enterprises. Cambridge: The MIT Press, Massachusetts Institute of Technology, 1976.
5. CHANDLER JR., A. *Strategy and structure*: chapters in the history of American industrial enterprises, *op. cit.*, p. 380-396.
6. CHANDLER JR., A. *Strategy and structure*: chapters in the history of American industrial enterprises. *op. cit.*, p. 41.
7. BURNS, T.; STALKER, G. M. Tavistock Institute of Human Relations. BURNS, T.; STALKER, G. M. *The Management of innovation*. London: Tavistock Public, 1961.
8. BURNS, T.; BURNS; G. M. S. *The Management of innovation*, *op. cit.*, p. 5-6.
9. LAWRENCE, P. R.; LORSCH, J. W., *As empresas e o ambiente*, *op. cit.*, p. 24.
10. WOODWARD, J. *Management and technology*. London: Her Majesty's Stationery Office, 1958. A pesquisa envolveu 100 firmas: 24 de produção unitária, 31 de produção em massa, 25 de produção por processo e 20 de sistemas combinados de produção.
11. Os três livros de Woodward são: *Management and technology, op. cit.*; *Industrial organizations*: behavior and control. London: Oxford University Press, 1970; *Industrial organizations*: theory and practice. London: Oxford University Press, 1970.
12. WOODWARD, J. (ed.). *Industrial organization*: theory and practice, *op. cit.*, 1970.
13. HALL, R. H. *Organizaciones*: estructura y proceso. Madrid: Prentice-Hall, 1973. p. 276-300.
14. THOMPSON, J. D. *Dinâmica organizacional*. São Paulo: McGraw-Hill, 1976. p. 30.
15. THOMPSON, J. D. *Dinâmica organizacional*, *op. cit.*, p. 30-33.
16. THOMPSON, J. D. *Dinâmica organizacional*, *op. cit.*, p. 31.
17. THOMPSON, J. D. *Dinâmica organizacional*, *op. cit.*, p. 32.
18. THOMPSON, J. D. *Dinâmica organizacional*, *op. cit.*, p. 33.
19. SCOTT, W. G.; MITCHELL, T. R. *Organization theory*: a structural and behavioral analysis. Homewood: Richard D. Irwin, 1976. p. 307-308.
20. THOMPSON, J. D.; BATES, F. L. Technology, organization and administration. *Business and Public Administration School*, Ithaca, Cornell University, 1969.
21. SCOTT, W. G.; MITCHELL, T. R. *Organization theory*: a structural and behavioral analysis, *op. cit.*, p. 307-308.
22. THOMPSON, J. D. *Dinâmica organizacional*, *op. cit.*, p. 30.
23. Adaptado de: KAST, F. E.; ROSENZWEIG, J. E. Contingency views of organizations and management. *Science Research Associates*, Inc., Chicago, 1973. p. 314-315.
24. KATZENBACH, J. R. The works of teams. *Harvard Business Review Book*, 1998.
25. TAPSCOTT, D. Creating value in the network economy. *Harvard Business Review Book*, 1999.

26. CASTELLS, M. *A sociedade em rede*. São Paulo: Paz e Terra, 1999.
27. CHIAVENATO, I. Para onde vai a administração?, Brasília, *Conselho Federal de Administração*, 2017, p. 16-17. *Vide*: www.cfa.org.br. Este artigo serviu de tema do XVIII ENBRA – Encontro Nacional de Administradores, realizado na Bolsa de Valores do Rio de Janeiro em 6 a 8 de agosto de 2018.
28. CHIAVENATO, I. *Para onde vai a administração?, op. cit.*, p. 17.
29. GOLDMAN, S. L.; NAGEL, R. N.; PREISS, K. *Agile competitors and virtual organizations*: strategies for enriching the customer. New York: Thomson, 1995.
30. DAVIDOW, W. H.; MALONE, M. S. *The virtual corporation*: structuring and revitalizing the corporation for the 21st century. New York: Harper Collins, 1995.
31. SCHEIN, E. H. *Organizational psychology*. Englewood Cliffs: Prentice-Hall, 1970. p. 60-61.
32. LAWRENCE, P. R.; LORSCH, J. W. *O desenvolvimento de organizações*: diagnóstico e ação. São Paulo: Edgard Blücher, 1972. p. 74.
33. VROOM, H. H. *Work and motivation*. New York: John Wiley & Sons, 1964.
34. VROOM, H. H. *Work and motivation, op. cit.*
35. LAWLER III, E. E. *Pay and organizational effectiveness*. New York: McGraw-Hill, 1971.
36. WOODWARD, J. *Management and technology, op. cit.*
37. BURNS, T.; STALKER, G. M. *The management of innovation, op. cit.*
38. CHANDLER JR., A. D. *Strategy and structure, op. cit.*
39. EMERY, F. E.; TRIST, E. L. The causal texture of organizational environments. *Human Relations*, v. 8, p. 21-32, feb. 1965.
40. SHERMAN, H. *It all depends*: a pragmatic approach to organization. Alabama: University of Alabama Press, 1967.
41. EVAN, W. M. Organization set: toward a theory of interorganizational relations. *In*: THOMPSON, J. D. (org.). *Approaches to organizational design*. Pittsburgh: The University of Pittsburgh Press, 1966.
42. LAWRENCE, P. R.; LORSCH, J. W. *Organization and environment*: managing differentiation and integration. Homewood: Richard D. Irvin e The Dorsey Press, 1972.

Capítulo 9 – Para onde vai a Administração?: a Administração em um mundo exponencial

A Teoria Administrativa está atravessando um período de intensa e profunda crítica, além de uma vertiginosa transformação. Desde os tempos da Teoria Estruturalista não se via tamanha onda de revisionismo. O mundo mudou profundamente, assim como a Teoria Administrativa. Mas para onde? Em qual direção? Quais os caminhos? Algumas dicas podem ser oferecidas pelo que está acontecendo com a ciência moderna, que também está passando por uma forte revisão em seus conceitos. Afinal, a Teoria Administrativa não fica incólume ou distante desse movimento de crítica e renovação. Contudo, para sabermos para onde vamos, precisamos antes saber de onde viemos e onde estamos. E o futuro está logo aí.

Na verdade, a Teoria Administrativa passou por três períodos:

1. **O período cartesiano e newtoniano da Administração:** foi a criação das bases teóricas da Administração iniciada por Taylor e Fayol, envolvendo principalmente a Administração Científica, a Teoria Clássica e a Teoria Neoclássica. Nelas, a influência predominante foi a Física tradicional de Isaac Newton e a Metodologia Científica de René Descartes. Foi um período que se iniciou no começo do século 20 até a década de 1960, aproximadamente, no qual o pensamento linear e lógico predominou na Teoria Administrativa. Foram tempos de calmaria e de relativa permanência e estabilidade no mundo das organizações.

2. **O período sistêmico da Administração:** aconteceu com a influência da Teoria de Sistemas que substituiu o reducionismo, o pensamento analítico e o mecanicismo pelo expansionismo, o pensamento sintético e a teleologia, respectivamente, a partir da década de 1960. A abordagem sistêmica trouxe uma nova concepção da Administração e a busca do equilíbrio na dinâmica organizacional em sua interação com o ambiente externo e com a tecnologia. Teve sua maior influência no movimento do Desenvolvimento Organizacional (DO) e na Teoria da Contingência. Foi um período de mudanças e de busca da relatividade e da adaptabilidade no mundo das organizações.

3. **O período atual da Administração:** está acontecendo graças à profunda influência das teorias do caos e da complexidade, principalmente por causa das disruptivas tecnologias avançadas (inteligência artificial, aprendizagem de máquina, internet das coisas, impressão em 3D, ao lado de sensores, algoritmos avançados, robôs inteligentes), das plataformas virtuais e das rápidas inovações na Teoria Administrativa. A mudança chegou para valer no mundo organizacional com a Era Digital e a entrada na Quarta Revolução Industrial, trazendo a fusão entre o físico, o virtual e o biológico, além da Revolução 5G pela frente. O digital está mudando tudo, até os limites da indústria, a digitalização tem um enorme potencial pela frente e as superestrelas digitais têm suas fronteiras gradativamente ampliadas.

V.1 OS PARADOXOS DAS CIÊNCIAS

As ciências sempre guardaram um íntimo relacionamento entre si. Principalmente depois da revolução sistêmica e da cibernética, o que ocorre em uma área científica logo permeia nas demais, provocando um desenvolvimento científico que, se não é homogêneo, pelo menos se torna relativamente concomitante ou se faz com relativo atraso. Um acontecimento na Biologia no século 19 e cinco outros acontecimentos na Física no início do século 20 estão produzindo intensa influência na Teoria Administrativa no início do século 21.

V.1.1 O darwinismo organizacional

No século 19, após coletar uma enorme massa de informações, Charles Darwin (1809-1882) escreveu seu famoso livro, *A origem das espécies*, no qual apresenta sua Teoria da Evolução das Espécies. Concluiu que todo organismo vivo – seja planta ou animal – é resultado não de um ato criador isolado ou de um evento estático no tempo, mas de um processo natural que vem se desenrolando há bilhões de anos. Tudo evolui gradativamente desde os sistemas simples até os mais complexos. A complexidade organizada dos seres vivos ocorre sem necessidade da intervenção de qualquer força não natural. Em outras palavras, a vida vem se transformando continuamente pelos tempos. A evolução é orientada por um mecanismo incrível, chamado seleção natural das espécies. Esse mecanismo seleciona os organismos mais aptos a sobreviver e elimina automaticamente os demais. Os mais fortes da espécie não são os que sobrevivem, nem os mais inteligentes, mas os que se adaptam melhor às mudanças ambientais.[1] O raciocínio de Darwin é o seguinte: se em uma espécie existem variações nas características que os indivíduos herdam de uma geração para outra e, se algumas dessas características são mais úteis do que outras, então, estas vão disseminar-se mais amplamente na população e, com o tempo, vão acabar predominando. O conjunto da população acabará tendo essas características mais eficientes na arte da reprodução e essa espécie pode se tornar completamente diferente daquilo que já foi.[2] Para que esse mecanismo seletivo possa atuar, são necessárias três condições:

1. Deve haver variação, ou seja, as criaturas não podem ser idênticas.

2. Deve haver um mutável meio ambiente em que nem todas as criaturas possam sobreviver e no qual algumas se darão melhor que outras.

3. Deve haver algum mecanismo pelo qual a cria herda as características dos pais.

A evolução pela seleção natural das espécies explica o mundo vivo. O ser humano é o último passo da caminhada evolutiva de determinado tipo de chimpanzé. Passados quase duzentos anos de sua divulgação, a ideia da evolução das espécies também está sendo aplicada às organizações como organismos vivos enfrentando um meio ambiente mutável e dinâmico.

SAIBA MAIS — **A corrida pela evolução**

Parodiando os seres vivos, não são mais as organizações grandes que engolem as pequenas. Hoje, tamanho não é documento. São as organizações mais flexíveis e ágeis – de qualquer tamanho – que "quebram as pernas" das organizações rígidas e lerdas – de qualquer tamanho. Importam o dinamismo e a rapidez da organização, não o seu tamanho. Nessa corrida sem-fim, ocorre uma verdadeira seleção darwiniana: sobrevivem apenas aquelas que aprendem a se adaptar ao mutável meio ambiente organizacional. Adaptação, aprendizagem, agilidade e mudança são os ingredientes básicos das espécies organizacionais bem-sucedidas.

V.1.2 Teoria dos *Quanta*

No ano de 1900, o cientista alemão Max Planck (1858-1947) apresentou a sua Teoria dos *Quanta*, que revolucionaria a física tradicional. Planck descobriu que, no mundo das partículas subatômicas, as leis de Newton não funcionam. Até então, a Física clássica de Isaac Newton estabelecia uma exata correspondência entre causa e efeito. O mundo newtoniano, previsível como um mecanismo de relojoaria, passou a ser entendido como aleatório, tanto quanto um jogo de dados. Era como se Deus fosse um excelente jogador. A física quântica deixou de ser determinística para se tornar probabilística.

Ao estudar os problemas que envolviam trocas de energia e emissão de radiações térmicas, Planck chegou à conclusão de que a energia é algo descontínuo e discreto, e seu crescimento se faz em acréscimos, tal como um muro feito de tijolos que só pode aumentar segundo múltiplos inteiros de um tijolo. A energia é transmitida em pequenos pacotes – os *quanta* (uma quantidade de alguma coisa) – e não de modo contínuo. É isso que acontece no mundo das partículas subatômicas.

SAIBA MAIS — **Os reflexos na Teoria Administrativa**

A moderna Teoria Administrativa passou a descrever as mudanças organizacionais em termos de *quantum*. A mudança quântica é uma mudança de vários elementos ao mesmo tempo, em contraposição à tradicional mudança gradativa – um elemento por vez, como na estratégia, depois na estrutura e então nos processos. A mudança quântica é sistêmica, complexa, imprevisível, intangível, dinâmica e auto-organizante.

Quadro V.1 As duas visões do mundo: a newtoniana e a quântica[3]

Perspectiva newtoniana	Perspectiva quântica
■ Mundo material, visível e concreto. ■ Estático, estável, preciso e inerte. ■ Previsível e controlável. ■ Não afetado pela observação. ■ A realidade é objetiva. ■ Uma máquina: as coisas são mais bem compreendidas quando reduzidas em suas partes mais simples. ■ São as partes que determinam o todo. ■ Localmente controlado. ■ Causas e efeitos são claramente discerníveis. ■ Dependente de fontes externas de energia. ■ Sem a força externa, tudo se desagrega.	■ Mundo intangível, invisível e abstrato. ■ Dinâmico, vibratório e em contínua mudança. ■ Imprevisível e indeterminado. ■ Sujeito ao impacto da consciência do observador. ■ A realidade é subjetiva. ■ Um sistema: tudo é parte de um todo inter-relacionado. ■ O todo é o que determina as partes. ■ Afetado por aquilo que escapa aos olhos. ■ As coisas acontecem a partir de certa distância. ■ Pleno de energia. ■ A energia é intrínseca à vida e aos seus sistemas.

A física quântica mostra que, no nível subatômico, não há partículas estáveis, nem blocos de construção de matéria, mas apenas ondas de energia em contínuo movimento que podem, em certas condições, formar partículas. Todos os fenômenos subatômicos atuam como ondas (vibrações) ou como partículas (com posição localizada no espaço e no tempo). É a energia – e não a matéria – a substância fundamental do universo e os efeitos do mundo quântico não se limitam apenas ao pequeno. Einstein apontou seus efeitos macroscópicos no universo.

Quadro V.2 As duas diferentes visões organizacionais[4]

Visão mecanística As organizações:	Visão sistêmica As organizações:
■ São semelhantes a uma máquina: máquinas são construídas com partes padronizadas e são orientadas com base na estrutura. ■ São estáticas, estáveis, passivas e inertes. ■ São previsíveis, pois funcionam de acordo com uma cadeia linear de causa e efeito. Rupturas são facilmente identificáveis. ■ São externamente controláveis pela observação. ■ São mais bem entendidas quando reduzidas às suas partes mais simples, pois as partes determinam o todo.	■ São organismos vivos nos quais não há partes idênticas, pois são orientados com base no processo. ■ São dinâmicas e em contínua mudança. ■ São imprevisíveis, pois funcionam de acordo com padrões cíclicos de informações (laços de retroação). Rupturas são causadas pela interação de múltiplos fatores intervenientes. ■ São auto-organizadas, sua ordem é criada internamente e é permitida ampla autonomia. ■ São mais bem entendidas quando se observa o todo, pois o todo é que determina as partes.

(continua)

(continuação)

Visão mecanística As organizações:	Visão sistêmica As organizações:
■ Têm a análise como a melhor abordagem. ■ São sistemas fechados que procedem em direção à entropia, pois obedecem à Segunda Lei da Determinação Termodinâmica.	■ Têm a síntese como a melhor abordagem. ■ São sistemas abertos que interagem continuamente com o ambiente e evoluem em direção a níveis cada vez mais elevados de ordem e de complexidade, pois renovam-se e transcendem a si mesmas.

V.1.3 Teoria da Relatividade

Em 1905, Albert Einstein (1879-1955) aplicou a hipótese quântica ao efeito fotoelétrico para obter uma explicação para o fenômeno da luz. Admitiu que cada elétron é liberado por um *quantum* de luz, denominando-o fóton, a que está ligada uma energia proporcional à respectiva frequência. Assim, a luz tem um caráter dual: ela é onda e é partícula ao mesmo tempo, o que confundia totalmente os cientistas até então. Daí a Teoria da Relatividade, vinculada às noções de espaço e de tempo e aos métodos de medida dessas duas grandezas. Einstein demonstrou que:

- **A massa** é uma forma de energia que varia em função da velocidade ($E = mc^2$). Isso liquidou a noção de objetos sólidos. Segundo essa fórmula, a energia (força) contida na matéria é equivalente à massa dessa matéria multiplicada pela velocidade da luz ao quadrado. Até mesmo a menor partícula de matéria contém um imenso potencial de energia concentrada. O espaço assemelha-se a um oceano invisível fervilhante de atividade, uma teia ou rede de campos subatômicos de energia.

- **O espaço e o tempo** estão em permanente interação, são relativos e não absolutos e dependentes do observador, constituindo partes integrantes de um *continuum* quadridimensional – o espaço-tempo. À medida que a velocidade das partículas se aproxima da velocidade da luz, a descrição até então tridimensional precisa incorporar o tempo como uma quarta coordenada determinada relativamente ao observador. Ocorre, então, uma espacialização do tempo.

- **A força da gravidade** tem o efeito de curvar o espaço-tempo. Isso derrubou a Geometria euclidiana e o conceito de espaço vazio.

SAIBA MAIS — **Tudo é relativo, nada é absoluto**

Einstein partiu da relação existente entre nossas ideias habituais de espaço e de tempo e o caráter de nossas experiências. Os acontecimentos isolados que recordamos aparecem ordenados de acordo com o critério "anterior-posterior", que não é submetido a nenhuma análise. Existe, para cada pessoa, um tempo próprio, subjetivo, que não pode ser medido em si. Podemos lembrar cada evento de tal forma que ao último corresponda a maior proximidade; porém, a maneira de espaçar é inteiramente arbitrária. Essa noção trivial de simultaneidade, quando examinada com cuidado, não se apresenta tão simples. Dois acontecimentos ocorridos em lugares distantes entre si poderão parecer simultâneos para um observador, sucessivos para outro e invertidos para um terceiro. Embora possa parecer absurdo, os três observadores estarão certos, pois a ordem aparente dos acontecimentos no tempo depende do movimento do observador. Da mesma forma, todos os corpos do universo estão sempre se deslocando uns em relação aos outros, de maneira que a distância entre eles varia constantemente. Se quisermos falar da distância entre dois corpos, temos que determinar o momento em que essa distância deve ser medida. Como diferentes observadores podem discordar a respeito do que seja o mesmo instante, compreende-se também que a ideia de distância depende do movimento. Em resumo, as noções de tempo e de distância são relativas. A relatividade governa o mundo. Nos sistemas físicos mais complexos – como o universo, a atmosfera ou o mar –, existem padrões ou regularidades por trás do comportamento aleatório. No espaço intergaláctico – como tanto quanto no mundo subatômico –, a Física clássica não funciona.

V.1.4 Princípio da Incerteza

Em 1927, o físico Werner Heisenberg (1901-1976) propôs o Princípio da Incerteza: não é possível determinar precisamente, em um mesmo experimento, a posição e a velocidade de uma partícula, pois a medida precisa de uma dessas quantidades leva à indeterminação da outra. Aqui, enterra-se o velho determinismo clássico.

Em 1932, Heisenberg ganhou o Prêmio Nobel de Física pela criação da Mecânica Quântica em substituição à Mecânica clássica de Newton, para melhor interpretar o fenômeno das partículas atômicas, cujas quantidades de movimento são pequenas se comparadas com o produto da velocidade da luz no vácuo pelas respectivas massas. A Mecânica (estudo do movimento) Quântica constitui o estudo das partículas subatômicas em movimento. Essas partículas não são coisas materiais, mas tendências probabilísticas a respeito da energia com potencialidade. A energia, como implica a palavra *mecânica*, nunca é estática. Está sempre em contínuo movimento, mudando incessantemente de onda para partícula e de partícula para onda, formando os átomos e as moléculas que, subsequentemente, criam o mundo material. Todas as coisas estáveis e estacionárias que observamos no mundo material são compostas exclusivamente de ondas de energia em incessante movimento.

Enquanto os físicos clássicos estudam objetos materiais no mundo tridimensional, os físicos quânticos estudam o comportamento dos elétrons, prótons, nêutrons e de centenas de partículas ainda menores denominadas *quarks*. As leis que regem o domínio clássico estão em oposição direta com a maneira como as coisas funcionam no nível subatômico do universo. A Lei do Movimento Contínuo de Newton (todo universo é constante, exato e previsível) é questionada: no nível subatômico, as partículas não se movem de maneira contínua, mas em saltos quânticos inesperados e inexplicáveis. No nível subatômico, as partes não determinam o comportamento do todo, mas é o todo que determina o comportamento das partes. Em virtude dessa causação não local, as partículas subatômicas são capazes de interagir ao longo de grandes distâncias no espaço-tempo e jamais podem ser conhecidas com precisão. Assim, os processos reducionistas não podem explicar o comportamento das partículas subatômicas. A previsibilidade da Segunda Lei de Newton – segundo a qual toda ação é acompanhada por uma reação igual e oposta – também está sendo substituída pela concepção indeterminada de probabilidade estatística. Assim, a objetividade newtoniana é substituída pela subjetividade quântica. A velha visão mecanicista, determinista e reducionista do mundo cai por terra e a substância fundamental do universo é a energia, e não a matéria.

SAIBA MAIS **A visão do mundo**

O Princípio da Incerteza significa que a realidade depende daquilo que escolhemos para senti-la, medi-la e avaliá-la. Ou seja, a realidade depende do conjunto de lentes que escolhemos para olhar através delas. Fomos condicionados pela visão newtoniana do mundo a acreditar em uma realidade exterior objetiva. Essa crença tinha vantagens, como a abdicação da responsabilidade: vivemos em um mundo fixo, objetivo e somos vítimas de circunstâncias externas que estão além de nosso controle. Se o mundo tridimensional é subjetivo, então nós desempenhamos como seres perceptivos um importante papel como criadores de tudo isso que vemos e vivenciamos.[5] Como dizia Prigogine, "o que quer que chamemos de realidade, ela só nos é revelada por intermédio de uma construção ativa na qual participamos".[6]

V.1.5 Teoria do Caos

Na década de 1960, Edward Lorenz, do Massachusetts Institute of Thecnology (MIT), desenvolveu um modelo que simulava no computador a evolução das condições climáticas no planeta. Dados os valores iniciais de ventos e temperaturas, o computador fazia uma simulação da previsão do tempo. Lorenz imaginava que pequenas modificações nas condições iniciais provocariam alterações também pequenas na evolução do quadro como um todo. A surpresa: mudanças infinitesimais nas entradas podem ocasionar alterações drásticas nas condições futuras do tempo. Como dizia Lorenz: uma leve brisa em Nevada, a queda de 1 grau em Massachusetts, o bater de asas de uma borboleta na Califórnia podem causar um furacão na Flórida um mês depois.[7] Uma estrambólica variação em cadeia do chamado efeito dominó. Da previsão do tempo ao mercado de ações, das colônias de cupins à internet, a constatação de que mudanças diminutas podem acarretar desvios radicais no comportamento de um sistema veio reforçar a nova visão probabilística da física. O comportamento dos sistemas físicos, mesmo aqueles relativamente simples, é imprevisível.[8] O estado final de um sistema não é um ponto qualquer; certos percursos parecem ter mais sentido do que outros ou ocorrem com maior frequência. Os chamados atratores estranhos (*strange attractors*) permitem que os cientistas prevejam o estado mais provável de um sistema, embora não quando precisamente ele vai ocorrer. É o que acontece com a previsão do tempo ou de um maremoto ou *tsunami*, por exemplo.

A palavra *caos* tem sido tradicionalmente associada à desordem ou à confusão. Nas mitologias e cosmogonias antigas, caos era o vazio escuro e ilimitado que precede à criação do mundo.⁹ Desde tempos imemoriais, o ser humano se defronta com o desconhecido e o percebe como caótico e atemorizante. Desde os tempos de Descartes, a lógica e a racionalidade da ciência constituíram uma luta constante contra o caos: tornar o mundo mais conhecido e reduzir a incerteza a respeito dele.¹⁰

Contudo, na ciência moderna, caos significa uma ordem mascarada de aleatoriedade. O que parece caótico é, na verdade, o produto de uma ordem subliminar, na qual pequenas perturbações podem causar grandes efeitos por causa da não linearidade do universo.¹¹ Para a ciência moderna, os fenômenos deterministas – que obedecem ao princípio da linearidade de causa e efeito – constituem uma pequena minoria nos eventos naturais. Tudo na natureza muda e evolui continuamente. Nada no universo é passivo ou estável. A noção de equilíbrio – tão cara à Teoria de Sistemas – constitui um caso particular e pouco frequente. Na verdade, não existem mudanças no universo. O que existe é a mudança. O estado de equilíbrio, o determinismo e a causalidade linear são casos muito singulares em um universo primordialmente evolutivo, onde tudo é fluxo, transformação e mudança. No decorrer do século 20, a ciência passou da visão clássica de uma realidade em permanente estado de equilíbrio para uma visão de uma realidade sujeita a perturbações e ruídos, mas que tendia naturalmente a retornar ao equilíbrio, graças à abordagem sistêmica.

SAIBA MAIS **Certeza e incerteza**

No seu começo, a Teoria Administrativa concebeu as organizações para funcionarem como máquinas orientadas para a minimização da incerteza e do ruído. Ordem, controle, estabilidade, permanência, previsibilidade e regularidade eram requisitos fundamentais para a Teoria Clássica e para o modelo burocrático. Mais recentemente, as organizações passaram a ser vistas como sistemas sujeitos a pressões externas e oscilações que precisam ser amortecidas para que os sistemas possam retornar ao equilíbrio: o modelo universal é o de um sistema autorregulado, no qual os desvios são identificados por sinalizações de retroação e então compensados, corrigidos, atenuados ou neutralizados, sempre por meio de mudanças incrementais. A ciência estava orientada para a descoberta de certezas, e a desordem sempre foi depreciada. Todo conhecimento reduzia-se à ordem e toda aleatoriedade era considerada fruto da humana ignorância. Tudo isso mudou com a influência da ciência moderna.

Para a Teoria do Caos, a desordem, a instabilidade e o acaso no campo científico constituem a norma, a regra, a lei. A influência dessas ideias na Teoria Administrativa é marcante. Afinal, estamos ainda buscando a ordem e a certeza em um mundo carregado de incertezas, mudanças e instabilidade. Os modelos de gestão baseados na velha visão do equilíbrio e da ordem estão caducos. Além do mais, quando se faz um esforço para integrar a Administração com outras ciências, os resultados caminham para uma direção completamente diferente.¹² A ciência moderna mostra que o sistema vivo é, para si, o centro do universo e sua finalidade é a produção de sua identidade. O sistema procura interagir com o ambiente externo sempre de acordo com uma lógica única, própria e singular.

V.1.6 Teoria da Complexidade

Em 1977, Ilya Prigogine ganhou o Prêmio Nobel de Química ao aplicar a Segunda Lei da Termodinâmica aos sistemas complexos, incluindo os organismos vivos. A Segunda Lei estabelece que os sistemas físicos tendem espontânea e irreversivelmente a um estado de desordem ou de entropia crescente. Contudo, ela não explica como os sistemas complexos emergem espontaneamente de estados de menor ordem, desafiando a tendência à entropia. Prigogine verificou que alguns sistemas, quando levados a condições distantes do equilíbrio – à beira do caos –, iniciam processos de auto-organização, que são períodos de instabilidade e de inovação dos quais resultam sistemas mais complexos e adaptativos. Exemplos desses sistemas adaptativos e auto-organizantes são os ecossistemas de uma floresta tropical, os formigueiros, o cérebro humano e a internet. São sistemas complexos que se adaptam em redes (*networks*) de agentes individuais que interagem para criar um comportamento autogerenciado, mas extremamente organizado e cooperativo. Esses agentes respondem à retroação (*feedback*) que recebem do ambiente e, em função dela, ajustam seu comportamento. Aprendem com a experiência e introduzem o aprendizado na própria estrutura do sistema. Em outras palavras, aproveitam as vantagens da especialização sem cair na rigidez burocrática. Se, em vez de formigas, abelhas ou neurônios, considerarmos seres humanos reunidos em redes cooperativas, verifica-se que essa descoberta científica ingressou na Teoria Administrativa com muito atraso, indicando que as organizações são sistemas complexos, adaptativos e que se auto-organizam até alcançar um estado de aparente estabilidade.

Prigogine elaborou sua Teoria das Estruturas Dissipativas – também conhecida como Teoria do Não Equilíbrio – para explicar a ordem por meio das perturbações que governam o fenômeno da evolução. A evolução é, basicamente, um processo de criação de complexidade por meio do qual os sistemas se tornam progressivamente capazes de utilizar maiores quantidades de energia do ambiente para ampliação de suas atividades.

 SAIBA MAIS **Auto-organização**

Assim, o domínio quântico é um domínio de perpétuo movimento. As pesquisas realizadas em várias disciplinas científicas demonstram que o universo é, de fato, um sistema auto-organizador, um sistema que está evoluindo para níveis maiores de complexidade e de coerência, um sistema com inteligência codificada em sua própria estrutura, um sistema em que cada parte está infundida com a ordem implicada do todo. Para onde quer que olhemos, do microcosmo ao macrocosmo, vemos sinais de auto-organização. No nível microscópico, as bactérias estão continuamente se organizando em novas formas de vida sempre mais complexas. No nível cósmico, o universo progrediu desde o caos desordenado do *Big Bang* até uma estrutura complexa de galáxias e de planetas.[13]

A palavra *complexidade* tem sido utilizada para representar aquilo que temos dificuldade de compreender e dominar. Ela constitui uma nova visão das ciências. O emaranhado das ciências interdisciplinares levou à constatação de que a realidade que nos cerca apresenta segredos ainda não totalmente desvendados para a inteligência humana.[14] As fronteiras do conhecimento exploradas pelas teorias da complexidade – principalmente pela Teoria do Caos e Teoria das Estruturas Dissipativas – levam a conclusões impressionantes.

A Teoria da Complexidade é a parte da ciência que trata do emergente, da Física Quântica, da Biologia, da inteligência artificial e de como os organismos vivos aprendem e se adaptam. Ela é um subproduto da Teoria do Caos. No estudo do comportamento das partículas fundamentais que constituem todas as coisas do mundo, a Física Quântica proporciona conclusões ambíguas e indeterminadas: como pode a realidade se revelar ao ser humano por meio de um mundo de coisas concretas e determinadas se ela é constituída de aspectos indeterminados?[15] O mundo quântico tem as suas esquisitices. A lógica da ciência da complexidade substitui o determinismo pelo indeterminismo e a certeza pela incerteza. Os físicos tiveram de reconstruir as bases sobre as quais a ciência vinha se desenvolvendo desde o mundo mecânico, previsível e linear de Newton.[16]

Alguns autores pregam um paralelo entre o mundo da ciência e o mundo dos negócios, mostrando que, da mesma forma, também a Teoria Administrativa terá de se estabelecer sobre bases novas que definam a nova lógica para a atuação das organizações.[17] Para abordar os movimentos ondulatórios dos negócios, seria necessária uma total recauchutagem da Teoria Administrativa?

Todas essas contribuições – o darwinismo organizacional, a Teoria dos *Quanta*, a Teoria da Relatividade, o Princípio da Incerteza, a Teoria do Caos e a Teoria da Complexidade – vieram trazer uma nova conceituação da ciência e da realidade em que vivemos. Em suma, a ciência moderna não está apenas descobrindo novos campos científicos, mas redefinindo o sentido do que seja ciência, como:[18]

- **A ciência abandona o determinismo:** ela aceita o indeterminismo e a incerteza, inerentes ao homem e às suas sociedades.
- **A ciência abandona a ideia de uma simplicidade:** é inerente aos fenômenos do mundo natural e abraça a complexidade também inerente ao homem e suas sociedades.
- **A ciência abandona o ideal de objetividade** como única forma válida de conhecimento, assumindo, enfim, a subjetividade, marca maior da condição humana.

A complexidade significa a impossibilidade de chegar ao conhecimento completo a respeito da natureza. Ela não pode trazer certeza sobre o que é incerto, nem apenas reconhecer a incerteza e tentar dialogar com ela.[19]

TENDÊNCIAS EM ADM

Os paradoxos da atualidade

No entanto, o paradoxo é que, ao mesmo tempo que se discute o indeterminismo, a complexidade e a subjetividade, a Administração está recebendo uma preciosa ajuda dos sistemas inteligentes baseados em computadores e plataformas. Os fabricantes de soluções estão desenvolvendo ferramentas de apoio à tomada de decisão. O desenvolvimento tecnológico dos sistemas de gestão e a utilização da inteligência artificial e do *big data* estão proporcionando programas que imitam o processo de raciocínio usado pelas pessoas na solução de problemas, que são compostos de bancos de dados e de regras que os especialistas usam para fazer inferências sobre um problema, determinando o que precisa ser feito. Essas regras constituem o centro do sistema inteligente que funciona como base de apoio às decisões administrativas.[20] E, convenhamos, regras sempre constituem abordagens prescritivas e normativas típicas das antigas teorias administrativas. Será que isso significaria o retorno da Teoria Geral da Administração (TGA) por meio de novos enfoques tradicionais proporcionados pela moderna tecnologia? Como diz Giuseppe di Lampeduza no seu livro *Il Gattopardo*: é preciso sempre mudar as coisas para que elas permaneçam como estão. Há muita coisa em jogo. A evolução da TGA promete ser profunda, rápida e inarredável.

V.2 A QUINTA ONDA

A Era Industrial predominou em quase todo o século 20 e cedeu lugar à Era da Informação e agora à Era Digital. Nessa nova era, as mudanças e transformações passam a ser gradativamente mais rápidas e intensas. Sobretudo, descontínuas. A descontinuidade significa que as mudanças não são mais lineares ou sequenciais, nem seguem uma relação causal (causa e efeito). Elas são totalmente diversas e alcançam patamares diferentes do passado. A simples projeção do passado ou do presente não funciona mais, pois as mudanças não guardam nenhuma similaridade com o que se foi. Elas estão passando a exponenciais. Como diz Joseph Schumpeter: a economia saudável é aquela que rompe o equilíbrio por meio da inovação tecnológica.[21] Em vez de tentar otimizar o que já existe, a atitude produtiva é a de inovar por meio daquilo que ele chamou de destruição criativa. Destruir o velho para criar o novo. Na visão de Schumpeter, os ciclos em que o mundo viveu no passado foram todos determinados por atividades econômicas diferentes. Cada ciclo – como qualquer ciclo de vida de produto – tem suas fases. No entanto, essas ondas estão ficando cada vez mais curtas, fazendo com que a economia renove a si mesma mais rapidamente para que um novo ciclo possa começar.

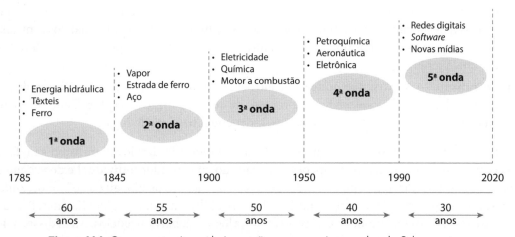

Figura V.1 O crescente ritmo de inovação: as sucessivas ondas de Schumpeter.

O primeiro elemento central da quinta onda foi a internet: a *world wide web* (www ou *web*), rede mundial que interliga centenas de milhões de computadores de pessoas, equipes e organizações.[22] A inquebrantável lógica dessa nova onda é de que não há mais lugar para fazer as mesmas coisas do passado. Claro que precisamos conhecer o que foi feito no passado como base elementar para nosso conhecimento e para poder imaginar, criar e inovar. Todavia, o que aprendemos no passado passa a ter pouco valor prático para o futuro que se aproxima cada vez mais rapidamente. Trata-se de uma nova dimensão de tempo e de espaço à qual ainda não estamos acostumados.

O segundo elemento central da quinta onda é a globalização dos negócios. Ela é um processo de mudança que combina um número crescentemente maior de atividades por meio das fronteiras e da Tecnologia da Informação (TI), permitindo a comunicação praticamente instantânea com o mundo todo. E, de lambuja, promete dar a todas as pessoas em todos os cantos o acesso ao melhor do mundo. A globalização constitui uma das mais poderosas e difusas influências sobre nações, organizações, ambientes de trabalho, comunidades e vidas.

Para Kanter,[23] quatro processos abrangentes estão associados à globalização:

1. **Mobilidade de capital, pessoas e ideias:** os principais ingredientes de um negócio – capital, pessoas e ideias – estão adquirindo cada vez mais mobilidade. Estão migrando de um lugar para o outro com incrível rapidez e facilidade. A transferência de informações em alta velocidade torna o lugar irrelevante.

2. **Simultaneidade – em todos os lugares ao mesmo tempo:** o processo de globalização significa uma disponibilidade cada vez maior de bens e serviços em muitos lugares ao mesmo tempo. O intervalo entre o lançamento de um produto ou serviço em um lugar e sua adoção em outros lugares está caindo vertiginosamente, em especial quanto às novas tecnologias.

3. **Desvio – múltiplas escolhas:** a globalização é ajudada pela competição além das fronteiras, apoiada por um trânsito internacional mais fácil, desregulamentação e privatização de monopólios governamentais que aumentam as alternativas. O desvio significa inúmeras rotas alternativas e opções para atingir os objetivos e servir aos clientes. O surgimento de serviços de entrega de encomendas rápidas em qualquer lugar do mundo substitui os serviços postais governamentais. O mesmo ocorreu com o fax e agora com a internet e com as redes sociais. Transferências eletrônicas de fundos substituem os bancos centrais. Os novos canais são mais universais, menos específicos ao local e podem ser explorados em qualquer lugar.

4. **Pluralismo – o centro não pode dominar:** em todo o mundo, os centros monopolistas estão se dispersando e sofrendo um processo de descentralização. O pluralismo se reflete na dissolução e na dispersão de funções, independentemente do lugar.

Esses quatro processos juntos – mobilidade, simultaneidade, desvio e pluralismo – ajudam a colocar um número maior de opções nas mãos do consumidor individual e dos clientes organizacionais que, em contrapartida, geram uma "cascata de globalização", reforçando mutuamente os ciclos de retroação que fortalecem e aceleram as forças globalizantes. Pensar como o cliente – o consumidor – está se tornando a lógica global de negócios. Além disso, dois fenômenos ocorrem simultaneamente: o regulamentado está se tornando desregulamentado (o que reduz o controle político), enquanto o desorganizado está ficando organizado (o que aumenta a coordenação dos setores).

SAIBA MAIS — **A sociedade de organizações**

Assim, torna-se cada vez mais claro que o centro da sociedade moderna não é a tecnologia, nem a informação. Estamos vivendo em uma sociedade de organizações que se torna cada vez mais complexa, abrangente, colaborativa e interativa. O núcleo básico da sociedade moderna é a organização administrada. A instituição social constitui a maneira pela qual a sociedade consegue que as coisas sejam inventadas, criadas, desenvolvidas, projetadas e feitas. E a Administração é a ferramenta específica para tornar as organizações capazes de gerar resultados e satisfazer necessidades. Como diz Drucker,[24] a organização não existe apenas dentro da sociedade; ela existe para produzir resultados dentro da sociedade e, principalmente, para influenciá-la e modificá-la continuamente. O sucesso das organizações depende de administradores competentes. Em decorrência, avulta o papel do administrador. Ele não só faz as organizações funcionarem bem, como também faz com que elas produzam resultados e agreguem valor a toda a sociedade. Mais ainda: ele muda constante e continuamente as organizações para ajustá-las proativamente ao ambiente cada vez mais mutável, incerto e imprevisível. Assim, o administrador figura duplamente como agente catalisador de resultados e como agente de mudança organizacional e social, bem como agente de ação e de inovação. As novas abordagens da Administração estão trilhando por esse caminho, como veremos adiante.

Para vencer em mercados globais e altamente competitivos, as organizações bem-sucedidas compartilham uma forte ênfase em inovação, aprendizado e colaboração, por meio das seguintes ações:[25]

- **As organizações organizam-se em torno da lógica do cliente:** atendem rapidamente às necessidades e desejos dos clientes em novos conceitos de produtos e serviços e transformam o conceito geral do negócio quando as tecnologias e os mercados mudam. Uma preciosa jornada do cliente marca pontos.
- **Estabelecem metas elevadas:** tentam definir os padrões mundiais nos nichos almejados e buscam redefinir a categoria a cada nova oferta.
- **Selecionam pensadores criativos com uma visão abrangente:** definem seus cargos de forma abrangente, e não de forma limitada, estimulam seus funcionários a adquirir múltiplas habilidades, trabalhando em vários territórios e dão a eles as melhores ferramentas para executar suas tarefas e muito *empowerment*.
- **Encorajam o empreendimento:** investem nas equipes de *empowerment* para que elas possam buscar novos conceitos de produtos e serviços, deixam que elas coloquem em prática suas ideias, bem como reconhecem e recompensam fortemente a iniciativa e a inovação.

- **Sustentam o aprendizado constante:** promovem a ampla circulação de informações e conhecimento, observam os concorrentes e inovadores no mundo inteiro, medem seu próprio desempenho com base em padrões mundiais de qualidade e inovação e oferecem treinamento contínuo para manter atualizado o conhecimento das pessoas.
- **Colaboram com os parceiros:** combinam o melhor de sua especialização e de seus parceiros, trabalhando em conjunto com eles, desenvolvendo aplicações customizadas para os clientes.

Daí outros paradoxos: as organizações bem-sucedidas apresentam uma cultura que combina características aparentemente opostas: padrões rígidos e interesse pelas pessoas, ênfase em inovações proprietárias e uma habilidade de compartilhar com os parceiros. Além disso, seus principais ativos são os três Cs: conceitos, competência e conexões, que elas estimulam e repõem continuamente. Dessa maneira, as organizações bem-sucedidas estão criando o *shopping center* global do futuro. No processo de globalização, elas se tornam classe mundial: focalizadas externamente, e não internamente, baseando-se no conhecimento mais recente e operando por meio das fronteiras de funções, setores, empresas, comunidades ou países em complexas redes de parcerias estratégicas.

Quadro V.3 A quinta onda

- Mobilidade do capital, pessoas e ideias.
- Simultaneidade – em todos os lugares ao mesmo tempo.
- Desvio: escolhas múltiplas.
- Pluralismo – o centro não pode dominar.
- As organizações organizam-se em torno da lógica do cliente.
  - Estabelecem metas elevadas.
  - Selecionam pensadores criativos com uma visão abrangente.
  - Encorajam o empreendimento.
  - Sustentam o aprendizado constante.
  - Colaboram com os parceiros.

V.2.1 A poderosa influência das modernas tecnologias na Administração

De repente, deixamos de lado a Era da Informação, entramos na Era Digital e mais que depressa ingressamos na Quarta Revolução Industrial, na qual o físico, o virtual e o biológico se juntam em uma poderosa vinculação, em que tudo passa a ser muito mais rápido, eficiente e eficaz, de melhor qualidade, mais barato, e o ser humano, cada vez mais livre de atividades pesadas, rotineiras, chatas e desgastantes, onde muitos empregos vis e desumanos desaparecerão e outros mais complexos e sofisticados surgirão em ondas crescentes em um mundo pleno de mudanças exponenciais. É nesse mundo que a Administração vai acontecer. Aí surge a noção de singularidade. Algo único, singular, excêntrico, excepcional e extraordinário. Em Matemática, a singularidade é uma função que alcança valores infinitos ou, de certa maneira, atinge um comportamento indefinido e acima de qualquer medição. Em tecnologia, trata-se de um evento histórico previsto para o futuro, no qual a humanidade alcança um estágio de colossal avanço em um curtíssimo espaço de tempo.

> **SAIBA MAIS** — **A visão multidisciplinar da Administração**
>
> Com todas essas aberturas, ressalta-se a noção de que a Administração é uma ciência multidisciplinar, articulando e integrando diversas áreas do conhecimento humano, desconhecendo fronteiras entre elas no sentido de entender a complexidade do mundo em que vivemos e, com isso, construir novas abordagens para a melhoria da vida humana por meio da administração das organizações. Essa visão multidisciplinar, todavia, deve ser tratada de modo interdisciplinar, quando envolve administradores com cientistas de dados, trabalhando juntos, por exemplo, para tratar de análises organizacionais ou comportamentais, ou, então, administradores e especialistas em inteligência artificial para a construção de algoritmos para a solução de problemas operacionais. Essa interdisciplinaridade associa duas ou mais disciplinas, cada uma relacionada com a outra, sem que haja uma fusão entre elas. E aí surge a transdisciplinaridade, que junta e casa duas ou mais disciplinas e constrói uma nova disciplina mais complexa, envolvente e com características sistêmicas, como a Mecatrônica ou a Engenharia Genética, por exemplo. E tudo isso será mediado pelas tecnologias modernas.

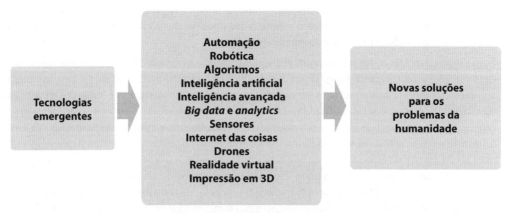

Figura V.2 Algumas das tecnologias emergentes influenciando a Administração e todas as demais ciências.

Aqui focamos o contexto VICA – volatilidade, incerteza, complexidade e ambiguidade – que caracteriza o mundo em que vivemos. O fato é que ele sempre foi assim e somente há pouco tempo a ciência foi descobrindo-o com mais profundidade.

Esta parte contará com um capítulo, a saber:

9. Para onde vai a Administração?: a Administração em um mundo exponencial

REFERÊNCIAS

1. DENNETT, D. *Darwin's dangerous idea*. New York: Simon & Schuster, 1995.
2. DARWIN, F. (ed.). *The life and letters of Charles Darwin, including an autobiographical chapter*. London: John Murray, 1887.
3. SHELTON, C. *Gerenciamento quântico*: como reestruturar a empresa e a nós mesmos usando sete novas habilidades quânticas. São Paulo: Cultrix, 1997. p. 25.
4. SHELTON, C. *Gerenciamento quântico, op. cit.*, p. 159.
5. SHELTON, C. *Gerenciamento quântico, op. cit.*, p. 39-41.
6. *Apud* SIFFERT, C. O maremoto, *Negócios Exame*, Edição 731, p. 44-47, janeiro 2001.
7. LORENZ, E. N. *The essence of chaos*. Seattle: University of Washington Press, 1993. p. 181-184.
8. PRIGOGINE, I; STENGERS, I. *Order out of chaos*: man's new dialogue with nature. Boulder: Shambhala, 1984. p. 38.
9. A herança da cultura grega é muito forte. Para os antigos gregos, o estado primitivo do mundo era o caos, a matéria que existia desde toda a eternidade sob uma forma vaga, indefinível, indescritível, em que os princípios de todos os seres particulares estavam confundidos. Para a mitologia grega, o caos era uma divindade rudimentar, que só pode procriar pela intervenção de uma força divina e eterna como os elementos do próprio caos: Eros ou o Amor. Eros é o deus da união e da afinidade, e nenhum ser pode escapar de sua influência. No entanto, ele tem um oposto ou adversário: Anteros, isto é, a apatia, a aversão, que separa e desune. A tensão entre Eros e Anteros era o que garantia a evolução do mundo e o impedia de voltar ao caos. Desde o início dos tempos, o ser humano se defronta com o desconhecido, que, enquanto tal, é percebido como escuro, atemorizante, caótico. O medo do desconhecido – como o medo da morte – tem movido a humanidade na ciência, na arte e na Filosofia. A busca tem sido sempre por tornar o mundo conhecido cada vez mais amplo, embora convivamos sempre com a noção de que o que conhecemos é infinitamente menor do que o que desconhecemos do mundo e da vida.
10. A metodologia de Descartes consistia em princípios gerais simples: aceitar somente aquilo que seja tão claro em nossas mentes que exclua qualquer dúvida, dividir os grandes problemas em problemas menores, argumentar, partindo do simples para o complexo, e verificar o resultado final. Ao longo dos tempos, essa abordagem lógica e racional foi utilizada na ciência, principalmente ciências exatas e experimentais, com enorme êxito. Já nas ciências sociais e nos negócios, esse método demonstrou sérias limitações. Na Teoria Administrativa, o método cartesiano de análise foi intensamente utilizado. Esse tipo de abordagem (do mais geral para o mais específico) levou às estruturas hierarquizadas, modulares e departamentalizadas, tão comuns nas organizações tradicionais. Todavia, tem-se percebido a importância das relações entre os componentes da empresa, as mútuas influências nos processos de trabalho, a necessidade de visão integrada e a importância do lado emocional, afetivo e não somente racional no processo decisório. É a velha abordagem reducionista do passado.
11. O que parece caótico à primeira vista é produto de uma ordem subliminar, na qual pequenas perturbações podem causar grandes efeitos, em virtude da não linearidade do universo. Uma borboleta voando na Califórnia pode provocar um tufão na Flórida. Para os defensores da Teoria do Caos, todos os resultados têm uma causa; esta precisa ser estudada por meio da Teoria das Probabilidades, e não pelo determinismo causal.
12. PERRINGS, C. *Biodiversity loss*: economical and ecological issues. Cambridge: Cambridge University Press, 1997.
13. SHELTON, C. *Gerenciamento quântico, op. cit.*, p. 144.
14. CAMPBELL, J. *Grammatical man*: information, entropy, language and life. New York: Simon & Schuster, 1982.

15. KELLY, K. *Out of control*: the new biology of machines, social systems, and the economic world. Boston: Addison-Wesley, 1994.
16. LINDLEY, D. *Where does the weirdness go?* New York: Basic Books, 1996.
17. NÓBREGA, C. *Em busca da empresa quântica*. Rio de Janeiro: Ediouro, 1996.
18. BAUER, R. *Gestão da mudança*: caos e complexidade nas organizações. São Paulo: Atlas, 1999. p. 233.
19. BAUER, R. *Gestão da mudança, op. cit.*, p. 19.
20. HARMON, P.; KING, D. *Expert systems*: artificial intelligence in business. New York: John Wiley & Sons, 1985.
21. SCHUMPETER, J. A. The creative response in economic history. *Journal of Economic History*, p. 149-159, Nov. 1947.
22. Tudo foi muito rápido. Em 1989, um físico nuclear inglês, Tim-Berners Lee, criou um programa que permitia que textos e figuras fossem transferidos e captados por qualquer computador ligado à rede: o hipertexto (nome abreviado como http – *hypertext transfer protocol*). Tim abre mão do lucro e torna sua criação um domínio público. Em 1991, surge a invenção da *world wide web* (www ou *web*, que, em português, significa teia), o avanço tecnológico a partir do qual a internet se tornaria rapidamente um fenômeno mundial. Logo mais, em 1992, surge o primeiro *browser* – o Mosaic – que permite o acesso à rede pelo uso do *mouse*, eliminando os códigos de programação. A partir de então, a *web* passou a proporcionar uma rede mundial cuja avalanche de dados provoca uma formidável explosão de informações. A chamada super-rodovia da informação virou as comunicações e o mundo dos negócios de pernas para o ar. Com isso, surgiu a rede interativa chamada de ciberespaço (*cyberspace*, termo criado por William Gibson em seu livro *Neuromancer*, em 1984).
23. KANTER, R. M. *Classe mundial*: uma agenda para gerenciar os desafios globais em benefício das empresas e das comunidades. Rio de Janeiro: Campus, 1996. p. 32-46.
24. DRUCKER, P. F. *Management*. New York: Harper & Row, 1974.
25. KANTER, R. M. *Classe mundial, op. cit.*, p. 55-56.

PARA ONDE VAI A ADMINISTRAÇÃO?: A ADMINISTRAÇÃO EM UM MUNDO EXPONENCIAL

OBJETIVOS DE APRENDIZAGEM

- Apresentar o impacto da Era da Informação, da Era Digital e da Revolução 4.0, bem como suas consequências na Administração.
- Mostrar o impacto das mudanças e das transformações recentes na Administração.
- Identificar os principais desafios atuais da Administração.
- Proporcionar algumas conclusões sobre os novos caminhos da Administração.

O QUE VEREMOS ADIANTE

- A Era da Informação e a Era Digital: eras de mudança e de incerteza.
- A nova lógica das organizações.
- O que está acontecendo no mundo organizacional.
- Apreciação crítica das novas abordagens.

 CASO INTRODUTÓRIO
Os desafios da Panorama

Ao receber a presidência da Panorama, Domingo Monteverdi percebeu que sua empresa precisa se defrontar com forças instabilizadoras, como a rápida e disruptiva mudança tecnológica, a competição globalizada, a instabilidade política, a necessidade constante de novos produtos e a forte tendência para uma sociedade altamente conectada na Era Digital. Todas essas poderosas forças estão modificando o campo do jogo dos negócios. Assim, Domingo reuniu-se com a diretoria da empresa para tratar de uma agenda de prioridades:

- A primeira delas é achatar a estrutura organizacional e torná-la pequena, flexível e ágil com unidades menores desdobradas em unidades menores ainda, pequenas e autossuficientes.

- A nova organização deverá ser baseada em equipes funcionais cruzadas e com forte comunicação lateral.
- Uma organização sem fronteiras internas na qual as pessoas não mais se identificarão com departamentos isolados, mas que interagirão com quem seja necessário no aqui e agora.

Como você poderia ajudar Domingo a montar essa agenda de prioridades?

INTRODUÇÃO

A Administração é uma das ciências mais recentes na história da humanidade. A Teoria Administrativa tem pouco mais de cem anos. Essa jovem ciência é um produto típico do século 20 e logo se tornou interdisciplinar, recebendo conceitos de outras ciências. No decorrer do século passado, ela passou por grandes e profundas transformações, como já vimos. E, nos tempos atuais, está enfrentando a forte turbulência das mudanças exponenciais ao redor das organizações e de sua administração.

9.1 MUDANÇA E INCERTEZA

A Administração e o mundo organizacional passaram pela Terceira Revolução Industrial, a Era da Informação passou rápido e foi logo engolida pela Era Digital. O capital financeiro já tinha cedido o trono para o capital intelectual e a nova riqueza passou a ser o conhecimento, o recurso organizacional mais valioso e importante. Logo vieram os desdobramentos das novas tecnologias emergentes trazendo novas oportunidades de negócios e de futuro. Deixamos de viver em um mundo linear crescentemente dinâmico e complexo, agora ingressando em outro, onde tudo muda exponencialmente, e a pergunta é: estamos preparados para o que virá no futuro próximo? Parece que não. São agora as nações que estão mais preocupadas com esse futuro, pois as que irão avançar nele se tornarão muito mais poderosas, deixando todas as demais para trás em termos de expansão tecnológica e desenvolvimento econômico. Estamos às portas da Quarta Revolução Industrial, que trará incríveis mudanças e transformações verdadeiramente exponenciais.

9.1.1 A forte influência das tecnologias avançadas

O intenso e rápido desenvolvimento tecnológico invadiu a vida das organizações e das pessoas provocando profundas e rápidas transformações, tais como:

- **Compressão do espaço:** a Era da Informação trouxe o conceito de escritório virtual ou não territorial. Prédios e escritórios sofreram uma brutal redução em tamanho e até desapareceram. A compactação fez com que arquivos eletrônicos acabassem com o papelório e com a necessidade de móveis, liberando espaço para outras finalidades. A fábrica enxuta foi decorrência da mesma ideia aplicada aos materiais em processamento e à inclusão dos fornecedores como parceiros integrados no processo produtivo. Os centros de processamento de dados (CPD) desapareceram com a computação em nuvem e foram descentralizados por meio de redes computacionais integradas pelas plataformas virtuais.

Surgiram as empresas virtuais intimamente conectadas eletronicamente, dispensando prédios e espaços físicos e reduzindo despesas fixas que se tornaram desnecessárias. A miniaturização, a portabilidade e a virtualidade passaram a ser a nova dimensão espacial fornecida pela Tecnologia da Informação (TI).

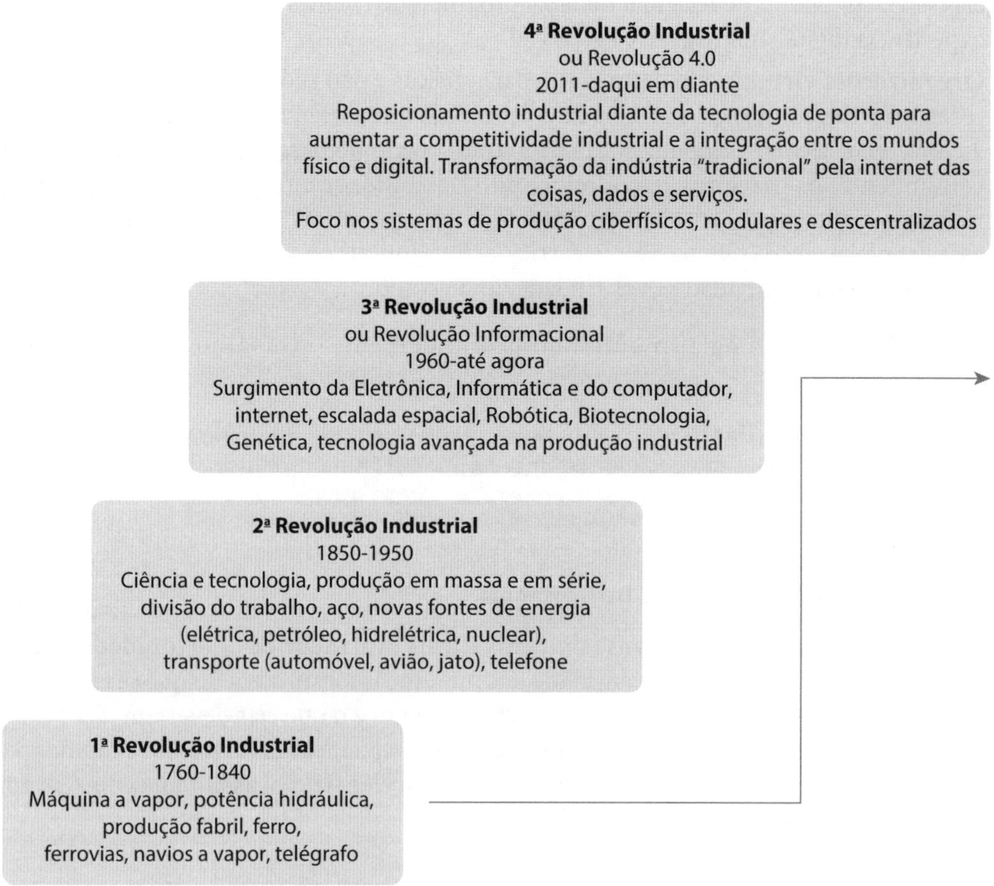

4ª Revolução Industrial
ou Revolução 4.0
2011-daqui em diante
Reposicionamento industrial diante da tecnologia de ponta para aumentar a competitividade industrial e a integração entre os mundos físico e digital. Transformação da indústria "tradicional" pela internet das coisas, dados e serviços.
Foco nos sistemas de produção ciberfísicos, modulares e descentralizados

3ª Revolução Industrial
ou Revolução Informacional
1960-até agora
Surgimento da Eletrônica, Informática e do computador, internet, escalada espacial, Robótica, Biotecnologia, Genética, tecnologia avançada na produção industrial

2ª Revolução Industrial
1850-1950
Ciência e tecnologia, produção em massa e em série, divisão do trabalho, aço, novas fontes de energia (elétrica, petróleo, hidrelétrica, nuclear), transporte (automóvel, avião, jato), telefone

1ª Revolução Industrial
1760-1840
Máquina a vapor, potência hidráulica, produção fabril, ferro, ferrovias, navios a vapor, telégrafo

Figura 9.1 As quatro revoluções industriais.

- **Compressão do tempo:** as comunicações tornaram-se móveis, flexíveis, rápidas, diretas, ágeis e em tempo real, permitindo maior tempo de dedicação ao cliente. A instantaneidade passa a ser a nova dimensão temporal fornecida pela TI. O *just-in-time* (JIT) foi o resultado da convergência de tempos reduzidos no processo produtivo. A informação *on-line* e em tempo real permite a integração de diferentes processos nas organizações e passaram a ser a nova dimensão temporal em tempo real da TI.
- **Conectividade:** com internet, *smartphones*, multimídia, trabalho em grupo (*workgroup*), estações de trabalho (*workstations*), surgiu o teletrabalho, em que as pessoas trabalham juntas, embora distantes fisicamente. A telerreunião e a teleconferência permitem maior contato entre pessoas distantes, sem necessidade de deslocamento físico ou viagens para reuniões ou contatos pessoais.

- **Plataformas** que integram e conectam áreas são o alicerce dos modelos empresariais na fusão dos mundos digitais, físicos e biológicos. As plataformas digitais constituem um modelo de negócio que oferece conexão direta entre produtores e consumidores (parceiros) – ou pessoas, bens ou ideias –, para que estes se conectem a esse ambiente virtual e interajam entre si, no sentido de criar valor de troca, como Google, Amazon, Spotify etc. No fundo, elas são facilitadoras de relacionamento, aproximando clientes e empresas e trazendo uma experiência digital ágil, segura e agradável.
- **Organizações virtuais:** são organizações não físicas e não geográficas, baseadas e conectadas em redes complexas e globais de colaboração que atuam no ciberespaço (cooperação + convergência entre computação, TI e internet) operando para o alcance de um propósito comum entre os parceiros, proporcionando flexibilidade e respostas ágeis e em tempo real, maior eficiência e custos reduzidos. Suas características são a desterritorialização e a desfronteirização (sem barreiras verticais, horizontais ou externas), como resposta às mudanças, competitividade e volatilidade do mercado.

As modernas tecnologias modificam profundamente o trabalho dentro e fora das organizações.

Aumente seus conhecimentos sobre **O papel transformador da tecnologia** na seção *Saiba mais* TGA 2 9.1

9.1.2 Os desafios da Era da Informação

A Era da Informação trouxe novos contextos e uma avalanche de oportunidades para as organizações. A velocidade e a intensidade das mudanças foram além do que se esperava. O diferencial entre o que as organizações estavam fazendo e o que elas deveriam fazer está se tornando enorme e inultrapassável.[1] A solução? Recorrer a medidas extremas e rápidas para a busca da sobrevivência, da sustentabilidade e da excelência. Foi assim que começaram a surgir modismos na Administração.

Aumente seus conhecimentos sobre **Em busca da excelência** na seção *Saiba mais* TGA 2 9.2

9.2 SOLUÇÕES EMERGENTES JÁ EXPERIMENTADAS

Como a mudança chegou para valer, as organizações tatearam várias tentativas para acompanhá-la ou, pelo menos, não ficar muito longe dela. A sobrevivência delas estava em jogo. No final da Era Neoclássica, surgiram várias técnicas de intervenção e abordagens inovadoras de mudança organizacional. Algumas, lentas e incrementais, vindas da experiência japonesa (como a melhoria contínua e a qualidade total), outras pedagógicas e baseadas no mercado (como o *benchmarking*) e outras rápidas e revolucionárias como a reação tipicamente norte-americana (por exemplo, a reengenharia). O filão estava em oferecer soluções práticas e que atendam às emergências impostas pelas mudanças e transformações.

9.2.1 Melhoria contínua

A melhoria contínua teve seu início com autores vinculados à Teoria Matemática. Ela começou com os primeiros trabalhos de implantação do controle estatístico de qualidade. Percebeu-se que nenhum programa de melhoria organizacional decretado de cima para baixo é bem-sucedido e que os processos de mudança desenvolvidos com sucesso começaram pequenos. Muitos começaram apenas com uma equipe e da base para a cúpula. A melhoria contínua é uma técnica de mudança organizacional suave e contínua centrada nas atividades em grupo das pessoas. Visa à qualidade dos produtos e serviços em programas de longo prazo que privilegiam a melhoria gradual por meio da intensiva colaboração e participação das pessoas. Trata-se de uma abordagem incremental e participativa para obter excelência na qualidade dos produtos e serviços a partir das pessoas.

Aumente seus conhecimentos sobre **Círculos de qualidade** na seção *Saiba mais* TGA 2 9.3

O *kaizen* foi o primeiro movimento holístico que pregou a importância das pessoas e das equipes com sua participação e conhecimentos. O *kaizen* não se baseia em equipes de especialistas, mas no trabalho em equipe, pois a qualidade é assunto de todas as pessoas, desde que incentivadas e treinadas para pensar de maneira crítica e construtiva.

Aumente seus conhecimentos sobre **Melhoria contínua e qualidade total** na seção *Saiba mais* TGA 2 9.4

9.2.2 Qualidade total

A qualidade total é uma decorrência da melhoria contínua. A palavra *qualidade* tem vários significados. Qualidade é o atendimento das exigências do cliente.[2]

A gestão da qualidade total (*Total Quality Management* – TQM) é um conceito de controle que atribui às pessoas, e não somente aos gerentes, a responsabilidade pelo alcance de padrões de qualidade. O seu tema central é bastante simples: o dever de alcançar qualidade está nas pessoas que a produzem. Funcionários, e não os gerentes, são os responsáveis pelo alcance de elevados padrões de qualidade. O controle burocrático – rígido, unitário e centralizador – cede lugar para o controle pelas pessoas envolvidas – solto, coletivo e descentralizado.[3]

Aumente seus conhecimentos sobre **Os 10 mandamentos da qualidade total** na seção *Saiba mais* TGA 2 9.5

A qualidade total está baseada no empoderamento (*empowerment*) das pessoas. *Empowerment* significa proporcionar aos funcionários as habilidades e a autoridade para tomar decisões que tradicionalmente eram dadas aos gerentes. Significa a habilitação dos funcionários para resolverem os problemas do cliente sem consumir o tempo da aprovação do gerente. O *empowerment* traz uma diferença significativa na melhoria dos produtos e serviços, na satisfação do cliente, na redução de custos e de tempo, trazendo economias para a organização e satisfação das pessoas envolvidas.[4]

A qualidade total se aplica a todas as áreas e níveis da organização e deve começar do topo da empresa para baixo. O comprometimento da alta cúpula é indispensável para garantir uma profunda mudança na cultura da organização. A gestão da qualidade total incrementou técnicas conhecidas, tais como:[5]

- **Enxugamento (*downsizing*)**: a qualidade total extinguiu antigos departamentos de controle de qualidade e sua descentralização e delegação para o nível operacional, reduzindo níveis hierárquicos e as operações ao essencial (*core business*), transferindo o acidental para terceiros que saibam fazê-lo melhor e mais barato (terceirização), sendo uma nova cultura que incentiva a iniciativa e a autonomia das pessoas, além do treinamento para melhorar a produtividade.[6]

- **Terceirização (*outsourcing*)**: a qualidade total levou à terceirização de operações internas transferidas para outra organização que consiga fazê-las melhor e mais barato: atividades como malotes, limpeza e manutenção de escritórios e fábricas, serviços de expedição, guarda e vigilância, refeitórios etc. Por isso, empresas de consultoria em contabilidade, auditoria, advocacia, engenharia, relações públicas e propaganda representam antigos departamentos ou unidades organizacionais terceirizados para reduzir a estrutura organizacional e dotar a organização de agilidade e flexibilidade. A terceirização é uma transformação de custos fixos em custos variáveis, uma simplificação da estrutura, do processo decisório, e uma focalização maior no *core business* e nos aspectos essenciais do negócio.

- **Redução do tempo do ciclo de produção**: o tempo de ciclo refere-se às etapas seguidas para completar um processo, como fabricar um carro ou atender a um cliente. A simplificação de ciclos de trabalho, a queda de barreiras entre etapas do trabalho e entre departamentos envolvidos e a remoção de etapas improdutivas no processo permite que a qualidade total seja melhorada.[7] O ciclo operacional torna-se mais rápido e o giro do capital também, o que permite a competição pelo tempo, o atendimento mais rápido do cliente, a queda de barreiras e obstáculos intermediários e etapas de produção mais rápidas. Conceitos de fábrica enxuta e JIT são baseados no ciclo de tempo reduzido.

SAIBA MAIS **Os dez passos da qualidade total**[8]

Para Juran, o programa de qualidade total deve se basear nos seguintes passos:
- Promover a conscientização da necessidade e oportunidade de melhorias.
- Estabelecer metas de melhoramentos.
- Organizar para atingir as metas: criar um conselho de qualidade, identificar problemas, selecionar projetos, formar grupos e equipes, e coordenadores.
- Prover treinamento a todas as pessoas.
- Executar os projetos para resolver os problemas.
- Relatar e divulgar o progresso.

- Demonstrar reconhecimento às pessoas.
- Comunicar os resultados alcançados.
- Conservar os dados obtidos.
- Manter o entusiasmo, fazendo da melhoria anual parte integrante dos sistemas e processos normais da empresa.

Reflita e discuta os princípios da qualidade total de Juran.

9.2.3 Reengenharia

Foi uma reação ao colossal abismo existente entre as mudanças ambientais velozes e intensas e a demora e inabilidade das organizações em ajustar-se a essas mudanças. Ou seja, um remédio forte e amargo para reduzir essa enorme distância.

Reengenharia significa fazer uma nova engenharia da estrutura organizacional, uma total reconstrução, e não apenas uma reforma total ou parcial da empresa. Nada de reparos rápidos ou mudanças cosméticas ou automatizar os processos existentes, mas a sua substituição por processos inteiramente novos. Isso seria o mesmo que sofisticar o que é ineficiente ou uma forma eficiente de fazer as coisas erradas.

A reengenharia é o reprojeto dos processos de trabalho e a implementação de novos projetos[9] ou a reestruturação radical dos processos empresariais visando alcançar enormes melhorias quanto a custos, qualidade, atendimento e velocidade.[10] Ela se fundamenta em quatro palavras-chave:[11]

1. **Fundamental:** busca reduzir a organização ao essencial e fundamental. As questões: Por que fazemos o que fazemos? E por que fazemos dessa maneira?
2. **Radical:** impõe uma renovação radical, desconsiderando as estruturas e os procedimentos atuais para inventar novas maneiras de fazer o trabalho.
3. **Drástica:** a reengenharia joga fora tudo o que existe atualmente na empresa. Destrói o antigo e busca sua substituição por algo inteiramente novo.
4. **Processos:** reorienta o foco para os processos, e não mais para as tarefas. Busca entender o "que" e o "por que" e não o "como" do processo.

A reengenharia serve para fazer cada vez mais com cada vez menos. Seus três componentes são: processos, pessoas e TI. Um processo é o conjunto de atividades com uma ou mais entradas que cria uma saída de valor para o cliente. As organizações estão mais voltadas para tarefas, serviços, pessoas ou estruturas, mas não para os seus processos. Ninguém gerencia processos. Na realidade, as organizações são constituídas de vários processos fragmentados que atravessam os departamentos funcionais separados como se fossem diferentes feudos. Melhorar apenas tais processos não resolve. A solução é focalizar a empresa nos seus processos, e não nos seus órgãos. Daí virar o velho e tradicional organograma de cabeça para baixo ou jogá-lo fora.

SAIBA MAIS — Quais são os processos organizacionais mais importantes?

Em geral, os processos empresariais básicos costumam ser:[12]

- Desenvolvimento do produto/serviço.
- Atendimento ao cliente.
- Fabricação e manufatura/operações.
- Logística.
- Gerenciamento de pedidos.
- Gestão de pessoas.
- Planejamento e alocação de recursos.
- Monitoração do desempenho organizacional.

A reengenharia de processos direciona as características organizacionais para os processos. Suas consequências para a organização são:[13]

- **Os departamentos tendem a desaparecer e ceder lugar a equipes orientadas para os processos e para os clientes:** mudam de uma orientação interna para funções dos órgãos para uma orientação voltada aos processos e clientes.
- **A estrutura organizacional hierarquizada, alta e alongada passa a ser nivelada, achatada e horizontalizada:** é o enxugamento (*downsizing*) para transformar a empresa centralizada e rígida em flexível e descentralizada.
- **A atividade da empresa também muda,** uma vez que tarefas simples, repetitivas, rotineiras, fragmentadas, individualizadas e especializadas passam a basear-se em equipes multidimensionais e ênfase na responsabilidade grupal, solidária e coletiva.
- **Os papéis das pessoas deixam de ser moldados por regras e regulamentos internos** para a plena autonomia, liberdade, *empowerment* e responsabilidade.
- **A preparação e o desenvolvimento das pessoas deixa de ser feita por meio do treinamento específico** com ênfase na posição e no cargo ocupado, mudando para uma educação integral e com ênfase na formação da pessoa e nas suas habilidades.
- **As medidas de avaliação do desempenho humano deixam de se concentrar na atividade passada** e passam para os resultados alcançados e o futuro.
- **Os valores sociais visando à subordinação das pessoas às chefias passam a ser produtivos** com o objetivo de orientação para o cliente, interno ou externo.
- **Os gerentes – controladores de resultados e distantes das operações cotidianas – tornam-se líderes e impulsionadores:** mais próximos das pessoas.
- **Os gerentes deixam de ser supervisores dotados de habilidades técnicas e se tornam orientadores e educadores** dotados de habilidades interpessoais.

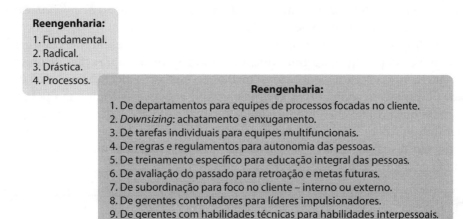

Figura 9.2 Papel renovador da reengenharia.

A reengenharia nada tem a ver com a tradicional departamentalização por processos. Ela simplesmente elimina departamentos e os substitui por equipes.[14] Apesar de estar ligada a demissões em massa em virtude do consequente *downsizing* e da substituição de trabalho humano pelo computador, ela mostrou a importância dos processos horizontais das organizações e do seu tratamento racional.

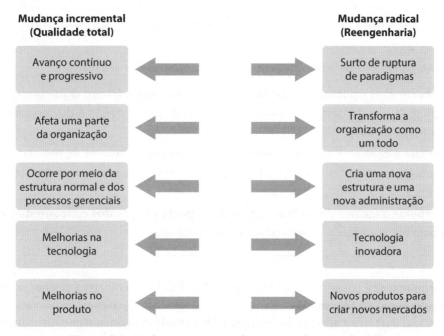

Figura 9.3 Mudança incremental *versus* mudança radical.[15]

9.2.4 Benchmarking

O *benchmarking* foi introduzido em 1979 pela Xerox como um "processo contínuo de avaliar produtos, serviços e práticas dos concorrentes mais fortes e das empresas que são reconhecidas como líderes empresariais".[16] Spendolini agrega que o *benchmarking* é um processo contínuo e sistemático de pesquisa para avaliar produtos, serviços, processos de trabalho de empresas ou organizações reconhecidas como representantes das melhores práticas, com o propósito de aprimoramento.[17] Isso permite comparações de processos e práticas entre empresas para identificar o "melhor do melhor" e alcançar um nível de superioridade ou vantagem competitiva. O *benchmarking* encoraja as empresas a pesquisar os fatores-chave que promovem a produtividade e a qualidade. Esse foco pode ser aplicado a qualquer função – como produção, vendas, recursos humanos, engenharia, pesquisa e desenvolvimento, distribuição etc. – para produzir melhores resultados quando implementado na empresa como um todo.

SAIBA MAIS **Benchmarking**

O *benchmarking* visa desenvolver a habilidade dos administradores de visualizar no mercado as melhores práticas administrativas das empresas consideradas excelentes (*benchmarks*) em certos aspectos, comparar as mesmas práticas vigentes na empresa focalizada, avaliar a situação e identificar as oportunidades de mudanças dentro da organização. A meta é definir objetivos de gestão e legitimá-los por meio de comparações externas. Essa comparação é um saudável método didático ao avaliar as ações que as empresas excelentes desenvolvem. São exemplos, guias e orientação para as empresas menos inspiradas.[18]

O *benchmarking* exige três objetivos que a organização precisa definir:[19]

1. **Conhecer suas operações e avaliar seus pontos fortes e fracos:** documentar as práticas e os processos de trabalho, medidas de desempenho e diagnosticar suas fragilidades.

2. **Localizar e conhecer os concorrentes ou as organizações líderes do mercado:** para comparar suas habilidades com elas, conhecendo seus pontos fortes e fracos e compará-los com seus próprios pontos fortes e fracos.

3. **Incorporar o melhor do melhor adotando os pontos fortes dos concorrentes:** e, se possível, aprender para excedê-los e ultrapassá-los.

O *benchmarking* é constituído de 15 estágios focalizados no objetivo de comparar competitividade, como na Figura 9.4.

A principal barreira à adoção do *benchmarking* reside em convencer os administradores de que seus desempenhos podem ser melhorados e até excedidos quando comparados com os de organizações vencedoras.

Benchmarking:

1. Conhecer as operações e avaliar seus pontos fortes e fracos.
2. Localizar e conhecer os concorrentes líderes no mercado.
3. Incorporar o melhor adotando os pontos fortes dos concorrentes.

Estágios do benchmarking:

Planejar	1. Selecionar processos a avaliar. 2. Identificar o melhor concorrente. 3. Identificar os benchmarks. 4. Organizar a equipe de avaliação. 5. Escolher a metodologia de colheita de dados. 6. Agendar visitas ao concorrente. 7. Utilizar uma metodologia de colheita de dados.
Analisar	8. Comparar a organização com seus concorrentes. 9. Catalogar as informações e criar um centro de competência. 10. Compreender os processos e as medidas de desempenho.
Desenvolver	11. Estabelecer objetivos ou padrões do novo nível de desempenho. 12. Desenvolver planos de ação para atingir as metas.
Melhorar	13. Implementar ações específicas e integrá-las nos processo de organização.
Revisar	14. Monitorar os resultados e os melhoramentos. 15. Revisar continuamente os benchmarks.

Figura 9.4 Estágios do benchmarking.[20]

Quadro 9.1 As vantagens do benchmarking[21]

Objetivos	Sem benchmarking	Com benchmarking
Competitividade	■ Focalização interna. ■ Mudanças pela evolução.	■ Conhecimentos da concorrência. ■ Mudanças inspiradas nos outros.
Melhores práticas	■ Poucas soluções. ■ Manutenção das práticas atuais.	■ Muitas opções de práticas. ■ Desempenho superior.
Requisitos do cliente	■ Base na história ou intuição. ■ Percepção subjetiva. ■ De dentro para fora.	■ Baseada na realidade do mercado. ■ Avaliação objetiva. ■ De fora para dentro.
Metas e objetivos	■ Focalização interna e subjetiva. ■ Abordagem reativa.	■ Focalização externa e objetiva. ■ Abordagem proativa.
Medidas de produtividade	■ Perseguição de estimativas. ■ Noção de forças e fraquezas. ■ Caminho de menor resistência.	■ Solução de problemas reais. ■ Compreensão dos resultados. ■ Melhores práticas do mercado.

O *benchmarking* requer consenso e comprometimento das pessoas. Sua meta é a competitividade ao desenvolver um esquema sobre como a operação pode sofrer mudanças para atingir um desempenho superior e excelente.

9.2.5 Equipes de alto desempenho

Nunca se falou tanto em equipes como agora. As organizações estão migrando velozmente para o trabalho conjunto em equipe. O objetivo é obter a participação das pessoas e buscar respostas rápidas às mudanças no ambiente de negócios que permitam atender às crescentes demandas dos clientes.

Aumente seus conhecimentos sobre **A utilização de equipes** na seção *Saiba mais* TGA 2 9.6

Não basta, entretanto, desenvolver equipes. É necessário levá-las a um desempenho excelente. Os principais atributos de equipes de alto desempenho são:[22]

- **Participação:** todos os membros estão comprometidos com o *empowerment* e a autoajuda. Motivo: buscar sinergia de esforços.
- **Responsabilidade:** todos os membros se sentem responsáveis pelos resultados do desempenho. Motivo: alcançar solidariedade.
- **Clareza:** todos os membros compreendem e apoiam o propósito da equipe. Motivo: desenvolver o esforço conjunto.
- **Interação:** todos os membros comunicam-se em um clima aberto e confiante. Motivo: buscar maior comunicação.
- **Flexibilidade:** todos os membros desejam mudar para melhorar o desempenho. Motivo: tentar a adaptação rápida a novas circunstâncias.
- **Foco:** todos os membros estão dedicados a alcançar expectativas de trabalho. Motivo: buscar melhoria e aperfeiçoamento contínuos.
- **Criatividade:** todos os talentos e ideias dos membros são usados para beneficiar a equipe. Motivo: incentivar inovação e mudança.
- **Agilidade:** todos os membros agem rápida e prontamente sobre problemas e oportunidades. Motivo: buscar competitividade ao longo do tempo.

9.2.6 Gestão de projetos

Todas as organizações desempenham algum tipo de trabalho que envolve operações (trabalhos rotineiros, continuados e constantes) e projetos (trabalhos únicos e temporários) que se superpõem e se entrelaçam. Na verdade, operações e projetos compartilham muitas características comuns, tais como:

- São desempenhados por pessoas.

- São limitados por recursos escassos e restritos.
- São planejados, executados e controlados.

Contudo, operações e projetos se diferenciam por dois aspectos: temporariedade e unicidade. As operações são constantes e repetitivas, enquanto os projetos são únicos e temporários. O projeto é um desafio definido para criar um único produto ou serviço. É temporário porque cada projeto tem um começo e um fim definidos. Único porque o projeto é diferente e distinto dos demais. A temporariedade do projeto envolve duração finita e muitos deles podem se estender por anos. Os projetos são implementados em todos os níveis da organização: podem envolver uma única pessoa ou centenas delas. Podem envolver uma só unidade da organização, como cruzar as fronteiras organizacionais por meio de parcerias ou empreendimentos conjuntos. Os projetos podem envolver:

- Criação e desenvolvimento de um novo produto ou serviço.
- Mudança na estrutura organizacional ou na cultura organizacional.
- Desenvolvimento ou aquisição de uma nova tecnologia ou sistema de informação.
- Construção de um novo edifício ou fábrica.
- Implementação de um novo procedimento ou processo de negócio.

SAIBA MAIS — **Sobre projeto**

Projeto significa fazer algo que ainda não foi feito antes e que é único e singular. O fim do projeto é alcançado quando os objetivos do projeto são atingidos. O objetivo de um projeto é alcançar o seu objetivo. O objetivo de uma operação é sustentar o negócio indefinidamente.

Uma característica do projeto é a sua elaboração progressiva: cada projeto é único e o produto ou serviço é progressivamente elaborado ao longo de etapas sucessivas que agregam continuamente melhorias nas suas características.

Quadro 9.2 As características dos projetos

Operações e projetos:
- São desempenhados por pessoas.
- São ilimitados por recursos escassos e restritos.
- São planejados, executados e controlados.

Gestão de projetos:
- Os projetos são únicos.
- Os projetos são de natureza temporária e têm início e fim.
- Os projetos estarão concluídos quando as metas forem alcançadas.
- Um projeto bem-sucedido é aquele que atende ou excede as expectativas dos *stakeholders*.

VOLTANDO AO CASO INTRODUTÓRIO
Os desafios da Panorama

Ao receber a presidência da Panorama, Domingo Monteverdi percebeu que sua empresa precisa se defrontar com forças instabilizadoras como a mudança tecnológica, a competição globalizada, a instabilidade política, a necessidade constante de novos produtos e a forte tendência para uma sociedade de serviços na Era da Informação. Todas essas forças estão mudando o campo do jogo dos negócios. Assim, Domingo reuniu-se com a diretoria da empresa para tratar de uma agenda de prioridades:

1. A primeira delas é achatar a estrutura organizacional e torná-la pequena e flexível com unidades menores desdobradas em unidades menores ainda, pequenas e autossuficientes.
2. A nova organização deverá ser baseada em equipes funcionais cruzadas e forte comunicação lateral.
3. Tornar-se uma organização sem fronteiras internas na qual as pessoas não mais se identificarão com departamentos isolados, mas que interagirão com quem seja necessário.

Como você poderia ajudar Domingo?

9.3 A NOVA LÓGICA DAS ORGANIZAÇÕES

A velocidade da mudança e os desafios do mundo globalizado estão conduzindo a um sentido de emergência quanto ao ajustamento e à adaptabilidade das organizações como condição para sua sobrevivência no dinâmico ambiente de negócios. Desde que o enfoque sistêmico substituiu os princípios universais clássicos e cartesianos, está havendo uma nova abordagem e uma nova visão do futuro das organizações.

Acesse conteúdo sobre **Recentes tendências organizacionais** na seção *Tendências em ADM 2 9.1*

Quadro 9.3 O que está acontecendo no mundo dos negócios

1. Cadeias de comando mais curtas.
2. Menos unidades de comando.
3. Amplitudes de controle maiores.
4. Mais participação e *empowerment*.
5. *Staff* como consultor, e não como executor.
6. Ênfase nas equipes de trabalho.
7. A organização como um sistema de unidade de negócio interdependente.
8. Infoestrutura.
9. Abrandamento dos controles externos às pessoas.
10. Foco no negócio básico e essencial (*core business*).
11. Consolidação da economia do conhecimento.

De tudo o que vimos, a pergunta que paira no ar é: será que estamos fazendo o suficiente? Parece que não. Torna-se necessário preparar as nossas empresas para as mudanças e transformações que estão vindo. Não se trata de fazer previsões ou cenários a respeito do futuro da Administração, mas convidar o leitor a pensar seriamente em como reinventá-la em nossas organizações enquanto o futuro ainda não chega. Pois, quando ele chegar – e chegará rapidamente –, teremos pouco tempo para nos engajarmos na mesma velocidade dele. E isso poderá ser mais difícil, pois teremos de improvisar para sacar soluções rápidas.

Na verdade, a Administração se envolve com uma incrível multiplicidade de fatores internos e externos às organizações, realidades, tendências, paradigmas, fenômenos, muitos dos quais estão além da nossa alçada ou controle. Ou mesmo de nossa compreensão. Ela se envolve com um mundo globalizado dos negócios e de mercados, em que proliferam fatores tecnológicos, econômicos, sociais, culturais, políticos, ecológicos e demográficos, que se juntam ou se dispersam, interpenetram ou colidem, sintonizam ou antagonizam produzindo momentos de força que conduzem a situações dinâmicas altamente complexas, inesperadas, ambíguas, imprecisas, rápidas, momentâneas e passageiras.

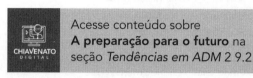

Acesse conteúdo sobre **A preparação para o futuro** na seção *Tendências em ADM 2 9.2*

9.4 O QUE ESTÁ ACONTECENDO

A Teoria Administrativa está passando por uma profunda e intensa revisão crítica. O mundo mudou e ela também está mudando. Mas para onde? Em que direção? Os caminhos futuros da Teoria Administrativa são variados e exponenciais.

9.4.1 Gestão do conhecimento e do capital intelectual

Na Era da Informação, o recurso mais importante deixou de ser o capital financeiro para ser o capital intelectual, baseado no conhecimento. Trocando em miúdos, isso significa que o recurso mais importante na atualidade não é mais o dinheiro, mas o conhecimento. O capital financeiro guarda sua importância relativa, mas ele depende totalmente do conhecimento sobre como aplicá-lo e rentabilizá-lo adequadamente. O conhecimento ficou na dianteira de todos os demais recursos organizacionais, pois todos eles passaram a depender do conhecimento. Conhecimento é a informação estruturada que tem valor para uma organização. O conhecimento conduz a novas formas de trabalho e de comunicação, a novas estruturas e tecnologias e a novas formas de interação humana. E onde está o conhecimento? Na cabeça das pessoas. São as pessoas que aprendem, desenvolvem e aplicam o conhecimento na utilização adequada dos demais recursos organizacionais. Os recursos são estáticos, inertes e dependentes da inteligência humana que utiliza o conhecimento. O conhecimento é criado e modificado pelas pessoas por meio da interação social, estudo, trabalho e lazer.[23] Assim, as organizações bem-sucedidas são aquelas que sabem conquistar e motivar as pessoas para que elas aprendam e apliquem seus conhecimentos na solução dos problemas e na busca da inovação rumo à excelência.[24] A organização baseada no conhecimento depende da gestão do conhecimento. E o que é gestão do conhecimento? Um processo integrado destinado a criar, organizar, disseminar, intensificar e aplicar o conhecimento para melhorar o desempenho global da organização. Portanto, não é qualquer conhecimento que interessa, mas aquele conhecimento crítico que importa à organização que é bem-sucedida por aplicar e rentabilizar o seu conhecimento.

Quadro 9.4 Gestão do conhecimento × capital intelectual

Gestão do conhecimento	Capital intelectual

■ Conhecimento é a informação estruturada que tem valor para a organização.
■ Conhecimento conduz a novas formas de trabalho e de comunicação, a novas estruturas, tecnologias e a novas formas de interação.
■ Onde está o conhecimento?
■ Reconhecimento é criado e modificado pelas pessoas e obtido pela interação social.
■ As organizações bem-sucedidas sabem motivar as pessoas a aprender e aplicar seus conhecimentos.
■ A organização de conhecimento se baseia na Gestão do Conhecimento (GC).
	■ Conhecimento é um ativo intangível.
	■ Não ocupa espaço.
	■ É a base do capital intelectual.
	■ O capital intelectual tem mais valor que o capital financeiro na Era da Informação.
	■ O capital intelectual é formado por:
	  • nossos clientes;
	  • nossas organizações;
	  • nossas pessoas.
	■ As organizações bem-sucedidas usam indicadores (como eficiência, renovação, crescimento) para gerir e monitorar seus ativos intangíveis.

Acesse conteúdo sobre **A urgência do conhecimento** na seção *Tendências em ADM 2* 9.3

Contudo, o conhecimento é um recurso diferente, pois não ocupa espaço físico. Ele é um ativo intangível.[25] Em uma organização do conhecimento, os assuntos financeiros não representam necessariamente o principal valor do negócio.[26] Existem importantes ativos intangíveis – ainda não mensuráveis pelos tradicionais métodos da contabilidade – que são identificados como "nossas pessoas", "nossos clientes" e "nossa organização". Sveiby propõe que o valor total dos negócios da organização seja calculado pelo valor dos clientes, valor da organização e valor das competências, respectivamente, e não apenas pelos ativos tangíveis que formam o capital financeiro. Assim, o capital intelectual é constituído por três aspectos intangíveis:[27]

1. **Nossos clientes:** baseado no valor proporcionado pelo crescimento, força e lealdade dos clientes. Refere-se à estrutura externa, ao relacionamento com os clientes e seu impacto nos retornos e imagem, e como essa estrutura externa pode ser expandida para incluir novas relações externas.
2. **Nossa organização:** baseado no valor derivado de nossos sistemas, processos, criação de novos produtos e estilo de gestão. Refere-se à estrutura interna que inclui sistemas e processos, ferramentas de negócios, marcas registradas e cultura organizacional.
3. **Nossas pessoas:** baseado no valor da organização proporcionado pelo crescimento e desenvolvimento das competências das pessoas e como elas são aplicadas às necessidades dos clientes. Refere-se às competências e habilidades dos funcionários para agirem eficazmente em uma ampla variedade de situações.

Figura 9.5 O capital intelectual segundo Sveiby.

As organizações bem-sucedidas utilizam indicadores (como eficiência, renovação, crescimento e estabilidade) para gerir e monitorar seus ativos intangíveis, pois o valor deles supera, muitas vezes, o valor dos seus ativos tangíveis. Percebeu-se que administrar pessoas vem antes, durante e depois da administração de qualquer recurso organizacional, seja capital, máquinas, instalações etc.[28] Por isso, o investimento maior é feito não em tecnologia, máquinas e ferramentas, mas no conhecimento das pessoas. As organizações desenvolvem educação e universidades corporativas e virtuais para melhorar a gestão do seu capital intelectual, para melhorar e intensificar a educação corporativa.

Os principais objetivos da educação corporativa são:[29]

- A universidade corporativa é um processo integrado de aprendizagem, e não necessariamente um local físico. Ela pode ser inteiramente virtual.
- Oferecer oportunidades de aprendizagem que deem sustentação aos assuntos empresariais mais importantes. Tornar a aprendizagem totalmente disponível.
- Oferecer um currículo fundamentado em três Cs (cidadania corporativa, contexto situacional e competências básicas) para ajustá-lo às demandas da empresa.
- Treinar toda a cadeia de valor envolvendo todos os parceiros externos: clientes, distribuidores, fornecedores, terceiros, instituições de ensino superior etc.
- Passar do treinamento conduzido pelo instrutor para vários e diferentes formatos de apresentação da aprendizagem utilizando diversas tecnologias simultaneamente.
- Encorajar e facilitar o envolvimento dos líderes com o aprendizado. O líder passa a ser também um educador, *coach* e orientador de sua equipe.

- Assumir foco global no desenvolvimento de soluções de aprendizagem.
- A universidade corporativa é o meio de ganhar e desenvolver novas vantagens competitivas, para possibilitar que a organização possa entrar em novos mercados.

Quadro 9.5 Os paradigmas das novas organizações[30]

Item	Paradigmas da Era Industrial	Paradigmas da Era do Conhecimento
Pessoas	Geradores de custos ou recursos	Geradores de receitas
Fonte do poder gerencial	Nível hierárquico na organização	Nível de conhecimentos
Luta de poder	Operários *versus* capitalistas	Trabalhadores do conhecimento *versus* gerentes
Responsabilidade da gerência	Supervisionar os subordinados	Apoiar os colegas
Informação	Instrumento de controle	Recurso e ferramenta para comunicação
Produção	Operários que processam recursos físicos para criar produtos tangíveis	Trabalhadores do conhecimento que convertem conhecimento em ativos intangíveis
Fluxo de informação	Por meio da hierarquia organizacional	Por meio de redes colegiadas
Gargalos da produção	Capital financeiro e habilidades humanas	Tempo e conhecimento
Fluxo de produção	Sequencial; direcionado por máquinas	Caótico; direcionado pelas ideias
Efeito do tamanho	Economia de escala no processo produtivo	Economia de escopo das redes
Relações com clientes	Unidirecionais por meio do mercado	Interativas por meio de redes pessoais
Conhecimento	Uma ferramenta ou recurso	O foco do negócio
Propósito do aprendizado	Aplicação de novas ferramentas	Criação de novos ativos
Valor de mercado (das ações)	Decorrente dos ativos tangíveis	Decorrente dos ativos intangíveis

PARA REFLEXÃO

O capital intangível da Microsoft

A Microsoft teve um patrimônio real de US$ 7,2 bilhões, faturava US$ 16 bilhões por ano, lucrava US$ 5,2 bilhões e valeu em bolsa de valores US$ 510 bilhões, ou seja, seis vezes mais que a General Motors (GM), que faturou US$ 162 bilhões, isto é, nove vezes mais do que a Microsoft. A GM, que foi a maior corporação do mundo por décadas, não conseguiu emplacar US$ 100 bilhões de dólares no mercado de capitais. Qual a razão? Ela tem elevado capital tangível. Pelo contrário, a Microsoft, junto a Apple, Amazon, Google, Facebook e muitas outras organizações com pouca tangibilidade foram à estratosfera, inclusive muitas *startups*. Explique o paradoxo. A Apple e a Amazon se tornaram as primeiras empresas da história a valer mais de US$ 1 trilhão. Pode? Qual é a sua opinião a respeito?

VOLTANDO AO CASO INTRODUTÓRIO
Os desafios da Panorama

Em uma nova rodada de reuniões da diretoria, Domingo Monteverdi bateu firme nos seguintes aspectos:

- O trabalho em si – seja na fábrica ou no escritório – deverá ser baseado em equipes e em processos, e não mais em funções especializadas. Todos os funcionários deverão constituir equipes multifuncionais que cuidarão de seu próprio programa de trabalho, orçamento, qualidade etc.
- As pessoas deverão ser empoderadas para tomar decisões e assumir maiores responsabilidades. O *empowerment* será uma organização de baixo para cima.
- Os gerentes deverão ser líderes e as bases do poder também mudarão. Os líderes deixarão de se basear em suas posições hierárquicas ou nível hierárquico para obter o comprometimento dos liderados.
- Esses líderes deverão ser agentes de mudança, e não agentes de conservação.

Que ideias você daria a Domingo?

9.4.2 Organizações de aprendizagem

O conhecimento não pode ficar ao sabor do acaso nem das oportunidades. Na verdade, o aprendizado e o desenvolvimento devem ser feitos nas atividades do dia a dia para associar o que se aprende ao que se faz na prática, e não podem ficar restritos a algumas semanas por ano durante cursos específicos de treinamento. O aprendizado deve ser organizado e contínuo, afetando e envolvendo todos os membros da organização, e não apenas alguns deles. As organizações bem-sucedidas estão se transformando em verdadeiros centros de aprendizagem. Por essa razão, recebem o nome *organizações de aprendizagem*. São organizações que aprendem com seus membros.

Aumente seus conhecimentos sobre **O forte investimento em pessoas** na seção *Saiba mais* TGA 2 9.7

Argyris salienta que a TI tem um papel crucial no sentido de ampliar a aceitação e a prática do aprendizado nas organizações.[31] A TI torna as transações transparentes e o comportamento não é mais velado nem oculto. Em outras palavras, a TI estimula e incrementa a ética e o aprendizado nas organizações.[32]

O conhecimento depende da aprendizagem. Peter Senge propõe cinco disciplinas como um conjunto de práticas para construir a capacidade de aprendizagem organizacional e fazer com que pessoas e os grupos possam conduzir a mudança e a renovação contínuas. As cinco disciplinas são:[33]

1. **Domínio pessoal:** é uma disciplina de aspiração. Envolve a formulação de um conjunto de resultados que as pessoas desejam alcançar como indivíduos (sua visão pessoal) em alinhamento com o estado de suas vidas (sua realidade atual). Aprender a cultivar a tensão entre a visão pessoal e a realidade externa aumenta a capacidade de melhores escolhas e de alcançar os resultados escolhidos.

2. **Modelos mentais:** é uma disciplina de reflexão e habilidades de questionamento. Focalizam o desenvolvimento de atitudes e percepções que influenciam o pensamento e a interação entre as pessoas. Ao refletirem, falando a respeito e reconsiderando aspectos do mundo, ganham capacidade de governar suas ações e decisões.

3. **Visão compartilhada:** é uma disciplina coletiva. Define um foco sobre propósitos mútuos. As pessoas aprendem a nutrir um senso de compromisso em um grupo ou organização, desenvolvendo imagens do futuro que pretendem criar e os princípios e as práticas orientadoras pelas quais elas esperam alcançar.

4. **Aprendizagem de equipes:** é uma disciplina de interação grupal. A aprendizagem pelas equipes utiliza técnicas como diálogo e discussão para desenvolver o pensamento coletivo, aprender a mobilizar energias e ações, para alcançar objetivos comuns, inteligência e capacidade maior do que a soma dos talentos individuais.

5. **Pensamento sistêmico:** é uma disciplina de aprendizagem. Por meio dela, as pessoas aprendem melhor compreendendo a interdependência e a mudança para lidar com as forças que produzem efeitos em suas ações. É baseado na retroação e na complexidade para mudar sistemas na sua totalidade, e não apenas os detalhes.

Aumente seus conhecimentos sobre **A aprendizagem organizacional** na seção *Saiba mais* TGA 2 9.8

Toda organização precisa aprender e inovar para enfrentar os desafios que bloqueiam seu progresso. A vantagem competitiva de uma organização somente é sustentável por meio do que ela sabe, como ela consegue utilizar o que sabe e a rapidez com que aprende algo novo. A aprendizagem organizacional requer uma cadeia integrada de líderes e pessoas que possuem o conhecimento adequado às necessidades da organização para que construam uma organização maior do que a soma de suas partes e que ultrapasse os resultados esperados.[34] A aprendizagem humana é o resultado dinâmico de relações entre as informações e os relacionamentos interpessoais. Afinal, não é a organização que aprende, mas, sim, as pessoas que nelas atuam.

A aprendizagem organizacional busca desenvolver o conhecimento e as competências que capacitem as pessoas a compreender e a agir eficazmente. Uma organização de aprendizagem constrói relações colaborativas no sentido de dar força a conhecimentos, experiências, competências e maneiras de fazer as coisas. É o repensar e revitalizar as organizações em direção a sua identidade futura e sucesso.[35]

> **Organizações de aprendizagem:**
>
> - O conhecimento não pode ficar ao sabor do acaso nem das oportunidades.
> - O aprendizado deve ser feito nas atividades do dia a dia para associar o que se aprende ao que se faz.
> - O aprendizado deve ser organizado e contínuo, envolvendo todos os membros da organização, e não apenas alguns deles.
> - As organizações estão se transformando em centros de aprendizagem.
> - A aprendizagem organizacional ocorre:
>   - Quando a organização alcança o que pretende. Seu plano de ação torna-se real.
>   - Quando a defasagem entre o ideal e o real é identificada e corrigida.

> **As cinco disciplinas: (Senge)**
>
> 1. Domínio pessoal.
> 2. Modelos mentais.
> 3. Visão compartilhada.
> 4. Aprendizagem de equipes.
> 5. Pensamento sistêmico.

Figura 9.6 As organizações que aprendem por meio de seus talentos.

Em resumo, as organizações bem-sucedidas são aquelas que aprendem com eficácia. Em uma economia na qual a única certeza é a incerteza, a única vantagem competitiva duradoura é o conhecimento. Quando os mercados mudam, as tecnologias se proliferam, os concorrentes se multiplicam e os produtos se tornam obsoletos, as organizações bem-sucedidas são aquelas que criam o novo conhecimento de modo consistente, disseminam-no amplamente pela organização e rapidamente o incorporam às novas tecnologias e aos produtos.[36] Contudo, a aprendizagem organizacional é algo mais do que simplesmente adquirir novos conhecimentos, percepções e desenvolver novos *insights*. É também crucial e mais difícil desaprender os antigos conhecimentos que perderam relevância.[37]

Acesse conteúdo sobre **Uma organização saudável** na seção *Tendências em ADM 2 9.4*

9.5 ÉTICA E RESPONSABILIDADE SOCIAL

A ética constitui o conjunto de valores ou princípios morais que definem o que é certo ou errado para uma pessoa, um grupo ou uma organização. O comportamento ético acontece quando a organização incentiva seus membros a se comportarem eticamente de maneira que aceitem e sigam tais valores e princípios. Em termos amplos, a ética é uma preocupação com o bom comportamento e uma obrigação de considerar não apenas o bem-estar pessoal, mas o das outras pessoas.

Aumente seus conhecimentos sobre **Ética e responsabilidade social** na seção *Saiba mais* TGA 2 9.9

A ética influencia todas as decisões dentro da organização. Muitas organizações têm o seu código de ética como uma declaração formal para orientar e guiar o comportamento de seus parceiros. Para que o código de ética encoraje decisões e comportamentos éticos das pessoas, são necessárias duas providências:

1. As organizações devem comunicar e fazer acontecer o seu código de ética a todos os seus parceiros, isto é, às pessoas dentro e fora da organização.
2. As organizações devem cobrar continuamente comportamentos éticos de seus parceiros, seja pelo respeito aos seus valores básicos, seja por meio de exemplos de seus líderes e de práticas transparentes de negócios.

No passado, as organizações estavam orientadas exclusivamente para os seus próprios negócios. Essa orientação gradativamente deixou de ser interna para se projetar externamente em direção ao ambiente de negócios.

Toda organização produz forte influência no seu ambiente, que pode ser positiva – quando a organização beneficia o ambiente por meio de suas decisões e ações –, ou negativa –, quando traz problemas ou prejuízos a todos. Há pouco tempo, as organizações começaram a se preocupar com obrigações sociais. E isso não foi espontâneo, mas provocado por movimentos ecológicos e de defesa do consumidor que põem em foco o relacionamento entre organização e sociedade.[38]

Existem vários graus de envolvimento de uma organização na responsabilidade social.[39] O modelo *stakeholder* favorável ao envolvimento organizacional em atividades e obras sociais apresenta três diferentes graus de envolvimento:[40]

1. **Abordagem da obrigação social e legal:** as metas da organização são de natureza econômica focadas na otimização dos lucros e do patrimônio líquido dos acionistas e apenas nas obrigações mínimas impostas pela lei.
2. **Abordagem da responsabilidade social:** além das metas econômicas, a organização tem também responsabilidades sociais e projetos de bem-estar social sem trazer dano econômico para a organização em uma adaptação reativa, pois reagem para providenciar uma solução de problemas já existentes.
3. **Abordagem da sensibilidade social:** a organização não tem apenas metas econômicas e sociais, mas se antecipa aos problemas sociais do futuro e age agora em resposta a eles antes que se tornem críticos. É a abordagem de cidadania corporativa em um papel proativo na sociedade, com envolvimento na comunidade e esforços de conscientização social, voluntariado espontâneo e programas comunitários em áreas carentes.[41]

No fundo, a responsabilidade social deixa os velhos conceitos de proteção passiva e paternalista ou de fiel cumprimento às regras legais, para avançar na proteção ativa e promoção humana, em função de um sistema explicitado de valores éticos.

Figura 9.7 Níveis de sensibilidade social das organizações.

9.6 A ERA DIGITAL E A EXPONENCIALIDADE

O computador, a internet e as modernas tecnologias disruptivas estão levando o mundo à Era Digital. Hoje, tudo está conectado e digitalizado, e essas tecnologias estão unidas pela integração dos mundos biológico, físico e virtual, facilitando o acesso a dados, imagens, interações, transações, conteúdo e comunicação. Essa nova era está rapidamente mudando modelos organizacionais, produtos, serviços, operações, comunicação, informação e, também, a vida das pessoas.

Tapscott mostra que na Era Digital doze temas básicos passaram a diferenciar a nova economia em relação à velha economia:[42]

1. **Conhecimento:** a nova economia é uma economia do conhecimento, graças à TI. No entanto, o conhecimento é criado por pessoas, apesar da inteligência artificial e de outras tecnologias emergentes e disruptivas. O conteúdo de conhecimento e de tecnologia integrado em produtos e serviços está crescendo significativamente: edifícios inteligentes, casas inteligentes, carros inteligentes, rodovias inteligentes, cartões inteligentes (*smart cards*) etc.

2. **Digitalização:** a nova economia é uma economia digital. A nova mídia é a internet. A informação está em formato digital (*bits*). A TI permite trabalhar um incrível volume de dados e informações comprimidas e transmitidas na velocidade da luz. A infoestrutura das plataformas está substituindo a velha estrutura tradicional.

3. **Virtualização:** na transformação da informação de analógica para digital, as coisas físicas podem se tornar virtuais, como a empresa virtual, o escritório virtual, o emprego virtual, o congresso virtual, a realidade virtual, a loja virtual etc.

4. **Molecularização:** a nova economia é uma economia molecular. A antiga corporação foi desagregada e substituída por moléculas dinâmicas e grupos de indivíduos e entidades que formam a base da atividade econômica.

5. **Integração/redes interligadas:** a nova economia é uma economia interligada em rede, integrando moléculas em grupos, que são conectados a outros, para criar riqueza. As novas estruturas organizacionais em rede são horizontalizadas e conectadas pela internet. Redes de redes, rompendo as fronteiras entre empresas, fornecedores, clientes e concorrentes.
6. **Desintermediação:** as funções de intermediário entre produtores e consumidores estão sendo eliminadas em virtude das redes digitais e do comércio eletrônico. As informações são *on-line*, e proprietários e compradores se conectam entre si, dispensando os intermediários.
7. **Convergência:** na nova economia, o setor econômico predominante deixou de ser a indústria automobilística para ser a nova mídia, para a qual convergem as indústrias de computação, comunicação e conteúdo baseado em computador e telecomunicações digitais.
8. **Inovação:** a nova economia é uma economia baseada em inovações. Tornar os produtos obsoletos é o lema das organizações. Os ciclos de vida dos produtos estão se tornando cada vez menores.
9. **Produ-consumo:** na nova economia, a distinção entre consumidores e produtores é pouco nítida. Na internet, todo consumidor torna-se produtor de mensagens, contribui para discussões, faz *test-drives* em carros ou visualiza o cérebro de um paciente no outro lado do mundo e influencia expressivamente o processo decisório da empresa. A Price Waterhouse (PwC) salienta que os consumidores são mais disruptivos do que os concorrentes.[43]
10. **Imediatismo:** em uma economia baseada em *bits*, o imediatismo torna-se o elemento propulsor da atividade econômica e do sucesso empresarial. A nova empresa é uma empresa em tempo real. O intercâmbio eletrônico de dados (EDI: *Electronic Data Interchange*) interliga sistemas de computadores entre fornecedores e clientes, proporcionando concomitância de decisões e ações.
11. **Globalização:** a nova economia é uma economia global. As organizações globais e empresas internacionais estão na pauta, e negócios e conhecimento não conhecem fronteiras.
12. **Discordância:** questões sociais sem precedentes estão emergindo, provocando traumas e conflitos que precisam ser administrados.

Tudo isso vem passando por uma crescente aceleração, com mudanças e transformações súbitas, trazendo disrupturas rápidas e profundas e provocando uma série de incertezas a respeito de como será a Administração em um futuro próximo ou remoto. Esse aspecto exponencial aumenta essas incertezas. Todas essas perturbações estão avançando rapidamente, e as organizações precisam aceitá-las e utilizá-las para não serem tragadas por elas.

Pesquisa da consultoria McKinsey mostra que as empresas que conseguiram se transformar em empresas digitais de alto desempenho são capazes de orquestrar seis blocos de construção simultaneamente:[44]

- **Estratégia e inovação:** com foco no valor futuro e no impulso provocado pela constante experimentação.

- **Viagem de decisão do cliente:** por meio da análise profunda e pesquisa para compreender como e por que o consumidor toma suas decisões de compra.
- **Automação de processos:** para reinventar processos e jornadas agradáveis do consumidor por meio da automação no sentido de agilizar os processos de entrega.
- **Organização ágil:** por meio de processos ágeis, flexíveis e colaborativos e de competências que seguem apontadas para a estratégia.
- **Tecnologias:** dotada de velocidade e agilidade para apoiar as funções essenciais e o rápido desenvolvimento do negócio. A computação em nuvem e os sistemas de gestão empresarial oferecem agilidade e processos integrados.
- **Dados e *analytics*:** por meio de análises preditivas de grandes volumes de dados úteis e relevantes para atender à estratégia e aos objetivos do negócio.

Os autores da pesquisa descobriram que essa abordagem de seis blocos oferece uma estrutura coerente para pensar e gerenciar programas digitais em grande escala. Peter Diamandis, *chairman* da Singularity University, dá uma dica: para ele, a organização exponencial se fundamenta em seis Ds: ela é digitalizada, dissimulada, disruptiva, desmaterializada, desmonetizada e democratizada.[45] Toda organização, para ser digital (primeiro D), entra em um período de crescimento dissimulado, depois disruptivo e continua adiante nos Ds restantes.

A Sloan School of Management do Massachusetts Institute of Technology (MIT) pesquisou em profundidade o sucesso de empresas (como Microsoft, Apple, Intel, Google, Toyota e outras) que enfrentaram enormes mudanças em seus negócios ou disrupções em suas tecnologias digitais, ganharam força e estão competindo valorosamente. Dessa pesquisa, Cusumano alinhou seis

Acesse conteúdo sobre **Inovação** na seção *Tendências em ADM* 2 9.5

princípios utilizados em várias combinações envolvendo estratégias, práticas de gestão da inovação e habilidades para lidar com a mudança e a incerteza e que mostram como mudar, ajustar e competir em um mundo de negócios dinâmico, mutável, instável e complexo e garantir uma permanente vantagem competitiva para as organizações. Esses seis princípios duráveis são:[46]

1. **Plataformas (e não apenas produtos):** é preciso mover-se de um pensamento convencional sobre estratégia e competências para competir na base de plataformas ou complementos para plataformas envolvendo outras empresas parceiras. O termo *plataforma* significa um conjunto de componentes pelos quais a empresa cria um conjunto de produtos ou componentes (ou serviços) ou uma base de tecnologia *core*, a *plataforma*, como uma mistura interoperável de tecnologias, que permite uma gama de fornecedores e clientes interagindo diretamente, como Amazon, Apple, eBay, Facebook, Google e Microsoft, que constituem plataformas poderosas.

Aumente seus conhecimentos sobre **Estratégia de plataforma** na seção *Saiba mais* TGA 2 9.10

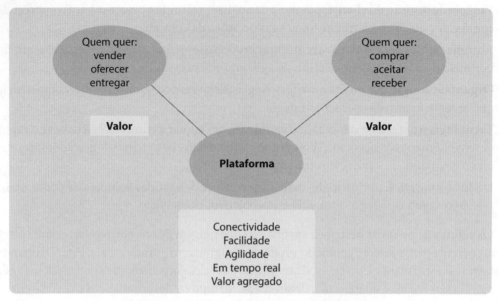

Figura 9.8 Conceito simplificado de plataforma.

Gawer e Cusumano introduziram o conceito de plataforma de liderança para indicar uma visão de que o todo do ecossistema pode ser maior do que a soma de suas partes se a empresa trabalhar junto a suas associadas e seguir uma liderança adequada. A plataforma de liderança adota quatro alavancadores:[47]

- **Escopo da empresa para definir o nível de diversificação:** o que fazer em casa e de que maneira encorajar empresas externas como parceiras ou usuárias, utilizando plataformas internas, externas ou ambas. A Toyota fabrica vários modelos de carros com a mesma carroçaria e os mesmos motores utilizando plataformas externas para isso. A Microsoft oferece o Word, o PowerPoint, o Excel e uma multiplicidade de aplicativos. Plataformas conduzem a uma variedade de produtos quando utilizam um amplo consórcio de empresas para juntar e aproveitar a diversidade de competências que elas oferecem.
- **A tecnologia do produto:** a empresa precisa decidir sobre o grau de modularidade de sua arquitetura e a abertura do acesso da sua interface com outras empresas e definir as questões críticas sobre propriedade intelectual.
- **Relações com complementadores externos:** para determinar como as suas atividades e relações externas serão colaborativas ou competitivas.
- **Organização interna:** a maneira como a plataforma líder deve se organizar para aproveitar todas as contribuições internas e externas e lidar com conflitos internos e externos no sentido de conciliá-los e integrá-los adequadamente.

2. **Serviços (e não somente produtos ou plataformas):** podem ser uma fonte de retornos e lucros. O balanço adequado entre o produto e o retorno de serviços no sentido de "serviciar" o produto cria novas oportunidades de novo valor adicionado, bem como "produtivizar" serviços para entregar com mais eficiência e flexibilidade utilizando a TI e a automação de serviços.[48] Trata-se de entregar mais serviços utilizando novos conceitos em tempo

real diretamente ao consumidor e até com a participação direta dele. Trata-se de obter economias de escopo – como utilizar reúso do conhecimento, tecnologia e artefatos de projeto como abordagem de *design*, módulos ou serviços adicionais. Uma abordagem híbrida (produtos + serviços).

3. **Competências (e não somente estratégia ou posicionamento estratégico):** isso significa não apenas focar a formulação estratégica ou a visão de futuro (decidir o que fazer), mas também construir as competências organizacionais distintivas e as habilidades operacionais (como fazer as coisas) a respeito das práticas (o que a organização deve fazer). As competências distintivas estão centradas em pessoas, processos e o conhecimento organizacional acumulado que reflete a profunda compreensão do negócio e da tecnologia e como ambos estão mudando.

SAIBA MAIS — Competências *core*

As competências *core* – no nível individual e organizacional –, combinadas com a estratégia, habilitam a empresa a oferecer produtos e serviços superiores, bem como explorar e oferecer oportunidades para inovação e desenvolvimento do negócio. E, para aproveitá-las ao máximo, a formulação da estratégia precisa ser bastante cuidadosa para gerar sinergias e economias de escopo. É a chamada "capacidade de absorção" das competências internas em compreender como desenvolver tecnologias internamente (fazer) ou por meio de aquisições e alianças estratégicas com parceiros (comprar).[49] Ou então "competências dinâmicas" em sustentar novas posições competitivas pela reconfiguração crítica dos ativos de conhecimento ao criar competências administrativas que são difíceis de imitar, à medida que os mercados mudam.[50]

4. **Puxar (e não somente empurrar):** o estilo de puxar (*pull*) significa ligar cada etapa sequencial do processo de operações à saída para obter *feedback* contínuo (positivo ou negativo) e reajustá-lo no sentido de responder em tempo real às mudanças da demanda, preferências do consumidor ou condições competitivas externas. Isso liga cada etapa das operações da empresa, retrocedendo ao mercado e permitindo um rápido ajustamento e aprendendo e inovar. O velho estilo de empurrar (*push*) na sequência do processo funcionou bem enquanto a demanda era previsível e estável, mas tropeça em ambientes dinâmicos e subitamente instáveis. Nos idos de 1940, a Toyota já tinha um sistema em que o volume de produção era reajustado em pequenos intervalos – diários, se necessário – como retroação do mercado para replicar na reprogramação de materiais, componentes e na cadeia de suprimentos. Esse "puxar" permitiu o surgimento da produção enxuta e do JIT. E o puxar *versus* empurrar faz uma enorme diferença na filosofia da Administração. O primeiro enfatiza ajustes contínuos e em tempo real à retroinformação, enquanto o segundo enfatiza o planejamento e o controle detalhado. À medida que a empresa conduz a descentralização e o *empowerment* para permitir que pessoas e processos respondam diretamente às novas informações, o ritmo de inovação aumenta por meio da participação

ativa, colaborativa e proativa de todos, o que conduz ao foco em pequenas equipes multifuncionais dotadas de colaboradores multicompetentes com responsabilidades que se sobrepõem, coordenadas por objetivos comuns. Isso traz, em consequência, mais complexidade e flexibilidade para a Administração.

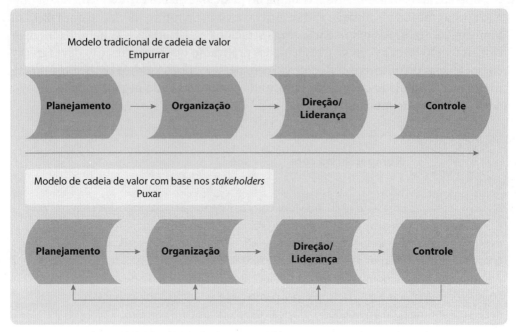

Figura 9.9 Novo *mindset*: puxar também, e não apenas empurrar.

5. **Economias de escopo (e não somente de escala):** a busca da eficiência sempre foi prioritária e levou a economias de escala em todas as atividades da empresa. Hoje, a escala é geralmente menos importante do que o propósito, o intuito, o alvo, bem como a variedade, a qualidade, a reputação, as habilidades de marketing ou o *timing*. É preciso ter o produto ou o serviço certo no tempo certo. A opção por economias de escopo conduz a novos formatos organizacionais, como a organização por multiprojetos, a matriz e a matriz diferenciada com vários subsistemas integrados. Além disso, conduz a oportunidades de compartilhar tecnologia e conhecimento especializado, exigindo uma organização mais aberta, integrada, complexa e sofisticada.

6. **Flexibilidade (e não somente eficiência):** durante muito tempo, as organizações se preocupavam com a eficiência, ou seja, fazer cada vez mais com cada vez menos. Contudo, elas passaram a cuidar mais intensamente de perseguir objetivos, de se adaptar rapidamente a mudanças nas demandas do mercado, de competição e tecnologia. Também passaram a necessitar explorar oportunidades para inovação de produtos ou processos e desenvolvimento de novos negócios, à medida que elas aparecem. Isso passou a exigir sistemas e processos flexíveis para reforçar a eficiência e a qualidade, além da eficácia geral, bem como facilitar a inovação. A flexibilidade tornou-se vital para a agilidade e rapidez nas mudanças que a organização precisa para responder prontamente às informações sobre desejos do consumidor ou da competição, bem como para introduzir novos produtos

e serviços ou modificar os já existentes. Ou, ainda, explorar novas oportunidades para inovação, ou enfrentar ameaças competitivas. No entanto, as empresas também precisam garantir a eficiência naquilo que fazem, por meio do balanceamento entre eficiência e flexibilidade durante todo o tempo.[51]

Plataformas	+	Produtos
Serviços	+	Produtos ou plataformas
Competências	+	Estratégia ou posicionamento
Estilo de puxar	+	Estilo de empurrar
Economias de escopo	+	Economias de escala
Flexibilidade	+	Eficiência

Figura 9.10 Os seis princípios duráveis para competir em um mundo em mudança segundo McKinsey.

Esses seis princípios duráveis apontados por Cusumano são essenciais para competir em um mundo novo, dominado por plataformas e serviços habilitados por tecnologias avançadas, e para preparar as nossas organizações para o futuro.

Aumente seus conhecimentos sobre **A lógica do cisne negro** na seção *Saiba mais* TGA 2 9.11

9.7 A QUARTA REVOLUÇÃO INDUSTRIAL

A Indústria 4.0 constitui a combinação de várias inovações tecnológicas em tecnologia digital que incluem robótica avançada e inteligência artificial, sensores sofisticados, computação em nuvem, internet das coisas, captura e análise de dados, fabricação digital incluindo impressão 3D, *software* como serviço, *smartphones* e outros dispositivos móveis, plataformas que utilizam algoritmos e a incorporação de todos esses elementos em uma cadeia de valor global interoperável compartilhada por muitas empresas de muitos países. Essas tecnologias ainda são tomadas separadamente, mas quando juntas integram o mundo físico e o virtual proporcionando uma nova e poderosa maneira de organizar operações globais e incluir a velocidade do *software* na produção em larga escala. O *design* e o desenvolvimento de produtos ocorrem em laboratórios simulados utilizando modelos de fabricação digital, e os produtos assumem forma tangível somente depois que todos os problemas de projeto e engenharia foram resolvidos. As redes de máquinas inteligentes, conectadas por sensores e inteligência artificial, tornam-se sistemas hiperconscientes de tecnologia altamente flexível, respondendo não apenas aos comandos humanos, mas também às suas próprias percepções, autodireção e inteligência. Quatro aspectos da digitalização formam o coração da abordagem da Indústria 4.0:[52]

1. **Digitalização das operações da empresa:** integrada verticalmente (para incluir todas as funções e toda a hierarquia) e horizontalmente (vinculando fornecedores, parceiros e distribuidores na cadeia de valor e transferindo dados entre eles).

2. **Redesenho de produtos e serviços:** incorporados com *softwares* personalizados para que se tornem interativos e responsivos, acompanhando suas próprias atividades e resultados, juntamente com a atividade de outros produtos ao seu redor.

3. **Interação mais próxima com os clientes:** possibilitada por esses novos processos, produtos e serviços. A Indústria 4.0 torna a cadeia de valor interativa e responsiva, permitindo que organizações alcancem seus clientes finais mais diretamente e adaptem seus modelos de negócios de acordo com suas demandas e expectativas.

4. **Abertura para o atendimento intensivo a todos os *stakeholders* do negócio:** ampliando o foco na inovação e criação de valor e o retorno dos investimentos de todos os *stakeholders* diretos e indiretos, internos e externos do negócio da organização.

9.8 AS EXPECTATIVAS QUANTO AO FUTURO

As tradicionais cadeias da estrutura organizacional estão sendo quebradas e as fronteiras das organizações estão se partindo ou expandindo gradativamente. A essência de um novo mundo sem fronteiras será por meio de:[53]

- **Novos fatores críticos de sucesso:** no passado, vários fatores críticos de sucesso influenciaram as organizações. Esses velhos e tradicionais paradigmas foram substituídos ou alinhados com novos, que passaram a constituir o modelo para alcançar eficácia organizacional, mesmo conflitando uns com os outros. Hoje, o administrador deve criar organizações com suficiente massa crítica capaz de movê-las prontamente por meio de uma mutável, dinâmica e competitiva força nos negócios.

Quadro 9.6 Velhos e novos paradigmas e seus fatores críticos de sucesso[54]

Os velhos paradigmas Velhos fatores críticos de sucesso	Os novos paradigmas Novos fatores críticos de sucesso
Tamanho	Velocidade e agilidade
Definição de papel	Flexibilidade
Especialização	Integração
Controle	Inovação
Lucratividade	Competitividade
Retorno rápido	Sustentabilidade

- **Fronteiras organizacionais:** para incrementar os fatores críticos de sucesso, cada organização necessita reconfigurar, refinar, flexibilizar ou mesmo quebrar fronteiras. A abordagem contingencial já havia conseguido uma razoável flexibilidade e permeabilidade das fronteiras organizacionais verticais, horizontais, externas e geográficas, como vimos antes. Tal fenômeno teve um enorme avanço no sentido de fazer livremente fluir acima e abaixo, dentro e fora e ao longo de toda a organização, permitindo rápidos ajustes às mudanças e transformações no seu meio ambiente. Agora, a flexibilidade e a permeabilidade das fronteiras organizacionais é fundamental ao seu sucesso.[55]

- **Impulsionadores:** há uma variedade de impulsionadores para proporcionar adequada permeabilidade e foco – como se fosse uma fina sintonia no *dial* de um rádio para atender às crescentes e mutáveis necessidades e expectativas dos *stakeholders* e entregar valor e riqueza a todos eles. Os mais poderosos impulsionadores para prover essa incessante oferta são:[56]

    • **Informação:** alimentando o acesso rápido à informação ao longo de todas as fronteiras.

- **Autoridade:** dar poder e autonomia às pessoas para tomar decisões relevantes e independentes sobre atividades e recursos.
- **Competências:** capacitar as pessoas a desenvolver suas habilidades e competências para usar informação e autoridade de maneira ampla e eficaz.
- **Recompensas:** proporcionar às pessoas incentivos compartilhados que promovam o alcance dos objetivos organizacionais.
- **Tecnologias avançadas:** a partir da análise integrada de megadados e da criação de sistemas informacionais, utilizando algoritmos, sensores, robôs inteligentes, inteligência artificial, inteligência de máquinas, impressão em 3D e, principalmente, plataformas para alcançar elevados níveis de agilidade, eficiência, eficácia, produtividade, inovação e, consequentemente, competitividade e sustentabilidade no seu negócio.
- *Empowerment*: os líderes precisam adotar novas maneiras inovadoras de trabalhar para conduzir organizações sem fronteiras e substituir o comando e o controle por métodos baseados na criação de uma mentalidade compartilhada, objetivos amplos e *empowerment* das pessoas. E, assim, ter as respostas certas para focar resultados, manter clara responsabilidade pelo desempenho e tomar decisões inteligentes.

9.8.1 Estamos adequadamente preparados?

Entretanto, ao lado dessa crescente permeabilidade das organizações – e de um novo conceito de Administração mais amplo e abrangente –, dentro de uma nova e diferente realidade, a organização do futuro deve estar preparada para produzir alta qualidade e produtos competitivos para satisfazer consumidores sem destruir o planeta ou degradar a vida humana. O mundo de hoje vai na direção de novas formas de democracia organizacional e quanto mais profunda a mudança, tanto mais os valores sociais se mostram importantes.

SAIBA MAIS — **Mudança colaborativa e democrática**

A mudança colaborativa e democrática depende das intenções dos líderes e da unidade dos seguidores, da clareza da visão, de lidar com a diversidade, a honestidade e o *feedback* e de outros elementos que nem sempre podem ser administrados, mas liderados. Nessa seara, Cloke e Goldsmith[57] apontam oportunidades práticas, alternativas e modelos para as novas organizações e desafiam os líderes a transformar o ambiente em um contexto de valores, ética e integridade no sentido de humanizar o trabalho. Isso significa o fim da Administração tradicional, e não o fim da Administração em si. Hierarquias e controles impedem a criação de organizações colaborativas, democráticas e autogeridas, e, portanto, competitivas e sustentáveis, pois o processo colaborativo e democrático leva os colaboradores a definir os seus próprios valores compartilhados, planejando estrategicamente o seu futuro, abrindo comunicações quanto aos objetivos, processos e relacionamentos, enviando *feedback*, *coaching* e *mentoring*, avaliando o progresso, e desafiando aspectos sobre sua aceitabilidade e viabilidade.[58] Tudo isso depende do *mindset* que se cria na organização.

9.8.2 E o que virá no futuro?

De fato, a Administração de amanhã deverá ser muito diferente daquilo que temos hoje. Não só pelos incríveis e impetuosos avanços tecnológicos que ocorrem a cada momento trazendo consequências disruptivas, como também pelo incrível desenvolvimento das organizações enquanto comunidades humanas complexas e pelas mudanças sociais e culturais que nelas ocorrem, e na própria sociedade. Sem deixar de lado o fato de que, nunca antes como agora, as pessoas se conectam e comunicam entre si intensamente por meio de *smartphones* e mídias sociais. Tudo isso implica profundas mudanças na forma e no conteúdo da moderna Administração, e nos traz simultaneamente um imperativo e um desafio: temos de nos preparar adequadamente para enfrentar esse futuro que está chegando cada vez mais depressa, mais rápido e mais mutável, mais complexo e mais desafiador. Isso requer um contínuo e incansável ajustamento e uma adaptação que se tornam cada vez mais imperiosos para o sucesso organizacional.

9.8.3 Agilidade organizacional

Diante de tantos desafios pela frente, o administrador precisará transformar rapidamente organizações tradicionais em organizações ágeis, rápidas e espertas em suas decisões e ações. A cultura, a arquitetura organizacional e a mentalidade deverão mudar radicalmente para que as organizações possam estar suficientemente prontas e ágeis para acompanharem ou se anteciparem às bruscas e intensivas mudanças e transformações ao seu redor.

Quadro 9.7 Mudança de mentalidade[59]

Mudança de mentalidade		
Marca registrada	**De**	**Para**
Estrela do norte ao longo de toda a organização	Em um ambiente de escassez, conseguimos obter valor de concorrentes, clientes e fornecedores para os nossos acionistas.	Reconhecendo a abundância de oportunidades e recursos disponíveis para nós, obtemos sucesso ao cocriar valor com e para com todos os nossos *stakeholders*.
Rede de equipes capacitadas e empoderadas	As pessoas precisam ser direcionadas e gerenciadas, caso contrário, não saberão o que fazer e apenas cuidarão de si mesmas. Haverá caos.	Quando forem dadas responsabilidade e autoridade claras, as pessoas serão altamente engajadas, cuidarão umas das outras, descobrirão soluções engenhosas e fornecerão resultados excepcionais.
Ciclos rápidos de decisão e aprendizado	Para oferecer resultado certo, os indivíduos mais experientes e seniores devem definir para onde estamos indo, os planos detalhados necessários para chegar lá e como minimizar os riscos ao logo do caminho.	Vivemos em um ambiente em constante evolução e não podemos saber exatamente o que o futuro reserva. A melhor maneira de minimizar riscos e obter sucesso é abraçar a incerteza e ser mais rápida e produtivo em tentar coisas novas.

(continua)

(continuação)

Mudança de mentalidade		
Marca registrada	De	Para
Modelo dinâmico de pessoas que inflama a paixão	Para alcançar os resultados desejados, os líderes precisam controlar e direcionar o trabalho especificando constantemente tarefas e orientando o trabalho dos funcionários.	Líderes eficazes capacitam os funcionários a assumir a propriedade total, confiantes de que eles levarão a organização a cumprir seu objetivo e visão.
Tecnologia habilitada para a próxima geração	A tecnologia é um recurso de suporte que fornece serviços, plataformas ou ferramentas específicas para o resto da organização, conforme definido por prioridades, recursos e orçamento.	A tecnologia é perfeitamente integrada e essencial para todos os aspectos da organização como um meio de liberar valor e permitir reações rápidas às necessidades dos negócios e das partes interessadas.

Aumente seus conhecimentos sobre **Agilidade** na seção *Saiba mais* TGA 2 9.12

Quadro 9.8 Componentes de uma cultura que produz organizações líderes em um mundo exponencial[60]

1. Agilidade	Os colaboradores podem responder pronta e eficazmente às mudanças no local de trabalho e podem "pescar" novas oportunidades.	▪ Flexibilidade. ▪ Ação rápida. ▪ Rapidez.
2. Colaboração	Os colaboradores trabalham juntos dentro de duas equipes ao longo dos diferentes aspectos e partes da organização.	▪ Equipe. ▪ Trabalho conjunto. ▪ Ajuda mútua.
3. Cliente	Os colaboradores põem os clientes no centro de tudo aquilo que fazem, ouvindo e priorizando as suas necessidades e expectativas.	▪ Foco no cliente. ▪ Orientação externa. ▪ Impulso ao cliente.
4. Diversidade	A organização promove um local de trabalho diverso e inclusivo, onde ninguém é discriminado por sexo, raça, etnia, religião ou nacionalidade.	▪ Inclusão. ▪ A diferença é celebrada. ▪ Todos juntos.
5. Execução	Os colaboradores são empoderados para agir, têm todos os recursos de que necessitam, aderem à disciplina e são responsáveis por resultados.	▪ Excelência operacional. ▪ Projetos. ▪ Propriedade de todos.
6. Inovação	Os colaboradores são pioneiros a respeito dos produtos e serviços da companhia, bem como das tecnologias e maneiras de trabalhar.	▪ Tecnologia avançada. ▪ Tomar posse. ▪ Colaboração.
7. Integridade	Os colaboradores seguem regras e agem consistentemente de maneira honesta e ética.	▪ Seguir regras. ▪ Fazer coisas certas. ▪ Ética.
8. Desempenho	A organização recompensa resultados por meio de remuneração, promoções, reconhecimento e sabe lidar com os de baixo desempenho.	▪ Meritocracia. ▪ Reconhecimento. ▪ Resultados.
9. Respeito	Os colaboradores demonstram consideração e cortesia com os outros e todos se tratam com dignidade.	▪ Cortesia. ▪ Apreciação do outro. ▪ Dignidade.

Para lidar com tantas complexidades e incertezas, não há receita pronta e acabada, bem como não se pode chegar a uma visão holística e abrangente do futuro que virá. Nesse vasto oceano de mudanças, a Administração precisará de muito fôlego e talento para sair-se bem no enorme desafio que o futuro lhe apresentará a cada dia que passa. Provavelmente, será necessária ao futuro administrador uma nova e diferente caixa de ferramentas dotada de aspectos intangíveis, como novas habilidades e competências para lidar com modelos e sistemas mergulhados em incríveis mudanças e transformações.

Quadro 9.9 As práticas da organização ágil

	Marca registrada	Práticas da organização ágil
Estratégia	Estrela do norte ao longo de toda a organização	■ Propósito e visão compartilhados. ■ Sensibilidade e adequação às oportunidades. ■ Alocação flexível de recursos. ■ Orientação acionável da estratégia.
Estrutura	Rede de equipes empoderadas	■ Estrutura horizontal e clara. ■ Papéis claros e responsáveis. ■ Governança mãos na massa. ■ Comunidades de prática robustas. ■ Parcerias e ecossistemas ativos. ■ Ambientes físico e virtual abertos. ■ Células para propósitos responsáveis.
Processos	Ciclos rápidos de decisão e aprendizagem	■ Iteração e experimentação rápidas. ■ Meios de trabalho estandarizados. ■ Orientação para o desempenho. ■ Transparência na informação. ■ Aprendizado contínuo. ■ Tomada de decisão orientada para a ação.
Pessoas	Modelo dinâmico de pessoas que impulsiona a paixão	■ Comunidade coesiva. ■ Liderança servidora e compartilhada. ■ Impulso empreendedor. ■ Mobilidade de papéis.
Tecnologia	Tecnologia habilitada para a próxima geração	■ Arquitetura tecnológica, sistemas e ferramentas envolventes. ■ Desenvolvimento tecnológico e práticas de entrega de última geração.

9.9 APRECIAÇÃO CRÍTICA DAS NOVAS ABORDAGENS

Vimos que as teorias administrativas apresentam diferentes abordagens para a administração das organizações. Cada uma delas reflete os fenômenos históricos, sociais, culturais, tecnológicos e econômicos de sua época e contexto, bem como os problemas básicos que afligiam as organizações. Cada teoria representa as soluções administrativas encontradas para determinadas situações, tendo em vista as variáveis focalizadas e os temas considerados mais relevantes ou prioritários. Isso significa que todas elas são úteis e fundamentais para cada desafio a enfrentar.

Ênfase em:	Teorias da Administração:	
Tarefas	• Administração Científica	
Estrutura	• Teoria Clássica	**Perspectivas:**
	• Teoria Neoclássica	Mudanças rápidas e inesperadas
	• Burocracia	Sociedade de organizações
	• Teoria Estruturalista	Crescimento das organizações
Pessoas	• Relações humanas	Globalização da economia
	• Teoria Comportamental	Internacionalização dos negócios
	• Desenvolvimento organizacional	Visibilidade maior das organizações
Ambiente e tecnologia	• Teoria de Sistemas	Sofisticação da tecnologia
	• Teoria Matemática	Competitividade
	• Teoria da Contingência	Sustentabilidade
Competitividade	• Novas abordagens	

Figura 9.11 As perspectivas teóricas das várias abordagens.

Na verdade, ao longo dos tempos a Teoria Administrativa constituiu uma constante e ininterrupta tentativa de reduzir a incerteza a respeito da dinâmica e otimização das organizações. Hoje, é preciso saber aceitar e conviver com a incerteza. A teoria apresenta as várias maneiras e os diferentes ângulos para visualizar e tratar um mesmo fenômeno organizacional. O administrador pode tentar resolver problemas administrativos dentro do enfoque neoclássico, quando a solução neoclássica lhe parecer a mais apropriada de acordo com as circunstâncias ou contingências. Pode também tentar resolvê-los dentro do enfoque comportamental ou sistêmico se as circunstâncias ou contingências assim o aconselharem. Nisso reside o encanto da Teoria Geral da Administração (TGA): mostrar uma variedade de opções e alternativas à disposição do administrador. A ele cabe o desafio de fazer a leitura da realidade, diagnosticar a situação e entrever a abordagem mais indicada a utilizar como uma verdadeira caixa virtual de ferramentas à sua inteira disposição.

Acesse conteúdo sobre **Os novos caminhos da TGA** na seção *Tendências em ADM 2 9.6*

Uma apreciação crítica da Teoria Administrativa nos tempos atuais sugere os seguintes aspectos:

- **O caráter provocativo da Administração:** para as teorias anteriores, a Administração era encarada como uma consequência, e não como causa. Ou seja, era considerada uma resposta – decorrência ou consequência – das necessidades das organizações. Hoje, ela é considerada uma criadora de novas oportunidades. Modernamente, percebe-se que é a Administração que produz e impulsiona o desenvolvimento econômico e social: esse é o resultado direto e concreto da Administração. Os recursos econômicos tradicionais – natureza, capital e trabalho – já não fazem mais a diferença. A vantagem competitiva está além deles ao criar inovações em termos de novas soluções criativas para os problemas da humanidade. A criação de valor e de riqueza somente acontece a partir da Administração nas organizações.

- **O caráter universal da Administração:** a Administração figura hoje como a instituição que transcende as fronteiras de organizações e de países, apresentando um significado global e mundial, como é o caso da Organização das Nações Unidas (ONU). A Administração moderna não se pauta por limites ou fronteiras nacionais. Para ela, há muito tempo, as fronteiras nacionais perderam a antiga relevância.

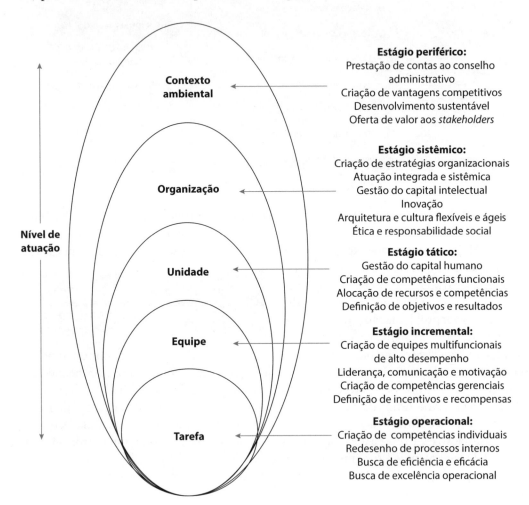

Figura 9.12 Possíveis níveis de atuação do administrador.

- **Gradativa ampliação do conceito de Administração:** a Administração está absorvendo rapidamente novas incumbências e envolvendo novos atores no incrível processo de tornar as organizações mais bem-sucedidas. O administrador deve olhar não somente para baixo, onde estão os subordinados, mas também para cima, onde está a governança corporativa, que representa os proprietários e acionistas da organização, e também para os lados. Precisa olhar para dentro da organização nos aspectos estratégicos, táticos e operacionais, mas também para fora dela, onde estão os *stakeholders*, vitais para garantir o sucesso organizacional. Precisa cultivar a responsabilidade financeira do negócio, como também a responsabilidade social e ambiental. Além dessa formidável inclusão de novas e diferentes variáveis no seu trabalho, o ambiente de negócios está se tornando cada vez mais dinâmico, mutável, volátil, surpreendente e competitivo. O administrador precisa estar sempre e continuamente preparado para enfrentar muitos desafios ao seu redor.

- **Os novos parâmetros da Administração:** seis aspectos serão vitais para a Administração neste novo milênio:

   1. **A emergência das organizações enxutas, flexíveis e ágeis:** as organizações do novo milênio serão completamente diferentes daquelas que dominaram o panorama organizacional do século 20. As novas organizações apresentarão características, como ambiguidade, menos fronteiras e comunicação mais rápida e intensiva com seus membros, fornecedores e clientes. O trabalho conjunto em equipe em detrimento do individualismo, a busca de mercados globais em detrimento da atuação doméstica e o foco nas necessidades do cliente em detrimento do lucro no curto prazo. Uma das vantagens competitivas será o tempo reduzido de duração do ciclo, e não os custos baixos. Sua essência será baseada em rápidas mudanças de paradigmas, do sucesso baseado na eficiência e nas economias de escala para o sucesso baseado em pessoas com conhecimentos e no uso intensivo de novas e disruptivas tecnologias. As organizações se tornam mais sofisticadas, automatizadas e educadoras, bem como flexíveis, adaptáveis, ágeis, espertas e inovadoras, para navegarem com agilidade em um mundo exponencial.

   2. **O advento e a consolidação da sociedade e da economia do conhecimento:** os trabalhadores do conhecimento constituem a parcela cada vez maior da força de trabalho, e o componente intelectual das atividades organizadas deverá aumentar significativamente. A agregação de mais valor à organização será feita pelo capital intelectual,[61] e a riqueza será criada pela capitalização da inovação.[62] Como salienta Nonaka, "em uma economia na qual a única certeza é a incerteza, a única fonte de vantagem competitiva duradoura é o conhecimento. Quando os mercados mudam, as tecnologias se proliferam, os concorrentes se multiplicam e os produtos se tornam obsoletos da noite para o dia; empresas bem-sucedidas são as que criam o novo conhecimento de modo consistente, disseminam-no amplamente pela organização e rapidamente o incorporam às novas tecnologias e produtos".[63] Em síntese, as empresas bem-sucedidas serão organizações que aprendem rápida e eficazmente.[64]

   3. **Redução do prazo de validade do conhecimento:** o conhecimento é mutável e dinâmico, e sua obsolescência é cada vez mais rápida. A economia do conhecimento exige um aprendizado contínuo e ininterrupto para desenvolver qualificações mais amplas e complexas. As organizações estão aumentando seu compromisso com a educação e a aprendizagem para gerir e exponenciar o conhecimento corporativo.

   4. **Ocupabilidade para a vida toda em vez de emprego para a vida toda:** o emprego duradouro e em tempo integral com carteira assinada está sendo substituído por um

novo contrato psicológico: a manutenção de um portfólio diversificado de qualificações profissionais. A empregabilidade (capacidade de conquistar e manter um emprego) deixa de ser vitalícia e fixa para ser temporária e flexível. A segurança no emprego está sendo substituída pela aprendizagem a todo tempo e em toda a vida. A organização deixará de ser empregadora para ser cliente. As pessoas deixarão de ser empregados para se tornarem fornecedores de conhecimento para várias organizações. E boa parte do trabalho humano será feita pelas máquinas inteligentes. As profissões se converterão em ocupações provisórias.

5. **O administrador será avaliado pela capacidade de agregar valor, riqueza e inovação:** deixará de ser avaliado pela capacidade de assegurar lucros e passará a ser avaliado pela habilidade de contribuir para os negócios atuais e criar e gerar novos negócios que garantam a permanência da organização no mercado e a criação de riqueza a ser distribuída proporcionalmente a todos os *stakeholders*. Agregar valor aos negócios atuais e inovar com novos negócios futuros. Isso significa a ênfase cada vez maior na criatividade e inovação.

As novas características das organizações: Kanter salienta que as empresas do novo milênio devem reunir simultaneamente cinco características fundamentais, os cinco Fs: *fast, focused, flexible, friendly* e *fun* (veloz, focada, flexível, amigável e divertida).[65] Indo nessa mesma direção, Crainer assegura os sete hábitos da nova organização:[66]

- **Flexível e de livre fluxo:** a organização eficaz de amanhã será reconstruída a partir do zero a cada dia.
- **Não hierárquica:** as hierarquias não desapareceram, mas foram drasticamente reduzidas, e as organizações tornaram-se enxutas, ajustadas e terão de continuar o processo de desierarquização para poderem continuar a competir no futuro.
- **Baseada em intensa participação:** os gerentes não possuem todas as ideias e terão de buscar ideias e retroação a partir das pessoas – dentro e fora da organização.
  - **Criativa e empreendedora:** o processo de empreender conduz à busca de novas oportunidades e de criar novos negócios no ambiente externo.
  - **Baseada em redes:** a empresa do futuro lembra o mundo de espetáculos: uma verdadeira rede flexível de atores, diretores, autores e técnicos com apoio de patrocinadores. Uma numerosa equipe multidisciplinar que, quando termina o espetáculo, se dispersa e evapora. Essa rede viabiliza uma produção que pode ser um sucesso estrondoso ou enorme fracasso, dependendo da liderança que a alavanca. O número de peças que mantém em cartaz por um longo tempo pode até ser pequeno, mas ideias novas e criativas sempre continuam surgindo. As organizações não serão mais conjuntos de fatores de produção, mas redes integradas de parceiros de elevada conectividade e desempenho excepcional focando metas inovadoras e resultados exponenciais.[67] Serão basicamente sistemas baseados em plataformas virtuais.
  - **Impulsionada por metas corporativas:** no lugar de metas funcionais específicas e bem definidas, o foco na missão e na visão de futuro estarão em alta.
  - **Tecnologias como recurso-chave:** as novas organizações consideram as tecnologias avançadas os seus recursos básicos para o seu sucesso futuro.

9.9.1 Profundo realinhamento e atualização de conceitos

Estamos indo rumo a uma nova teoria das organizações? Claro que sim. Os conceitos básicos da Teoria Administrativa estão sendo redefinidos e realinhados com a nova realidade. O conceito sistêmico de equilíbrio está sendo substituído por um tipo de circularidade entre ordem e desordem. A ideia de que simples e complexo são polos opostos em uma espécie de escala hierárquica que vai do simples (como uma máquina) até o mais complexo (como sociedades humanas) está sendo substituído por uma nova visão em que simplicidade e complexidade são conceitos complementares e conjugados, pois a simplicidade pode chegar a uma complexidade extrema com base em perturbações ínfimas, como vimos na Teoria do Caos.[68] Além disso, a noção de programa está sendo substituída pelo conceito de estratégia. Um programa representa uma sequência fixa de etapas predeterminadas em um ambiente de muita ordem e pouca desordem. Já a estratégia é resultado do exame simultâneo das condições previsíveis (ordem) e incertas (desordem), e cria a ação necessária para conviver com ambas. Essa ação só é possível onde haja ordem, desordem e organização, pois onde existe apenas ordem, restringem-se possibilidades e alternativas de ação, e, onde existe apenas desordem a ação, não passa de uma arriscada aposta no acaso.[69]

Assim, os sistemas vivos – e principalmente as organizações – constituem tanto uma forma de organização quanto uma eventualidade. Tanto sistemas cibernéticos dotados de retroação (o metabolismo que assegura a *homeostase* e a manutenção de sua constância interna a despeito das flutuações nas trocas com o ambiente) quanto sistemas capazes de lidar com a aleatoriedade (mudanças, novidades, acidentes, imprevistos) são capazes de se redefinir (auto-organizar-se) diante da aleatoriedade externa, isto é, de aprender. Assim, os organismos vivos são simultaneamente comandados por estruturas de conservação (invariância) e de auto-organização (transformação).[70] Complicado? Não resta dúvida!

Com essas novas premissas, a Teoria Administrativa está temperando seus conceitos básicos em direção às seguintes tendências:

- **Planejamento:** em sua essência, a função de planejamento nas organizações sempre foi a de reduzir a incerteza quanto ao futuro e quanto ao ambiente. Agora, a nova função do planejamento é aceitar a incerteza tal como ela é e como se apresenta. Não dá para brigar com ela. E o que se busca hoje nas organizações para desafiar a incerteza é a criatividade e a inovação. As teorias da complexidade salientam que somente há criatividade quando se afasta do equilíbrio. Assim, a adaptação a um ambiente instável deve ser feita – não mais por meio do retorno cíclico ao equilíbrio dentro de escolhas limitadas e restritas –, mas mediante maior liberdade de escolha, escapando às limitações impostas pelo ambiente.

  Por outro lado, o planejamento deve repousar nos seguintes aspectos dinâmicos:[71]

  - **A base do novo planejamento muda:** o foco na estrutura organizacional (vertical e hierárquica) deve ser substituído por um processo fluido (horizontal e livre), no qual as informações, as relações que permitem a troca dessas informações e a identidade produzida no processo sejam mais importantes.

  - **O foco na previsão passa para o foco no potencial:** o planejamento está deixando de lado a atenção exclusiva para cenários futuros e se deslocando decisivamente para a localização de potencialidades que a organização pode dinamizar e explorar.

- **A incerteza e a aleatoriedade conduzem à liberdade:** a liberdade significa a capacidade de autonomia das organizações para lidar com um contexto dinâmico e competitivo ao seu redor. A liberdade é o resultado de maior complexidade. Maior complexidade conduz à maior liberdade, que, por sua vez, leva a maior flexibilidade e maiores possibilidades de opções e de escolha. Consequentemente, a um maior potencial de estratégias.
- **Em um mundo imprevisível e caótico, no qual pequenas causas podem gerar grandes efeitos,** fica difícil distinguir antecipadamente quais aspectos serão táticos e quais serão estratégicos. De modo geral, em um mundo turbulento, o estratégico e o tático confundem-se de maneira indissociável.
- **O processo estratégico torna-se mais importante que o conteúdo estratégico:** a maneira como as pessoas lidam com os assuntos adquire maior importância do que as questões previamente selecionadas e discutidas. Antigamente, passava-se a maior parte do tempo na análise e na montagem do planejamento detalhado. Agora, o foco está em vincular pessoas, unidades ou tarefas, embora não se possa determinar exatamente quais os resultados exatos a serem alcançados. Mais vale a união das pessoas do que os assuntos tratados, embora estes possam ser importantes.

- **Organização:** a organização sempre constituiu a plataforma em que se sustenta a instituição. Em um ambiente estável e previsível, a estrutura tradicional pode continuar ainda prestando bons serviços, embora esse tipo de ambiente esteja se constituindo em uma exceção. Contudo, em um ambiente instável, a organização que tem mais chances de sobrevivência deve ser também instável. E quanto mais instável ela é, tanto mais ela pode influenciar o ambiente. É nesse sentido que tanto ambiente quanto organização podem coevoluir paralelamente.

A nova organização deverá levar em conta o seguinte:

- **Desmistificar a ideia de controle central a partir do topo:** a velha tradição de que deve haver uma cúpula centralizadora de todas as atividades organizacionais pertence ao passado. É interessante citar Morin,[72] que afirma que qualquer organização, biológica ou social é simultaneamente cêntrica (por dispor de um centro decisório), policêntrica (por dispor de outros centros de controle) e acêntrica (por também funcionar de maneira anárquica, a partir das interações espontâneas entre seus membros). Assim, toda organização é simultaneamente ordem e desordem. Ela necessita ao mesmo tempo de continuidade e de mudança, de normas e de liberdade, de controle e de autonomia, de tradição e de inovação, de ser e de devir, de se manter e de se transformar – tudo ao mesmo tempo. Ordem e desordem são mais parceiras do que adversárias na consecução da auto-organização.
- **O papel da hierarquia deve ser redefinido:** o modelo tradicional e mecanicista está sendo substituído por formas de auto-organização (como a organização em rede). Assim, os mecanismos de integração – que de alguma forma sempre foram assegurados pelo controle hierárquico – também precisam ser redefinidos. A liberdade e a autonomia concedida aos membros organizacionais – como no *empowerment* – deverá levá-los a alcançar por si mesmos uma nova forma de integração. Mas, para que isso possa vir a ocorrer, será necessário que se promova uma estratégia organizacional global adequada que estimule iniciativa, engajamento, colaboração, cooperação, criatividade e sinergia.

- **Direção:** a direção – como função administrativa – também está passando por uma formidável carpintaria. A maneira de dinamizar a organização, fazer com que as coisas aconteçam, servir ao cliente, gerar valor e produzir e distribuir resultados relevantes para todos os envolvidos está passando por mudanças:
  - **O papel dos gerentes deve ser redefinido** com o abandono da visão tradicional de que o direcionamento futuro da organização pode e deve ser estabelecido e capitaneado pelos gerentes. Isso significa um reajustamento das relações de poder. Não são mais os gerentes os guardiães do espírito de equipe corporativo, da visão compartilhada de futuro e da conservação da cultura organizacional e das crenças e valores da organização. Tudo isso está mudando. O novo papel da gerência consiste em capacitar, delegar e fomentar a necessária instabilidade para estimular as potencialidades acêntricas latentes nas pessoas para que possam surgir as condições de aprendizado e de trocas de informação por meio das interações. Trata-se de questionar permanentemente o *status quo* para transformá-lo em proatividade, criatividade e inovação.

    Em suma, a nova gerência deve assumir as seguintes atribuições:[73]

    a) Estímulo à desordem, com a introdução de novas ideias e informações, às vezes, ambíguas para gerar criatividade e inovação.

    b) Estímulo à autonomia, iniciativa, conectividade, comunicação e cooperação.

    c) Estímulo à identidade organizacional em permanente mudança e atualização.

    d) percepção sempre renovada das circunstâncias ambientais externas.

    e) Os gerentes passam a se comportar também como pesquisadores que estudam suas próprias organizações, não se limitando a focalizar apenas os aspectos mais aceitos e reconhecidos da cultura organizacional, mas tentando compreender o imaginário e o inconsciente da organização.

    f) Legitimar a desordem para mudar padrões de comportamento vigentes e estacionários e acionar a mudança.

    g) Atuar como *coaching*, impulsionando e dinamizando as ações das pessoas em direção a metas e alvos negociados e consensuais.

  - **O fluxo de informações deve privilegiar o aprendizado:** tanto a criação de novas informações quanto a circulação de informações já existentes devem produzir diferentes interpretações que permitam uma reflexão compartilhada e que leve a novas informações. Trata-se de uma retroação positiva. Isso significa uma amplificação por retroalimentação do potencial contido nas informações.[74] A gestão do conhecimento – passando pela universidade corporativa em direção ao capital intelectual – faz parte integrante desse quadro.

  - **São as interações e conexões entre as pessoas que permitem novos e mais complexos padrões globais de comportamento:** são esses novos padrões que conduzem a novos desempenhos e a novas direções estratégicas. Daí o foco em equipes e na ampla participação das pessoas na dinamização dos negócios da organização.

- **Controle:** provavelmente, o controle é o aspecto administrativo que mais sofreu mudanças nos últimos tempos. Melhor dizendo: sofreu sérias restrições e limitações em favor da liberdade e da autonomia das pessoas e da isenção de regras que balizam comportamentos e decisões. E, principalmente, ganhando foco na retroação e realimentação. Foi a noção cibernética clássica de retroação que permitiu chegar ao conceito de autonomia. A retroação – ou repercussão de um efeito sobre a causa que lhe deu origem – fez evoluir o conceito clássico de causalidade linear para uma causalidade em anel (circularidade), permitindo também conceber a causalidade interna (endocausalidade). É o caso da homeostasia nos seres vivos, isto é, a autorregulação que mantém a constância nos processos internos: um organismo vivo submetido a baixa temperatura exterior responde com a produção de calor interno, mantendo estável a sua temperatura. O sistema emancipa-se das causalidades externas, ainda que sofra seus efeitos e influências.[75] Assim, o controle está se tornando cada vez mais um autocontrole espontâneo do que um controle externo imposto pela organização aos seus membros.

9.9.2 O profundo impacto da TI

A TI está promovendo uma nova ordem no mundo global. As empresas ponto.com definiram os novos padrões da chamada Nova Economia, revolucionaram o modo de fazer negócios, criaram uma maneira de trabalhar e uma nova cultura de relacionamento entre as pessoas. A comunicação é o núcleo central. A internet, a intranet, a intensa utilização do computador para integrar processos internos e externos – como *Customer Relationship Management* (CRM), *Supply Chain Management* (SCM), *Building Information Modeling* (BIM), *Business-to-business* (B2B), *Business-to-consumer* (B2C) – estão modificando com uma rapidez incrível o formato organizacional e a dinâmica das organizações como nunca se viu antes. A crescente virtualização e digitalização das organizações é a decorrência disso. O desafio reside agora na busca incessante de novas soluções, e a essência da eficácia está se deslocando para a busca de redes e parcerias em conexões virtuais dentro de um contexto ambiental mutável. A organização passa a ser uma espécie de comunidade dentro do novo modelo organizacional já conhecido: hierarquias baixas, fronteiras fluídas, ênfase maior nos processos e nas plataformas do que na estrutura e em equipes autônomas e autossuficientes. A estratégia organizacional agora se faz em um teatro de improvisação onde os atores tentam diferentes cenários para desenvolver a história e criam novas experiências em cada ato que se sucede por meio da interação recíproca.[76] Isso lembra o teatro de Pirandello (1867-1936), com seus seis personagens à incessante procura de um autor.[77] Até parece uma absurda e completa inversão das coisas. Alguns amigos me dizem que as organizações modernas deveriam usar o modelo das *jazz sections*, em que todos tocam seus instrumentos musicais improvisadamente e, nos momentos aleatórios, onde percebem oportunidades de participação. Para isso, é preciso saber ouvir, cadenciar e tocar juntos, acrescentando sons de seus instrumentos musicais no intuito de alcançar um balanço, um ritmo, uma sonoridade. É a criatividade em um maravilhoso conjunto sonoro sem qualquer preparação prévia, tudo improvisado por uma equipe fabulosamente talentosa e integrada naquilo que tocam.

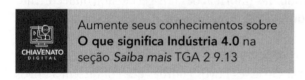

Aumente seus conhecimentos sobre **O que significa Indústria 4.0** na seção *Saiba mais* TGA 2 9.13

9.9.3 Simplificar e descomplicar para enfrentar a complexidade

No fundo, é fazer a mudança, viver a mudança e encarar a complexidade e a incerteza. Simplificar e descomplicar as organizações para desamarrá-las do entulho burocrático que ainda tolhe o seu funcionamento e prende a sua dinâmica. Dar mais liberdade para as pessoas e desamarrá-las do poder autocrático para que elas possam utilizar o seu recurso mais importante: a inteligência, o conhecimento e o talento.[78] E, quem sabe, também ajudá-las a conquistar e a organizar o tempo livre para melhor viver a própria vida.[79] Isso significa melhorar a qualidade de vida das pessoas.

Além disso, o centro de nossa sociedade e de nossa economia não será mais a tecnologia, nem a informação, nem a produtividade. O fulcro central estará na organização como a entidade social que oferece integração e sinergia para alimentar e preservar o mundo.[80] E será a organização administrada que manejará a tecnologia, a informação e a produtividade por meio das pessoas que nela trabalham. A organização é a maneira pela qual a sociedade consegue que as coisas sejam feitas da melhor maneira possível, e a Administração é a ferramenta, a função ou o instrumento que torna as organizações capazes de criar valor, gerar resultados excepcionais a todos os *stakeholders* envolvidos e produzir e garantir o desenvolvimento do planeta. Este é o mantra da Teoria Administrativa: apontar contínua e gradativamente os novos rumos e proporcionar novas e inovadoras soluções para melhorar a qualidade de vida das pessoas, da organização e de toda a sociedade. Afinal de contas, tornar o mundo cada vez melhor e mais feliz, com muito desenvolvimento e melhorias no padrão de vida da humanidade. Um mundo melhor para ser vivido e curtido, seja por todos nós, seja pelas nossas futuras gerações. Um longo caminho de prosperidade sem-fim. E a Administração está bem à sua frente. Parabéns, administrador, pela sua atual e futura participação nesse novo mundo que se aproxima! Você é parte integrante dele ao ajudar as pessoas a se ajudarem mutuamente.

CONCLUSÃO

Tudo o que vimos nos conduz a algumas conclusões a respeito do mundo VICA (Volátil, Incerto, Complexo e Ambíguo (do inglês VUCA – *Volatility, Uncertainty, Complexity and Ambiguity*) que nos cerca:

- **Em um mundo volátil:** a volatilidade envolve mudanças rápidas em vários elementos simultaneamente em contraposição à tradicional mudança gradativa em um elemento por vez, à qual estávamos acostumados. Trata-se da mudança quântica e em contínuo movimento, complexa, dinâmica, intangível, imprevisível e auto-organizante. E, sobretudo, probabilística.

- **Em um mundo incerto:** a ciência e, principalmente, a Administração, sempre procuraram evitar a incerteza e priorizar a certeza. Hoje, ambas não somente aceitam totalmente a incerteza, como procuram conviver com ela. Isso significa que nossas análises de cenários encurtaram bastante para identificar mais claramente o curto prazo à medida que ele acontece, sem deixar estática a visão do corredor de longo prazo, mas sempre e sempre vagamente direcionada. O porto de chegada será sempre o melhor da viagem.

- **Em um mundo complexo:** a palavra *complexidade* tem sido utilizada para representar aquilo que temos dificuldade de compreender e dominar. Ela significa a impossibilidade de se chegar ao conhecimento completo a respeito de algo, pois não se pode trazer certeza sobre o que é incerto, mas reconhecer a incerteza e tentar dialogar com ela. Sabemos que a Teoria da Complexidade é a parte da ciência que trata do emergente e de como os organismos vivos aprendem e se adaptam, pois ela é um subproduto da Teoria do Caos. Daí a importância do pensamento biológico para alavancar os pontos corretos de alavancagem no sistema. Além disso, lidar com negócios com sucesso em um mundo complexo envolve novos objetivos em vez de apenas novas ferramentas de solução de problemas. Para tanto, as organizações precisam tentar sobreviver, além de ganhar, maximizando valor para os outros e para si mesma, e priorizando o aprendizado e otimizando o desempenho de curto prazo.[81]

Quando se trata de um sistema complexo e altamente diversificado – como é o mundo ao nosso redor – surpresas e resultados imprevisíveis são a norma, e não a exceção. E, quando se intervêm em uma organização complexa, os resultados inesperados e imprevisíveis acontecem normalmente. Para tanto, é necessário avaliar antes o grau de intervenção no sistema: o nível certo pode ser descoberto apenas por meio da experimentação para ver o que acontece. Na verdade, temos uma necessidade inata de entender e ver padrões simples e explicáveis, mesmo em um cenário de complexidade, e isso pode nos desorientar. A gestão biológica é necessária porque o mundo nem sempre é ordenado ou facilmente explicável.

- **Em um mundo ambíguo:** ninguém pode identificar precisamente o futuro em face de tanta ambiguidade, ou seja, tudo aquilo que pode ter mais do que um sentido ou significado. A ambiguidade se refere à duplicidade de sentido em determinada situação que pode provocar imprecisão, hesitação, indecisão, confusão, indeterminação e incerteza. Trata-se de algo incerto e indefinido ou até incompreendido.

Esse é o mundo em que vivemos atualmente. Em função disso tudo, o pensamento biológico nos conduz a certas constatações para podermos conviver com ele, como:[82]

- **Pragmatismo em vez de intelectualismo:** é tentador rejeitar ideias que não se pode explicar como algo que funciona na teoria, e não na prática, ou vice-versa. O fato é que muitas coisas geralmente funcionam antes mesmo que possamos explicar o porquê.
- **Resiliência em vez de eficiência:** os benefícios da eficiência geralmente são imediatos e visíveis, enquanto seus riscos são latentes e invisíveis. Para equilibrar o cálculo entre eficiência e riscos, as organizações devem fazer da resiliência uma prioridade explícita.
- **Experimentação em vez de dedução:** quando se parte para a inovação, ninguém sabe o que realmente vai funcionar. Grandes ideias são muitas vezes discrepantes e podem ter boas razões para serem rejeitadas. É preciso sujar as mãos e mexer mais do que fazer análise e teorização. Isto é, experimentar, e não apenas deduzir.
- **Abordagens indiretas em vez de diretas:** os pontos de alavancagem mais poderosos em sistemas complexos são todos indiretos. Agir na estrutura organizacional, nos objetivos,

na mentalidade e em outros fatores contextuais é frequentemente mais eficaz do que alavancas diretas no longo prazo.

- **Holismo em vez de reducionismo:** a redução é um passo natural no processo de solução de problemas, pois os torna mais fáceis de lidar e permite a divisão do trabalho na base do velho cartesianismo. Contudo, o todo não constitui a soma das partes, e a redução costuma falhar em sistemas complexos porque ela está na relação entre as partes, e não nas próprias partes.
- **Pluralidade em vez de universalidade:** a heterogeneidade é o ingrediente básico por meio do qual a adaptação e, portanto, a renovação e o crescimento são possíveis. Pontos de vista plurais e mesmo competitivos proporcionam crescimento e rejuvenescimento constantes e de forma superlinear. As organizações podem alcançar vitalidade não por meio de dogmas ou soluções universais, mas por nutrir a pluralidade e a variabilidade. Daí a importância da diversidade nas organizações.

Figura 9.13 Mapa mental: para onde vai a TGA?

Quadro 9.10 Esquema comparativo das teorias administrativas

Aspectos principais	Abordagens prescritivas e normativas					Abordagens explicativas e descritivas			
	Teoria Clássica	Relações Humanas	Teoria Neoclássica	Teoria da Burocracia	Teoria Estruturalista	Teoria Comportamental	Teoria de Sistemas	Teoria da Contingência
Ênfase	Nas tarefas e na estrutura organizacional	Nas pessoas	No ecletismo: tarefas, pessoas e estrutura	Na estrutura organizacional	Na estrutura e no ambiente	Nas pessoas, na estrutura e no ambiente	No sistema organizacional e no ambiente	No ambiente, na tecnologia, na estrutura e nas pessoas
Abordagem da organização	Organização formal	Organização informal	Organização formal e informal	Organização formal	Organização formal e informação	Organização formal e informal	Organização como sistema aberto	Variável dependente do ambiente e da tecnologia
Aspectos principais	Conjunto de órgãos, cargos e tarefas	Sistema social como conjunto de papeis	Sistema social com objetivos a alcançar	Sistema social como conjunto de funções oficializadas	Sistema social intencionalmente construído e reconstruído	Sistema social cooperativo e racional	Sistema aberto	Sistema aberto e fechado
Conceito de administração	Engenharia humana/da produção	Ciência social aplicada	Técnica social básica e Administração por Objetivos	Sociologia da burocracia	Sociedade de organizações e abordagem múltipla	Ciência comportamental aplicada	Abordagem sistêmica. Administração de Sistemas	Abordagem contingencial. Administração Contingencial
Concepção do homem	Homem econômico	Homem social	Homem organizacional e administrativo	Homem organizacional	Homem organizacional	Homem administrativo	Homem funcional	Homem complexo
Comportamento humano	Ser isolado que reage como indivíduo (atomismo taylorismo)	Ser social que reage como membro de grupo social	Ser racional e social focado no alcance de objetivos organizacionais e individuais	Ser isolado que reage como ocupante de cargo	Ser social que vive em organizações	Ser racional tomador de decisões quanto à participação nas organizações	Ser social que desempenha papéis	Ser social que desempenha papéis

(continua)

(continuação)

Aspectos principais	Abordagens prescritivas e normativas					Abordagens explicativas e descritivas			
	Teoria Clássica	Relações Humanas	Teoria Neoclássica	Teoria da Burocracia	Teoria Estruturalista	Teoria Comportamental	Teoria de Sistemas	Teoria da Contingência
Sistema de incentivos	Incentivos salariais e materiais	Incentivos sociais e simbólicos	Incentivos mistos, tanto materiais quanto sociais	Incentivos salariais e materiais	Incentivos mistos, tanto materiais quanto sociais	Incentivos mistos	Incentivos mistos	Incentivos mistos
Relação entre objetivos individuais e organizacionais	Identidade de interesses. Não há conflito perceptível	Identidade de interesses. Todo conflito é indesejável e deve ser evitado	Identidade entre objetivos organizacionais e individuais	Não há conflito perceptível. Prevalecem os objetivos da organização	Conflitos inevitáveis e mesmo desejáveis, que levam à inovação	Conflitos possíveis e negociáveis	Conflitos de papéis	Conflitos de papéis
Resultados almejados	Máxima eficiência	Satisfação do operário	Eficiência e eficácia	Máxima eficiência	Máxima eficiência	Equilíbrio entre eficiência e eficácia satisfatória	Máxima eficiência	Eficiência e eficácia

RESUMO

Precisamos sempre estar preparados para o futuro. Não depender passivamente dele, mas criá-lo por meio não somente de metas e objetivos, mas de ações que hoje determinam as consequências do amanhã em termos de aprendizagem e os conhecimentos e as competências aprendidos ou de tecnologias capazes de incrementar produtividade e reduzir custos. São o combustível de hoje que proporcionarão uma viagem bem-sucedida para o futuro. Este capítulo final serve para mostrar que o que está acontecendo hoje está preparando o mundo e as organizações para um mundo que será completamente diferente do atual. Vamos nos preparar para aproveitar as oportunidades que ele nos oferecerá.

QUESTÕES

1. Explique a Era Industrial.
2. Explique a Era da Informação.
3. Quais os principais desafios da Era da Informação?
4. Explique a Era Digital.
5. O que significa digitalização?
6. O que significa virtualização?
7. O que significa molecularização?
8. O que significa desintermediação?
9. O que significa convergência?
10. O que significa produ-consumo?
11. Explique o conceito de reengenharia.
12. Explique a melhoria contínua.
13. Explique o *benchmarking*.
14. Explique o conceito de qualidade.
15. Explique a qualidade total.
16. Explique o conceito de enxugamento (*downsizing*).
17. Explique o conceito de equipes de alto desempenho.
18. O que significa cadeias de comando mais curtas?
19. O que significa menos unidade de comando?
20. O que significa amplitudes de comando mais amplas?
21. Explique o conceito de *stakeholders*.
22. Explique o conceito de sustentabilidade.
23. Explique a obsolescência do conhecimento.
24. Explique os aspectos intangíveis do capital intelectual.
25. Apresente alguns objetivos da educação corporativa.
26. O que significa aprendizagem organizacional?

27. O que significa organizações de aprendizagem?
28. Por que falamos em caráter universal da Administração?
29. Explique a gradativa ampliação do conceito de Administração.
30. Explique o conceito de auto-organização.
31. Quais os principais desafios da Era Digital?
32. Qual o significado das organizações de aprendizagem?
33. O que você entende por Indústria 4.0?
34. Quais as características da Quarta Revolução Industrial?
35. Qual será o futuro da Indústria?
36. Como atuarão os concorrentes?
37. O que os consumidores desejarão?
38. Para onde vai a Administração?

REFERÊNCIAS

1. TOFFLER, A. *Powershift*: as mudanças do poder. Rio de Janeiro: Record, 1998. *Vide* também: TOFFLER, A. *The future shock*. New York: Bantan Books, 1970; TOFFLER, A. *The third wave*. New York: Bantan Books, 1980.

   TOFFLER, A. *Powershift*: knowledge, wealth, and violence at the edge of the 21st century. New York: Bantan Books, 1990.

2. OAKLAND, J. S. *Gerenciamento da qualidade total* – TQM. São Paulo: Nobel, 1994. p. 20.
3. WALTON, M. *The Deming management method*. New York: Dodd-Meade & Co., 1986.
4. TOMASKO, R. M. *Downsizing*: reformulando e redimensionando sua empresa para o futuro. São Paulo: Makron Books, 1992.
5. CHIAVENATO, I. *Os novos paradigmas*: como as mudanças estão mexendo com as empresas. São Paulo: Atlas, 1996. p. 142-152.
6. TOMASKO, R. M. *Downsizing*: reformulando e redimensionando sua empresa para o futuro. São Paulo: Makron Books, 1992.
7. THOMAS, P. R.; GALLACE, L. J.; MARTIN, K. R. *Quality alone is not enough, AMA management briefing*. New York: American Management Association, 1992.
8. JURAN, J. M. *A qualidade desde o projeto*. São Paulo: Pioneira, 1992.
9. MORRIS, D.; BRANDON, J. *Reengenharia*: reestruturando a sua empresa. São Paulo: Makron Books, 1994. p. 11.
10. HAMMER, M.; CHAMPY, J. *Reengenharia*: revolucionando a empresa. Rio de Janeiro: Campus, 1994.
11. HAMMER, M.; CHAMPY, J. *Reengenharia*, op. cit., p. 37-38.
12. DAVENPORT, T. H. *Reengenharia de processos*: como inovar na empresa através da tecnologia da informação. Rio de Janeiro: Campus, 1994. p. 234.
13. CHIAVENATO, I. *Manual de reengenharia*: um guia para reinventar sua empresa com a ajuda das pessoas. São Paulo: Makron Books, 1995. p. 29-31.
14. MEYER, A. D.; GÓES, J. B.; BROOKS, G. R. Organizations in *disequilibrium*: environmental jolts and industry revolutions. *In*: HUBER, G.; GLICK, W. H. (eds.). *Organizational change and redesign*. New York: Oxford University Press, 1992. p. 66-111.

15. Baseado em: MEYER, A. D.; GÓES, J. B.; BROOKS, G. R. Organizations in *disequilibrium*: environmental jolts and industry revolutions, *op. cit.*, p. 66-111.
16. ROTHMAN, H. You need not be big to benchmark. *Nation's Business*, p. 64-65, Dec. 1992.
17. SPENDOLINI, M. J. *Benchmarking*. São Paulo: Makron Books, 1993.
18. CAMP, R. *Benchmarking*: o caminho da qualidade total. São Paulo: Pioneira, 1993.
19. CHIAVENATO, I. *Os novos paradigmas*: como as mudanças estão mexendo com as empresas, *op. cit.*, p. 144.
20. OAKLAND, J. S. *Gerenciamento da qualidade total – TQM, op. cit.*, p. 185.
21. OAKLAND, J. S. *Gerenciamento da qualidade total – TQM, op. cit.*, p. 184.
22. SCHERMERHORN JR., J. R. *Management*. New York: John Wiley & Sons, 1996. p. 275.
23. CAMPBELL, J. *Grammatical man*: information, entropy, language and life. New York: Simon & Schuster, 1982.
24. KELLY, K. *Out of control*: the new biology of machines, social systems, and the economic world. Boston: Addison-Wesley, 1994.
25. STEWART, T. A. *Capital intelectual*: a vantagem competitiva das empresas. Rio de Janeiro: Campus, 1998.
26. KOULOPOULOS, T. M.; SPPINELLO, R. A.; WAYNE, T. *Corporate instinct*: building a knowing enterprise for the 21st century. New York: Van Nostrand Reinhold, 1997.
27. SVEIBY, K. E. *A nova riqueza das organizações*: gerenciando e avaliando patrimônios de conhecimento. Rio de Janeiro: Campus, 1997. p. 9-12.
28. STEWART, T. A. *Capital intelectual*: a vantagem competitiva das empresas, *op. cit.*
29. MEISTER, J. C. *Educação corporativa*: a gestão do capital intelectual através das universidades corporativas. São Paulo: Makron Books, 1999.
30. Adaptado de: SVEIBY, K. E. *The new organizational wealth*: managing and measuring knowledge-based assets. San Francisco: Berrett-Koehler Publ., Inc., 1997. p. 27.
31. ARGYRIS, C.; SCHÖN, D. *Organizational learning*: a theory of action perspective. Reading: Addison-Wesley Publ., 1978.
32. SENGE, P.; KLEINER, A.; ROBERTS, C.; ROSS, R.; ROTH, G.; SMITH, B. *The dance of change*: the challenges of sustaining momentum in learning organizations. New York: Doubleday/Currency, 1999.
33. SENGE, P. *The figth discipline*: the art and practice of the learning organization. New York: Doubleday, 1990.
34. GEUS, A. de. *The living company*. New York: Doubleday, 1997
35. SENGE, P. *The fifth discipline*: the art and practice of the learning organization, *op. cit.*
36. NONAKA, I. The knowledge-creating company. *Harvard Business Review*, p. 96, July-August 1991.
37. SENGE, P.; KLEINER, A.; ROBERTS, C.; ROSS, R.; ROTH, G.; SMITH, B. *The dance of change*: the challenges of sustaining momentum in learning organizations, *op. cit.*, 1999.
38. MITCHELL, R. K.; AGLE, B. R.; WOOD, D. J. Toward a theory of stakeholder identification and salience: defining the principle of who and what really counts. *Academy of Management Review*, n. 27, p. 853-856, 1997.
39. LIPSON, H. A. Do corporate executives plan for social responsibility? *Business and Society Review*, n. 1, p. 75-80, 1974.
40. DAVIS, K.; BLOMSTROM, R. L. *Business and society*: environment and responsibility. New York: McGraw-Hill, 1975.
41. KIERNAN, M. J. *11 mandamentos da administração do século XXI*. São Paulo: Makron Books, 1998. p. 199.
42. TAPSCOTT, D. *Economia digital*: promessa e perigo na era da inteligência em rede. São Paulo: Makron Books, 1997, p. 50-81.

43. PwC GLOBAL. The disruptors: how five key factor can make or break your business, Price Whaterhouse Coopers. Disponível em: http://www.pwc.com/gx/en/ceo-agenda/pulse/the-disruptors.html. Acesso em: 9 maio 2021.
44. DESMET, D.; DUNCAN, E.; SCANLAN, J.; SINGER, M. Six building blocks for creating a high performance digital enterprise. *McKinsey & Company*, Sept. 2015.
45. DIAMANDIS, P. H.; KOTLER, S. *Abundância*: o futuro é melhor do que você imagina. São Paulo: HSM do Brasil, 2012. Vide também: DIAMANDIS, P. H.; KOTLER, S. *Bold*: how to big, create wealth and impact the world. New York: Simon & Schuster, 2015.
46. CUSUMANO, M. A. *Staying power*: six enduring principles for managing strategy and innovation in an uncertain world. Oxford: Oxford University Press, 2010. p. 22-58.
47. GAWER, A. (ed.). *Platforms, markets and innovation*. Cheltenham: Edward Elgar, 2009.

    Vide também: GAWER, A.; CUSUMANO, M. A. How companies become platforms leaders. *MIT Sloan Management Review*, n. 49, v. 20, p. 29-30, 2008.

    Vide também: GAWER, A.; CUSUMANO, M. A. *Platform leadership*: how Intel, Microsoft, and Cisco drive industry innovation. Boston: Harvard Business School Press, 2002.
48. PARKER, G. G.; ALSTYNE, M. W. V.; CHOUDARY, S. P. *Plataforma*: a revolução da estratégia. São Paulo: HSM do Brasil, 2016. p. 13.
49. ELENKOV, D.; CUSUMANO, M. A, Linking international technology transfer with strategy and management: a literature commentary. *Research Policy*, n. 23, v. 2, p. 195-215, 1994.
50. TEECE, D.; PISANO, G.; SHUEN, A. Dynamic capabilities and strategic management. *Strategic Management Journal*, n. 18, v. 7, p. 509-533, 1997.

    Vide também: TEECE, D. *Dynamic capabilities and strategic management*. Oxford/New York: Oxford University Press, 2009.
51. TUSHMAN, M. L.; O'REILLY III, C. A. Ambidextrous organizations: managing evolutionary and revolutionary change. *California Management Review*, n. 38, v. 4, p. 8-30, 1996.
52. GEISSBAUER, R.; VEDESO, J.; SCHRAUF, S. A strategists guide to Industry 4.0. *Strategy + Business*, ed. 83, Summer 2016. Disponível em: https://www.strategy-business.com/article/A-Strategists-Guide-to--Industry-4.0. Acesso em: 9 maio 2021.
53. Adaptado de: ASHKENAS, R. *The boundaryless organization*: breaking the chains of organizational structure. San Francisco Jossey-Bass, 2002. p. xvii-xix.
54. CHIAVENATO, I. *Administração nos novos tempos*: os novos horizontes em administração. 4. ed. São Paulo: Atlas, 2021.
55. Adaptado de: ASHKENAS, R.; ULRICH, D.; JICK, T.; KERR, S. *The boundaryless organization*: breaking the chains of organizational structure, *op. cit.*, p. 28-29.
56. ASHKENAS, R.; ULRICH, D.; JICK, T.; KERR, S. *The boundaryless organization*: breaking the chains of organizational structure, *op. cit.*, p. 29.
57. CLOKE, K.; GOLDSMITH, J. *The end of management*: and the rise of organizational democracy. San Francisco: Jossey-Bass, 2002.
58. CLOKE, K.; GOLDSMITH, J. *The end of management*: and the rise of organizational democracy, *op. cit.*, p. 267.
59. Adaptado de: SULL, D.; SULL, C.; CHAMBERLAIN, A. Measuring culture in leading companies. *Massachusetts Institute of Technology, Sloan Review*. Disponível em: https:// sloanreview.mit.edu/projects/measuring-culture-in-leading-companies/. Acesso em: 9 maio 2021.

60. *Vide* também: How do companies rank on culture, *Massachusetts Institute of Technology, Sloan Review*. Disponível em: https://sloanreview.mit.edu/culture500/rankings/agility. Acesso em: 9 maio 2021.
61. MATURANA, H. *Humberto Maturana*: as origens e suas reflexões. Santiago, *mimeo*: Entrevista a Cristina Magro e Ricardo Santamaria, 1990.
62. KELLY, K. *Out of control*: the new biology of machines, social systems and the economic world. Reading: Addison-Wesley, 1994.
63. NONAKA, I. The knowledge-creating company. *Harvard Business Review*, p. 96, July-August 1991.
64. KELLY, K. *Out of control*: the new biology of machines, social systems and the economic world, *op. cit.*
65. KANTER, R. M. *Quando os gigantes aprendem a dançar*. Rio de Janeiro: Campus/Elsevier, 1992.
66. CRAINER, S. *Key management ideas*: thinkers that changed the management world. New York: Pearson Education, 1999.
67. STACEY, R. D. The science of complexity: an alternative perspective for strategic change processes. *Strategic Management Journal*, n. 16, v. 6, p. 477-495, 1995.
68. WHEATLEY, M. J. *Liderança e a nova ciência*: aprendendo organização com um universo ordenado. São Paulo: Cultrix, 1992. p. 122-123.
69. BAUER, R. *Gestão da mudança*. São Paulo: Atlas, 1999. p. 54.
70. BAUER, R. *Gestão da mudança, op. cit.*, p. 54-55.
71. BAUER, R. *Gestão da mudança, op. cit.*, p. 225.
72. MORIN, E. *Ciência com consciência*. Rio de Janeiro: Bertrand Brasil, 1996. p. 180.
73. MORGAN, G. *Imagens da organização*. São Paulo: Atlas, 1996.
74. WHEATLEY, M. J. *Liderança e a nova ciência, op. cit.*, p. 122-123.
75. BAUER, R. B. *Gestão da mudança, op. cit.*, p. 60.
76. WEIL, P. *Organizações e tecnologias para o terceiro milênio*: a nova cultura organizacional holística. Rio de Janeiro: Rosa dos Tempos, 1995.
77. PIRANDELO, L. *Six characters in search of an author*. Mineola: Dover Thrift Editions, 1922.
78. KANTER, R. M. *E-Volve*: succeeding in the digital culture of tomorrow. Boston: Harvard Business School Press, 2001. Caps. 4, 5 e 6.
79. MASI, D. de. *A emoção e a regra*. São Paulo: José Olympio, 1999.
80. SISODIA, R.; GEL, M. J. *The healing organization*: awakening the conscience of business to help save the world. New York: Berrett-Koehler, 2019.
81. REVES, M.; LEVIN, S.; UEDA, D. Gestão biológica do negócio: sistemas adaptativos complexos. *BCG Henderson Institute*, Boston Consulting Group, jul. 2017.
82. REVES, M.; LEVIN, S.; UEDA, D. *Gestão biológica do negócio*: sistemas adaptativos complexos, *op. cit.*

ÍNDICE ALFABÉTICO

A
Abordagem(ns)
  comportamental, 59
  descritiva e explicativa, 24
  em redes, 253
  estruturalista, 1
  organizacional, 218
  sistêmica, 131, 199
Adaptabilidade, 101, 206
Administração
  abordagem
    comportamental da, 59
    estruturalista da, 1
    organizacional, 218
    sistêmica da, 131, 199
  consequências da informática na, 149
  e suas perspectivas, 31, 97, 135
  modelos matemáticos em, 169
  modernas tecnologias na, 284
  novos parâmetros da, 325
  participativa, 108
  Teoria
    Comportamental da, 61
    Matemática da, 165, 166
Agente de mudança, 110
Agilidade, 300, 321
  organizacional, 320
Aleatoriedade, 328
Alicientes, 85
Alimentação de retorno, 202
Alinhamento, 183
Ambiente, 23, 202, 233, 237
  de tarefa, 238
  estável, 240
  externo, 23, 112
  geral, 237
  heterogêneo, 239
  homogêneo, 239
  instável, 240
  organizacional, 44
Ampliação da abordagem teórica, 51
Análise
  afetiva, 91
  cognitiva, 91
  das organizações, 35
  descritiva, 89
  do *big data*, 159
  empírica, 90
  estatística, 177
  interorganizacional, 38, 44
  macro, 90
  micro, 90
  organizacional
    a partir do comportamento, 92
    mais ampla, 51
  prescritiva, 89
  sistêmica, 216
    adaptativa, 217
    descritiva, 216
    multidimensional e multinivelada, 216
    multidisciplinar, 216
    multimotivacional, 216
    multivariável, 216
    probabilística, 216

teórica, 90
Analytics, 313
Apego aos regulamentos, 17
Aplicações da estrutura matricial, 251
Apoio, 261
Apreciação crítica
  das novas abordagens, 322
  da tecnologia na Administração, 161
  da Teoria
      Comportamental, 89
      da Burocracia, 22
      da Contingência, 262
      de Sistemas, 215
      Estruturalista, 50
      Matemática, 185
  do desenvolvimento organizacional, 125
Aprendizado, 329
  constante, 284
Aprendizagem, 183
  de equipes, 308
  experiencial, 111
Apresentação de uma situação futura, 43
Áreas brancas no mapa das ciências, 137
Argyris, Chris, 87
Aritmética organizacional, 217
Arranjo organizacional, 249
Assessoria, 50
Associações de benefícios mútuos, 42
Atratores estranhos, 277
Auto-organização, 279
Autoavaliação do desempenho, 73
Automação, 149
  de processos, 313
Autômatos, 149, 150
Autoridade, 319
  administrativa, 47
  carismática, 6
  do especialista, 7
  legal, racional ou burocrática, 7
  tipos de, 5
  tradicional, 6
  única, 107
Autorrealização, 64
Avaliação
  dos resultados, 121
  e acompanhamento, 114

B

Balanced Scorecard (BSC), 183
Bem-estar da organização, 110
Benchmarking, 297, 298
Benefícios para as pessoas na organização, 14
Big data, 157, 158
Bipolaridade contínua, 262
Burocracia, 1, 7
  características da, 9
  como um *continuum*, 20
  conceito de, 9
  desenvolvimento da, 9
  dimensões da, 20, 21
  origens da, 4
  vantagens da, 14
Burocratização, 15

C

Cadeia contínua, 150
Caixa negra (*black box*), 141
Cálculo de probabilidade, 177
Calor, 261
Canal(is), 146
  de comunicação, 84
Caos, 277
Capital intelectual, 304
Características
  ambientais, 234
  de primeira ordem, 210
  organizacionais, 234
Caráter
  formal das comunicações, 10
  integrativo e abstrato da Teoria de Sistemas, 217
  legal das normas e regulamentos, 10
  provocativo da Administração, 323
  racional e divisão do trabalho, 10
  universal da Administração, 324
Carisma, 6, 7
Categorização como base do processo decisório, 18
Centralização da tomada de decisão, 23
Cibernética, 136, 138
  como ciência aplicada, 138

conceito de, 138
origens da, 137
Ciências do comportamento sobre a Administração, 91
Circularidade, 218
Clareza, 300
Clientes, 87, 183, 238, 304, 321
Clima organizacional, 101, 212, 261
Colaboração, 321
Colaboradores, 87
Colheita de dados, 113
Comércio eletrônico, 256
Competência técnica e meritocracia, 11
Competências, 315, 319
  core, 315
Competição baseada no tempo, 188
Competitividade das organizações virtuais, 255
Completa previsibilidade do funcionamento, 13
Complexidade, 279
Comportamento, 59
  humano orientado para objetivos, 60
  organizacional, 85
  probabilístico e não determinístico, 205
Compressão
  do espaço, 150, 290
  do tempo, 151, 291
Comprometimento, 110
Compromisso emocional do empregado, 107
Computação, 167
Computador, 150
Computer-Integrated Manufacturing (CIM), 152
Comunicação, 144
  livre, 49
Concorrentes, 238
Condições
  culturais, 238
  demográficas, 238
  ecológicas, 238
  econômicas, 238
  legais, 238
  políticas, 238
  tecnológicas, 237
Conectividade, 151, 291
Confiabilidade, 14
Conflito(s), 45, 46, 261
  entre a autoridade do especialista (conhecimento) e a autoridade administrativa, 47
  entre objetivos organizacionais e individuais, 87
  com o público, 19
  entre linha e assessoria, 50
  interpessoais, 99
  organizacionais, 45
Confrontação, 113
Conhecimento, 311
Conjunto organizacional, 44
Conservantismo, 23
Constância, 14
  de direção, 205
Constante e rápida mutação do ambiente, 109
Consultoria de procedimentos, 115
Conteúdo estratégico, 328
Contingência, 225
Continuidade da organização, 14
Contribuições, 85
Controle, 329
  de qualidade (CQ) 100%, 177
    aleatório, 177
    por amostragem, 177
  estatístico da qualidade, 177
  físico, 40
  material, 40
  normativo, 40
  Total da Qualidade (CTQ), 177
Convergência, 312
  de várias abordagens divergentes, 50
Conversão, 214
Cooperação, 46
Coordenação, 49
Correio eletrônico, 155
Crescente complexidade da tecnologia moderna, 24
Crescimento organizacional, 183
Criatividade, 300

Crise de sucessão, 15
Críticas
  à burocracia, 22
  multivariadas à burocracia, 25
CRM (*Customer Relationship Management*), 153
Cultura organizacional, 100, 212, 260

D

Dados, 144, 156, 313
  estruturados, 156
  não estruturados, 156
Darwinismo organizacional, 272
Decisão(ões)
  programáveis, 166
  sob certeza, 169
  sob incerteza, 170
  sob risco, 170
  tipos de, 170
Dedução, 332
Deformação profissional, 18
Defrontamentos, 122
Desafios da era da informação, 292
Descongelamento do padrão atual de comportamento, 102
Desejo de realização, 35
Desempenho, 180, 321
Desenho
  do trabalho, 260
  mecanístico, 233
  orgânico, 233
  organizacional, 236
Desenvolvimento, 105
  da burocracia, 9
  da organização, 105
  de equipes, 111, 114, 115, 120
  e fortalecimento (*empowerment*) de equipes, 108
  intergrupal, 114
  organizacional
    aplicações distorcidas do, 126
    aspecto mágico do, 125
    características do, 110
    do tipo *grid*, 118
    imprecisão no campo, 126

  modelos de, 99, 118
  o que é, 108
  objetivos do, 112
  origens do, 98
  pressupostos básicos, 109
  processo de, 113
  resposta às mudanças, 110
  técnicas de, 114
  sistemático, 106
Desintermediação, 312
Desordem, 219
Despersonalização do relacionamento, 18
Destino, 146
Destreza de gestão situacional, 124
Desvio, 282
Diagnóstico inicial, 113
Diferenciação, 122, 210, 233
Dificuldade no atendimento a clientes, 19
Digitalização, 311
  das operações da empresa, 317
Dilema(s)
  da organização segundo Blau e Scott, 48
  entre coordenação e comunicação livre, 49
  entre disciplina burocrática e especialização profissional, 49
  entre o planejamento centralizado e a iniciativa individual, 49
Dimensões
  bipolares da Teoria Comportamental, 90
  da burocracia, 20, 21
Dinheiro, 258, 259
Direção, 329
Disciplina burocrática, 49
Discordância, 312
Disfunções da burocracia, 16
Dispositivos de retroação, 150
Disputa, 173
Diversidade, 321
  de organizações, 37
Divisão
  de tarefas, 83
  e fragmentação do trabalho, 107
Dominação, 5
  carismática, 7
  legal, 7

Domínio pessoal, 308
Doutrinação, 84
Downsizing, 294

E

E-business, 154
Economia(s)
  de escopo, 316
  monetária, 9
Efeito sinérgico das organizações, 217
Eficácia, 124, 246
  gerencial, 123
  organizacional, 110, 212
Eficiência, 9, 246, 316, 332
Eixo
  horizontal do *grid*, 119
  vertical do *grid*, 119
Electronic Data Interchange (EDI), 188
Emergência das organizações enxutas, flexíveis e ágeis, 325
Empowerment, 108, 251, 293, 319
Empreendimento, 283
Empregado, 107
Energia, 140
Ênfase
  na educação "emocional", 126
  na estrutura, 2
  na tecnologia, 262
  nas ciências do comportamento, 62
  nas pessoas, 60, 89
  no ambiente, 262
Enfoque(s)
  da organização, 36
  interativo, 112
Enriquecimento
  de tarefas, 68
  do cargo, 68
Ensino a distância, 256
Entidades reguladoras, 238
Entrada (*input*), 140, 152, 202, 208
Entropia, 147
  negativa, 209
Envolvimento das pessoas, 182
Enxugamento, 294
Equifinalidade, 210

Equipamentos militares, 137
Equipes de alto desempenho, 300
Era
  da análise (*analytics*), 145
  da informação, 292
  digital, 311
ERM (*Enterprise Resource Management*), 152
Espaço, 275
Especialista, 11
Especialização
  da Administração, 11
  das tarefas, 23
  profissional, 49
Espírito de equipe, 112
Estabelecimento de objetivos organizacionais pela cúpula, 120
Estado
  firme, 209
  sólido, 205
Estatística, 172
Estilos
  de administração, 71
  do *managerial grid*, 120
  gerenciais, 123
Estima, 64
Estratégia, 173, 231, 312, 315
  de operações, 166
  mista, 174
  pura, 174
Estrutura, 231
  de equipes
    desvantagens da, 252
    vantagens da, 252
  matricial, 250
    limitações da, 251
    vantagens da, 250
  novo conceito de, 33
  organizacional, 231, 236, 261
Estruturalismo nas ciências sociais, 32
Ética, 309
Excellence gap, 118
Excessivo racionalismo, 22
Excesso de formalismo e de papelório, 17
Execução, 321

Exibição de sinais de autoridade, 19
Expansionismo, 132
Expectativas, 257
   quanto ao futuro, 318
Experimentação, 332
Exponencialidade, 311
Exportação, 209, 214

F

Fábrica de serviços, 189
Falta de informação entre as ciências, 137
Fase(s)
   da organização, 106
   de burocratização, 106
   de expansão, 106
   de reflexibilização, 106
   de regulamentação, 106
   pioneira, 106
Fatores
   críticos de sucesso, 180
   extrínsecos, 66
   higiênicos, 66
   intrínsecos, 67
   motivacionais, 67
Feedback, 142, 202, 279
Filosofia administrativa, 90
Finanças, 183
Física quântica, 274, 280
Flexibilidade, 34, 124, 300, 316
   de estilo, 124
Fluxo de informações, 329
Focalização na organização, 110
Foco, 183, 300
Fonte, 146
   de legitimidade, 43
Força(s)
   da gravidade, 275
   positivas e negativas à mudança, 103, 105
Forma(s)
   de aparato administrativo, 6
   feudal, 6
   patrimonial, 6
Fornecedores, 87
   de entradas, 238

Fronteiras, 206, 210
   externas, 255
   geográficas, 255
   horizontais, 255
   intergrupais, 121
   organizacionais, 318
   verticais, 255
Funcionário, 11
   assalariado, 12
   nomeado pelo superior hierárquico, 12
   ocupante de cargo, 12
   por tempo indeterminado, 12
Funções permanentes, 107

G

Gap, 104
Gestão
   de operações, 187
   de projetos, 300
   do capital intelectual, 303
   do conhecimento, 303, 304
   do desempenho, 260
Globalismo, 200
Globalização, 312
   dos negócios, 282
Gradativa ampliação do conceito de Administração, 324
Grade gerencial, 118, 119, 120
Graus de burocratização, 21

H

Habilidades
   de negociação, 88
   gerenciais básicas, 124
Hardware, 201, 242
Heisenberg, Werner 276
Hierarquia, 328
   da autoridade, 10
   das necessidades de Maslow, 63
   dos indicadores de desempenho, 181
Hierarquização das decisões, 82
Holismo, 333
Homem
   administrativo, 84
   animal social, 59

funcional, 218
  novo conceito de, 99
  organizacional, 34
Homeostase, 205
  dinâmica, 209
Homeostasia, 143, 206
Homo
  digitalis, 155
  economicus, 34

I

Imediatismo, 312
Impacto da tecnologia, 246
Imperfeição das decisões, 82
Impessoalidade nas relações pessoais, 10
Implementação por meio de equipes, 120
Importação, 208, 214
Impulsionadores, 318
Impulso
  de adquirir, 260
  de compreender, 260
  de defender, 260
  de formar laços, 260
Inadequação das tipologias organizacionais, 52
Incapacidade treinada, 18
Incentivos, 85
Incerteza, 290, 328
Inclusão parcial, 211
Indicadores de desempenho, 179
Influência organizacional, 83
Informação, 140, 144, 256, 318
  como insumo, 209
Informática, 148
Iniciativa individual, 49
Inovação, 312, 321
Input, 202
Insumo, 202
Integração, 122, 233, 312
  do negócio, 152
Integridade, 321
Intelectualismo, 332
Interação, 300
  entre indivíduo e organização, 109
  mais próxima com os clientes, 318

Intercâmbio
  de descobertas nas áreas brancas, 137
  do sistema com seu ambiente, 23
Interdependência
  das organizações com a sociedade, 44
  das partes, 205
Interferência, 146
Internalização das regras, 17
International Standartization Organization (ISO), 191
Investidores, 87

J

Jogador, 173
Just-in-time (JIT), 291

K

Kaizen, 188, 293

L

Legitimidade, 5
  da autoridade carismática, 6
  do poder na dominação tradicional, 6
  do poder racional e legal, 7
Lei do movimento contínuo de Newton, 276
Lewin, Kurt 59
Liberdade, 328
Limitações
  da estrutura matricial, 251
  da Teoria da Máquina, 22
  da Teoria Matemática, 185
Limites, 206, 210
Linguagem, 60
Linha, 50

M

Malcolm Baldrige National Quality Award, 189
Managerial grid, 118, 119, 120
Máquinas organizadas, 150
Massa, 275
Matemática, 172
Materiais, 140
Matriz, 174

Maturidade digital, 160
Mecanicismo, 22, 132
Meio ambiente, 102
Melhoria contínua, 188, 293
Metas corporativas, 326
Mito
  da disciplina de do, 125
  da eficácia aumentada, 126
  da novidade, 126
  das variáveis não pesquisáveis, 126
Mobilidade de capital, pessoas e ideias, 282
Modelo(s), 140
  burocrático, 3
  contingencial de motivação, 257
  de desenvolvimento organizacional, 99, 118
  de eficiência, 43
  de impulsos motivacionais, 260
  de Katz e Kahn, 208
  de Lawrence e Lorsch, 122
  de motivação
    de Lawler, 258
    de Vroom, 257
  de organização, 207
   de Katz e Kahn, 213
    racional, 4
  de Schein, 207
  de sobrevivência, 43
  matemáticos em Administração, 169
  mentais, 308
  natural de organização, 24, 36
  racional da organização, 24, 36
  sociotécnico de Tavistock, 213
Modularidade, 253
Molecularização, 311
Morfogênese, 206
Motivação humana, 63, 98
Movimento pela qualidade, 189
Mudança, 102, 290
  colaborativa e democrática, 319
  da cultura e do clima organizacional, 101
  evolucionária, 106
  organizacional, 99, 124
  etapas da, 105
  planejada, 110
  revolucionária, 106
Mundo
  ambíguo, 332
  complexo, 331
  incerto, 331
  volátil, 331

N

Não duplicação de função, 23
National Training Laboratory (NTL), 98
Necessidade(s)
  de adaptação e de mudanças, 20
  de autorrealização, 64
  de contínua adaptação, 109
  de estima, 64
  de segurança, 63
  fisiológicas, 63
  humanas, 59
  sociais, 64
Negligência quanto à organização informal, 23
Negociação, 88
Networks, 279
Nível(is)
  da organização, 37
  de maturidade digital, 160
  estratégico, 247
  gerencial, 37
  institucional, 37, 247
  intermediário, 247
  operacional, 37, 247
  técnico, 37
Novos fatores críticos de sucesso, 318

O

Objetivo(s), 200
  organizacionais, 42, 43
Obrigação social e legal, 310
Oceano de dados, 145
Ocupabilidade, 325
Oficina, 234
Operações, 166
  com tecnologias relacionadas com computador, 188

Ordem, 219
Organização(ões), 34, 231, 234, 304, 328
  ágil, 313, 322
  coercitivas, 40
  como sistemas abertos, 205
  complexas, 51
  concepção da, 23
  conjunto de subsistemas em interação dinâmica, 208
  de aprendizagem, 307
  de estado, 42
  de interesses comerciais, 42
  de serviços, 42, 47, 48
  desenvolvimento da, 105
  diversidade de, 37
  e seus níveis, 247
  efeito sinérgico das, 217
  em redes, 253
    desvantagens da, 254
    vantagens da, 254
  em relação a seu meio ambiente, 212
  especializadas, 47
  formal, 35, 51, 90
  informal, 35, 90
  modelo
    "natural" de, 24
    "racional" de, 24
  novo conceito de, 99
  não especializadas, 47, 48
  normativas, 41
  nova lógica das, 302
  por equipes, 251
  sistema
    aberto, 204, 207, 208
    com objetivos ou funções múltiplas, 207
    de decisões, 80, 92
    de papéis, 213
    fechado, 24
    social cooperativo, 79
  utilitárias, 41
  virtuais, 255, 292
Orientação
  contingencial, 111
  sistêmica, 110

Output, 141, 202
Outsourcing, 294

P

Padrão(ões), 43
  de desempenho, 83
  dual de comportamento, 60
Padronização do desempenho de cada função, 23
Papel(éis), 213
  sociais, 35
Paradoxos das ciências, 272
Parâmetros dos sistemas, 202
Parceiros, 284
  do negócio, 87
Participação, 110, 300
  alienatório, 40
  calculista, 40
  moral, 40
  tipos de, 86
Partida, 173
Pensamento
  analítico, 132
  sintético, 132
  sistêmico, 308
Performance, 104
Período
  atual da Administração, 272
  cartesiano e newtoniano da Administração, 271
  sistêmico da Administração, 271
Permeabilidade e flexibilidade das fronteiras organizacionais, 254
Pesquisa operacional, 171
Pesquisa-ação, 109
Pessoas, 304
Planejamento, 327
  centralizado, 49
  de ação e solução de problemas, 113
Plataformas, 292, 313
Pluralidade, 333
Pluralismo, 282
Poder novo conceito de, 99
Posicionamento estratégico, 315
Pragmatismo, 332

Prazo de validade do conhecimento, 325
Precisão, 14
Prêmio
  Deming de qualidade, 189
  nacional de qualidade, 190
Princípio da incerteza, 276, 277
Probabilidades, 172
Problemas, 167
  estruturados, 169
  não estruturados, 170
Processador, 202
Processamento, 202, 208
Processo(s), 167
  de codificação, 209
  de desenvolvimento organizacional, 113
  de grupo, 111
  de mudança segundo Lewin, 102
  de renovação, 108
  de solução de problemas, 108
  decisório, 74, 75, 80, 166, 167
    etapas do, 81
  estratégico, 328
  internos, 183
Produ-consumo, 312
Produção, 236
  contínua ou automatizada, 234
  em massa ou mecanizada, 234
  just-in-time, 187
  unitária, 234
Produto, 202
  abstrato, 244
  concreto, 244
Profissionalização dos participantes, 11
Programa 3-D, 124
Programação
  dinâmica, 176
  linear, 175
Progresso com relação ao objetivo, 205
Propósito, 200
Propriedade dos meios de produção e administração, 12
Psicose ocupacional, 18
Puxar, 315

Q
Qualidade, 166
  total, 177, 187, 293
Quarks, 276
Quarta Revolução Industrial, 317
Quinta onda, 281

R
Raciocínio abstrato, 60
Racionalidade, 14, 81
  administrativa, 83
  burocrática, 14
  limitada, 82
Racionalização, 15
Rapidez nas decisões, 14
Receptor, 146
Recompensas, 35, 257, 261, 319
  materiais e sociais, 36
Recongelamento, 102
Rede(s), 279
  de computadores, 150
  interligadas, 312
  sociais, 256
Redesenho de produtos e serviços, 317
Redução
  do atrito entre as pessoas, 14
  do desperdício, 182
  do tempo do ciclo de produção, 294
  dos defeitos, 182
Reducionismo, 131, 333
  da Teoria Matemática, 187
  dos métodos de PO, 186
Redundância, 147
Reengenharia, 295
  de processos, 189
Regulagem automática, 150
Relação funcional, 230
Relacionamento interpessoal, 74, 75
Relatividade
  das decisões, 82
  das Teorias de Motivação, 91
Relativismo na Administração, 262
Representação dos sistemas, 140
Resiliência, 206, 332
Resistência às mudanças, 18

Respeito, 321
Responsabilidade, 261, 300
  social, 309, 310
Resultados, 180, 202
Retroação, 111, 142, 150, 202, 279
  de dados, 113
  negativa, 143, 209
  no sistema nervoso, 143
  positiva, 143
Retroalimentação, 202
Retroinformação, 202
Reuniões de confrontação intergrupal, 120
Riscos, 261
Rotinas e procedimentos padronizados, 11
Rubrica da excelência empresarial, 119
Ruído, 146

S

Saída, 141, 202, 209
Satisficer, 84
SCM (*Supply Chain Management*), 152
Segurança, 63
6-sigma, 181
Sensibilidade social, 310
Sensitividade situacional, 124
Senso de identidade, 101
Serviços, 166, 314
Similaridade com a Administração
  Científica, 186
Simultaneidade, 282
Sinergia, 148, 217
Sistema(s), 138
  aberto, 199, 201, 203, 204, 217
  abstratos, 201
  autoritário
    benevolente, 74
    coercitivo, 74
  celular, 253
  conceituais, 201
  consultivo, 75
  de Administração, 73
  de autoridade, 84
  de comunicações, 74, 75
  de informação, 151
    gerencial, 151
  de recompensas e punições, 75, 74, 261
  dependem de sua estrutura, 199
  dinâmica do, 212
  existem dentro de sistemas, 198
  fechado, 24, 201
  físicos ou concretos, 201
  interno, 23, 152, 153
  mecânicos, 100, 232
  orgânicos, 100, 232
  organizados, 204
  participativo, 75
  psíquico, 60
  sociais, 211
  vivos, 204
  características dos, 200
  conceito de, 139, 140, 199, 200
  tipos de, 201
Sociedade
  carismática, 5
  de organizações, 33, 283
  e da economia do conhecimento, 325
  legal, racional ou burocrática, 5
  tipos de, 5
  tradicional, 5
Sociologia da burocracia, 4
Software, 201, 242
Solução(ões)
  de problemas, 111
  emergentes, 292
Stakeholders, 87
Statistical Quality Control (SQC), 177
Subsistema(s), 208
  da organização, 23
  social, 213
  técnico, 213
Superconformidade às rotinas e aos
  procedimentos, 18

T

Tamanho organizacional, 23
Tarefas administrativas, 9
Técnicas
  de aplicação restrita ao nível
    operacional, 186
  de desenvolvimento organizacional, 114

de intervenção para
   a organização como um todo, 117
   duas ou mais pessoas, 114
   equipes ou grupos, 115
   para indivíduos, 114
   para relações intergrupais, 117
de produção, 236
de tomada de decisão, 168
Tecnologia(s), 166, 234, 242, 313
   avançadas, 290, 319
   como recurso-chave, 326
   como variável ambiental, 242
   como variável organizacional, 242
   da informação, 150
   de elos em sequência, 243
   do produto, 314
   fixa, 244
      e produto abstrato, 245
      e produto concreto, 244
   flexível, 244
      e produto abstrato, 245
      e produto concreto, 245
   intensiva, 243
   mediadora, 243
Teleconferências, 256
Teleologia, 132
Teletrabalho, 256
Tempo, 275
Teoria
   3-D da eficácia gerencial de Reddin, 122, 124
   Administrativa, 199, 215
   Behaviorista, 62
   Clássica, 4, 32, 35, 80, 226
   Comportamental, 61, 62, 80
      dimensões bipolares da, 90
   Comportamental origens da, 62
   da Burocracia, 2, 25, 226
      origens da, 4
   da Complexidade, 279, 280
   da Contingência, 227, 228, 229, 230, 262
   da Decisão, 167
   da Informação, 145, 147
   da Máquina limitações da, 22
   da Motivação, dúvidas quanto às, 91
   da Relatividade, 275
   das Decisões, 81, 82
   das Estruturas Dissipativas, 279
   das Filas, 174
   das Organizações, 25
   das Relações Humanas, 4, 32, 35, 80, 226
   de Crise, 52
   de Sistema(s), 198, 199, 215, 227
      aberto e de sistema fechado, 215
      origens da, 198
   de Transição e de Mudança, 52
   do Caos, 277, 278, 280
   do Equilíbrio Organizacional, 85
   do Não Equilíbrio, 279
   dos Dois Fatores de Herzberg, 66, 67
   dos Grafos, 174
   dos Jogos, 166, 173
   dos Quanta, 273
   dos Sistemas em Administração, 228
   Estruturalista, 2, 35, 227
      origens da, 32
   Geral de Sistemas, 198
   Matemática, 165, 166
      limitações da, 185
      na Administração origens da, 166
   Neoclássica, 226
   X, 71
   Y, 71, 72
Terceirização, 294
Throughput, 202
Tipologia(s)
   das organizações, 39
   de ambientes, 239
   de Blau e Scott, 41
   de Etzioni, 40
   de tecnologias de Thompson, 243
   organizacionais, inadequação das, 52
Tolerância às frustrações, 34
Tomador de decisão, 81
Total
   Quality Control (TQC), 177
   Quality Management (TQM), 182
   quantificação dos problemas administrativos, 186
Totalidade, 200

Transformações, 23, 208
Transformador, 202
Transmissor, 146
Tratamento de dados, 159
Treinamento, 84
por meio de seminários de
  laboratório, 120

U
Unidade
  de comando, 23, 107
  de medida, 43
Unidirecionalidade, 205
Uniformidade
  de práticas institucionalizadas, 23
  de rotinas e procedimentos, 14
Universalidade, 333
Universidade corporativa, 306
Univocidade de interpretação, 14
Usina de serviços, 189
Usuários, 238
Utilidade
  das contribuições, 85
  dos incentivos, 85

V
Valores organizacionais novo conceito
  de, 99
Variabilidade humana, 257
Viagem de decisão do cliente, 313
Virtualização, 311
Visão
  compartilhada, 308
  tendenciosa, 92

W
Weber, Max, 1, 2, 9